Lenni Brenner • Zionismus und Faschismus

Lenni Brenner

Zionismus und Faschismus

Über die unheimliche Zusammenarbeit von Zionisten und Faschisten

übersetzt von Verena Gajewski

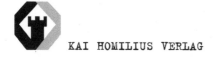

Titel der Originalausgabe:
Lenni Brenner: Zionism in the Age of the Dictators.
Lawrence Hill & Co, 1983

Vorliegende Ausgabe ist für den deutschen Markt nochmals gründlich recherchiert und ggf. überarbeitet worden, vor allen Dingen um den neueren Forschungsstand der letzten 20 Jahre zu berücksichtigen. Dafür danken wir ganz besonders Klaus Polkehn.
Es gibt gute Gründe, dass bestimmte Dokumente und Quellen heutzutage nur schwer zugänglich sind, legt doch deren Abwesenheit den Mantel des Schweigens über jene Zeit, die in diesem Buch im Vordergrund stehen soll.
Im Anhang sind wichtige Dokumente bzw. Auszüge daraus abgedruckt, die vollständige Version findet man auf unserer website.

IMPRESSUM

©Kai Homilius Verlag 2007
Alle Rechte vorbehalten. Ohne ausdrückliche Genehmigung des Verlages ist es nicht gestattet, dieses Werk oder Teile daraus auf fotomechanischem Wege (Fotokopie, Mikrokopie) zu vervielfältigen oder in Datenbanken aufzunehmen.

Kai Homilius Verlag
www.kai-homilius-verlag.de
Email: home@kai-homilius-verlag.de

Autor:	Lenni Brenner
Übersetzung:	Verena Gajewski
Fachliche Betreuung:	Klaus Polkehn
Cover:	Joachim Geißler
Satz:	KM Design, Berlin
Druck:	Printed in E.U.
ISBN:	987-389706-873-5

Die Deutsche Bibliothek-CIP-Einheitsaufnahme

Lenni Brenner
Zionismus und Faschismus /
Brenner, Lenni - Berlin:
Kai Homilius Verlag, 2007
ISBN: 987-389706-873-5
Ne: GT

INHALTSVERZEICHNIS

Vorwort – Dieter Elken: Zionismus, Faschismus und die Diskussion über alten und „neuen Antisemitismus" 9

1. Zionismus und Antisemitismus vor dem Holocaust 37
2. Blut und Boden: Die Wurzeln des zionistischen Rassismus 58
3. Der deutsche Zionismus und der Zusammenbruch der Weimarer Republik 68
4. Der Zionismus und der italienische Faschismus (1922-1933) 81
5. Die deutschen Zionisten bieten den Nazis die Zusammenarbeit an 88
6. Der jüdische Anti-Nazi-Boykott und das Handelsabkommen zwischen den Zionisten und den Nazis 102
7. Hitlers Blick auf den Zionismus 128
8. Palästina – die Araber, die Zionisten, die Briten und die Nazis 142
9. Der Jüdische Weltkongreß 157
10. Der zionistische Revisionismus und der italienische Faschismus 163
11. Der Revisionismus und die Nazis 182
12. Georg Kareski, Hitlers zionistischer Quisling (lange) vor Quisling 193
13. Die Auswahl des erwählten Volkes – Die Doktrin der „Zionistischen Grausamkeit" 201
14. Die Zionistische Weltorganisation und der italienische Faschismus zwischen 1933 und 1937 212
15. Österreich und die „Nicht-jüdischen Freunde des Zionismus" 223
16. Die jüdischen Parteien in Osteuropa 230
17. Spanien – Die Nazis kämpfen, die Zionisten nicht 239
18. Das Versagen der Zionisten im Kampf gegen die Nazis in den liberalen Demokratien 245

19.	Der Zionismus und Japans Großasiatische Wohlstandssphäre	251
20.	Polen zwischen 1918 und 1938	255
21.	Der Zionismus in Polen während des Holocaust	271
22.	Die geheimen Absprachen der Zionisten mit der polnischen Exilregierung	286
23.	Illegale Einwanderung	292
24.	Das Versagen bei der Rettung der Juden während des Krieges	301
25.	Ungarn, das Verbrechen im Verbrechen	328
26.	Die Stern-Gruppe	343

Anhang: Dokumente und Register ... 349

Grundzüge des Vorschlages der Nationalen Militärischen Organisaton in Palästina (Irgun Zewai Leumi) betreffend der Lösung der jüdischen Frage Europas und der aktiven Teilnahme der N.M.O. am Kriege an der Seite Deutschlands ... 349

Äußerung der Zionistischen Vereinigung für Deutschland zur Stellung der Juden im neuen deutschen Staat Berlin W 15, den 21. Juni 1933, Meineckestraße 10 ... 351

Interview in der von Joseph Goebbels herausgegebenen Zeitschrift «Der Angriff», 23.12.1935, mit Georg Kareski («Staatszionistische Organisation») ... 354

Palästinareise-Bericht: Bericht über die Palästina-Ägypten-Reise von SS-U'Stuf. Eichmann und St-O'Scharf. Hagen. ... 358

Bericht über Polkes 17.6.1937 ... 362

Register ... 366

Vorwort

Dieter Elken:

Zionismus, Faschismus und die Diskussion über alten und „neuen Antisemitismus"

Lenni Brenners materialreiche und gründlich recherchierte Studie über das Verhältnis des Zionismus zum Faschismus wird der deutschen Leserschaft Material an die Hand geben, das die hierzulande geführten Debatten zum Thema Antisemitismus beeinflussen wird.

So unvermeidlich es ist, daß aktuelle politische Debatten die Sicht auf die Vergangenheit prägen, so unerläßlich ist es, in aktuellen politischen Auseinandersetzungen die jeweiligen Positionen in ihren jeweiligen historischen Kontext einzuordnen, wenn Debatten nicht den Realitätsbezug verlieren sollen. Lenni Brenners Arbeit beleuchtet einen besonders in der deutschen Diskussion von vielen Autoren tabuisierten Bereich der Geschichte. Die Ergebnisse seiner Forschungsarbeit werden ihren Lesern deutlich machen, daß die aktuelle Debatte in einer Grundfrage zurechtgerückt werden muß: der falschen Annahme, daß die zionistische Bewegung bis 1945 einen ernsthaften Beitrag zum Kampf gegen den Antisemitismus und Faschismus geleistet hat und daß die israelische Politik diesen Kampf fortsetzt. Dieses Buch hält sich an Tatsachen und wird in der aktuellen Debatte gerade deshalb zur Zerstörung vielgepflegter, ahistorischer Mythen beitragen.

Worum geht es in dieser Debatte?

Bereits Mitte des 19. Jahrhunderts hatte es im Zuge des aufkommenden europäischen Nationalismus auch Initiativen zur Neugründung eines jüdischen Staates in Palästina gegeben. Erste Kolonialsiedlungsprojekte wurden schon 1848 vorbereitet, erlangten jedoch noch keine große Bedeutung.[1]

Erst als sich in Europa im späteren 19. Jahrhundert ein damals neuartiger, teils völkisch und teils rassistisch begründeter Judenhaß aus-

---

1 Mathias Mieses, Der Ursprung des Judenhasses, Berlin/Wien 1923, S.576

breitete, sollte sich das ändern. Die Pogrome des Jahres 1882 im zaristischen Rußland und die Dreyfus-Affäre in Frankreich wurden zu Symbolen dieses Antisemitismus. Seine soziale Basis war zunächst das alte Kleinbürgertum, das durch die aufkommende kapitalistische Industrie ruiniert wurde und seine Existenzängste in Aggression gegen die jüdische Händlerkonkurrenz richtete. Als Reaktion auf den damals zunehmenden Antisemitismus entstand unter anderem eine eigene jüdisch-nationale Bewegung, der Zionismus.[2] Im Anschluß an Leo Pinsker, der in seiner Schrift „Autoemanzipation" 1882 ausgehend von einer biologistischen und rassistischen Sicht des Judentums als erster die „Rückkehr" der Juden nach Palästina als Lösung ihrer nationalen Probleme propagierte, und vor allem an Theodor Herzl und sein Buch „Der Judenstaat", suchte die zionistische Bewegung die Lösung ihrer Probleme in der Schaffung eines eigenen Staates.

„Der Zionismus ist also eine sehr junge Bewegung, die jüngste der europäischen nationalen Bewegungen. Das hindert ihn aber keineswegs – und zwar weniger als alle anderen Nationalismen – an der Behauptung, daß er seine Substanz aus sehr ferner Vergangenheit ziehe. Während der Zionismus in Wirklichkeit ein Produkt der letzten Phase des bereits morschen Kapitalismus ist, beansprucht er jedoch, seinen Ursprung in einer mehr als zweitausendjährigen Vergangenheit zu haben. Während er realiter eine Reaktion gegen die für Juden so verhängnisvolle Verknüpfung feudalistischer und kapitalistischer Auflösungstendenzen ist, versteht er sich als Reaktion auf die jüdische Geschichte seit der Zerstörung Jerusalems im Jahre 70 der christlichen Zeitrechnung. Seine junge Existenz ist natürlich der beste Beweis für die Unrichtigkeit dieser Behauptung. [...] Wie alle Nationalismen jedoch – und noch weit stärker – betrachtet der Zionismus seine Vergangenheit im Lichte der Gegenwart. Auf diese Weise verzerrt sich das Bild der Gegenwart. [...] so versucht der Zionismus den Mythos des ewigen Judentums zu schaffen, das ständig mit denselben Verfolgungen habe kämpfen müssen."[3]

„All diese idealistischen Konzeptionen sind natürlich untrennbar mit dem Dogma des ewigen Antisemitismus verbunden. ‚Solange die Juden in der Diaspora leben, werden sie von den einheimischen Bewohnern gehaßt werden.' Dieser Grundgedanke des Zionismus, sein Gerippe sozusagen, wird natürlich durch diverse Strömungen nuanciert. Der

---

2 Ebenda, S. 570 ff
3 Abraham Léon, Judenfrage & Kapitalismus, 2. Auflage, München 1973, S. 103 f

Zionismus überträgt den modernen Antisemitismus auf alle Zeiten."[4] Das trifft auch heute noch zu.[5]

Das Verhältnis des Zionismus zu anderen, feindlichen Nationalismen und zum Antisemitismus ist bei alldem nicht so eindeutig, wie unbefangene Gemüter glauben könnten. Die zionistische Bewegung muß sich einerseits gegen den Antisemitismus wenden, ist aber zugleich auf dessen Existenz als Bedingung für die eigene Existenz angewiesen und benötigt sein reaktionäres Wirken, damit der Zustrom von jüdischen Immigranten nach Israel nicht versiegt. Nathan Weinstock stellte in seinem Buch „Der Zionismus gegen Israel" fest: „Das kausale Band zwischen rassistischen Verfolgungen und dem Fortschritt des zionistischen Nationalismus ist augenscheinlich. Jede Etappe der jüdischen Kolonisation nach Palästina entspricht der Intensivierung des Antisemitismus. Schließlich sind die Emigrationswellen, die 1882 und 1904 begannen, direkte Produkte von Pogromen."[6] Tatsächlich haben führende Repräsentanten des Zionismus dessen gefährlichsten Feind nicht im Antisemitismus erblickt, sondern in der Assimilation von Juden in ihre Völker. So formulierte es Nahum Goldmann, der ehemalige Präsident des *Jüdischen Weltkongresses* und der *Zionistischen Weltorganisation*: „Die Gefahr der Assimilation der jüdischen Gemeinschaft unter den Völkern, in deren Mitte sie leben, ist sehr viel ernster als die äußere Bedrohung durch den Antisemitismus."[7]

Zionismus und Antisemitismus: Eine feindliche Symbiose

Das Verhältnis von Zionismus und Antisemitismus ist nicht nur das einer Art feindlichen Symbiose.

Der Zionismus hat als ideologisches Produkt des Nationalismus des 19. Jahrhunderts eine Vielzahl von ideologischen Versatzstücken der seinerzeit herrschenden Ideologien übernommen. Diese ideologischen

---

4   Ebenda, S.105
5   Siehe z.B. „Warum Hass und Diffamierung, Verachtung und Lüge? Warum gegen Juden?" in: http://www.hagalil.com/judentum/editorial/antisemitismus.htm
6   Nathan Weinstock, Le sionisme contre Israél, Paris 1969, S.55
7   *Le Monde*, 13.01.1966, zitiert nach Nathan Weinstock, Le sionisme contre Israél, Paris 1969, S.38

Anleihen gelten jeweils nicht unbedingt für die gesamte zionistische Bewegung, die von Anfang an ein breites ideologisches Spektrum in sich barg. Dennoch trug die zionistische Bewegung von Anfang an zahlreiche reaktionäre Züge.

Joachim Prinz, damals einflußreicher Rabbi in Berlin, selbst Zionist und nach dem Krieg Führungsmitglied des *American Jewish Congress*, schwärmte 1934 in Blut- und Bodenromantik: „Den Nichtjuden band die Bauernschaft immer wieder an den Boden und an das Dorf. Den Juden aber trieb das Schicksal nur in die Städte. Der Jude als Großstadt-Typus ist keine Folge seines eigenen inneren Dranges. Er ist eine Folge seiner nicht vollendeten Emanzipation [...] In den Großstädten verloren wir vollends das wirkliche Leben, das die Gefahr kennt und das ein Abenteuer ist [...] Asphalt aber schafft nichts Echtes."[8] Und: „Der Grad unserer Entartung kann nur deutlich werden, wenn der Blick zurück uns die Gestalten enthüllt, an denen man uns messen muß, um den Grad der Zerrüttung, aber auch den Weg in die Zukunft zu sehen."[9]

Prinz verachtete Assimilationisten wie Heinrich Heine, Karl Marx oder Kurt Tucholsky. Er hielt den Antisemitismus für eine Art natürlicher Erscheinung und daher für unabänderlich. Folgerichtig erklärte er mit hohem Pathos: „Weil wir ein Volk sind – wächst überall der Haß gegen uns, überall wo wir –verstreut unter andere Völker – leben. Weil wir ein Volk sind, ein Volk eigenen Blutes, eigener Art, hat man uns besondere Stellungen im Leben der anderen Völker angewiesen. [...] Erst wenn man das be-griffen hat, erst wenn man in sich den Jubel dieser Botschaft so verspürt wie es damals die erste Generation der ersten Kämpfer für das jüdische Volkstum empfunden hat, wird der eigene Stolz wieder lebendig, die Rücken werden wieder gerade, die Mimikrysucht schwindet, ‚das Kriechen und Bücken' wird uns widerwärtig – und ein neuer Jude entsteht, mit neuer jüdischer Kraft und mit neuem, erfülltem jüdischen Bekenntnis."[10]

Diese Grundhaltung kommt nicht zuletzt auch in den „stereotypen" Bildern zum Ausdruck, in denen zionistische Autoren die Suche nach einer neuen jüdischen Identität beschrieben. Amnon Rubinstein, im

---

8 Joachim Prinz, Wir Juden, Berlin 1934, S.38 f
9 Derselbe, a.a.O., S. 75
10 Derselbe, a.a.O., S. 136

Kabinett Rabin während der neunziger Jahre israelischer Minister, schreibt: „[...] am Anfang wimmelte es in der zionistischen Literatur von solchen Bildern: Der alte Jude im Vergleich mit dem neugeborenen Hebräer; der Jude in der Diaspora gegenüber dem in Israel geborenen Sabra; der Jid von früher gegenüber dem wieder zum Leben erweckten Makkabäer, der untergeordnete Jude gegenüber dem Superjuden." Er resümiert: „Der Zionismus wurde, besonders in Osteuropa, auf dieser vollkommenen Ablehnung der jüdischen Existenz in der *Galut*[11] gegründet [...] Der Zionismus gibt sich nicht damit zufrieden, daß die Juden ihre verlorengegangene Souveränität wiedererlangen und in ihr niemals vergessenes Heimatland zurückkehren; er will auch die Hebamme sein, die den Juden hilft, einen neuen Menschen zu gebären. Diese Revolution ist – ebensosehr wie das politische Verlangen nach Unabhängigkeit – das Fundament der zionistischen Philosophie."[12]

Umgekehrt implizierte diese Haltung natürlich auch ein gewisses Verständnis des Zionismus für den Antisemitismus. Herzl glaubte erkennen zu können, was „im Antisemitismus roher Scherz, gemeiner Brotneid, angeerbtes Vorurteil, religiöse Unduldsamkeit – aber auch, was darin vermeintliche Notwehr ist"[13] (Anmerkung: gemeint ist die „Notwehr" der Völker gegen die Juden!). Herzl sprach daher folgerichtig auch von „anständigen Antisemiten".[14]

Die Idee von der Schaffung eines neuen und starken Juden, geschaffen im Wege einer Art nationaler Wiedergeburt, wurde durch eine der damals verbreiteten kolonialistisch-rassistischen Weltanschauung entlehnte rassistische Überlegenheitsideologie komplettiert. So äußerte sich der Historiker Joseph Klausner: „Unsere Hoffnung, eines Tages Herr in unserem eigenen Haus zu sein, stützt sich nicht auf unsere Fäuste oder unsere Schwerter, sondern auf unsere Überlegenheit über Araber und Türken."[15] Und die Haltung Jabotinskys, des Führers der zionistischen Rechten, war ebenso unzweideutig. Er erklärte, der Zionismus wende sich nach Osten, führe aber die Kultur des Westens mit

---

11 Worterklärung: Galut bedeutet Exil. Rubinstein verwendet hier einen ideologisch befrachteten Begriff. Bereits zu Beginn der christlichen Zeitrechnung war die Mehrheit der Juden freiwillig aus Palästina emigriert.
12 Amnon Rubinstein, Geschichte des Zionismus, München 2001, S.25
13 Theodor Herzl, Der Judenstaat, Zürich 1997, S.16.
14 Vgl. Rubinstein, a.a.O., S.46
15 Joseph Klausner, Hashilo`ah, Bd. 17, Odessa 1907, S.574 – zitiert nach Rubinstein, a.a.O., S.83

sich: „Wir Juden haben nichts gemein mit dem, was man 'den Osten' nennt und dafür danken wir Gott."[16]

Jabotinsky machte sich dabei über das Verhältnis zu den Arabern die wenigsten Illusionen. Anders als Herzl fabulierte er nicht, Palästina sei ein Land ohne Menschen, sondern formulierte 1923 in seinem Artikel „Die eiserne Wand. Wir und die Araber" ganz offen das Ziel der zionistischen Politik: „Die zionistische Kolonisation, sei sie auch noch so eingeschränkt, muß entweder eingestellt oder unter Mißachtung des Willens der einheimischen Bevölkerung fortgeführt werden. Diese Kolonisierung kann daher nur unter dem Schutz einer von der einheimischen Bevölkerung unabhängigen Kraft fortgesetzt und entwickelt werden – einer eisernen Wand, die von der einheimischen Bevölkerung nicht durchbrochen werden kann. Das ist, kurzgefaßt, unsere Politik gegenüber den Arabern. Sie anders auszudrücken, wäre nichts als Heuchelei."[17]

Bündnisse mit wechselnden imperialistischen Mächten

Es darf daher nicht verwundern, daß die ideologische Nähe der zionistischen Bewegung zu den europäischen nationalistischen Bewegungen sowie die rassistischen Parallelen zu den in ihnen vertretenen antisemitischen Strömungen von Anfang an auch die Projekte der politischen Annäherung des zionistischen Kolonialsiedlungsprojekts an die imperialistischen Mächten begünstigte. So suchte die zionistische Bewegung bis zum Ersten Weltkrieg vor allem das Bündnis mit dem aufstrebenden deutschen Kaiserreich, das dazu noch die besten Verbindungen zum Ottomanischen Reich hatte. In der Zeit danach wurde die (durchaus spannungsreiche) Zusammenarbeit mit dem britischen Imperialismus forciert, wobei Teile der zionistischen Bewegung in den dreißiger und sogar noch in den vierziger Jahren während des Zweiten Weltkrieges mit durchaus unterschiedlicher Motivation auch nach Möglichkeiten eines Arrangements mit dem Faschismus suchten. Nach dem Zweiten

---

16 Zitiert nach Rubinstein, a.a.O. S. 84
17 Ze'ev Jabotinsky, The Iron Wall. We and the Arabs", http://www.saveisrael.com/jabo/jabowall.htm

Weltkrieg wurden die Vereinigten Staaten der wichtigste Bündnispartner und sind es bis heute geblieben.

Zionistische Kollaboration mit den Nazis

Die *Zionistische Vereinigung für Deutschland* (ZVfD), deren Führer in der zionistischen Weltbewegung bis zum Ersten Weltkrieg eine dominante Rolle gespielt hatten und die damals immer noch über starken Einfluß verfügten, war bis 1933 nur eine sehr kleine Minderheit unter den deutschen Juden, mit bloß 9.059 (1930) nicht einmal fest organisierten Mitgliedern. Ihre Führung hatte sich immer ganz bewußt aus der deutschen Innenpolitik herausgehalten und sich auf ihr Kolonialsiedlungsprojekt konzentriert. Der Kampf gegen den Antisemitismus und gegen den aufkommenden Faschismus hatte für sie daher keine wesentliche Bedeutung und wurde vernachlässigt.

Nur der (nichtzionistische und die überwältigende Mehrheit der deutschen Juden repräsentierende) *Centralverein deutscher Staatsbürger jüdischen Glaubens* hatte vor 1933 jahrelang seine Anstrengungen auf den Kampf gegen den Antisemitismus und zuletzt auch gegen den Nationalsozialismus gerichtet.[18] Die „Reichsvertretung deutscher Juden" sah für sich zwar keine Perspektive für einen effektiven Widerstand, prangerte am 29. Mai 1933 aber sogar unter der faschistischen Herrschaft ihre Peiniger an: „Vor dem deutschen Judentum steht das Schicksal, zum Entrechteten in der deutschen Heimat zu werden. In ihrer Ehre getroffen können die deutschen Juden als kleine Minderheit im deutschen Volk sich nicht verteidigen."[19]

Das damals wichtigste publizistische Sprachrohr der zionistischen Bewegung in Deutschland, die *Jüdische Rundschau*, sah in der neuen Lage eine Chance für die zionistische Sache. Am 4. April 1933 hieß es in einem Leitartikel: „Tragt ihn mit Stolz, den gelben Fleck!" Und: „Der 1. April 1933 kann ein Tag des jüdischen Erwachens und der jüdischen Wiedergeburt sein. Wenn die Juden wollen, wenn die Juden reif sind und innere Größe besitzen."[20]

---

18 Dolf Michaelis, Die Reaktion der deutschen Juden auf die nationalsozialistische Machtübernahme, in: Werner Feilchenfeld/Dolf Michaelis/Ludwig Pinner, Haavara-Transfer nach Palästina und Einwanderung deutscher Juden 1933-1939, Tübingen 1972, S.16
19 Zitiert nach Dolf Michaelis, a.a.O., S.17
20 Zitiert nach Dolf Michaelis, a.a.O., S.17

Der einflußreiche Berliner Rabbi Joachim Prinz schrieb: „Das Wesen des Antisemitismus [...] ruht in den Völkern, tief innen, letztlich unausrottbar, letztlich unbekämpfbar.[21] Seine Schlußfolgerung: „Daß aber überall in der Welt die Symptome wachsen, die eine Abkehr von den Grundprinzipien des Liberalismus bedeuten, daß der Wert des Parlamentes und der Demokratie zu wanken beginnt, daß die Überspitzung des Individualismus als ein Fehler eingesehen wird, und daß der Begriff und die Wirklichkeit der Nation und des Volkes allmählich überall mehr und mehr an Boden gewinnen, kann der ruhige und nüchterne Beobachter der Vorgänge in der Welt als Tatsachen verzeichnen, Die Entwicklung vom Menschenbund der Aufklärer zum Völkerbund der Gegenwart enthält in sich das Prinzip der Entwicklung vom Begriff der Menschheit zum Begriff der Nation.[...] Er hat die letzte und kraftvollste Formulierung in der Abwendung vom Internationalismus gefunden, in den Forderungen eines auf der Eigenart jedes Volkes und auf seinen besonderen Erfordernissen aufgebauten Sozialismus, der deshalb ein nationaler Sozialismus ist."[22] Und: „Vergebens haben **wir** gegen Mimikry, gegen Taufe und Mischehe gekämpft. Stärkere Gewalten sind uns zu Hilfe gekommen. [...] Wir wünschen an die Stelle der Assimilation das Neue gesetzt: das Bekenntnis zur jüdischen Nation und zur jüdischen Rasse. Ein Staat, der aufgebaut ist auf dem Bekenntnis der Reinheit von Nation und Rasse, kann nur vor dem Juden Achtung und Respekt haben, der sich zu seiner eigenen Art bekennt."[23]

Die frühe Bereitschaft der Führung der ZVfD zur Kollaboration mit den Nazis war also nicht nur durch die Umstände aufgezwungen. Sie entsprach der Stimmung und Haltung des speziellen zionistischen Mainstreams insgesamt. Nach der sogenannten Machtergreifung der Nazis bemühte sich die ZVfD dementsprechend, sich mit den Nazis zu arrangieren. In ihrer Erklärung vom 21. Juni 1933 äußerte sie sich „zur Stellung der Juden im neuen deutschen Staat" wie folgt:

„Taufe und Mischehe wurden im politischen und im Wirtschaftsleben begünstigt. So kam es, daß zahlreiche Menschen jüdischer Abstammung die Möglichkeit fanden, wichtige Positionen einzunehmen und

---

21 Joachim Prinz, Wir Juden, Berlin 1934, S. 142
22 Derselbe, a.a.O., S. 151
23 Derselbe, a.a.O., S. 154 – Hervorhebung im Original!

als Repräsentanten deutscher Kultur und deutschen Lebens aufzutreten, ohne daß ihre Zugehörigkeit zum Judentum in Erscheinung trat. So entstand ein Zustand, der heute im politischen Gespräch als 'Verfälschung des Deutschtums' und als ‚Verjudung' bezeichnet wird.
[...] Der Zionismus täuscht sich nicht über die Problematik der jüdischen Situation, die vor allem in der anormalen Berufsschichtung und in dem Mangel einer nicht in der eigenen Tradition verwurzelten geistigen und sittlichen Haltung besteht. Der Zionismus erkannte schon vor Jahrzehnten, daß als Folge der assimilatorischen Entwicklung Verfallserscheinungen eintreten mußten, die er durch Verwirklichung seiner das jüdische Leben von Grund aus ändernden Forderungen zu überwinden sucht.
[...] Der Zionismus glaubt, daß eine Wiedergeburt des Volkslebens wie sie im deutschen Leben durch Bindung an die christlichen und nationalen Werte erfolgt, auch in der jüdischen Volksgruppe vor sich gehen müsse. Auch für den Juden müssen Abstammung, Religion, Schicksalsgemeinschaft und Artbewußtsein von entscheidender Bedeutung für seine Lebensgestaltung sein. Dies erfordert die Überwindung des im liberalen Zeitalter entstandenen egoistischen Individualismus durch Gemeinsinn und Verantwortungsfreudigkeit.
[...] Wir wollen auf dem Boden des neuen Staates, der das Rassenprinzip aufgestellt hat, unsere Gemeinschaft in das Gesamtgefüge so einordnen, daß auch uns, in der uns zugewiesenen Sphäre, eine fruchtbare Betätigung für das Vaterland möglich ist.
[...] Für seine praktischen Ziele glaubt der Zionismus auch die Mitwirkung einer grundsätzlich judengegnerischen Regierung gewinnen zu können, weil es sich in der Behandlung der jüdischen Frage nicht um Sentimentalitäten, sondern um ein reales Problem handelt, an dessen Lösung alle Völker, und im gegenwärtigen Augenblick besonders das deutsche Volk, interessiert sind.
[...] Boykottpropaganda – wie sie jetzt vielfach gegen Deutschland geführt wird – ist ihrer Natur nach unzionistisch, da der Zionismus nicht bekämpfen, sondern überzeugen und aufbauen will."

Mit dieser Erklärung streckte der deutsche Zionismus dem Nationalsozialismus die Hand aus zur Kollaboration und erteilte jedem Gedanken an antifaschistischen Widerstand eine Absage.[24]

---

24 Klaus Polkehn, Die Zusammenarbeit von Zionismus und deutschem Faschismus, *Al Karamah* Nr. 9, 1988

Mit in diesem Boot saß von Anfang an die *Zionistische Weltbewegung*. Ihre Vertreter Chaim Arlosoroff und Dr. Arthur Ruppin von der *Jewish Agency for Palestine* führten gemeinsam mit jüdisch-pälasti-nensischen Bankenvertretern und Repräsentanten der ZVfD die Verhandlungen[25], die im August zum *Haavara* (=Transfer)-Abkommen führten. Durch dieses Abkommen konnten auswanderungsbereite deutsche Juden ihr Kapital in Deutschland bei einer Transferbank einzahlen. Palästinensische Importeure konnten dieses Kapital nutzen, um deutsche Exportgüter zu kaufen, die dann in Palästina verkauft wurden. Nach Abzug der entstandenen Kosten erhielten die Auswanderer dort ihr Geldkapital zurück. Außerdem wurde das von der britischen Mandatsmacht für Palästina für die Erteilung von Einreisevisa geforderte Vorzeigegeld durch die Einnahmen des Warentransfers finanziert. Bis zum Kriegsbeginn gelang es dadurch, 66.000 deutsche Juden zur Auswanderung nach Palästina zu bewegen. Dabei dürfte eine nicht geringe Rolle gespielt haben, daß alle anderen Kapitaltransfers von der deutschen Regierung massiv besteuert wurden.[26] 1935 wurde die Durchführung des Abkommens auf zionistischer Seite der *Jewish Agency* unterstellt.

Dieser Kapitaltransfer war für die zionistische Bewegung der dreißiger Jahre enorm wichtig: Etwa 60% des Kapitals, das zwischen August 1933 und September 1939 in Palästina investiert wurde, kamen dank *Haavara* ins Land, insgesamt wurde die für die damalige Zeit gigantische Summe von 139,6 Millionen Reichsmark transferiert.[27] Mit diesem Kapital wurden erstmals nennenswerte Investitionen im Bereich der industriellen Produktion getätigt.[28] Es war daher nur zu folgerichtig, daß sowohl der in Prag stattfindende 18. Zionistische Weltkongreß, auf dem die Frage eines gegen Deutschland gerichteten Boykotts heftig diskutiert wurde, diesen Boykott des Transfer-Abkommens ablehnte, als auch der 19. Weltkongreß diese Haltung mit 177 zu 35 Stimmen bestätigte.[29] Die *Zionistische Weltbewegung* stellte sich damit gegen die

---

25 Francis Nicosia, Deutschland und die Palästinafrage 1933-1939, Dissertation, Montreal/Québec 1977
26 Vgl. Axel Meier, Das Haavara-Abkommen, www.shoa.de
27 Klaus Polkehn, Die Zusammenarbeit von Zionismus und deutschem Faschismus, *Al Karamah* Nr. 9, 1988
28 Vgl. Ludwig Pinner, Die Bedeutung der Einwanderung aus Deutschland, in: Werner Feilchenfeld/Dolf Michaelis/Ludwig Pinner, Haavara-Tansfer nach Palästina und Einwanderung deutscher Juden 1933-1935, Tübingen 1972, S.98
29 Ludwig Pinner, Vermögenstransfer nach Palästina 1933-1939, in: Werner Feilchenfeld/Dolf Michaelis/Ludwig Pinner, Haavara-Tansfer nach Palästina und Einwanderung deutscher Juden 1933-1935, Tübingen 1972, S.146 f

weltweite Mehrheit aller jüdischen Organisationen, die sich um einen Boykott Nazideutschlands bemühte.[30]

Die Kollaboration erstreckte sich auch auf eine der in Palästina wichtigsten zionistischen Organisationen, die *Hagana*. Sie war nach Adolf Eichmanns Einschätzung in Palästina eine Art Geheimarmee der zionistischen Verbände, deren Geheimdienst auch international mit sämtlichen zionistischen Organisationen arbeitete und die zugleich über einen weitverzweigten Spionageapparat verfügte. Sie erklärte in von einem ihrer Kommandeure, Feivel Polkes, geführten Verhandlungen mit dem SD ihre Kooperationsbereitschaft, mit dem ausdrücklichen Ziel, die zionistische Kolonisation Palästinas zu verstärken. Zu diesem Zweck war sie bereit, so Polkes, „die deutschen außenpolitischen Interessen im Vorderen Orient tatkräftig zu unterstützen[...], wenn die deutschen Devisenverordnungen für die nach Palästina auswandernden Juden gelockert würden", meldete Eichmanns Referat am 17. Juni 1937.[31]

Soweit sich heute prozionistische Autoren überhaupt darauf einlassen, die Kollaboration der zionistischen Bewegung zu diskutieren, kommen sie ohne wenig dezente Geschichtsfälschungen nicht aus: Stephan Grigat bestreitet z.b. die zionistische Kollaboration mit dem Scheinargument, die Mehrzahl der internationalen jüdischen Organisationen habe sich gegen das *Haavara*-Abkommen gewandt; „Organisationen wie die ‚Zionistische Vereinigung für Deutschland' glaubten zwar, daß ihnen der NS-Antisemitismus helfen könnte, ihre Positionen gegenüber den liberalen Juden Deutschlands besser zu vertreten. Das bedeutet aber nicht, daß sie die NS-Herrschaft begrüßt hätten."[32] Er verschweigt dabei, daß es sich um die traditionelle Sammelbewegung des deutschen Zionismus handelte und verharmlost ihre Kollaborationsbereitschaft. Gleichzeitig suggeriert er, der Tatbestand der Kollaboration sei mit dem Vorwurf gleichzusetzen, die Zionisten seien für die Verbrechen des Nationalsozialismus verantwortlich. Belege dafür präsentiert er nicht, dafür ein gerütteltes Maß an Demagogie: „Die ganze

---

30 Vgl. Siegfried Moses in der Einleitung des v. g. Buches, S. 10. Moses feiert auch die Früchte der Kollaboration, die von den Nazis in den dreißiger Jahren forcierte Variante der Apartheid-Politik: „Errichtung jüdischer Schulen, Schaffung von Einrichtungen für jüdische Erwachsenenbildung und für Berufsumschichtung" (a.a.O., S.11)

31 Bericht des SD-Referatsleiters Hagen vom 17. Juni 1937, S. 4, zitiert nach Heinz Höhne, Der Orden unter dem Totenkopf. Die Geschichte der SS, München 1984, S.309

32 Stephan Grigat, „Bestien in Menschengestalt" Antisemitismus und Antizionismus in der österreichischen Linken, in: www.cafecritique.priv.at/bestien.html

Perfidie antizionistischer Argumentation kommt zum Vorschein, wenn die zentrale Rolle von Auschwitz zwar anerkannt, aber die Massenvernichtung dann gerade deshalb als eine Art Koproduktion von Nazis und Zionisten dargestellt wird."[33]

Andere Autoren verweisen darauf, daß ja nur die revisionistischen Zionisten um Jabotinsky Sympathien mit dem Faschismus geäußert hätten, dazu noch in erster Linie mit dem italienischen Faschismus[34] oder prangern wie Thomas Haury empört an, daß die Linke die „Kontakte einiger rechtsextremer Zionisten mit der SS (als diese noch die Auswanderung der Juden betrieb) benutzt"[35], um eine Kollaboration zu belegen. Aber auch das sind nichts als Scheinargumente, weil der Tatbestand der Kollaboration keine direkten Sympathien zwischen den Beteiligten verlangte, wohl aber zumindest eine gewisse ideologische Nähe – und die hat es gegeben. Die Bereitschaft zur systematischen Zusammenarbeit mit einem aggressiven, virulent antisemitischen, rassistischen und antidemokratischen Terrorregime wäre auch dann ein reaktionäres politisches Verbrechen gewesen, wenn es keinen NS-Völkermord gegeben hätte. Die Reduktion des Nationalsozialismus auf Auschwitz führt bei diesen Autoren zu einer bedenklichen Relativierung der anderen politischen Verbrechen des Faschismus.

Die heute vielfach geäußerte Überzeugung, die zionistische Bewegung habe einfach nur das tun wollen, was möglich gewesen sei, um die deutschen Juden vor der drohenden Vernichtung zu retten[36] und man müsse die diametral entgegengesetzte Motivation von Zionisten und Faschisten bedenken[37], ist offenkundig falsch bzw. geht an der Sache vorbei. Im Ziel, die jüdische Auswanderung aus Deutschland zu forcieren, waren sich zionistische Bewegung und die Spitzen des NS-Regimes bis zum Beginn des Zweiten Weltkrieges und sogar noch danach einig.[38] An den künftigen Völkermord dachte 1933 kaum jemand. Im

---

33 a.a.O.
34 Vgl. Irit Neithardt, Die radikale Linke, Israel und Palästina. Eine Collage, in: http://www.unrast-verlag.de/files/Neidhardt.pdf, dort S. 11f
35 Thomas Haury, Zur Logik des deutschen Antizionismus, in www.comlink.de/cl-hh/m.blumentritt/agr136s.htm
36 Dies ist die Grundthese von Siegfried Moses, a.a.O.
37 So z.B. ein Leserbrief in der Zeitung Gazette, s. www.gazette.de/Archiv/Gazette-Oktober2002/Beduerftig03.html
38 Vgl. Tom Segev, Die siebte Million, Reinbek bei Hamburg, 1995, S. 30f. Als es später hierzu im NS-Staat Widerspruch gab, entschied Hitler 1938, daß die bisherige Orientierung des NS-Regimes, weiter auf Auswanderung zu setzen, beibehalten werden sollte.

übrigen setzt, wie zu betonen ist, Kollaboration weder weltanschaulich noch programmatisch Übereinstimmung voraus. Der französische Marschall Pétain und das Vichy-Regime haben z.B. nicht deshalb mit der Nationalsozialismus kollaboriert, weil sie selbst Nazis geworden waren, sondern weil sie sich mit den zeitweiligen Beherrschern Frankreichs im eigenen und im Interesse großer Teile der kollaborationsbereiten französischen Bourgeoisie arrangieren wollten.

Die nicht zu leugnende Feststellung, daß die große Masse der zionistischen Bewegung und ihre zentrale Führung in Deutschland wie auch auf internationaler Ebene die Kollaboration mit den Nazis nicht nur gesucht hat, sondern mit dieser auch tatsächlich kollaboriert hat, sollte zumindest nachdenklich machen. Diese Tatsache festzustellen, hat nicht das geringste mit Antisemitismus zu tun – schon deshalb nicht, weil die zionistische Bewegung der dreißiger Jahre weit davon entfernt war, die Mehrheit der Juden zu repräsentieren. Faktisch haben nun einmal fast nur jüdische Kommunisten und Sozialisten Widerstand gegen den deutschen Faschismus geleistet. Der Hauptstrom des bürgerlichen Judentums leistete zwar keinen Widerstand, bemühte sich aber wenigstens nicht um eine aktive Zusammenarbeit mit den Nazis.[39] Nur die zionistische Bewegung hat aktiv mit den Nazis kollaboriert.

Behauptungen wie die, daß damit Juden selbst für den Holocaust verantwortlich gemacht werden, oder Schuldgefühle projiziert werden, sind von Logik und Plausibilität nicht einmal angekränkelt. Es ist nicht antisemitisch, wenn der Anspruch der zionistischen Bewegung, die (in der überwältigenden Mehrheit nichtzionistischen) jüdischen Opfer des nationalsozialistischen Völkermordes zu repräsentieren, in Frage gestellt wird. Es ist auch nicht antisemitisch festzustellen, daß die zionistische Bewegung dazu wegen ihrer Kollaborationsgeschichte von allen politischen Strömungen unter Juden am wenigsten legitimiert ist. Umgekehrt gibt es vor diesem historischen Hintergrund eine Menge Anlässe, allen Versuchen mit Skepsis zu begegnen, die nationalsozialistischen Verbrechen durch die kritiklose Unterstützung des zionistischen Kolonialsiedlerstaates Israel kompensieren zu wollen.

---

39 Vgl. Arno Lustiger, Zum Kampf auf Leben und Tod! Vom Widerstand der Juden in Europa 1933-1945, Köln/Erftstadt 1994, hier insbesondere: Nathan Eck, Jüdischer und europäischer Widerstand (S. 35ff und Werner Jochmann, Zur Problematik des Widerstands deutscher Juden, S.44 ff sowie Arnold Paucker, Jüdischer Widerstand in Deutschland, S. 47ff

Das Kolonialprojekt Eretz Israel war nie das Produkt eines imaginierten zionistischen Antifaschismus und auch kein Projekt, um die deutschen und europäischen Juden vor der Vernichtung zu retten. Es konnte diesen Charakter schon deshalb nicht haben, weil die zionistische Führung seinerzeit weder von drohenden Weltkriegen noch von einem drohenden Völkermord ausging. Der Zweite Weltkrieg wurde von ihr selbst dann noch in seiner Bedeutung heruntergespielt, als er schon begonnen hatte. Die zionistische Bewegung bemühte sich auch nicht darum, so vielen deutschen Juden wie möglich dabei zu helfen, dem antisemitischen Terror in Deutschland zu entkommen.

So heißt es bezeichnenderweise in einem Papier des deutschen Auswärtigen Amtes vom 25.01.1939: „Dabei ist zu bezweifeln, ob das internationale Judentum überhaupt ernstlich die Massenabwanderung seiner Rassegenossen aus Deutschland und aus anderen Staaten ohne das Äquivalent eines Judenstaats wünscht. Die in den bisherigen jüdischen Vorschlägen eingeschlagene Taktik zielt jedenfalls weniger auf die Massenabwanderung von Juden als auf den Transfer jüdischen Vermögens ab."[40] Die Nazi-Analytiker hatten sich hierin nicht getäuscht. David Ben-Gurion, damals und in der Nachkriegszeit einer der wichtigsten zionistischen Politiker, erklärte anläßlich der Reichspogromnacht 1938 (von den Nazis „Reichskristallnacht" genannt), daß, wenn das „menschliche Gewissen" verschiedene Länder dazu bringen könnte, ihre Grenzen für jüdische Flüchtlinge aus Deutschland zu öffnen, dies eine Bedrohung für den Zionismus sei: „Der Zionismus ist in Gefahr!"[41]

Die vom Zionismus zur Kollaboration ausgestreckte Hand wurde also, zumindest für einige Jahre, von den Nazis ergriffen, die hier zunächst eine Chance sahen, die Zionisten für ihre Ziele zu instrumentalisieren. Der im Sicherheitsdienst der SS für die Judenpolitik ursprünglich zuständige Referatsleiter von Mildenstein, der mit der SD-Führung die Auswanderung als Mittel zur Lösung der Judenfrage betrieb, hatte sorgfältig jedes Quentchen Vordringen des Zionismus unter den deutschen Juden registriert: „Jeder zionistische Erfolg dünkte den Männern von II112 wie ein eigener Erfolg, zionistische Niederlagen waren ihnen auch Niederlagen des SD. Es habe erst der NS-Machtübernahme bedurft, hielt II112 nicht ohne Stolz fest, ‚um einen Teil

---

40 Leon Poliakov/Joseph Wulf, Das Dritte Reich und seine Diener, Wiesbaden 1989, S. 149ff
41 Zitiert nach Tom Segev, a.a.O., S.43

der Juden in Deutschland zurückzuführen zum jüdischen Nationalismus'. [...] Und argwöhnisch registrierte ein Zionismus-Beobachter des SD die Unternehmungen der antizionistischen Juden [...]".[42] Für die Zionisten bedeutete das, daß sie ihre Tätigkeit mit Unterstützung der SS noch weiter führen konnten, daß sie weiter Schulungszentren für Auswanderungswillige betreiben und die zionistischen Jugendorganisationen in ihren Braunhemden weiterarbeiten konnten, als die Arbeit der nichtzionistischen jüdischen Organisationen von den Nazis schon massiv behindert wurde[43] und daß es ihnen mit Hilfe der Nazis gelang, von einer 2%-Minderheit der deutschen Juden zur dominanten Kraft im deutschen Judentum zu werden.

Einigen der deutschen Zionisten ging das noch nicht weit genug.

Georg Kareski, Berliner Bankier, zwischen 1928 und 1930 Vorsitzender der Berliner *Jüdischen Gemeinde*, der mit der abstinenten Haltung der ZVfD zur Innenpolitik schon länger nicht einverstanden war, schloß sich der rechtszionistischen Bewegung Jabotinskys an. Er bemühte sich um eine intensivere Kollaboration mit den Nazis und gründete die *Staatszionistische Organisation*. Mit Hilfe der Nazis wurde er Leiter des *Reichsverbandes jüdischer Kulturbünde*. In einem Interview mit der von Joseph Goebbels herausgegebenen NS-Zeitung *Angriff*, das von der Redaktion mit „Die Nürnberger Gesetze erfüllen auch alte zionistische Forderungen"[44] übertitelt wurde, äußerte er sich – insofern aber in Übereinstimmung mit dem zionistischen Mainstream – zustimmend zu den Nürnberger Gesetzen:

„Ich habe seit vielen Jahren eine reinliche Abgrenzung der kulturellen Belange zweier miteinander lebender Völker als Voraussetzung für ein konfliktloses Zusammenleben angesehen und bin für eine solche Abgrenzung, die den Respekt vor dem Bereich eines fremden Volkstums zur Voraussetzung hat, seit langem eingetreten." Auf die Frage, was er zum Verbot von Mischehen, abgesehen „von der rassenpoli-

---

42 Heinz Höhne, Der Orden unter dem Totenkopf. Die Geschichte der SS, München 1984, S.307

43 Adolf Eichmann: „Alles, was der Auswanderung dient, wird erlaubt ... Im ... Altreich hat die zionistische Vereinigung freie Entwicklungsmöglichkeit, haben die religiösen Organisationen freie Betätigungsmöglichkeit, soweit sie sich auch für Auswanderungsfragen einsetzen und interessieren.", zitiert nach Friedrich Karl Kaul, Der Fall Eichmann, Berlin, S.50; vgl. auch Klaus Polkehn, Zusammenarbeit von Zionismus und Faschismus, in *Al Karamah* Nr. 9, 1988;

44 *Angriff* vom 23.12.1935

tischen Bedeutung" vom „jüdisch-völkischen Standpunkt aus zu sagen habe", erklärte Kareski: „Die ungeheuere Bedeutung eines gesunden Familienlebens bedarf auf jüdischer Seite keiner Erläuterung. Wenn das jüdische Volk sich zwei Jahrtausende nach dem Verlust seiner staatlichen Selbständigkeit trotz fehlender Siedlungsgemeinschaft und sprachlicher Einheit bis heute erhalten hat, so ist dies auf zwei Faktoren zurückzuführen: Seine Rasse und die starke Stellung der Familie im jüdischen Leben. Die Lockerung dieser Bindungen in den letzten Jahrzehnten war auch auf jüdischer Seite Gegenstand ernster Sorge. Die Unterbrechung des Auflösungsprozesses in weiten jüdischen Kreisen, wie er durch die Mischehe gefördert wurde, ist daher vom jüdischen Standpunkt aus rückhaltlos zu begrüßen. Für die Schaffung eines jüdischen Staatswesens in Palästina behalten diese beiden Faktoren, Religion und Familie, eine entscheidende Bedeutung."

Es ist daher nicht verwunderlich, daß vor gut 25 Jahren John Bunzl bezüglich der zionistischen Ideologie treffend schrieb: „Die Kritik (am Zionismus) entspricht auch der Erkenntnis, daß es tatsächlich viele Parallelen zwischen zionistischen und antisemitischen Auffassungen gibt. Man denke nur an die Ablehnung der Assimilation, die von vielen mittel-europäischen Zionisten mit rassistischen Argumenten begründet wurde. Sie lehnten den Antisemitismus nicht grundsätzlich ab und betrachteten ihn als mobilisierenden Faktor ihrer Bestrebungen. Ja, sie übernahmen sogar die antisemitischen ‚Diagnosen', um ihre ‚Therapie' zu legitimieren. Man kann das als ‚Identifikation mit dem Aggressor' betrachten, die sich bei rechten Zionisten besonders in militaristischem Gehabe und bei linken in Selbsthaß und Autoaggression durch physische Arbeit ausdrückt. Beide wollen den angeblichen ‚parasitären' Juden in sich überwinden und einen neuen, sozusagen ‚arischen' Juden schaffen, den man dann den Antisemiten als Bestätigung und/oder als Gegenbeweis vorlegen könne. Hier liegt *ein* Grund für die zweifellos vorhandenen pro-israelischen Sympathien bei vielen Antisemiten.

Daher auch die Übernahme zionistischer Argumente durch heutige reaktionäre Historiker. Auch sie sehen etwa die Assimilation (wie ehedem) als ‚grandiosen Irrweg', gelungene Integration als ‚Fiktion' und individuelle Bemühungen in diesem Sinn als ‚hoffnungslos' und moralisch verwerflichen Versuch, das ‚unverlierbare Kainszeichen' abzustreifen. Der Verlust ‚jüdischer Substanz', ‚völkischer Eigenart' wird als ‚Entwurzelung', ‚Selbstaufgabe' und ‚jüdischer Selbstverrat' charakterisiert. Damit sollen zwei Fliegen auf einmal getroffen werden:

Man kann weiterhin die ‚Assimilationsjuden' für die Zersetzung der ‚abendländischen Kultur' (d.h. im Klartext: alle fortschrittlichen und demokratischen Entwicklungen) verantwortlich machen und gleichzeitig [...] die Gründe der Zerstörung von Integration aus der deutschen Gesellschaft entfernen und in die jüdische Geschichte/Gruppe verlegen – und dazu noch als ‚sinnvoll' ausgeben. Kein Wunder, daß auf diesem Weg eine retrospektive-teleologische Rechtfertigung des Zionismus gelingt."[45]

Unkritische Geschichtslosigkeit

Ein nicht geringer Teil der Autoren, die sich mit Zionismus und Antisemitismus beschäftigen, vermeidet heute jede kritische Auseinandersetzung mit der zionistischen Bewegung, ihrer Geschichte und Ideologie wie auch mit der israelischen Politik. Ebenso wird die historische Kontinuität der Verbindung zwischen zionistischer Bewegung und israelischer Politik konsequent ausgeblendet.[46]

Typisch für diese Art demagogischen Raisonnements: „Für die planmässige Vernichtung von Millionen von Menschen gibt es keine Gründe. Daher ist die Praxis der Historisierung, der neuen ‚Einordnung', der ‚Aufhebung von Denkverboten', der ‚Enttabuisierung' nichts als Verharmlosung, nur die kleinen Varianten der Auschwitzlüge. Historiker arbeiten am geschichtslosen Bewusstsein, indem sie versuchen zu relativieren und zu vergessen. Aber gerade diese Versuche verstärken die unbewußten Schuldgefühle, die sie ursprünglich motivierten [...] Dies hat die Schuldgefühle der älteren Generation auf die jüngere Nachkriegsgeneration übertragen."[47] Die Beschäftigung mit Geschichte, die Erklärung von Zusammenhängen wird hier zur Geschichtslosigkeit erklärt; Geschichtsschreibung wird ganz im Sinne von George Orwells „1984" gedeutet als die Verweigerung von Erinnerung; Vulgärpsychologie ersetzt Analyse. Das ist der Boden, auf dem ein Henryk Broder so tiefschürfende Erkenntnisse wie die, daß „einer gegen Auschwitz und

---

45 J. Bunzl, Überlegungen zu Antisemitismus und Antizionismus. Manuskript, um 1980, zitiert nach Jakob Taut, Judenfrage und Zionismus, Frankfurt/M. 1986, S.29 f
46 Vgl. Hanna Braun, A Basic History of Zionism and its Relation to Judaism, www.steinberg-recherche.com/hannabraun.htm
47 Homepage von Walter Fruth/Antisemitismus004, www.link-f.org/leute/w.fruth/temas/antisemit004.html

dennoch Antisemit sein kann"[48] unter großem Beifall als quasi unumstößlichen Beweis für seine These verkünden kann, daß, wer Israel kritisiert, immer schon Antisemit war und ist.

Das israelisch-arabische Verhältnis wird von durch derlei Pseudologik erleuchteten Zeithistorikern nicht in seinem realen Verlauf untersucht, sondern durch die Brille der zionistischen Propaganda betrachtet. Der arabische Widerstand gegen die rassistische Unterdrückungspolitik gegenüber den Arabern mit israelischem Paß wird ignoriert[49], deren faktische Entrechtung und die israelische Apartheid-Politik[50] ausgeblendet und Israel entgegen allen Fakten hartnäckig zur einzigen Demokratie des Nahen und Mittleren Ostens erklärt, die sich bloß gegen den arabischen Terrorismus verteidigt.

Gerechtfertigt wird dieser Tunnelblick durchweg damit, daß es sich für Deutsche nicht zieme, die israelische Politik zu kritisieren. Deutschland sei – natürlich nicht aufgrund der unvertretbaren Kollektivschuldthese, aber durch deren Ersatzkonstrukt, eine Art moralischer Kollektivhaftung, nämlich einer „besonderen Verantwortung" der Deutschen für das Judentum – verpflichtet, das Existenzrecht Israels allzeit zu gewährleisten.

Falsche Lehren aus der Geschichte und die Mär vom zunehmenden Antisemitismus

Nicht das Bekenntnis zu einem universalen Humanismus soll danach die Lehre aus dem Faschismus sein, sondern die faktisch kritiklose und bedingungslose Unterstützung Israels, das aus dieser Sicht die Opfer des Faschismus repräsentiert.

Nicht die Abwehr des wirklichen Antisemitismus der Alt- und Neonazis steht daher im Zentrum der Aufmerksamkeit dieser Autoren, sondern die Denunzierung der kritischen Auseinandersetzung mit der

---

48 Henryk M. Broder, Der ewige Antisemit, Über Sinn und Funktion eines beständigen Gefühls, Berlin 2005, S. 11f
49 Vgl. hierzu ausführlich Dieter Elken, Zum Existenzrecht Israels, in: www.marxismus-online.eu
50 Die israelische Politik wurde erstmals 1961 von Hendrik Verwoerd als Apartheid-Politik bezeichnet. Verwoerd war damals südafrikanischer Premierminister und Architekt der seinerzeitigen Apartheid-Politik. In jüngster Zeit wurde diese Charakterisierung vom Alt-US-Präsidenten Jimmy Carter in seinem Buch „Palestine: Peace Or Apartheid" verwendet, erschienen 2006.

israelischen Politik. Selbst offenkundig berechtigter, konkreter Kritik an der israelischen Besatzungspolitik wird nach dem oft geäußerten Motto: „Warum ausgerechnet Kritik an Israel? Warum nicht Kritik an anderen?" vorgeworfen, den „latenten" Antisemitismus der breiten Masse zu bedienen.

Wer, wie 60 Prozent der deutschen Bevölkerung die israelische Politik als Gefahr für den Weltfrieden ansieht, gilt ihnen als antisemitisch verhetzt durch deutsche Medien wie den *Spiegel*. Erst recht soll das für die mehr als 50 Prozent der Deutschen gelten, die durch die Bildberichte über die israelische Besatzungspolitik in den seit 1967 von Israel besetzten palästinensischen Gebieten an die Verbrechen der nationalsozialistischen Besatzungspolitik in den europäischen Ländern erinnert werden.

Die Mehrzahl der zeitgenössischen Antisemitismusforscher vertritt dementsprechend die These, daß der Antisemitismus in Deutschland (aber nicht nur da) zunimmt. Tatsächlich läßt sich diese oft wiederholte Behauptung nicht empirisch belegen.[51]

Die Anhänger dieser These gestehen selbst ein, daß „die Bewertung von Juden als eine minderwertige Rasse in Europa gesellschaftlich weitestgehend geächtet ist und sich allenfalls in kleinen neonazistischen Zirkeln finden läßt".[52]

Sie rechtfertigen ihre Einschätzung damit, daß sie rein spekulativ von einem „latenten" oder „sekundären" Antisemitismus ausgehen, der zwar vorhanden sei, aber wegen der Tabuisierung des völkisch-rassistischen Antisemitismus nach 1945 nicht offen geäußert wird. Dieser äußere sich in Deutschland neben Antiisraelismus vor allem darin, daß

---

51 Die empirischen Studien, die diese These belegen sollen, verzichten geradezu sorgfältig darauf, eine präzise Unterscheidung zwischen generell judenfeindlichen Aussagen, Akten und Vorfällen einerseits und israelkritischen Positionen andererseits zu treffen. Es mangelt ihnen daher an wissenschaftlicher Seriosität. Ein Beispiel hierfür ist der Antisemitismusbericht der US-Regierung, dort heißt es: „Die Dämonisierung Israels oder Schmähung israelischer Politiker, mitunter durch Vergleiche mit führenden Nazis und unter Verwendung von Nazisymbolen zum Zwecke der Karikatur, weist auf eine antisemitische Haltung hin und nicht auf eine gerechtfertigte Kritik der israelischen Politik in einer kontroversen Angelegenheit.", http://www.antisemitismus.net/2005/01/antisemitismus-1p.htm

52 So z.B. Ralf Balke in: Israel als „kollektiver Jude": „Die Weisen von Zion" sind noch immer unter uns: 31 Autoren analysieren den alten und den neuen Antisemitismus, *Tagesspiegel* vom 15.01.2007, unter Berufung auf : Klaus Faber/Julius Schoeps/Sacha Stawski (Hrsg.), Neualter Judenhass, Berlin 2006

den Juden vorgeworfen würde, Schuldgefühle auszubeuten.[53] Der vormoderne, klerikal-christliche Antisemitismus des späten europäischen Mittelalters spielt keine bedeutende Rolle mehr und findet kaum noch Erwähnung. Und die von völlig andersartigen Ursachen geprägte Judenfeindschaft von Teilen der arabisch-islamischen Immigranten kann ebenso schwerlich angeführt werden, um die innere Haltung der hiesigen Bevölkerungsmehrheit zu charakterisieren.

Um die von ihnen übernommene These vom ewigen Antisemitismus zu retten, wird deshalb kurzerhand auf den Nah-Ost-Konflikt rekurriert, dessen vorgebliche Fehlbewertung durch deutsche Medien und islamische Migranten, antizionistische oder antiimperialistische Linke und durch die sich anhängende extreme Rechte die Grundlage eines neuen Antisemitismus sein soll, für den Israel die Rolle eines „kollektiven Juden" einnimmt.[54] Dabei wird immer auf demagogische Weise suggeriert, die Ablehnung eines exklusiv seinen jüdischen Bürgern vorbehaltenen Staates ziele auf die Vernichtung seiner jüdischen Bürger. Die antizionistische Kritik stellt jedoch weder das Existenzrecht der Juden noch das Existenzrecht der jüdischen Bürger Israels in Frage, sondern nur das (im Völkerrecht nicht bekannte) Existenzrecht des Staates Israel, der nicht der Staat seiner nichtjüdischen Bürger sein will und es auch nicht ist.[55]

Dieser blühende Unsinn der Kritiker des Antizionismus gibt sich kaum noch den Anschein von Wissenschaftlichkeit. Da wird den gegensätzlichsten politischen Strömungen unter Berufung auf die vorgebliche Verwendung „traditioneller negativer Stereotype" (die so gut wie nie benannt und schon gar nicht konkret zugeordnet werden) pauschal ein gemeinsamer Antisemitismus unterstellt, den es nicht gibt, der nicht nachgewiesen wird und auch nicht nachgewiesen werden kann.

---

53 Vgl. die vom Leiter des Berliner Zentrums für Antisemitismusforschung und zwei weiteren führenden Vertretern dieser These, Werner Bergmann und von Juliane Wetzel, verfaßte Studie im Auftrag des European Monitoring Centre on Racism and Xenophobia/Europäische Stelle zur Beobachtung von Rassismus und Fremdenfeindlichkeit: EUMC, Manifestations of Antisemitism in the EU, Report 2006, S. 18 f. Die erste Vorgängerstudie 2002 war vom EUMC wegen ihrer fragwürdigen und unklaren Antisemitismusdefinition als unwissenschaftlich kritisiert worden. Die methodisch extrem fragwürdigen Ansätze dieser Autoren sind seither beibehalten worden, siehe: www.antisemitismus.net/europa/antisemitismus-studie.htm

54 Ralf Balke unter Berufung auf Lars Rensmann, in: Klaus Faber/Julius Schoeps/Sacha Stawski (Hrsg.), Neu-alter Judenhass, Berlin 2006

55 Vgl. Jonathan Cook, Still Jews Only, in: www.weekly.ahram.org.eg/print/2006/824/op12.htm

Obwohl marxistische Antizionisten immer wieder betonen, daß der Zionismus zu keinem Zeitpunkt alle politischen Strömungen des europäischen Judentums und schon gar nicht des außereuropäischen Judentums repräsentiert hat[56], und zugleich darauf hinweisen, daß die Mehrheit des modernen Judentums es entgegen dem zionistischen Traum vorzieht, außerhalb Israels zu leben, wird Antizionisten pauschal (und natürlich ebenfalls ohne die Benennung von Roß und Reiter) unterstellt, sie würden Israel als „kollektiven Juden" sehen. Wir haben es dabei offenbar mit einem klassischen Fall von Projektion zu tun.

Zu heftige Kritik an Israel, besonders wenn sie an die Legitimität eines Staatswesens rührt, das nur Staat eines Teils seiner Staatsbürger sein will, ist aus der Sicht dieser Autoren folglich „sekundärer Antisemitismus". Empörte Vergleiche der brutalen israelischen Politik in den 1967 besetzten palästinensischen Gebieten mit der Besatzungspolitik der Nazis in Osteuropa im Zweiten Weltkrieg werden ohne jede sachliche Prüfung ihrer jeweils konkreten Berechtigung als Projektion „zur Entlastung der eigenen deutschen Vergangenheit durch die Verharmlosung der Naziverbrechen und die Schuldprojektion auf die Opfer und ihre Nachkommen" denunziert.[57]

Tiefpunkte des deutschen Diskurses oder: Wer relativiert die faschistischen Verbrechen?

Daß diese Sorte Polemik nur Sinn macht, wenn über den Verzicht auf eine sachliche Prüfung der jeweiligen Berechtigung dieser Vergleiche hinaus eine gesteigerte Form der Kollektivschuldthese akzeptiert wird, nämlich nicht nur die klassenübergreifende, Herrschende und Beherrschte umfassende Kollektivschuld des deutschen Volkes der dreißiger und vierziger Jahre, sondern darüber hinaus inzwischen auch eine gleich mehrere Generationen übergreifende Erbschuld, markiert

---

56 So schon 1991: Meno Hochschild, Antizionismus, Palästina und Israel, in: www.marxismus-online.eu
57 Vgl. Yves Pallade, Medialer Sekundärantisemitismus, öffentliche Meinung und das Versagen gesellschaftlicher Eliten als bundesdeutscher Normalfall, in: Klaus Faber/Julius Schoeps /Sacha Stawski (Hrsg.), Neu-alter Judenhass, Berlin 2006, S. 49 ff

einen intellektuellen Tiefpunkt der Auseinandersetzung und verdeutlicht die jämmerliche Qualität der hierzulande geführten Debatte.

Hier dürfte sich ein grundlegender Irrtum und Denkfehler des deutschen politischen Mainstream-Diskurses bezüglich der Verbrechen des Nationalsozialismus auswirken. Meist wird unwidersprochen die These hingenommen, daß Vergleiche mit anderen Völkermorden den Holocaust „relativieren". Vergleiche der Verbrechen des deutschen Faschismus mit den Verbrechen anderer Regimes und Epochen relativieren, aber weder die Verbrechen des deutschen Faschismus noch die Kriegsgreuel anderer Mächte. Sie können auch niemanden „entlasten", wenn von Schuld gesprochen wird. Mörder bleiben auch dann Mörder, wenn anderswo und zu anderen Zeiten für andere, faschistische und auch demokratische Regimes ebenfalls Völkermorde begangen werden.

Die Tatsache, daß die Nazis nicht nur an den europäischen Juden, sondern auch an den Sinti und Roma mit nahezu denselben Methoden einen weiteren Völkermord begangen haben[58], der unter anderem mit Hilfe des Dogmas von der Einzigartigkeit des Holocaust aus dem Bewußtsein der internationalen Öffentlichkeit verdrängt wird, ist kaum zu leugnen[59]. Dieser Verdrängungsakt, tagtäglich verbunden mit der weiteren rassistischen Diskriminierung der Sinti und Roma, ist eine Schande für die europäischen Gesellschaften, aber auch für die prozionistischen Propagandisten, die damit unter den Opfern der Nazis noch einmal eine Selektion eigener Art betreiben.

Der zionistische Kampf um die Monopolisierung der Opferstellung[60] ist seinerseits – nicht nur im Hinblick auf Sinti und Roma – eine nicht hinnehmbare Relativierung der Verbrechen des deutschen Faschismus. Relativiert wird nämlich die Schreckensbilanz des von den deutschen Faschisten entfesselten Zweiten Weltkrieges mit 52 Millionen Toten, von denen in der öffentlichen Diskussion auf wundersame Weise nicht mehr die Rede ist. Die historische Verantwortung des kapitalistischen Systems und seiner herrschenden Klassen für den Faschismus, für wie-

---

[58] Vgl. Michail Krausnick, Der Völkermord, der unterschlagen wurde, http://www.minderheiten.org/roma/index2.htm?http://www.minderheiten.org/roma/textarchiv/texte/krausnick_unterschlagen.htm

[59] Wider die Relativierung des Völkermords an den Sinti und Roma, Stellungnahme des Dokumentationszentrums zu neueren Veröffentlichungen zum Thema, in: http://www.sintiundroma.de/v1/englisch/Start.htm

[60] Vgl. dazu die Darstellung bei Tom Segev, Die siebte Million, S. 525ff sowie insbesondere S. 553 ff

derholte Vernichtungskriege und für wiederholte Völkermorde wird mit der These von der Einzigartigkeit des Holocaust verschleiert. Diese These macht vordergründig nur in Bezug auf seine Massenmordmethoden (scheinbaren) Sinn. Aber auch der Völkermord an den europäischen Juden war nicht einzigartig: Es gab den von den Nazis mit den im Wesentlichen gleichen Methoden betriebenen Völkermord an den Sinti und Roma, dessen grauenvolle Bilanz – 60 % bzw. 70 % der deutschen und österreichischen Sinti und Roma wurden aus rassistischen Gründen vernichtet – nicht unterdrückt werden darf.

Abgesehen von der bereits durch Zeitablauf weitgehend erledigten strafrechtlichen Verfolgung nationalsozialistischer Verbrecher kann sich seriöse Geschichtswissenschaft daher nicht auf moralische (schon gar nicht auf parteilich-verzerrte moralische) und/oder strafrechtliche Bewertungen historischer und zeitgenössischer politischer Entwicklungen beschränken.

Sie muß vergleichen, Ereignisse u. a. sozialpsychologisch, strukturell und historisch einordnen, sie in Beziehung zu anderen Entwicklungen setzen, somit in diesem Sinne (aber auch nur in diesem Sinne!) „relativieren", etc. etc. Weil Politik- und Geschichtswissenschaft darauf abzielen müssen, aktuelle politische Entwicklungen zu verstehen, kann dabei grundsätzlich kein Aspekt ausgeklammert werden.

Relativierung der zionistischen Verbrechen an den Arabern

Es ist im Zusammenhang dieser Debatte in Deutschland üblich geworden, nahezu jede israel- und zionismuskritische Reflexion hiesiger Autoren zum Verhältnis von Zionismus und Antisemitismus, von Zionismus und arabischem Nationalismus sowie zum politischen Islam in Palästina und im Nahen Osten als antisemitisch zu diffamieren. Die Verbrechen des Nationalsozialismus werden damit zugleich mitinstrumentalisiert. Die kritische Auseinandersetzung sowohl mit der israelischen Politik als auch mit deren umfassender und bedingungsloser Unterstützung durch die bundesdeutsche Politik wird stigmatisiert. In der Konsequenz heißt das, daß zugleich die israelischen Verbrechen an den Arabern durch die prozionistische Propaganda verharmlost und relativiert werden können, indem der arabische Widerstand gegen die zionistische Kolonisierungspolitik pauschal als antisemitisch etikettiert wird.

Was heute in der deutschen Diskussion über arabischen Antisemitismus ausgeblendet wird

Der arabische Widerstand gegen die zionistische Kolonisationstätigkeit in Palästina hatte mit den gesellschaftlichen Wurzeln des europäischen Antisemitismus nichts zu tun. Letzterer war eine Reaktion auf die Unfähigkeit des Kapitalismus, die gesellschaftlichen Folgen der Auflösung der Feudalgesellschaften durch die Integration der davon Betroffenen in die moderne bürgerliche Gesellschaft erträglich zu machen. Die zionistische Kolonisation zielte von Anfang an auf die Verdrängung und Zerstörung der arabischen Gesellschaft in Palästina.

Die islamische Welt kannte vor Beginn der zionistischen Siedlungstätigkeit in Palästina im 19. Jahrhundert keine antijüdischen Pogrome und keinen religiös begründeten Judenhaß.[61] Juden und Christen konnten in ihr, sofern sie auf jede Form der Missionierung verzichteten, als eine Art zweitklassiger und sozial benachteiligter religiöser Minderheit jahrhundertelang weitgehend unbehelligt leben. Tatsächlich gab es im arabisch-islamischen Mittelalter eine Art kultureller Symbiose zwischen Judentum und Islam. Nach der christlichen Eroberung Spaniens wanderten viele der dort vertriebenen Juden in den wesentlich toleranteren arabischen Raum aus. Im Osmanischen Reich entzündete sich der arabische Widerstand gegen die zionistische Expansion in Palästina erst daran, daß die zionistische Kolonisation nicht auf die Integration der Einwanderer in die palästinensische Gesellschaft abzielte, sondern auf deren systematische Verdrängung und Zerstörung. Darüber hinaus lief dieses Siedlungsprojekt auf die Schaffung einer autonomen, rein jüdisch-zionistischen Enklave im arabischen Raum hinaus. Die Zionisten betrieben als Minderheit eine exklusiv jüdische Staatsgründung und paktierten dabei immer mit den Unterdrückern der arabischen Bevölkerung Palästinas.

---

61 Siehe hierzu Bassam Tibi, Der importierte Hass. Antisemitismus ist in der arabischen Welt weit verbreitet. Dabei widerspricht er islamischer Tradition, in: *DIE ZEIT* 07/2003 (unter Berufung auf das Standardwerk des Islamwissenschaftlers Bernard Lewis, The Jews of Islam, 1992)

Der Widerstand gegen das zionistische Kolonialsiedlungsprojekt war daher von Anfang an legitim. Nach der vom Völkerbund abgesegneten britisch-imperialistischen Besetzung Palästinas reihte er sich ein in die Kette nationaler Befreiungskämpfe gegen den Imperialismus. Der arabisch-palästinensische Befreiungskampf gegen den Imperialismus und den mit ihm zusammenarbeitenden zionistischen Kolonialismus kann daher wegen seiner insoweit emanzipatorischen sozialen Zielsetzung nicht mit den antisemitischen Ausbrüchen und Kampagnen in Europa gleichgesetzt werden, die durch und durch reaktionären Charakter hatten. So weit dieser antiimperialistische Widerstand mit dem europäischen Judenhaß grundsätzlich gleichgesetzt und als antisemitisch diffamiert wird, handelt es sich schlicht um Kampfpropaganda.

Andererseits ist nicht zu bestreiten, daß der Versuch, in Palästina einen exklusiven Staat der Juden zu errichten, auch unter Arabern verbreitet Judenhaß hervorrief. Mangels klarer Analysen der zionistischen Bewegung, ihrer sozialen Ursachen, Ziele, Strategien und Methoden griffen insbesondere rechte, traditionelle arabische Führer sowie den alten, halbfeudalen Gesellschaftsstrukturen verbundene Kräfte auf antisemitische Erklärungsmuster zurück. Die Übernahme der antisemitischen Ideologie und die Suche nach Bündnispartnern erfolgte dabei nach dem simplen Muster „der Feind meines Feindes ist mein Freund", das allerdings auch in der zionistischen Bewegung verbreitet war. In den dreißiger und vierziger Jahren des 20. Jahrhunderts bemühte sich z.B. der Mufti von Jerusalem, Hadj Amin el-Hussein, (vergeblich) um die Unterstützung der Nazis für die arabische Sache.

Lenni Brenner hat im 8. Kapitel seines Buches am Beispiel der Entwicklung des bekannt-berüchtigten Muftis von Jerusalem beschrieben, in welche politischen Sackgassen dessen reaktionäre und durch nichts zu rechtfertigende Politik die arabische Sache bereits in den dreißiger und vierziger Jahren geführt hatte.[62] Antizionistische Politik wird nur erfolgreich sein können, wenn sie konsequent antiimperialistisch ist und sich von allen Formen reaktionärer Ideologien befreit. Die zionistische Bewegung hat die Rückgriffe von Teilen des arabischen Widerstands auf antisemitische Ideologien immer auszunutzen verstanden. Diese wurden zu den stärksten und wirksamsten ideologischen Waffen

---

62 Vgl. hierzu auch: Klaus Polkehn, Zusammenarbeit von Zionismus und deutschem Faschismus. Teil 1, „Der Deutsche" und der Mufti – und die Zionisten, in: *Al Karamah*, Nr. 9, 1988

der israelischen und prozionistischen Propaganda in Europa und Nordamerika. Erhebliche Teile der arabischen Linken haben das verstanden und distanzieren sich von allen Versuchen, Judentum und Zionismus gleichzusetzen.

Viele Araber in Palästina und darüber hinaus viele Moslems anderer Länder, einschließlich vieler muslimischer Immigranten in Europa, verhalten sich aber auch heute noch generell antijüdisch. Nicht zuletzt haben einige Propagandisten des politischen Islam Aussagen getätigt, die sich gegen alle Juden richten und nicht nur speziell gegen die israelische Politik und die zionistische Bewegung. In vielen muslimisch geprägten Ländern finden zudem antisemitische Machwerke, wie die vom zaristischen Geheimdienst produzierten *Protokolle der Weisen von Zion* massive Verbreitung. Wenn Engels Charakterisierung des Antisemitismus des 19. Jahrhunderts als Antikapitalismus der Dummköpfe richtig gewesen ist, könnte man den arabisch-muslimischen Antisemitismus heute als Antiimperialismus der Dummköpfe bezeichnen.

Das ändert jedoch nichts an den Ursachen des Nahostkonflikts, der anhaltenden Kolonisation, dem fortdauernden israelisch-zionistischen Expansionsdrang und nichts an den tatsächlichen Machtverhältnissen im Nahen Osten. Israel ist die mit Abstand stärkste Militärmacht der Region, die unter dem Schirm ihrer totalen militärischen Dominanz, der andauernden ökonomischen und militärischen Unterstützung der EU-Länder und der Protektion ihrer US-amerikanischen Schutzmacht ihre aggressive Siedlungspolitik entschlossen vorantreibt. Der Widerstand hiergegen bleibt trotz seiner politischen Schwächen und Fehler legitim.

Es zeugt zudem von einer zynischen Unverfrorenheit, wenn den Opfern dieser Politik vorgeworfen wird, sie würden bei ihrem Widerstand nicht zwischen israelischem Zionismus und Judentum differenzieren. Unverfrorenheit deshalb, weil die zionistische Bewegung in ihrer eigenen Propaganda nicht müde wird zu betonen, daß der Staat Israel der Staat aller Juden ist und weil die zionistische Bewegung immer wieder verkündet, daß sie inzwischen so gut wie alle Juden hinter sich weiß. Man kann den Opfern der zionistischen Politik nicht zum Vorwurf machen, daß sie die Unrichtigkeiten der zionistischen Propagandamythen nicht erkennen. Trotzdem handelt es sich bei derartigen Erscheinungen, die nicht zuletzt auf mangelnder Kenntnis der europäischen

Geschichte beruhen, um schwere politische Fehler, die vor allem dem legitimen Widerstand gegen den Zionismus schaden.

Marxisten werden bei aller notwendigen Solidarität mit den Opfern der zionistischen Politik natürlich deren politische Fehler kritisieren. Sie werden aber auch allen Versuchen entgegentreten, diesen Widerstand durch die vordergründige, exklusive Denunzierung dieser Anleihen beim ideologischen Arsenal des europäischen Antisemitismus zu delegitimieren. Erst recht werden sie sich dagegen wenden, diese Fehler zu mißbrauchen, um umgekehrt die zionistische Kolonisation zu legitimieren. Das hieße, Ursache und Wirkung miteinander zu verwechseln.

Zur politischen Aufklärung gibt es daher keine Alternative. Lenni Brenners Buch hat dazu im angelsächsischen Sprachraum bereits stark beigetragen. Es ist dort auf seinem Gebiet bereits ein Klassiker. Es wird auch hierzulande einen wichtigen Beitrag zur wissenschaftlichen und politischen Klärung leisten.

März, 2007

1. Zionismus und Antisemitismus vor dem Holocaust

Von der Französischen Revolution an über die Entstehung der Nationalstaaten in Deutschland und Italien schien es fast so, als sei die stetige Emanzipation der Juden infolge der zunehmenden Verbreitung des Kapitalismus und seiner liberalen und modernistischen Werte gewissermaßen vorherbestimmt. Selbst die russischen Pogrome der 80er Jahre des 19. Jahrhunderts mochte man eher als ein letztes Aufbäumen des sterbenden feudalistischen Systems der Vergangenheit sehen und weniger als Vorboten zukünftiger Entwicklungen. Doch als Theodor Herzl 1896 sein Buch *Der Judenstaat* veröffentlichte, konnte von einem so optimistischen Szenario keine Rede mehr sein. Im Jahr 1895 hatte er selbst miterlebt, wie der Pariser Mob lautstark den Tod von Dreyfus gefordert hatte. Und im selben Jahr wurde er Zeuge, wie die Angehörigen des Wiener Mittelstandes dem Antisemiten Karl Lueger zujubelten, nachdem dieser überlegen die Wahl zum Bürgermeister von Wien gewonnen hatte.

Angesichts der vielen Niederlagen für die Juden – nicht nur im rückständigen Russland, sondern auch in den großen Zentren des industrialisierten Europas – war der Anspruch des modernen Zionismus der denkbar nobelste: die Rettung des unterdrückten jüdischen Volkes durch die Schaffung eines eigenen Staates. Jedoch vertrat die Bewegung von Anfang an die Überzeugung eines Teils des jüdischen Mittelstandes, der glaubte, die Zukunft gehöre den Judenhassern und der Antisemitismus sei nicht nur unvermeidbar, sondern naturgegeben. In der festen Überzeugung, dass der Antisemitismus nicht besiegt werden könne, hat die neue *Zionistische Weltorganisation* nie den Kampf dagegen aufgenommen. Die Anpassung an den Antisemitismus – und seine pragmatische Nutzung zur Erreichung des Ziels eines eigenen jüdischen Staates – wurden zu zentralen Konzeptionen der Bewegung, denen sie selbst in der Zeit des Holocaust treu blieben. Im ersten Eintrag seines neuen *Zionistischen Tagebuchs* vom Juni 1895 fixierte Herzl dieses Axiom des Zionismus: „In Paris also gewann ich ein freieres Verhältnis zum Antisemitismus, den ich historisch zu verstehen und zu entschuldigen anfing. Vor allem erkannte ich die Leere und Nutzlosigkeit der Bestrebungen ‚zur Abwehr des Antisemitismus'".[1]

---

[1] Bein, Alex et al. (Hrsg.): *Theodor Herzl – Briefe und Tagebücher*; Berlin u.a.; Propyläen Verlag; 1983-96, 1985; Bd. 2; S.46.

Herzl war im klassischen Sinne ein Mann seiner Zeit und seines Standes, ein Monarchist, der überzeugt war, der beste Herrscher sei *„un bon tyran"* (ein guter/wohlwollender Tyrann).[2] In seinem Buch *Der Judenstaat* proklamierte er: „Auch sind die jetzigen Völker nicht geeignet für die unbeschränkte Demokratie und ich glaube, sie werden zukünftig immer weniger dazu geeignet sein ... Ich glaube nicht an unsere politische Tugend, weil wir nicht anders sind als die anderen modernen Menschen ..."[3]

Sein umfassender Pessimismus veranlasste ihn dazu, die politische Situation im Westeuropa des späten 19. Jahrhunderts völlig falsch zu bewerten. Insbesondere missverstand er den Dreyfus-Fall. Die Tatsache, dass der Fall unter Ausschluss der Öffentlichkeit verhandelt wurde und dass Dreyfus standhaft seine Unschuld beteuerte, brachte viele Menschen zu der Überzeugung, dass hier eine große Ungerechtigkeit verübt worden war. Der Fall löste eine Welle des Protests seitens der nichtjüdischen Bevölkerung aus. Könige diskutierten ihn und fürchteten um die Gesundheit Frankreichs; die Juden in den weit entfernten Dörfern in den Pripet-Sümpfen beteten für Emile Zola. Die Intellektuellen Frankreichs eilten Dreyfus zu Hilfe. Die sozialistische Bewegung holte die Arbeiterklasse ins Boot. Der rechte Flügel der französischen Gesellschaft wurde diskreditiert, der Ruf der Armee befleckt und die Kirche vom Staat getrennt. Der Antisemitismus wurde in Frankreich für lange Zeit ins Abseits gedrängt, bis er unter Hitler wieder neuen Auftrieb erhielt. Doch Herzl, der berühmteste Journalist Wiens, hat nichts unternommen, um auch nur eine Demonstration für die Sache Dreyfus auf die Beine zu stellen. Er betrachtete den Fall stets nur als furchtbares Exempel und nie als Grund, sich zu vereinigen und gemeinsam dagegen anzugehen. Der allgemeine Protest mündete 1899 in einer Neuverhandlung. Ein Kriegsgericht bestätigte zwar die Schuld des Hauptmanns mit fünf zu zwei Stimmen, fand aber mildernde Umstände und setzte das Strafmaß auf zehn Jahre herab. Herzl jedoch sah nur die Niederlage und schmälerte damit die Bedeutung der großen Unterstützung, die der Jude Dreyfus von nichtjüdischer Seite erfahren hatte.

„Wenn man ein Thier so vor aller Augen quälte, würde da nicht auch ein Schrei des Entsetzens aus der Menge aufsteigen? So und nicht

---

[2] Stewart, Desmond: *Theodor Herzl, Artist and Politician*; New York; Quartet Books; 1974; S.141
[3] Herzl, Theodor: *Der Judenstaat*; Augsburg; Ölbaum-Verlag; 1986; S.114.

anders ist die Stimmung für Dreyfus in den nichtfranzösischen Ländern einzuschätzen, vorausgesetzt, daß sie wirklich den günstigen Umfang hat, den manche Juden ... constatieren. Wenn wir unsere Meinung in einem Wort zusammendrängen sollen, möchten wir sagen: Die Ungerechtigkeit, die an Dreyfus begangen wurde, ist so groß, daß man vergißt, einen Juden vor sich zu haben ... Wagt Jemand zu behaupten, daß von sieben Leuten zwei für Juden sind, ja auch nur einer? ... Dreyfus bedeutet eine Position, um die gekämpft wird, und die – täuschen wir uns nicht! – verloren ist."[4]

Die französische Regierung verstand die Lage weit besser als Herzl und verringerte die Strafe, um weiterem Aufruhr aus dem Wege zu gehen. Angesichts des Erfolgs im Dreyfus-Fall sahen die französischen Juden – sowohl rechte als auch linke – den Zionismus als bedeutungslos an. Herzl griff sie in seinem *Zionistischen Tagebuch* scharf an: „Sie suchen Schutz bei den Socialisten u. Zerstörern der jetzigen bürgerlichen Ordnung ... Sie sind richtig keine Juden mehr. Freilich sind sie auch keine Franzosen. Sie werden wahrscheinlich die Führer der europäischen Anarchie werden."[5]

Die erste Chance zur Entwicklung einer eigenen pragmatischen Strategie der Anpassung an den Antisemitismus, die auch die Emigration eines Teils der Juden in einen neuen jüdischen Staat vorsah, bot sich Herzl durch Karl Luegers Erfolg bei der Bürgermeisterwahl in Wien. Der Sieg des Demagogen war der erste große Triumph einer neuen Generation besonders antisemitischer Parteien in Europa, doch die Habsburger lehnten den neu gewählten Bürgermeister kategorisch ab. Etwa acht Prozent ihrer Offiziere waren Juden. Juden galten als absolute Loyalisten in einem Meer von nach Unabhängigkeit strebenden Nationalitäten, die das österreichisch-ungarische Reich zu zerreißen drohten. So konnten der ohnehin schwachen Dynastie durch den Antisemitismus nur neue Schwierigkeiten entstehen. Zweimal weigerte sich der Kaiser, Lueger im Amt zu bestätigen. Herzl war einer der wenigen Wiener Juden, die sich für eine Bestätigung Luegers aussprachen. Statt zu versuchen, eine Opposition gegen den christlich-sozialen Demagogen zu organisieren, traf er sich am 3. November 1895 mit Ministerpräsident Graf Kasimir von Badeni und riet ihm „keck",

---

[4] Schoeps, Julius H.: *Theodor Herzl und die Dreyfus-Affäre*; Wien; Picus Verlag; 1995; S.71. (Der zitierte Artikel wurde von Theodor Herzl unter dem Pseudonym Benjamin Seff verfasst. (Anm. d. Übers.)).

[5] Bein et al.: *Theodor Herzl*; Bd. 2; S.619.

Lueger entgegenzukommen: „Ich glaube, Lueger muß als Bürgermeister bestätigt werden. Wenn Sie ihn das erste Mal nicht bestätigen, dürfen Sie ihn nie mehr bestätigen, und wenn Sie ihn das dritte Mal nicht bestätigen, werden die Dragoner reiten. Der Graf lächelte: ‚Noh!' – mit einem *goguenarden* [spöttischen] Ausdruck."[6]

Die Armut im habsburgischen Galizien und die Diskriminierung in Russland trieben die Juden nach Wien und weiter nach Westeuropa und Amerika. Den Antisemitismus hatten sie im Gepäck. Die neuen Immigranten wurden zum „Problem" für die Herrscher der Gastländer und die bereits etablierten jüdischen Gemeinden, die ein Anwachsen des Antisemitismus in der Bevölkerung befürchteten. Herzl hatte eine Antwort auf diese neue Welle von Immigranten parat, von der er annahm, sie würde sowohl bei der jeweiligen jüdischen Oberschicht, als auch bei der jeweiligen herrschenden Klasse im kapitalistischen Westeuropa Anklang finden: Er wollte ihnen einen Gefallen tun, indem er ihnen die armen Juden abnahm. So schrieb er an Badeni: „Was ich vorschlage, ist ... keineswegs die Auswanderung aller Juden ... Durch die Thüre aber, die ich für die armen Juden aufzustoßen versuche, wird ein den Gedanken recht erfassender christlicher Staatsmann in die Weltgeschichte eintreten."[7]

Seine ersten Versuche, den Widerstand gegen die jüdische Immigration für seine zionistische Idee zu nutzen, scheiterten kläglich, doch dies hielt ihn nicht davon ab, es weiter zu versuchen. 1902 diskutierte das britische Parlament das *Aliens Exclusion Bill*, ein Gesetz, das gegen die Immigranten gerichtet war, und Herzl reiste nach London, um an der Debatte teilzunehmen. Er argumentierte, die britische Regierung solle, statt das Gesetz zu verabschieden, lieber den Zionismus unterstützen. Er traf sich mit Lord Rothschild, doch im Gegensatz zu seinen öffentlichen Äußerungen über eine Verjüngung des Judentums verzichtete er im privaten Gespräch mit dem Lord auf derartige Heuchelei und sagte Rothschild, er selbst sei „einer jener schlechten Kerle, denen die englischen Juden ein Standbild aus Dankbarkeit setzen müßten, weil ich sie vor dem Zufluß der Ostjuden bewahre, und damit vielleicht vor Antisemitismus."[8]

---

6   Ebenda; S.267.
7   Ebenda; S.304.
8   Bein et al.: *Theodor Herzl*; Bd. 3; S.407.

In seiner 1949 geschriebenen Autobiographie *Trial an Error* blickte Chaim Weizmann, damals der erste Präsident des neuen Staates Israel, auf die Kontroverse zum *Aliens Bill* zurück. Der hervorragende junge Chemiker, der selbst als Immigrant nach Großbritannien gekommen war, war 1902 bereits einer der führenden Intellektuellen der neuen zionistischen Bewegung. Er hatte sich mit Sir William Evans Gordon, dem Autor der antijüdischen Gesetzgebung, getroffen und selbst im Rückblick und mit der noch frischen Erinnerung an den Holocaust bestand der Präsident Israels darauf, dass „unser Volk zu hart mit ihm" (Evans Gordon) war.

„Das *Aliens Bill* in England und die Bewegung, die darum wuchs, waren natürliche Phänomene ... Jedes Land nahm nur so lange Juden auf, bis der ‚Sättigungspunkt' erreicht war, dann wehrte es sich dagegen ... Dass tatsächlich die Anzahl der Juden in England, auch ihr prozentualer Anteil an der Gesamtbevölkerung, geringer war als in andern Ländern, war unerheblich; denn entscheidend ist in dieser Sache, ... nicht die mögliche Löslichkeit der jüdischen Substanz in einer Masse Volk, sondern die Fähigkeit dieser Masse zum Auflösen dieser Substanz ... Die Reaktion darauf kann man nicht antisemitisch im gewöhnlichen und üblen Sinn des Wortes nennen; es ist die allgemeine soziale und wirtschaftliche Begleiterscheinung aller jüdischen Einwanderung, die man nicht vermeiden kann ... und trotzdem unsere Ansichten über Einwanderung in scharfem Gegensatz standen, diskutierten wir diese Probleme ganz objektiv, ja fast freundschaftlich."[9]

Bei all seinen Worten über einen scharfen Konflikt mit Evans Gordon gibt es keinerlei Anzeichen, dass Weizmann je versucht hätte, die Öffentlichkeit gegen ihn zu mobilisieren. Was hat Weizmann wohl in der „freundschaftlichen" Diskussion zu ihm gesagt? Keiner von beiden hat es uns mitgeteilt, aber wir können mit Recht annehmen: wie der Lehrer Herzl so sein Schüler Weizmann. Wir können ebenso mit Recht vermuten, dass der erklärte Anhänger pragmatischer Anpassung den Antisemiten um Unterstützung für den Zionismus gebeten hat. Zu keiner Zeit, weder damals, noch später, hat Weizmann versucht, die Juden gegen den Antisemitismus zu mobilisieren.

---

9   Weizmann, Chaim: *Memoiren*; Hamburg; J. P. Toth Verlag; 1951; S.141ff.

„Den Parteien die Juden wegnehmen"

Herzl hatte ursprünglich gehofft, den türkischen Sultan davon überzeugen zu können, ihm als Gegenleistung für die Übernahme der Auslandsschulden des türkischen Reiches durch die *Zionistische Weltorganisation* (WZO), Palästina als autonomes Gebiet zu überlassen. Doch diese Hoffnung erwies sich bald als unbegründet. Abdul Hamid wusste sehr wohl, dass Autonomie stets in Unabhängigkeit mündete und er war fest entschlossen, die Einheit des noch verbliebenen Teils seines Reiches zu bewahren. Die WZO besaß keine eigene Armee und konnte deshalb das Land nicht aus eigener Kraft besetzen. Ihre einzige Chance bestand darin, eine europäische Macht dazu zu bringen, Druck auf den Sultan zugunsten des Zionismus auszuüben. Eine zionistische Kolonie könnte dann unter dem Schutz dieser Macht stehen und die Zionisten wären dann ihre Interessenvertreter im zerfallenden Osmanischen Reich. Herzl arbeitete den Rest seines Lebens an diesem Ziel und wandte sich zunächst an Deutschland. Der Kaiser war selbstverständlich weit entfernt davon, ein Nazi zu sein; er träumte nie davon, Juden zu töten und er gewährte ihnen vollständige wirtschaftliche Freiheit. Dennoch verwehrte er ihnen jeglichen Zugang zum Offizierskorps und zu Positionen im Außenministerium, außerdem wurden sie im Staatsdienst stark diskriminiert.

Ende der 1890er Jahre war Kaiser Wilhelm ernstlich über die ständig anwachsende sozialistische Bewegung besorgt. Da er davon überzeugt war, dass die Juden hinter diesen, seinen Feinden stünden, gewann der Zionismus für ihn zunehmend an Attraktivität. Naiv glaubte er, dass „die sozialdemokratischen Elemente nach Palästina strömen werden".[10] Er gewährte Herzl am 19. Oktober 1898 in Konstantinopel eine Audienz. Bei diesem Treffen bat der Führer der zionistischen Bewegung den Kaiser um seine persönliche Intervention beim Sultan und um die Gründung einer *Chartered Company* unter deutschem Schutz. Die Aussicht, eine Einflusssphäre in Palästina zu erlangen, war äußerst verlockend, doch Herzl bot einem potentiellen konservativen Schirmherren noch einen weiteren Anreiz: „Ich führte aus, daß wir den Umsturzparteien die Juden wegnähmen."[11]

Obwohl der Kaiser sehr daran interessiert war, die Juden loszuwerden, hatte Berlin hier keine Einflussmöglichkeiten. Seine Diplomaten wuss-

---

[10] Yisraeli, David: *Germany and Zionism*; in: Germany and the Middle East; 1835-1939; Tel Aviv University; 1975; S.142.

[11] Bein et al.: *Theodor Herzl*; Bd. 2; S.666.

ten stets, dass der Sultan dem Plan niemals zustimmen würde. Außerdem war der deutsche Außenminister nicht so naiv wie sein Kaiser. Ihm war klar, dass die deutschen Juden niemals freiwillig ihr Heimatland verlassen würden.

Herzl sah sich nach neuen Partnern um und wandte sich auf der Suche nach Unterstützung für seine Pläne sogar an das zaristische Regime in Russland. Dort war der Zionismus zunächst toleriert worden und eine Auswanderung erwünscht. Eine zeitlang hatte Sergej Subatow, Chef der Moskauer Geheimpolizeibehörde, eine Strategie entwickelt, um insgeheim die Gegner des Zaren zu entzweien. „Angesichts ihrer doppelten Unterdrückung hatten jüdische Arbeiter die erste sozialistische Massenbewegung in Russland, den Bund (*Algemeyner Yidischer Arbeter Bund in Liteve, Polyn un Rusland*), begründet. Subatow instruierte seine jüdischen Mittelsmänner, Gruppen der neuen *Poale Zion* (Arbeiter Zions) gegen die Revolutionäre zu mobilisieren."[12] (Der Zionismus ist keine monolithische Bewegung; fast von Beginn an war die WZO in sich geteilt, in offiziell anerkannte Fraktionen. Das Glossar enthält eine Liste der zionistischen und jüdischen Organisationen, die darin vertreten waren.) Doch als Teile der zionistischen Bewegung in Russland auf den Druck des repressiven Regimes und die wachsende Unzufriedenheit reagierten und begannen, sich um die Rechte der Juden in Russland zu kümmern, wurde die Jüdische Kolonialbank (*Jewish Colonial Trust*[13]) geschlossen. Aus diesem Grund reiste Herzl nach St. Petersburg, um dort mit Finanzminister Graf Sergej Witte und Innenminister Wjatscheslaw von Plehwe zu Gesprächen zusammenzutreffen. Von Plehwe hatte das erste Pogrom seit 20 Jahren in Kischinjow in Bessarabien zu Ostern 1903 organisiert. 45 Personen starben und Tausende wurden verletzt; Kischinjow erzeugte Angst und Wut bei den Juden.

Selbst unter den Zionisten trafen Herzls Verhandlungen mit dem mörderischen von Plehwe auf starken Widerstand. Er fuhr nach St. Petersburg, um die Wiedereröffnung des *Colonial Trust* zu erreichen, um eine Verwendung jüdischer Steuergelder zur Subventionierung der Emigration der Juden zu erwirken und um eine Fürsprache des Zaren bei den Türken zu erbitten. Um seine jüdischen Kritiker zu beschwichtigen, bat er zwar nicht um die Beseitigung der *Ansiedlungsrayons*[14] für die

---

12 Gapon George: *The Story of My Life*; *Faser* (Aug. 1905); S.94.

13 Der *Jewish Colonial Trust* (Jüdische Kolonialbank) wurde 1899 von Herzl in London gegründet. Er hatte die Aufgabe, finanzielle Mittel zum Ankauf von Land in Palästina, das damals noch Teil des Osmanischen Reiches war, bereitzustellen.

14 Ein Ansiedlungsrayon war eine Art Sperrbezirk an der Westgrenze des zaristischen Russland. Dort war es Juden erlaubt, sich permanent anzusiedeln.

Juden in den westlichen Provinzen, so doch um dessen Erweiterung, „um den humanitären Charakter dieser Maßnahmen klar zu beweisen".[15] „Das würde gleichzeitig", so meinte er, „gewissen Agitationen ein Ende setzen"[16]. Von Plehwe empfing ihn zunächst am 8. und ein weiteres Mal am 13. August. Den Verlauf dieser Gespräche kennen wir aus Herzls Tagebuch. Von Plehwe schilderte seine Besorgnis über die neue Ausrichtung des Zionismus, wie er sie sah: „Nun hat sich die Lage in der letzten Zeit noch dadurch verschlechtert, weil die Juden zu den Umsturzparteien übergehen. Ihre zionistische Bewegung war uns früher sympathisch, so lange sie auf die Emigration hinarbeitete. Sie brauchen mir die Bewegung nicht erst zu begründen. *Vouz prêchez a un converti.* (Damit rennen Sie bei mir offene Türen ein.) Aber seit dem Minsker Congresse bemerken wir *un changement des gros bonnets*. Es ist weniger vom palästinensischen Zionismus die Rede, als von Cultur, Organisation u. jüdischer Nationalität. Das paßt uns nicht."[17]
Herzl erreichte schließlich die Wiedereröffnung des *Colonial Trust* und von Plehwe ein Bestätigungsschreiben für den Zionismus in Russland; aber diese Unterstützung war an die Bedingung geknüpft, dass die Bewegung sich auf die Emigration beschränkt und davon Abstand nimmt, nationale Rechte innerhalb Russlands zu fordern. Im Gegenzug sandte Herzl von Plehwe die Kopie eines Briefes an Lord Rothschild, in dem Herzl vorschlug: „Zur weiteren Verbesserung der Situation würde es aber wesentlich beitragen, wenn die judenfreundlichen Blätter aufhörten, einen so gehässigen Ton gegen Russland anzuschlagen. In dieser Richtung müßte man demnächst zu wirken versuchen."[18]
Schließlich sprach Herzl sich in Russland öffentlich gegen Versuche aus, sozialistische Gruppierungen innerhalb des russischen Zionismus zu bilden. „In Palästina, in unserem eigenen Land, kann eine radikale sozialistische Partei natürlich ihren Platz finden ... Dort wird sie unser politisches Leben befruchten, dort werde auch ich meine eigene Stellung zum Sozialismus überprüfen. Sie tun mir Unrecht, wenn Sie glauben, dass ich sei ein Feind fortschrittlicher, sozialistischer Ideen bin. Aber in unserer augenblicklichen Lage ist es zu früh, sich mit solchen Fragen zu beschäftigen. Sie liegen noch außerhalb unserer Interessen. Der Zionismus verlangt totale Hingabe – keine teilweise."[19]

---

15 Bein et al.: *Theodor Herzl*; Bd. 3; S.901.
16 Ebenda.
17 Ebenda; S.590.
18 Ebenda; S.602 .
19 Elon, Amos: *Morgen in Jerusalem*; Wien, München, Zürich; Verlag Fritz Molden; 1975; S.394.

Zurück in Westeuropa ging Herzl in seiner Kollaboration mit dem zaristischen Regime sogar noch weiter. In jenem Sommer, während des Zionistischen Weltkongresses in Basel, traf er sich heimlich mit Chaim Schitlowskij, damals eine führende Persönlichkeit der sozial-revolutionären Partei. (Die Zionistischen Weltkongresse finden alle zwei Jahre jeweils in den ungeraden Jahren statt, der Kongress von 1903 war der sechste.) Später beschrieb Schitlowskij diese ungewöhnliche Unterredung. Der Zionist sagte ihm: „Ich komme gerade von Plehwe. Ich habe sein positives bindendes Versprechen, daß er für uns in maximal 15 Jahren eine Charta für Palästina erwirken wird. Dies ist an eine Bedingung geknüpft: Die jüdischen Revolutionäre sollen ihren Kampf gegen die russische Regierung einstellen. Wenn von Plehwe nach Ablauf von 15 Jahren nach der Übereinkunft keine Charta für uns bewirkt hat, sind sie frei zu tun, was sie für nötig erachten."[20]

Schitlowskij hat dieses Ansinnen natürlich rundweg abgelehnt. Die jüdischen Revolutionäre würden ihren Kampf um elementare Menschenrechte nicht für das vage Versprechen eines eigenen jüdischen Staates in ferner Zukunft aufgeben. So fand Schitlowskij entsprechende Worte über den Begründer des Zionismus: „(Er) war im Allgemeinen zu ‚loyal' gegenüber den Regierenden – was an sich für einen Diplomaten, der ständig mit den Mächtigen zu tun hat, richtig ist – um sich für Revolutionäre zu interessieren und sie in seine Überlegungen mit einzubeziehen ... Er unternahm diese Reise selbstverständlich nicht, um sich für das Volk Israel einzusetzen oder um Mitgefühl für uns in von Plehwes Herz zu wecken. Er reiste als Politiker, der sich nicht mit Gefühlen belastet, sondern dem es nur um Interessen geht ... Herzls ‚Politik' basiert auf reiner Diplomatie, die ernsthaft glaubt, daß die politische Geschichte der Menschheit von einigen wenigen Führern gemacht wird, und daß das, was sie untereinander ausmachen, das Wesen der politischen Geschichte ausmacht."[21]

Gab es irgendeine Rechtfertigung für Herzls Treffen mit von Plehwe? Es kann nur eine Antwort geben. Selbst Weizmann schrieb später: „Und noch andere – darunter auch ich – waren der Meinung, dass dieser Schritt nicht nur entehrend, sondern auch vollkommen nutzlos sei... Ein größerer Mangel an realem Sinn ist nicht gut denkbar"[22].

---

20 Portnoy, Samuel (Hrsg.): *Vladimir Medem – The Life and Soul of a Legendary Jewish Socialist*; Ktav Publishing House; 1979; S.295-98.

21 Ebenda.

22 Weizmann: *Memoiren*; S.129.

Der Zar hatte nicht den geringsten Einfluss auf die Türken, die ihn als ihren Feind sahen. Zur gleichen Zeit, 1903, akzeptierte Herzl einen noch surrealeren Vorschlag Großbritanniens für eine zionistische Kolonie im kenianischen Hochland als Ersatz für Palästina. Russische Zionisten erhoben massiven Einspruch gegen diese bizarren Diskussionen und drohten, die WZO zu verlassen, wenn „Uganda" auch nur in Betracht gezogen würde. Herzl sah sich selbst als eine Art jüdischen Cecil Rhodes und es spielte für ihn kaum eine Rolle, wo sich seine Kolonie befinden würde, aber für die meisten russischen Zionisten war die Bewegung eine Ausweitung ihres biblischen Erbes und Afrika hatte für sie keinerlei Bedeutung. Ein verwirrter russischer Zionist versuchte, Herzls engsten Vertrauten Max Nordau zu ermorden und nur Herzls vorzeitiger Tod verhinderte einen inneren Zusammenbruch der Bewegung.

Doch die direkten Kontakte zum Zarismus endeten nicht mit Herzl. 1908 war die Basis der zionistischen Bewegung bereit, Herzls Nachfolger David Wolffsohn zu gestatten, Ministerpräsident Pjotr Stolypin und Außenminister Alexander Iswolski wegen des erneuten Vorgehens gegen den *Colonial Trust* zu treffen. Iswolski stimmte schnell den minimalen Forderungen zu und das Gespräch mit dem Führer der WZO verlief in einer fast schon freundschaftlichen Atmosphäre. Wolffsohn schrieb später triumphierend: „Ich könnte beinahe sagen, daß ich ihn zum Zionisten gemacht habe!"[23] Es bedarf allerdings wohl kaum einer gesonderten Erwähnung, dass dieser Besuch Wolffsohns keinerlei Einfluss auf die antijüdische Gesetzgebung in Russland hatte.

Der Erste Weltkrieg

Die ungeheuerlichen diplomatischen Winkelzüge der Zionisten in der Zeit vor dem Ersten Weltkrieg hielten die WZO nicht davon ab zu versuchen, das Debakel des Ersten Weltkrieges für ihre Zwecke zu nutzen. Die meisten Zionisten waren, aus Aversion gegen das Zarenreich als der am stärksten antisemitischen Macht der am Krieg Beteiligten, prodeutsch orientiert. Die Führung der WZO in Berlin versuchte, Deutschland und die Türkei davon zu überzeugen, einen jüdischen Staat in Palästina zu unterstützen und mit diesem Propagandatrick die

---

23 Cohn, Emil Bernhard: *David Wolffsohn – Herzls Nachfolger*; Amsterdam; Querido Verlag N.V; 1939; S.233.

Juden weltweit auf ihre Seite zu bringen. Andere hielten die Türkei für schwach und waren sicher, sie würde im Laufe des Krieges zerfallen. Sie argumentierten, wenn sie die Alliierten unterstützten, würden diese den Zionisten vielleicht Palästina als Belohnung geben. Ihnen war es ziemlich egal, dass die russischen Juden, das heißt, die Mehrheit des weltweiten Judentums, keinen Vorteil von einem Sieg ihres Unterdrückers und seiner Alliierten hätten. Weizmann, der in London lebte, unternahm den Versuch, die Briten für seine Ziele zu gewinnen. Er hatte bereits Kontakte zu Arthur Balfour geknüpft, der sich 1905 als Premierminister offen gegen eine jüdische Immigration ausgesprochen hatte. Weizmann war sich des ganzen Ausmaßes von Balfours Antisemitismus wohl bewusst, da dieser ihm seine Einstellung in Bezug auf die Juden am 12. Dezember 1914 offen dargelegt hatte. In einem privaten Brief schrieb Weizmann: „Er erzählte mir, dass er einmal ein langes Gespräch mit Cosima Wagner in Bayreuth gehabt hätte und viele ihrer antisemitischen Ansichten teilte."[24]

Während Weizmann noch mit den Briten beschäftigt war, war es Wladimir Jabotinsky gelungen, die zaristische Unterstützung für eine jüdische Freiwilligenlegion zu erhalten, die den Briten bei der Eroberung Palästinas helfen sollte. Es gab Tausende junger Juden in Großbritannien, die immer noch russische Staatsbürger waren und die von dem jüdischen Innenminister Herbert Samuel mit Abschiebung nach Russland bedroht wurden, sollten sie sich nicht als „Freiwillige" für die britische Armee melden. Diese ließen sich nicht erpressen, sie würden weder für den Zaren, noch für seine Alliierten kämpfen, und die Regierung gab nach. Die Idee einer jüdischen Legion bot für die Alliierten einen Ausweg. Auch die Türken leisteten ihren Beitrag dazu, dass die Idee schließlich Wirklichkeit wurde, indem sie alle russischen Juden als feindliche Ausländer aus Palästina auswiesen. Auch sie waren nicht bereit, direkt für das Zarentum zu kämpfen, ihre zionistischen Überzeugungen führten dazu, dass sie Jabotinskys Mitstreiter Josef Trumpeldor in ein *Zion Mule Corps* (Zionistisches Maultier-Korps) mit den Briten nach Gallipoli folgten. Später brüstete sich Jabotinsky damit, wie das *Mule Corps* – und die Hilfe der Antisemiten in Peters-

---

24 Weisgal Meyer, W. (Hrsg.); *The complete letters and papers of Chaim Weizmann in 23 volumes*; London; Oxford University; 1968-1979; Band VII; S.81. Nach dem Holocaust konnte Weizmann natürlich den Antisemitismus des großen Patrons des Zionismus nicht aufdecken und änderte den Bericht in seinen Memoiren leicht ab: „Balfour erwähnte, dass er vor zwei Jahren in Bayreuth gewesen sei und mit Cosima Wagner, der Witwe des Komponisten Richard Wagners, gesprochen habe, die das Thema der Judenfrage angeschnitten hätte. Ich unterbrach Balfour ..." (Weizmann: Memoiren; S.230).

burg – ihn bei der Umsetzung seines Ziels unterstützt hätten: „Und was hat mir, dem Ausländer, in Whitehall alle Türen geöffnet? Eine Kleinigkeit, die die Neunmalweisen in Israel verspottet hatten: Das *Zion Mule Corps*, das ‚Eselsbataillon' von Alexandria. Vom Petersburger Außenministerium schrieb man an Graf Benkendorff, den russischen Botschafter in London; von der russischen Botschaft schickte man an das Foreign Office Berichte über den Zionismus ...; der Botschaftsrat Konstantin Nabokov ... arrangierte für einen jüdischen Journalisten Zusammenkünfte mit englischen Ministern ..."[25].

Die Balfour-Deklaration und der Kampf gegen den Bolschewismus

Nach Kriegsende fanden sich sowohl das Judentum als auch der Zionismus in einer völlig neuen Welt wieder. Die Bemühungen der WZO hatten sich endlich ausgezahlt – für den Zionismus, aber nicht für die Juden. Die Balfour-Deklaration war der Preis gewesen, den London bereit war zu zahlen, damit die amerikanischen Juden ihren Einfluss geltend machten und die USA zum Kriegseintritt bewegten, und damit die russischen Juden den Alliierten gegenüber Loyalität wahrten. Doch obwohl die Erklärung den Zionisten die politische und militärische Unterstützung des Britischen Empire garantierte, hatte sie nicht den geringsten Einfluss auf den Lauf der Dinge im ehemaligen Zarenreich, dem Kernland des Judentums. Der Bolschewismus, eine Ideologie, die dem Zionismus grundsätzlich entgegenstand, hatte die Macht in Petersburg an sich gerissen und wurde nun von den zarentreuen Weißgardisten und ukrainischen, polnischen und baltischen Truppen, die von Großbritannien, den Vereinigten Staaten, Frankreich und Japan finanziert wurden, bedroht. Die Konterrevolution umfasste viele Gruppen, die auf eine lange Tradition von Pogromen und Antisemitismus zurückblicken konnten. Das setzte sich im Bürgerkrieg fort und entwickelte sich weiter. Schließlich wurden mindestens 60.000 Juden von den antibolschewistischen Truppen getötet. Obwohl die Balfour-Deklaration dem Zionismus die – wenn auch mäßige – Unterstützung der Hintermänner der weißgardistischen Pogrome zusagte, tat sie nichts, um die Pogrome einzudämmen. Die Deklaration war bestenfalls eine vage Zusicherung, die es der WZO erlaubte zu versuchen, eine

---

25 Jabotinsky, Wladimir: *Die jüdische Legion im Weltkrieg*; Berlin; Jüdischer Verlag; 1930; S.74.

nationale Heimstatt für die Juden in Palästina zu errichten. Der Inhalt dieser Zusicherung war allerdings völlig unklar. Die Führer der WZO waren der Meinung, dass die britische Regierung die Vernichtung der Bolschewisten zu ihrem Hauptziel gemacht hatte und dass man sich von seiner besten Seite zeigen müsse, nicht nur, was das unbedeutende Palästina anging, sondern auch in Bezug auf die Situation auf dem unbeständigen osteuropäischen Schauplatz.

Westliche Historiker nennen die bolschewistische Revolution „russische" Revolution, doch die Bolschewisten selbst sahen darin den Beginn eines weltweiten Umsturzes. Die Kapitalisten in Großbritannien, den USA und Frankreich waren der gleichen Meinung, sahen sie doch, wie der Erfolg der Kommunisten in Russland auch den linken Flügel ihrer eigenen Arbeiterklassen anstachelte. Wie alle, die die Tatsache nicht anerkennen, dass die Massen das Recht zur Revolte haben, versuchen sie, sich und dem eigenen Volk die Umwälzungen als das Ergebnis einer Verschwörung darzustellen – einer Verschwörung der Juden. Am 8. Februar 1920 berichtete Winston Churchill, damals Kriegsminister, dem Leser des *Illustrated Sunday Herald* von „Trotzki ... [und] ... seinen Plänen eines weltweiten kommunistischen Regimes unter jüdischer Führung". Jedoch hatte Churchill seine ausgewählten jüdischen Verbündeten im Kampf gegen den Bolschewismus – die Zionisten. Er war empört über die „Heftigkeit, mit der Trotzki die Zionisten im Allgemeinen und Dr. Weizmann im Besonderen angriff". „Trotzki", so erklärte Churchill, würde „durch dieses neue Ideal direkt gestört und behindert ... Der Kampf zwischen den zionistischen und den bolschewistischen Juden, der gerade beginnt, ist nichts weniger als der Kampf um die Seele des jüdischen Volkes."[26]

Die britische Strategie, sowohl die Zionisten als auch die Antisemiten gegen „Trotzki" zu benutzen, beruhte letztlich auf der Bereitschaft der Zionisten, mit Großbritannien zusammen zu arbeiten, trotz der britischen Beziehungen zu den weißgardistischen Pogromisten. Die WZO wollte keines der Pogrome in Osteuropa, doch sie tat nichts, um die Juden weltweit für die dort bedrängten Juden zu mobilisieren. Weizmanns Erklärungen jener Zeit, als auch seine Memoiren, zeigen uns, wie die WZO die Lage sah. Am 23. Februar 1919 trat er in Versailles vor den Teilnehmern der Pariser Friedenskonferenz auf. Einmal mehr verkündete er die traditionelle Linie über die Juden, die Zionis-

---

26 Churchill, Winston: *Zionism versus Bolshevism*, *Illustrated Sunday Herald* (8.2.1920); S.5.

ten und Antisemiten miteinander teilten. Es waren nicht die Juden, die wirklich Probleme hatten, die Juden selbst waren das Problem: „Das Judentum und der Judaismus waren erschreckend geschwächt worden, woraus für sie selbst und für die Nationen ein schwer lösbares Problem entstanden war. Es gab überhaupt keine Hoffnung auf eine Lösung, sagte ich, es sei denn die Schaffung einer jüdischen Heimat, da das jüdische Problem im Grunde ja um die Heimatlosigkeit des jüdischen Volkes kreiste."[27]

Natürlich stellten die Juden kein reales Problem dar – weder für die Nationen, noch für sich selbst –, aber Weizmann hatte eine Lösung für dieses nichtvorhandene „Problem". Noch einmal boten sich die Zionisten den versammelten kapitalistischen Mächten als antirevolutionäre Bewegung an. Der Zionismus würde „die jüdische Energie in eine konstruktive Kraft umwandeln anstatt sich in destruktiven Tendenzen zu verlieren".[28] Selbst in seinen späteren Jahren konnte Weizmann die jüdische Tragödie während der Russischen Revolution nur durch die zionistische Brille sehen: „In der Zeit zwischen dem Erlass der Balfour-Deklaration und der Machtübernahme durch die Bolschewiken hatte das russische Judentum die damals enorme Summe von 30 Millionen Rubel für eine landwirtschaftliche Bank in Palästina gezeichnet; diese mussten, wie vieles andere, nun abgeschrieben werden ... Die polnischen Juden ... litten jetzt wieder durch den Separatkrieg zwischen Russland und Polen, so dass sie nicht imstande waren, einen wesentlichen Beitrag zur Lösung all dieser Aufgaben zu leisten, die vor uns lagen."[29]

Weizmann sah den Zionismus in jeder Hinsicht als schwach und mit nur geringem Halt in Palästina. Osteuropa war eine „Tragödie, der die Zionistische Bewegung im Augenblick machtlos gegenüberstand".[30] Andere waren nicht so träge. Die britischen Gewerkschaften zum Beispiel organisierten ein Handelsembargo gegen Waffenlieferungen für die Weißen. Französische Kommunisten begannen eine Meuterei in der französischen Schwarzmeerflotte. Und natürlich versuchte die Rote Armee, die Juden vor ihren weißen Mördern zu schützen. Doch die WZO hat zu keiner Zeit versucht, ihren Einfluss bei den

---

27 Weizmann: *Memoiren*; S.360.
28 Stein, Leonard: *The Balfour Declaration*; London; Mitchell; 1961; S.348.
29 Weizmann: *Memoiren*; S.355.
30 Ebenda; S.358.

englischen Juden oder den Machthabern geltend zu machen, um die militanten Gewerkschafter zu unterstützen. Weizmann teilte vollkommen die antikommunistische Einstellung seiner britischen „Förderer". Er hat seine Meinung über die Ereignisse jener Zeit auch nie geändert. Selbst in seinen Memoiren klang er immer noch wie ein echter Tory, als er von „einer Zeit, wo die Schrecken der bolschewistischen Revolution noch frisch *in jedermanns* [Hervorhebung des Autors] Erinnerung lebten"[31], schrieb.

Die Minderheitenverträge auf der Pariser Friedenskonferenz

Russland lag außerhalb ihrer Kontrolle, aber die Alliierten und ihre lokale Klientel beherrschten den Rest Osteuropas. Da die WZO durch die Balfour-Deklaration zu einer offiziellen Stimme Israels erklärt worden war, konnte sie nun nicht länger schweigend dem Leiden der großen jüdischen Gemeinden in Osteuropa zusehen. Sie musste als ihr Sprecher auftreten. Was sie wollte, war, dass die Juden als Nation mit Autonomie für ihre eigenen Schulen und Sprachinstitutionen und dass der jüdische Sabbath als ihr Ruhetag anerkannt würden. Da die zionistische Strategie von Anfang an auf einer engen Zusammenarbeit mit den imperialistischen Kräften fußte, legte das *Comité des Délégations Juives* (Komitee der jüdischen Delegationen) – im Wesentlichen die WZO im Tandem mit dem *American Jewish Committee* – den Teilnehmern der Versailler Konferenz ein Memorandum über die nationale Autonomie der Juden vor. Alle neuen Nachfolgestaaten der zerfallenen Imperien – mit Ausnahme von Russland und Deutschland – sollten verpflichtet werden, als Voraussetzung für diplomatische Anerkennung Verträge über die Rechte von Minderheiten zu unterzeichnen.

Die Alliierten begriffen schnell, dass Minderheitenrechte unverzichtbar waren, damit die nationalistischen Chauvinisten Osteuropas einander in Stücke rissen und den Weg für eine Machtübernahme der Bolschewisten ebneten. Nacheinander unterzeichneten Polen, Ungarn und Rumänien, aber ihre Unterschriften waren bedeutungslos. Die schnell wachsenden christlichen Mittelschichten in diesen Ländern sahen in den Juden traditionell ihre größten Konkurrenten und waren entschlossen, sie zu verdrängen. Für Polen unterzeichnete der größte

---

31 Ebenda; S.323.

Antisemit des Landes, Ungarn erklärte den Tag der Unterzeichnung zum Volkstrauertag und Rumänien weigerte sich, die Verträge zu unterzeichnen, bevor nicht die Abschnitte über den Sabbath und die jüdischen Schulen aus den Verträgen gestrichen würden. Es gab nie die geringste Chance für diesen utopischen Plan. Balfour erkannte denn auch schnell, welche Probleme diese Verträge für die Alliierten in Osteuropa schaffen könnten. „Am 22. Oktober erklärte er vor dem Völkerbund, dass die anklagenden Staaten mit dem Versuch, die Vereinbarungen der Verträge durchzusetzen, eine undankbare Aufgabe übernehmen würden. Weiter sagte er, dass, da die Verträge vor der Gründung des Völkerbundes geschlossen wurden, dieser nicht verpflichtet sein sollte, sie durchzusetzen."[32] Die versammelten Rechtsexperten übernahmen dann zwar die juristische Verantwortung für die Verträge, sahen aber keinen Mechanismus zu deren Umsetzung vor.

Die Juden selbst kümmerten sich wenig um diese bedeutungslosen Verträge. Nur drei kollektive Petitionen wurden je eingereicht. In den 20er Jahren des 20. Jahrhunderts gab es an ungarischen Universitäten eine willkürliche Zugangsbeschränkung, einen numerus clausus, für jüdische Studenten. „1933 sah sich der damals noch nicht erstarkte Hitler gezwungen, sich an die deutsch-polnische Minderheitenkonvention zu halten, dem einzigen derartigen Vertrag für Deutschland, und 10.000 Juden in Oberschlesien die vollen Bürgerrechte zu gewähren, jedenfalls bis zum Ablauf der Vertragsfrist im Juli 1937."[33] Rumänien wurde für schuldig befunden, 1937 die jüdischen Bürgerrechte aufgehoben zu haben. Solche kleinen juristischen Erfolge änderten langfristig nichts.

Der einzige Erfolg versprechende Weg im Kampf um ihre Rechte in Osteuropa wäre für die Juden das Bündnis mit den Bewegungen der Arbeiterklasse gewesen, die in diesen Ländern den Antisemitismus als das sahen, was er war – ein ideologisches Rasiermesser in der Hand ihrer kapitalistischen Gegner. Doch obwohl eine sozialistische Revolution Gleichberechtigung für die Juden als Juden bedeutete, bedeutete sie gleichzeitig die Enteignung des jüdischen Mittelstandes als Kapitalisten. Das war für die mit der WZO verbündeten Organisationen vor Ort inakzeptabel, deren Mitglieder größtenteils zum jüdischen Mit-

---

32 Robinson, Jacob et. al.: *Were the Minority Treaties a Failure?*; New York; Institute of Jewish Affairs of the American Jewish Congress and the World Jewish Congress; 1943; S.79f.

33 Robinson, Jacob: *And the Crooked Shall be made Straight, The Eichmann Trial, The Jewish Catastrophe, and Hannah Arendt's Narrative*; New York; Macmillan; 1965; S.72.

telstand gehörten und die praktisch keinerlei Anhänger aus der Arbeiterklasse hatten. Die zionistische Weltbewegung, die stets sehr an der Meinung der herrschenden Klasse Großbritanniens interessiert war, schob ihre örtlichen Gruppierungen nie in die linke Richtung, obwohl die Radikalen die einzige Massenbewegung waren, die bereit waren, die Juden zu verteidigen. Stattdessen entschieden die WZO-Führer, sie seien zu schwach, um gleichzeitig für die Rechte der Juden in der Diaspora zu kämpfen und das „neue Zion" aufzubauen, weshalb sie sich in den 20er Jahren des vergangenen Jahrhunderts entschloss, sich nicht weiter aktiv mit den Problemen der Juden in der Diaspora zu beschäftigen, sondern es den angeschlossenen Organisationen und den jüdischen Gemeinden vor Ort zu überlassen, sich zu wehren.

Die Allianz zwischen Zionisten und Antisemiten in Osteuropa

Die meisten der osteuropäischen Juden sahen in den Bolschewisten nicht die schrecklichen Monster, als die Churchill und Weizmann sie immer darstellten. Unter Lenin gewährten die Bolschewisten den Juden nicht nur volle Gleichberechtigung, es gab auch Schulen und sogar Gerichte mit Jiddisch als Verkehrssprache. Trotzdem waren die Bolschewisten absolute Gegner des Zionismus und überhaupt jeglicher Form von ideologischem Nationalismus. Sie waren der Meinung, dass sich für eine erfolgreiche Revolution die Arbeiter aller Länder gegen die Kapitalisten vereinigen mussten. Die Nationalisten aber spalteten „ihre" Arbeiter vom Rest der Arbeiterklasse ab. Die Bolschewisten waren vor allem gegen den Zionismus, weil er probritisch und grundsätzlich antiarabisch war. So war die lokale zionistische Führung auf der Suche nach möglichen Verbündeten schließlich gezwungen, sich an die Nationalisten zu wenden. Im Falle der Ukraine war das die *Rada* (der Rat) von Simon Petljura, die – genau wie die Zionisten – bei der Rekrutierung ihrer Anhänger strenge ethnische Richtlinien vorgab: keine Russen, keine Polen, keine Juden.

Die Ukraine

Die Basis von *Rada* waren Dorfschullehrer und andere Sprachenthusiasten, die vom Geiste der „glorreichen" Geschichte der Ukraine durchdrungen waren – also der Kosaken-Revolte gegen die Polen unter

Bogdan Zinovy Chmielnicki im 17. Jahrhundert, bei der aufgebrachte Bauern 100.000 Juden töteten, weil sie in ihnen die Mittelsmänner der polnischen Adligen (Pans) sahen. Die nationalistische Ideologie des alten Regimes führte auch zu einer Wiederbelebung der alten Legende von den Juden als „Mörder Christi", wodurch die ungebildete ländliche Bevölkerung zusätzlich gegen die Juden aufgebracht wurde. Und obwohl in einem derartig ideologisierten Klima antisemitische Übergriffe vorprogrammiert waren, ließen sich die Zionisten von Versprechungen über nationale Autonomie einlullen und schlossen sich der *Rada* an. Im Januar 1919 wurde Abraham Revusky von der jüdischen Arbeiterpartei *Poale Zion* Minister für jüdische Angelegenheiten unter Petljura.[34] Meir Grossmann von der *Ukrainischen Zionistischen Exekutive* warb im Ausland um jüdische Unterstützung für das antibolschewistische Regime.[35] Die unvermeidbaren Pogrome begannen nach der ersten Niederlage der Ukrainer gegen die Rote Armee im Januar 1919 und als Petljura nichts gegen diese Übergriffe unternahm, war Revusky gezwungen, innerhalb eines Monats zurückzutreten. In vielerlei Hinsicht zerstörte die Petljura-Episode die Massenbasis des Zionismus unter den sowjetischen Juden. Churchill hatte sich verkalkuliert: Trotzki und nicht Weizmann oder Revusky hatten die jüdischen Massen für sich gewinnen können.

Litauen

Die Zusammenarbeit der litauischen Zionisten mit den dortigen Antisemiten war gleichermaßen ein Fehlschlag, obwohl es glücklicherweise in Litauen kaum zu Pogromen kam. Die Position der dortigen Nationalisten war extrem schwach. Sie sahen sich nicht nur vom Kommunismus bedroht, sie mussten auch mit Polen um das Gebiet um Wilna kämpfen. Sie sahen sich gezwungen, mit den Zionisten zu kooperieren, da sie auf die Unterstützung der großen jüdischen Minderheit in Wilna angewiesen waren. Außerdem überschätzten sie den Einfluss der Zionisten auf die Alliierten, deren diplomatische Zustimmung sie für die Einnahme der Stadt brauchten. Im Dezember 1918 traten drei Zionisten in die provisorische Regierung von Antanas Smetona und Augustinas Voldemaras ein. Jakob Wygodski wurde Minister für jüdische Angelegenheiten, N. Rachmilowitsch stellvertretender Han-

---

34 Revusky, Abraham; in: *Encyclopedia Judaica*.
35 Grossmann, Meir; in: *Encyclopedia Judaica*.

delsminister und Shimshon Rosenbaum stellvertretender Außenminister. Der Köder war wieder die Autonomie. Juden würden proportional in der Regierung vertreten sein, Jiddisch würde gleichberechtigte Sprache werden und ein Jüdischer Nationalrat würde die Berechtigung erhalten, Zwangssteuern von allen Juden für religiöse oder kulturelle Zwecke zu erheben. Nur Konvertiten wären von der Zahlung dieser Steuern befreit. Wygodskis Nachfolger Max Soloweitschik, schwärmte davon, dass „Litauen die kreative Quelle zukünftiger Formen jüdischen Lebens"[36] sei.

Im April 1922 meinte die litauische Regierung, sie könne sich nun gegen die Juden wenden. Der Korridor von Wilna war endgültig an Polen verloren gegangen und die polnische Armee stand zwischen der litauischen Grenze und den Kommunisten. Als erstes weigerte sich Smetona, die Garantie der Autonomie-Institutionen in der Verfassung festzuschreiben, woraufhin Soloweitschik aus Protest zurücktrat und sich der WZO-Exekutive in London anschloss. Die Zionisten vor Ort versuchten, dem Problem durch die Gründung eines Wahlblocks mit den Minderheiten der Polen, Deutschen und Russen beizukommen. Dies bremste die Regierung zunächst einmal etwas und Rosenbaum erhielt vom neuen Ministerpräsidenten Ernestas Galvanauskas sogar den Posten des Ministers für jüdische Angelegenheiten. 1923 jedoch begann die Diskriminierung der Juden von neuem, diesmal mit dem Verbot, Reden im Parlament auf Jiddisch zu halten. Im Juni 1924 wurde das Ministerium für jüdische Angelegenheiten abgeschafft, im Juli Ladenschilder mit jiddischer Aufschrift gesetzlich verboten, im September löste die Polizei den Nationalrat auf und Rachmilowitsch und Rosenbaum gingen nach Palästina. Bis zum Jahr 1926 war es Smetona gelungen, ein halb-faschistisches Regime zu etablieren, das bis zur Besetzung Litauens durch Stalin im Zweiten Weltkrieg an der Macht blieb. Später übernahmen Voldemaras und Galvanauskas offen die Rolle von Nazi-Agenten in der litauischen Politik.

Das Arrangement der Zionisten mit dem Antisemitismus

Der Kern der zionistischen Doktrin zum Antisemitismus war schon lange vor dem Holocaust festgeschrieben: Antisemitismus war unver-

---

36 Gringauz, Samuel: *Jewish National Autonomy in Lithuania* (1918-1925); *Jewish Social Studies* (Juli 1952); S.237.

meidbar und konnte nicht bekämpft werden; die Lösung war die Emigration der unerwünschten jüdischen Bevölkerung in einen entstehenden jüdischen Staat. Da die zionistische Bewegung militärisch nicht in der Lage war, Palästina zu erobern, sah sie sich gezwungen, nach imperialer Patronage Ausschau zu halten, von der sie erwartete, sie sei bis zu einem gewissen Grade vom Antisemitismus motiviert. Außerdem sahen die Zionisten im revolutionären Marxismus einen assimilatorischen Feind, was sie veranlasste, sich notgedrungen mit den anderen Separatisten der antisemitischen rechtsgerichteten nationalistischen Bewegung in Osteuropa zu verbünden.
Herzl und seine Nachfolger hatten die Lage richtig eingeschätzt. Es war der Antisemit Balfour, der es den Zionisten ermöglichte, sich in Palästina zu verschanzen. Obwohl der Staat Israel letztlich durch eine bewaffnete Revolte gegen die Briten entstand, ohne die Anwesenheit der britischen Armee in den frühen Jahren des Mandats, hätten die Palästinenser kaum ein Problem damit gehabt, die Zionisten hinaus zu werfen. Aber es handelt sich um einen Taschenspielertrick. Balfour ermöglichte es den Zionisten zwar, in Palästina Fuß zu fassen, doch schützte das britische Mandat die Juden vor ihren Feinden in Europa? Der Antisemitismus konnte jederzeit bekämpft werden. In Frankreich, Russland und der Ukraine wurde er nicht nur bekämpft, er wurde sogar besiegt, und das ohne die Hilfe der Zionistischen Weltorganisation. Wären die Menschen in diesen Ländern der Argumentation der Zionisten gefolgt, wären die Antisemiten nie besiegt worden.

Die Politik der ersten Jahre der WZO wurde von Chaim Weizmann, dem wichtigsten Führer der Organisation in der Hitler-Zeit, in allen wesentlichen Punkten fortgesetzt. Diejenigen in der WZO, die sich in den 30er Jahren gegen die Nazis zur Wehr setzen wollten, fanden im Präsidenten ihrer Bewegung ihren schärfsten Gegner. Nahum Goldmann, später in der Zeit nach dem Holocaust selbst einer der Präsidenten der WZO, beschrieb einmal in einer Rede die heftigen Auseinandersetzungen zu diesem Thema zwischen Weizmann und Rabbi Stephen Wise, einem der führenden amerikanischen Zionisten: „Ich erinnere mich deutlich an heftige Diskussionen zwischen ihm und Weizmann, der ein großartiger Führer war, jedoch jegliche Interessen, die nicht die seinen waren, ablehnte. In den ersten Jahren der Nazi-Diktatur war er daran interessiert, die deutschen Juden zu retten, doch sollte seiner Meinung nach der Jüdische Weltkongress sich mit dem Kampf für die Rechte der Juden beschäftigen, denn obwohl er die Notwendigkeit dazu nicht bestritt, konnte er doch keinesfalls seine Zeit dafür opfern, da er sie zur Umsetzung der zionistischen Ziele brauchte. Stephen Wise stritt deswegen mit ihm, ‚doch es war ja alles ein und dasselbe. Wenn man die jüdische Diaspora verliert, gibt es kein jüdisches Palästina und man kann sich immer nur mit der Gesamtheit jüdischen Lebens auseinandersetzen'."[37]

So also stand es um den Zionismus und seine Führer, als Adolf Hitler sich anschickte, die Bühne der Weltgeschichte zu betreten.

---

37 Goldmann: *Dr. Stephen S. Wise; A Galaxy of American Zionist Rishonim*; S.17f.

2. Blut und Boden: Die Wurzeln des zionistischen Rassismus

Es war der Antisemitismus – ganz allein – der den Zionismus schuf. Herzl konnte seine Bewegung auf nichts stützen, das in positiver Weise jüdisch war. Obwohl er die Unterstützung der Rabbis suchte, war er persönlich nicht gläubig. Für ihn war die „alte Heimat" Palästina ohne besondere Bedeutung, er war sogar bereit, das kenianische Hochland zu akzeptieren, zumindest zeitweise. Er hatte auch kein Interesse am Hebräischen, sondern sah seinen Judenstaat vielmehr als eine Art linguistische Schweiz. Er musste sich mit dem Rassegedanken beschäftigen, denn das lag in der Luft; die teutonischen Antisemiten sprachen ständig von den Juden als Rasse, doch er verwarf die Doktrin schnell wieder und nannte als Grund dafür eine sehr paradoxe Diskussion mit Israel Zangwill, einem seiner frühesten Anhänger. Er beschrieb den englisch-jüdischen Schriftsteller folgendermaßen: „Israel Zangwill hat einen langnasigen Negertypus, sehr wollige, tiefschwarze ... Haare ... Er steht aber auf dem Racenstandpunkt, den ich schon nicht acceptieren kann, wenn ich ihn und mich ansehe. Ich meine nur: wir sind eine historische Einheit, eine Nation mit anthropologischen Verschiedenheiten."[1]

Da er sich nicht weiter für die Religion interessierte, schlug er sogar einen Atheisten, den damals weltbekannten Schriftsteller Max Nordau, als seinen Nachfolger im Amt des Präsidenten der WZO vor. Und wieder war der Schüler noch weniger liberal als der Lehrer. „Nordau war mit einer Christin verheiratet und hatte Angst, dass die Orthodoxen in der Bewegung seine Frau ablehnen würden."[2] Nordau war bereits verheiratet, als er zum Zionismus übertrat, und trotz seiner eigenen nicht-jüdischen Frau, wurde er bald zu einem überzeugten jüdischen Rassisten. Am 21. Dezember 1903 gab er der fanatisch antisemitischen Zeitung *La Libre Parole* von Eduard Drumont ein Interview, in dem er sagte, der Zionismus sei „nicht eine Frage der Religion, sondern ausschließlich eine der Rasse, und es gibt niemanden, mit dem ich in diesem Punkt mehr übereinstimme als mit Monsieur Drumont."[3]

---

1 Bein et al. (Hrsg.): *Theodor Herzl*; Bd. 2; S.281.
2 Elon, Amos: *Morgen in Jerusalem*; Wien, München, Zürich; Verlag Fritz Molden; 1975 S.255.
3 Stewart: *Theodor Herzl*; S.322.

Obwohl es nur einen einzigen nationalen Zweig der WZO gab, der je formell versuchte, Juden, die in Mischehen lebten, auszuschließen (die *Niederländische Zionistische Vereinigung* im Jahr 1913), starb der kosmopolitische Zionismus mit Herzl 1904 einen frühen Tod.[4] Die WZO musste niemals eine Position gegen Mischehen beziehen, denn denen, die daran glaubten, wäre es nie in den Sinn gekommen, sich den offensichtlich völlig gefühllosen Zionisten anzuschließen. Die breite Basis der Bewegung in Osteuropa teilte die spontanen völkisch-religiösen Vorurteile ihrer orthodoxen Nachbarn. Obwohl im frühen Judentum Bekehrung Andersgläubiger und Ehen mit Nicht-Juden noch als stärkende Einflüsse galten, veranlasste der spätere Druck der katholischen Kirche die Rabbis, Konvertiten zunehmend als „unangenehme Plage" anzusehen und die Missionierung wurde abgeschafft. Im Laufe der Jahrhunderte wurde die Selbstabgrenzung gegen andere zum Markenzeichen der Juden. Mit der Zeit sah die Masse der Juden Mischehen als Verrat an der Orthodoxie an. Obwohl im Westen zwar einige Juden versuchten, die Religion zu modifizieren und „Reformsekten" zu gründen, während andere den Gott ihrer Vorfahren ganz aufgaben, ging im Grunde der Weg vom Judentum weg. Nur wenige schlossen sich ihm noch an, sei es, dass sie konvertierten oder einen Juden heirateten. Wenn sich der westliche Zionismus in einer eher säkularen Umgebung als in Osteuropa entwickelte, so sah doch der Großteil seiner Anhänger Mischehen immer noch als etwas an, das die Juden ihrer Gemeinschaft entfremdete und etwas, das Neues hinzufügte.

Die deutschen Universitätsabsolventen, die die *Zionistische Weltorganisation* nach Herzls Tod übernahmen, entwickelten eine modernistisch-rassistische Ideologie des jüdischen Separatismus. Sie selbst waren stark von ihren pangermanischen Kommilitonen im *Wandervogel* beeinflusst, die die deutschen Universitäten vor 1914 dominierten. Diese Chauvinisten lehnten die Juden ab, weil sie nicht von germanischem *Blut* waren, deshalb niemals zum deutschen *Volk* gehören konnten und überhaupt Fremde auf deutschem *Boden* waren. Alle jüdischen Studenten waren gezwungen, sich mit diesen Konzeptionen auseinander zu setzen. Einige tendierten eher nach links und traten den Sozialdemokraten bei. Für sie war das lediglich bourgeoiser Nationalismus, der entsprechend bekämpft werden musste. Die meisten blieben konventionell kaisertreue, überzeugte Nationalisten, die darauf beharrten,

---

4 Die WZO ist nach Nationalstaaten strukturiert, und jährlich finden in den jeweiligen Staaten Wahlen zum Zionistischen Weltkongress statt; die verschiedenen Ideologien, die weltweit vertreten sind, stellen in den jeweiligen Staaten Kandidaten zu den Wahlen zum Weltkongress auf.

dass 1.000 Jahre auf deutschem Boden sie zu „Deutschen mosaischen Glaubens" gemacht hätten. Wieder andere jedoch übernahmen die Ideologie des *Wandervogels* und übersetzten sie einfach in die zionistische Terminologie. Sie stimmten mit den Antisemiten in mehreren wichtigen Punkten überein: Juden gehörten nicht zum deutschen Volk, und selbstverständlich sollten sich Deutsche und Juden nicht sexuell vermischen – nicht aus den traditionellen religiösen Gründen, sondern wegen ihres eigenen einzigartigen Blutes. Da sie nicht teutonischen *Blutes* waren, brauchten sie notgedrungen ihren eigenen *Boden* – Palästina.

Auf den ersten Blick mag es seltsam erscheinen, dass dieses antisemitische Gedankengut einen so starken Einfluss auf die jüdischen Studenten aus dem Mittelstand gehabt hat. Und dies umso mehr, da zur gleichen Zeit der Sozialismus mit seiner assimilatorischen Einstellung gegenüber den Juden immer mehr Zuspruch aus der sie umgebenden Gesellschaft erhielt. Nun war es jedoch so, dass der Sozialismus vornehmlich die Arbeiterklasse ansprach, nicht den Mittelstand. In dessen Umfeld war der Chauvinismus vorherrschend und obwohl man vom intellektuellen Standpunkt her jede Verbindung mit den Deutschen zurückwies, gelang es ihm nie, sich von der deutschen Kapitalistenklasse zu emanzipieren. So unterstützten die deutschen Zionisten während des gesamten Ersten Weltkrieges ihre Regierung nach allen Kräften. Trotz all ihrer hehren intellektuellen Ansprüche war ihr „völkischer" Zionismus doch nur eine Kopie der deutschen nationalistischen Ideologie. So war der junge Philosoph Martin Buber in der Lage, eine Verbindung zwischen Zionismus und glühendem deutschen Patriotismus im Ersten Weltkrieg herzustellen. In seinem Buch *Drei Reden über das Judentum* von 1911 schrieb Buber über einen Jugendlichen, der „in dieser Unsterblichkeit der Generationen die Gemeinschaft des Blutes [fühlt], und er fühlt sie als das Vorleben seines Ich, als die Dauer seines Ich in der unendlichen Vergangenheit. Und dazu gesellt sich, von diesem Gefühl gefördert, die Entdeckung des Blutes als der wurzelhaften, nährenden Macht im Einzelnen, die Entdeckung, daß die tiefsten Schichten unseres Wesens vom Blut bestimmt, daß unser Gedanke und unser Wille zu innerst von ihm gefärbt sind. Jetzt findet und empfindet er: die Umwelt ist die Welt der Eindrücke und Einflüsse, das Blut die Welt der beeindruckbaren, beeinflußbaren Substanz, die sie alle in ihren Gehalt aufnimmt, in ihre Form verarbeitet ... Für den aber, der sich in der Wahl zwischen Umwelt und Substanz für diese entschieden hat, gilt es, nunmehr wahrhaft von innen heraus, Jude zu sein und aus seinem Blute, mit dem ganzen Widerspruch, mit der ganzen Tragik und mit der ganzen Zukunftsfülle dieses Blutes als Jude zu leben."[5] Juden hatten schon seit Jahrtausenden in Europa gelebt, viel länger als beispielsweise die Magyaren. Niemand würde nun ernsthaft auf die Idee kommen, die Ungarn zu den asiatischen Völkern zu zählen, doch für Buber waren die europäischen Juden immer noch Orientalen und würden es wohl auch immer bleiben.

Man könnte seiner Ansicht nach den Juden aus Palästina vertreiben, doch man könnte dem Juden nie Palästina austreiben. 1916 schrieb Buber dann über den Juden: „Er ist aus seinem Lande getrieben und über die Länder des Abendlandes geworfen worden; ... und in alledem ist er Orientale geblieben. Er hat die motorische Schrankenlosigkeit des Grundwesens mit ihren Begleiterscheinungen ... in sich bewahrt ... Man wird sie im angepaßtesten Juden entdecken, wenn man sein Gemüt zu erschließen vermag ... aber eine große Schöpfung, ... die die Kontinuität des jüdischen Wesens wieder aufnimmt und dem unsterblichen jüdischen Einheitstrieb wieder adäquaten Ausdruck gewährt, wird nur entstehen können, wenn die Kontinuität des palästinensischen Lebens wieder aufgenommen wird ... er ... hat an seiner Seele Schaden gelitten; aber seine Urkraft ist unerschüttert geblieben ... Wenn sie ihren mütterlichen Boden berührt, wird sie wieder schöpferisch sein."[6]

Trotzdem war Bubers *völkischer* Zionismus mit den dazugehörigen Elementen von mystischem Enthusiasmus zu spirituell, um eine große Anhängerschaft begeistern zu können. Man bedürfte einer populären zionistischen Version des Sozialdarwinismus, der sich seit Beginn der europäischen imperialistischen Eroberungen in Afrika und im Osten in der gesamten bourgeoisen intellektuellen Welt verbreitet hatte. Diese zionistische Version wurde von dem österreichischen Anthropologen Ignatz Zollschan entwickelt. Für ihn lag der geheime Wert des Judentums darin, dass es – wenn auch unbeabsichtigt – eine Art „Wunder der Wunder" hervorgebracht hatte: „eine Nation reinen Blutes, nicht durch die Krankheiten von Exzessen oder Unmoral verunreinigt, mit einem hoch entwickelten Sinn für familiäre Reinheit und mit tief verwurzelten tugendhaften Bräuchen, würde eine außerordentliche

---

[5] Buber, Martin: *Drei Reden über das Judentum*; Frankfurt/M.; Rütten & Loening; 1920; S.19 und S.27.
[6] Buber, Martin: *Der Jude und sein Judentum*; Köln; Joseph Melzer Verlag; 1963; S.62ff.

intellektuelle Aktivität entwickeln. Außerdem sorgte das Verbot von Mischehen dafür, dass die höchsten ethnischen Schätze nicht durch die Vermischung mit weniger sorgfältig gezüchteten Rassen verloren gingen ... es entstand jene natürliche Auslese, die ihresgleichen sucht in der Geschichte der menschlichen Rasse ... Wenn eine so reich von der Natur beschenkte Rasse die Möglichkeit hätte, ihre ursprüngliche Macht wiederzuerlangen, so käme ihr, was den kulturellen Wert angeht, niemand gleich."[7]

Selbst Albert Einstein teilte die zionistischen Rassevorstellungen und stärkte dadurch, dass er ihnen das Prestige seiner Reputation lieh, den Rassismus. Sein eigener Beitrag zu der Diskussion klingt durchaus überzeugend, basiert aber auf demselben Unsinn. „Nationen mit rassischen Unterschieden scheinen Instinkte zu haben, die ihrer Fusion entgegenwirken. Die Assimilation der Juden in den europäischen Nationen ... konnte nicht das Gefühl der fehlenden Verwandtschaft zwischen ihnen und den Menschen um sie herum auslöschen. Letztendlich gilt das instinktive Gefühl fehlender Verwandtschaft für das Gesetz von der Erhaltung der Energie. Aus diesem Grunde kann es durch kein noch so hohes Maß wohlgemeinten Drucks ausgelöscht werden."[8] Buber, Zollschan und Einstein waren nur drei der klassischen Zionisten, die gelehrte Vorträge über die Rassenreinheit hielten. Was allerdings den reinen Fanatismus anging, konnte es kaum jemand mit dem Amerikaner Maurice Samuel aufnehmen. Der seiner Zeit bekannte Schriftsteller – Samuel arbeitete später in den 40er Jahren mit Weizmann an dessen Autobiographie – wandte sich 1927 in seinem Buch *I, the Jew* an das amerikanische Publikum. Er schrieb Horrorgeschichten über eine Stadt, von der er selbst offen zugab, sie nur vom Hörensagen zu kennen und von der man aus gutem Grund annimmt, dass es sich um die Künstlerkolonie Taos in New Mexico handelt: „... hier in diesem kleinen Ort kamen alle zusammen, die Afrikaner, die Amerikaner und chinesischen Mongolen, die Semiten und die Arier ... man heiratete untereinander ... Warum ruft dieses halb wirkliche, halb unwirkliche Bild einen so seltsamen Ekel in mir hervor, warum wirkt es so obszön, so tierisch? ... Wieso nur erinnert dieses Dorf, das meine Phantasie heraufbeschwört, an einen Haufen in einem Mülleimer liegender Reptilien?"[9]

---

7 Zollschan, Ignatz: *Jewish Questions New York*; Bloch Publishing Company; 1914; S.17f.
8 Goldman, Solomon: *Crisis and Decision*; New York; Harper & Bros.; 1938; S.116.
9 Maurice Samuel: *I, the Jew*; New York; Harcourt, Brace & Co.; 1927; S.244ff.

„Um ein guter Zionist sein zu können, muss man in gewisser Weise ein Antisemit sein"

Obwohl *Blut* ein ständig wiederkehrendes Thema in der zionistischen Literatur der Zeit vor dem Holocaust war, war es nicht von so zentraler Bedeutung wie das Konzept *Boden*. Solange die amerikanischen Grenzen offen waren für Immigranten, fragten sich die europäischen Juden natürlich: Wenn man den Antisemitismus in der Heimat nicht bekämpfen konnte, warum dann nicht einfach den anderen Juden nach Amerika folgen? Die Zionisten lieferten zwei Gründe dagegen: Erstens würde der Antisemitismus die Juden immer begleiten, wohin sie auch gehen mochten, und, was noch wichtiger war, die Juden hätten den Antisemitismus durch ihre Art selbst verursacht. Die Wurzel des Antisemitismus, behaupteten die Zionisten, sei das Exildasein der Juden. Sie lebten wie Parasiten von ihren „Gastgebern". Es gab praktisch keine jüdischen Bauern in der Diaspora.

Die Juden lebten in Städten und körperliche Arbeit war ihnen fremd, oder etwas direkter ausgedrückt, sie mieden sie und waren stattdessen ausschließlich im intellektuellen Bereich und im Handel tätig. Ihr angeblicher Patriotismus bestand nur aus hohlen Phrasen, wanderten sie doch ständig von einem Land zum nächsten. Und während sie selbst sich für Sozialisten oder Internationalisten hielten, waren sie doch nur Mittelsmänner der Revolution, die „anderer Leute Schlachten" schlugen. Zusammengefasst wurden diese Glaubenssätze *shelilat ha'galut* (Negation der Diaspora) genannt und von allen Gruppen des Zionismus geteilt, Unterschiede bestanden nur in den Details. Sie wurden in der zionistischen Presse heiß diskutiert, wobei die hervorstechendste Eigenschaft der meisten Artikel ihre Feindseligkeit gegen das gesamte jüdische Volk war. Wer diese Artikel las, ohne ihre Quelle zu kennen, hätte sie wohl der antisemitischen Presse zugeschrieben. Die Weltanschauung der Jugendorganisation *Hashomer Hatzair* (Junge Wächter), ursprünglich 1917 verfasst, aber erst 1936 neu veröffentlicht, war ein typisches Beispiel für diese Ergüsse: „Der Jude ist eine Karikatur des normalen, natürlichen menschlichen Wesens, sowohl physisch als auch geistig. Als Individuum in der Gesellschaft rebelliert er ständig und streift den Harnisch sozialer Verpflichtungen ab, kennt weder Ordnung noch Disziplin."[10]

---

10 Hatzair, Hashomer: *Our Shomer; Weltanschauung*; (Dezember 1936); S.26.

Ähnlich äußerte sich 1935 ein Amerikaner, Ben Frommer, ein Autor für die ultrarechten zionistischen Revisionisten, über mindestens 16 Millionen seiner jüdischen Mitmenschen: „Die Tatsache ist nicht zu bestreiten, dass die Juden insgesamt krank und neurotisch sind. Jene professionellen Juden, die, schnell beleidigt, diese Wahrheit immer wieder verneinen, sind die größten Feinde ihrer Rasse, da sie sie dadurch dazu verführen, nach falschen Lösungen zu suchen oder zumindest nach Beschönigungen."[11]

Ein Großteil der zionistischen Literatur war durchdrungen von dieser Art jüdischen Selbsthasses. 1934 löste der damals sehr bekannte Forscher für biblische Geschichte an der *Hebräischen Universität Jerusalem* Yehezkel Kaufman, selbst ein Zionist, obwohl er ein Gegner der bizarren Theorie der Negation der Diaspora war, eine heftige und kontroverse Diskussion aus, indem er noch schlimmere Beispiele aus der hebräischen Literatur zitierte. Wenn sie ihre Angriffe auf ihre jüdischen Mitmenschen auf Hebräisch verfassten, konnte man den Vertretern dieser Ideologie nicht länger vorwerfen, sie lieferten Munition für Judenhasser. Kaufman zitierte in seinem Buch *Hurban Hanefesh* (Holocaust der Seele) drei der klassischen zionistischen Denker. Micah Yosef Berdichevsky sagte von den Juden, sie seien „keine Nation, kein Volk, keine Menschen". Für Yosef Chaim Brenner waren sie nichts als „Zigeuner, dreckige Hunde, unmenschliche, verwundete Hunde" und für A.D. Gordon nur „Parasiten, grundlegend nutzlose Menschen".[12]

Natürlich konnte auch Maurice Samuel es sich nicht nehmen lassen, einen Beitrag zu dieser Verleumdung seines Volkes zu leisten. 1924 fabrizierte er in seinem Buch *You Gentiles* das Bild eines Judentums, das von einer finsteren inneren Kraft dazu getrieben wird, die christliche soziale Ordnung abzulehnen: „Wir Juden, wir Zerstörer, werden für immer Zerstörer bleiben. *NICHTS*, was ihr tut, wird unseren Bedürfnissen und Anforderungen entsprechen. Wir werden immer zerstören, weil wir eine eigene Welt brauchen, eine Gotteswelt, die ihr nicht schaffen könnt ... diejenigen von uns, die diese Wahrheit nicht verstehen, werden sich immer euren rebellischen Gruppierungen anschließen, bis die Enttäuschung kommt, das erbärmliche Schicksal, das uns über all eure Länder verstreut hat, hat uns diese undankbare Rolle auferlegt."[13]

---

11 Frommer, Ben: *The Significance of a Jewish State; Jewish Call*; Shanghai; (Mai 1935); S.10.
12 Kaufman, Yehezkel: *Hurban Hanefesh; A Discussion of Zionism and Anti-Semitism*; Issues (Winter 1967); S.106.
13 Samuel, Maurice: *You Gentiles*; New York; Harcourt Brace & Co.; 1924; S.155.

Der Arbeiterzionismus entwickelte eine eigene, einzigartige Form von jüdischem Selbsthass. Ungeachtet seines Namens und seiner hehren Ansprüche ist es dem Arbeiterzionismus nie gelungen, einen größeren Teil der jüdischen Arbeiterklasse in irgendeinem Land der Diaspora für sich zu gewinnen. Seine Mitglieder führten als Rechtfertigung dafür an, dass die jüdischen Arbeiter hauptsächlich in „Randzweigen", wie der Textilindustrie, beschäftigt seien, diese hätten aber praktisch keine Bedeutung für die Wirtschaft der Wirtsnationen, und aus diesem Grunde würden die jüdischen Arbeiter immer nur eine untergeordnete Rolle in der Arbeiterbewegung spielen. Weiterhin behauptete man, jüdische Arbeiter könnten nur in ihrem eigenen Land einen „gesunden" Klassenkampf führen. Es ist nur natürlich, dass sich die armen Juden nur wenig für eine so genannte Arbeiterbewegung begeistern konnten, die nicht etwa dazu aufrief, sofort mit allen Mitteln für bessere Lebensbedingungen zu kämpfen, sondern sie stattdessen auf eine bessere Zukunft im weit entfernten Palästina vertröstete.

Paradoxerweise sprach der Arbeiterzionismus vor allem jene jungen Juden des Mittelstandes an, die zwar mit ihrer Klasse brechen wollten, aber nicht bereit waren, zu den Arbeitern ihres jeweiligen Landes überzuwechseln. So wurde der Arbeiterzionismus zu einer Art Sekte der Gegen-Kultur, die die jüdischen Marxisten wegen ihres Internationalismus' angriff und den jüdischen Mittelstand als parasitäre Ausbeuter ihrer Wirtsnationen beschimpfte. Tatsächlich übersetzten sie nur die traditionelle antisemitische Propaganda ins Jiddische: Die Juden waren im falschen Land, saßen an den falschen Stellen und verfolgten eine falsche Politik. Erst der Holocaust brachte die Jeremiahs zur Vernunft, erst dann erkannten sie die Gemeinsamkeiten zwischen ihrer eigenen und der Nazipropaganda. Im März 1942 gestand Chaim Greenberg, der damalige Herausgeber der Zeitung der Arbeiterzionisten von New York, *Jewish Frontier*, schmerzvoll ein, es habe eine Zeit gegeben „in der es unter Zionisten (einschließlich dem Autor) Mode war, öffentlich zu behaupten: ‚Um ein guter Zionist sein zu können, muss man in gewisser Weise ein Antisemit sein.' … Bis zum heutigen Tag werden Kreise des Arbeiterzionismus von der Idee beeinflusst, dass die Rückkehr nach Zion zwingend mit einem Prozess der Reinigung von unserer wirtschaftlichen ‚Schmutzigkeit' verbunden sein muss. Wer sich nicht einer so genannten ‚produktiven' körperlichen Arbeit widmet, versündigt sich demnach gegen Israel und gegen die Menschheit."[14]

---

14 Greenberg, Chaim: *The Myth of Jewish Parasitism*; Jewish Frontiers (März 1942); S.20.

Wasser auf die Mühlen der Nazipropaganda

Wenn man nun – ohne weitere Fakten anzuführen – behauptete, die frühen Zionisten seien Rassisten gewesen, so würde jeder annehmen, dies stünde im Zusammenhang mit der Grundidee des Zionismus von einer Kolonialisierung Palästinas. Doch eigentlich ist das nicht so, die *Blut*-Idee hätte sich im Zionismus ebenso entwickelt, wenn Palästina nicht besiedelt gewesen wäre. Die Begeisterung für die Ideologie von *Blut und Boden* war schon Teil des Zionismus, bevor der erste moderne Zionist je Europa verließ.

Der rassische Zionismus war in kurioser Weise ein Ableger des rassistischen Antisemitismus. Diese Zionisten behaupteten, die Juden seien natürlich eine reine Rasse – in jedem Fall reiner als zum Beispiel die Deutschen, deren Blut, wie selbst die Pangermanisten zugeben mussten, einen großen Anteil slawischen Blutes aufwies. Doch für diese Zionisten konnte selbst die Reinheit der jüdischen Rasse nicht über den einen großen Makel hinwegtäuschen – nämlich dass die Juden keinen eigenen *Boden* hatten. Während die teutonischen Rassisten sich selbst als *Übermenschen* ansehen konnten, sahen die jüdischen Rassisten ihr Volk in einem ganz anderen Licht. Eher im Gegenteil: Für sie waren die Juden, da sie kein eigenes Land hatten, Untermenschen und deshalb für ihre „Wirte" die reinsten Blutsauger oder kurz gesagt: die Pest für den Rest der Welt.

Wenn man an die rassische Exklusivität glaubt, kann man nur schwer den Rassismus anderer verurteilen. Wenn man des Weiteren daran glaubt, dass ein Volk nur gesund sein kann, wenn es in seinem eigenen Land lebt, dann kann man anderen auch nicht vorwerfen, „Fremde" vom eigenen Territorium verbannen zu wollen. Tatsächlich wollte der Durchschnittszionist kaum das zivilisierte Europa für das vergleichsweise wilde Palästina verlassen. Die zionistische *Blut-und-Boden-Ideologie* bot somit eine sehr gute Rechtfertigung dafür, den Antisemitismus in den jeweiligen Ländern der Diaspora nicht bekämpfen zu müssen. Es war schließlich nicht der Fehler der Antisemiten, schuld war allein die unglückselige Tatsache, dass die Juden im Exil lebten und nicht in ihrem eigenen Land. So konnten die Zionisten tränenreich behaupten, der Verlust der historischen Heimat Palästina sei der eigentliche Grund für den Antisemitismus und die Rückeroberung Palästinas die einzige Lösung für das jüdische Dilemma. Alles andere sei reine Beschönigung und absolut nutzlos.

So fragte Walter Laqueur, der Doyen der zionistischen Historiker, in seinem Buch *Der Weg zum Staat Israel*, ob die Zionisten dadurch, dass sie auf der Natürlichkeit des Antisemitismus bestanden, nicht „Wasser auf die Mühlen der Nazipropaganda"[15] gegossen hätten. Und ganz sicher war das so. Die beste Antwort auf die von Laqueur gestellte Frage ist eine andere: Kann man es dem leichtgläubigen Leser einer Nazizeitung verübeln, wenn er annimmt, dass etwas, das von den Nazis propagiert und dann von den Zionisten – also Juden – bestätigt wird, der Wahrheit entsprechen muss? Und schlimmer noch: Jede jüdische Bewegung, die da von der Natürlichkeit des Antisemitismus faselte, würde doch genauso „natürlich" versuchen, sich mit den Nazis zu einigen, nachdem diese an die Macht gekommen waren.

---

15 Laqueur, Walter: *Der Weg zum Staat Israel – Geschichte des Zionismus*; Wien; Europaverlag; 1975; S.521.

3. Der deutsche Zionismus und der Zusammenbruch der Weimarer Republik

Die deutschen Juden waren gegenüber der Weimarer Republik, die den Diskriminierungen der Wilhelminischen Ära endlich ein Ende gesetzt hatte, zutiefst loyal. Sie stellten während der Weimarer Republik etwa 0,9 Prozent der Bevölkerung und waren im Allgemeinen recht wohlhabend: 60 Prozent von ihnen waren Geschäftsleute oder in freien Berufen tätig. Der Rest waren Handwerker, Büroangestellte, Studenten und ein kleiner Teil von ihnen Industriearbeiter. Die meisten deutschen Juden befürworteten den liberalen Kapitalismus und so wählten 64 Prozent von ihnen die *Deutsche Demokratische Partei* (DDP). Ungefähr 28 Prozent wählten die gemäßigte *Sozialdemokratische Partei Deutschlands* (SPD) und nur vier Prozent die *Kommunistische Partei Deutschlands* (KPD). Der Rest verteilte sich auf die Parteien des rechten Spektrums. Die Weimarer Republik erschien ihnen als ein sicherer Hort, schließlich fiel der Stimmenanteil der Nazis von 6,5 Prozent 1924 auf nur mehr 2,6 Prozent 1928. Niemand ahnte etwas Böses.

Bis in die späten 20er Jahre des vergangenen Jahrhunderts vergeudete Hitler seine Zeit mit dem Versuch, die Arbeiterklasse für seine *Nationalsozialistische Deutsche Arbeiterpartei* (NSDAP) zu gewinnen, aber nur wenige zeigten Interesse daran: Hitler war für den Krieg gewesen, gegen den sie schließlich revoltiert hatten, er war auch gegen Streiks, während sie alle gute Gewerkschaftler waren. Als ihm die Depression schließlich einen Massenzulauf bescherte, waren es vor allem die Bauern, nicht die Arbeiter, die sich seiner Bewegung anschlossen. Ihnen hatte die Weimarer Republik keine Veränderungen gebracht, 27 Prozent von ihnen verfügten immer noch über weniger als einen Hektar Ackerfläche, weitere 26 Prozent hatten weniger als fünf Hektar. Diese christlichen Bauern, die schon vor der Krise hoch verschuldet gewesen waren, waren leicht davon zu überzeugen, dass die Juden, die seit Jahrhunderten als Pfandleiher und Wucherer galten, das Problem waren. Als nächstes brachen die christlichen Geschäftsleute und Selbstständigen, die seit ihren Studententagen vom „Säbel-und-Bier"-Volkstum durchdrungen waren, und die Inhaber der kleinen Geschäfte, die die Konkurrenz der großen jüdischen Warenhäuser fürchteten, mit der Koalition, die Weimar von Anfang an regiert hatte, und liefen zu den Nazis über. Und so schnellte der Stimmenanteil der Nazis von gerade einmal 2,6 Prozent im Jahre 1928 auf 18,3 Prozent bei den Wahlen am 14. September 1930 in die Höhe.

Die religiösen Juden wandten sich der Organisation zu, die sich traditionell stets für ihre Rechte stark gemacht hatte – dem *Centralverein der deutschen Staatsbürger jüdischen Glaubens*. Erstmals begannen auch die Besitzer der jüdischen Warenhäuser, die als erste von den Braunhemden heimgesucht worden waren, sich an den Aktivitäten des *Centralvereins* zu beteiligen. Für die alten Herren in der Führung des Vereins war der Zusammenbruch des Kapitalismus unbegreiflich. Sie waren wie gelähmt, als „ihre" Partei, die DDP, ihnen plötzlich in den Rücken fiel und sich in die gemäßigt antisemitische *Staatspartei* verwandelte. Doch schließlich verdrängten jüngere Mitglieder die alten Herren in der Führung und sorgten dafür, dass der *Centralverein* mit dem Geld der Warenhausbesitzer die Anti-Nazi-Propaganda der SPD subventionierte. Nach dem Verrat der DDP an ihren jüdischen Wählern liefen etwa 60 Prozent von ihnen zur SPD über. Nur circa acht Prozent wandten sich den Kommunisten zu und sie erhielten keinerlei Unterstützung vom *Centralverein* mit der Begründung, sie seien militante Gottesgegner. Der tatsächliche Grund war jedoch der, dass sie genauso militante Gegner der finanziellen Verbindungen des *Centralvereins* waren.

Jede jüdische Vereinigung in Deutschland betrachtete Hitlers Aufstieg durch ihre eigene Brille. Die jungen Funktionäre des *Centralvereins* sahen nur, dass die Arbeiterklasse, die die Basis der SPD bildete, ihnen treu war und dass Juden auch weiterhin auf allen Ebenen der Partei voll integriert wurden. Sie sahen allerdings nicht, dass die SPD unfähig war, Hitler zu schlagen. Vor dem Ersten Weltkrieg war die SPD die größte sozialistische Partei der Welt gewesen, der Stolz der *Sozialistischen Internationale*. Jetzt war sie nicht mehr als eine Reformpartei und in der ganzen Zeit der Weimarer Republik ist es ihr nicht gelungen, eine sichere sozialistische Basis zu schaffen, die es der deutschen Arbeiterklasse ermöglicht hätte, den Nazis zu widerstehen. Als die Depression einsetzte, war Hermann Müller von der SPD Kanzler der Weimarer Republik. Sehr bald entschieden ihre rechten Koalitionspartner, dass die Arbeiter die Hauptlast der Krise zu tragen hätten und ersetzten ihn durch Heinrich Brüning von der katholischen *Zentrumspartei*. Er, der „Hungerkanzler", erhöhte die Steuern für die wenigen Glücklichen, die noch Arbeit hatten, um die immer geringer ausfallende Unterstützung für die Millionen Arbeitslosen finanzieren zu können. Die SPD-Führung wusste sehr wohl, dass das glatter Selbstmord war, doch sie tolerierten Brüning aus Angst, er würde Hitler ins Boot holen, sollten sie sich von ihm abwenden. Deshalb kämpften sie auch nicht gegen die Einschnitte beim Arbeitslosengeld. Brüning hatte dem verzweifelten Mittelstand nichts zu bieten und so streiften immer mehr von ihnen die braunen Hemden über. Die Basis der SPD – Juden und Nicht-Juden gleichermaßen – stand einfach nur da und schaute zu, wie ihre Partei immer mehr nachgab. Auch die KPD hatte sich selbst besiegt. Lenins Bolschewismus war zu Stalins ultralinker Ideologie von der „dritten Periode" verkommen und Ernst Thälmann hatte aus Rosa Luxemburgs *Spartakusbund* seine *Rote Front* gemacht. In den Augen dieser Sektierer waren alle anderen Faschisten. Die Sozialdemokraten waren für sie nun Sozialfaschisten und ein gemeinsamer Kampf mit ihnen war undenkbar.

1930 hatten die beiden großen Arbeiterparteien mit zusammen 37,6 Prozent Hitler mit seinen 18,3 Prozent aus dem Feld schlagen können. Er hätte aufgehalten werden können, doch es war ihre Unfähigkeit, sich auf ein militantes Programm zum gemeinsamen physischen Widerstand gegen die Braunhemden und zur Abwehr des Raubbaus ihrer Regierung am Lebensstandard der Massen zu einigen, die den Weg für die Machtergreifung Hitlers ebnete. Seit dem Zweiten Weltkrieg vertreten westliche Forscher die Meinung, die KPD habe die SPD durch Stalins Fanatismus „verraten". Im Lager der Stalinisten sieht man es genau andersherum. Hier meint man, die SPD hätte sich nicht auf ein so schwankendes Schilfrohr wie Brüning stützen dürfen. Doch letztlich tragen beide Parteien gemeinsam die Verantwortung für das Debakel.

„Deshalb ist es nur recht und billig, wenn sie gegen uns kämpfen."

Wenn die KPD und die SPD ihren Teil der Verantwortung für Hitlers Sieg übernehmen müssen, so auch die Zionistische Vereinigung für Deutschland (ZVfD). Es wird zwar allgemein angenommen, die Zionisten mit ihren extremen Ansichten zum Antisemitismus hätten die Juden vor der Bedrohung durch die Nazis gewarnt, doch die Realität sah anders aus. Noch 1969 bestand Joachim Prinz, ehemaliger Präsident des American Jewish Congress und in seiner Jugend ein glühend vom Zionismus überzeugter Rabbi in Berlin, darauf: „Seit der Ermordung von Walther Rathenau 1922 gab es für uns keinen Zweifel mehr, daß die deutsche Entwicklung hin zu einem antisemitischen totalitären Regime gehen würde. Als Hitlers Aufstieg begann und, wie er es nannte, die deutsche Nation zum rassischen Bewußtsein und rassischer Überlegenheit ‚erweckte', bestand für uns kein Zweifel, daß dieser Mann früher oder später der Führer der deutschen Nation werden würde."[1]

Doch bei genauerer Recherche in den Ausgaben der *Jüdischen Rundschau*, der Wochenzeitung der ZVfD, finden sich keine derartigen Prophezeiungen. Als im November 1923 während eines Hungeraufstandes in Berlin ein Jude getötet wurde und mehrere hundert jüdische Geschäfte geplündert wurden, spielte Kurt Blumenfeld, der Sekretär und spätere Präsident der ZVfD, den Vorfall bewusst herunter: „Es könnte eine ganz billige und effektive Reaktion geben, und wir ... sind entschieden dagegen. Man könnte eine tief sitzende Angst unter den deutschen Juden auslösen. Man könnte die Aufregung nutzen, um die Unentschlossenen für uns zu gewinnen. Man könnte Palästina und den Zionismus als Asyl für die Heimatlosen darstellen. Wir wollen das nicht tun. Wir wollen nicht durch Demagogie diejenigen einfangen, die aus Indifferenz nicht am jüdischen Leben teilgenommen haben. Doch wir wollen ihnen durch [unsere] feste Überzeugung klarmachen, worin der grundlegende Fehler des jüdischen *galuth* (Exils) besteht. Wir wollen ihr nationales Selbstbewusstsein wecken. Wir wollen sie ... durch geduldige und ernsthafte Erziehungsarbeit darauf vorbereiten, am Aufbau Palästinas mitzuwirken."[2]

Der Historiker Stephen Poppel, ganz sicher kein Gegner der ZVfD, stellt in seinem Buch *Zionism in Germany 1897-1933* kategorisch fest, dass die *Rundschau* nach 1923 „bis 1931 nicht damit begann, sich systematisch und detailliert mit der antijüdischen Agitation und Gewalt auseinander zusetzen"[3]. Weit davon entfernt, die Juden zu warnen oder zu schützen, wandten sich prominente Zionisten gegen Anti-Nazi-Aktivitäten. Es waren die deutschen Zionisten, die die Ideologie der WZO schon vor 1914 am weitesten ausgefeilt hatten und die in den

---

1 Strauss, Herbert (Hrsg.): *Gegenwart im Rückblick*; Festgabe für die Jüdische Gemeinde zu Berlin 25 Jahre nach dem Neubeginn; Heidelberg; Stiehm; 1970; S.231.
2 Poppel, Stephen: *Zionism in Germany 1897-1933, The Shaping of a Jewish Identity*; The Jewish Publication Society Philadelphia; 1977; S.119.
3 Ebenda.

20er Jahren die Argumentation bis zur logischen Schlussfolgerung weiter entwickelten: Es gab keinerlei Hoffnung für ein Judentum in der Diaspora. Es gab auch keinerlei Möglichkeit, den Antisemitismus zu besiegen und es hatte auch keinen Sinn zu versuchen, jüdische kulturelle und gesellschaftliche Institutionen in Deutschland zu entwickeln. Die ZVfD wandte sich also ab von der Gesellschaft, in der sie lebte. Für die Zionisten gab es nur zwei große Aufgaben: es galt erstens, so vielen Juden wie möglich ein nationales Bewusstsein einzupflanzen und zweitens die Jugend in Berufen auszubilden, die für den wirtschaftlichen Aufbau Palästinas nützlich sein könnten. Alles andere war nutzloses Beiwerk.

1925 legte Jakob Klatzkin, der vehementeste Vertreter der totalen Abwendung und Co-Autor der großen *Encyclopedia Judaica*, die zionistischen Gedanken zum Antisemitismus in vollem Umfang dar. „Wenn wir die Rechtmäßigkeit des Antisemitismus nicht anerkennen, verneinen wir die Rechtmäßigkeit unseres eigenen Nationalismus. Wenn unser Volk es verdient, ein eigenes nationales Leben zu führen und auch dazu bereit ist, dann ist es ein Fremdkörper innerhalb der Nationen, in denen es lebt, ein Fremdkörper, der auf seiner eigenen unverwechselbaren Identität besteht und deren Lebensbereich einschränkt. Es ist deshalb rechtens, wenn sie gegen uns und für ihre nationale Integrität kämpfen ... Statt Gesellschaften zur Verteidigung gegen die Antisemiten, die unsere Rechte beschränken wollen, zu gründen, sollten wir lieber Gesellschaften zur Verteidigung unserer Freunde gründen, die unsere Rechte verteidigen wollen."[4]

Indem die Führung der ZVfD sich klar gegen jede Form von Teilhabe an der Politik des Landes aussprach, war der deutsche Zionist innerhalb der WZO besonders deutlich. Grenzüberschreitung war in Blumenfelds Augen eine Art Todsünde. Er akzeptierte die antisemitische Vorstellung komplett, dass die Deutschen zur arischen Rasse gehörten und dass es nur eine Einmischung in die Angelegenheiten eines anderen Volkes bedeuten würde, wenn ein Jude ein Amt in seinem Geburtsland innehätte. Theoretisch beharrte die ZVfD darauf, dass jedes einzelne Mitglied nach Palästina emigrieren sollte, doch das war natürlich völlig unrealistisch. Etwa 2.000 Siedler wanderten zwischen 1897 und 1933 von Deutschland nach Palästina aus, doch die meisten davon waren

---

4   Agus, Jacob: *The Meaning of Jewish History*; Volume 2; London, New York; Abelard-Schuman; 1963; S.425.

Russen, die nach der Revolution in Deutschland gestrandet waren. 1930 hatte die ZVfD 9.059 zahlende Mitglieder, doch die Mitgliedsbeiträge waren rein symbolisch und kein Zeichen für eine besondere Verbundenheit. Trotz Blumenfelds großem Enthusiasmus spielte der Zionismus nur eine untergeordnete Rolle in der Weimarer Republik. Als die Nazis bei den Wahlen in Sachsen im Juni 1930 14,4 Prozent der Stimmen erreichten, schrillten bei der Berliner Jüdischen Gemeinde die Alarmglocken und sie übte Druck auf die ZVfD aus, sich einem gemeinsamen Reichstagswahlkomitee mit dem Centralverein und anderen Assimilationisten anzuschließen. Doch die Teilnahme der ZVfD war rein symbolisch, die Assimilationisten klagten, die Zionisten würden kaum Zeit oder Geld in das Komitee investieren und so löste es sich direkt nach der Wahl auf. Siegfried Moses, der später Blumenfelds Nachfolger als Präsident der ZVfD werden sollte, demonstrierte in der *Rundschau* das Desinteresse der Zionisten am Aufbau einer wirksamen Verteidigung: „... wir haben vielmehr stets die Abwehr des Antisemitismus als eine gesamtjüdische Aufgabe anerkannt und klar zum Ausdruck gebracht, welche Formen des Abwehrkampfes wir billigen, welche wir als belanglos und welche wir als minderwertig betrachten. Aber es trifft zu, daß der Grund unseres Interesses für die Bekämpfung des Antisemitismus von der Intensität abhängt, mit der jeweils der Antisemitismus das jüdische Leben bedroht. Für uns ist eben die Bekämpfung des Antisemitismus nicht eine zentrale Aufgabe von gleich bleibender Tragweite und gleich bleibendem Gewicht, wie es für uns die Palästina-Arbeit und in etwas anderem Sinne auch die Gemeindearbeit ist."[5]

Selbst nach den Wahlen im September 1930 stellten sich die Zionisten gegen die Bildung einer effektiven Front gegen die Nazis. A.W. Rom ging in der *Rundschau* nicht davon ab, dass *jegliche* Verteidigung reine Zeitverschwendung sein könne. Er meinte: „Die wichtigste Erkenntnis, die wir aus diesem Wahlergebnis gewinnen müssen, ist die, daß die innere Stärkung des Judentums und der jüdischen Gemeinschaft in Deutschland unendlich wichtiger ist als der anscheinend so verlockende Kampf nach außen."[6]

Die Führung der ZVfD könnte sich nie mit den Assimilationisten in punkto Verteidigung einigen. Sie waren politisch absolute *Abstentionis-*

---

[5] *Jüdische Rundschau* vom 25.7.1930.
[6] *Jüdische Rundschau* vom 1.10.1930.

ten, und sie waren *Folkisten;* sie glaubten nicht an die Grundprämisse des Centralvereins, dass die Juden Deutsche wären. Ihrer Meinung nach sollten die Juden vor allem ihr Jüdischsein betonen. Sie argumentierten dahingehend, dass wenn die Juden begännen, sich als separate nationale Minderheit zu sehen und aufhörten, sich in „arische" Angelegenheiten zu mischen, es möglich wäre, die Antisemiten dazu zu bewegen, sie auf der Basis einer „würdigen" Koexistenz zu tolerieren. Die Assimilationisten hätten nichts dergleichen getan, für sie war die Position der Zionisten nur ein Echo der Nazipropaganda. Ohne Zweifel hatten sie Recht. Doch selbst wenn die Zionisten jeden einzelnen Juden von ihrer Einstellung hätten überzeugen können, hätte es keinen Unterschied gemacht. Hitler war es völlig egal, was die Juden selbst von sich dachten, er wollte sie nicht in Deutschland haben und am allerliebsten wollte er sie tot sehen. Die zionistische Lösung war keine Lösung. Es gab nichts, was die Juden hätten tun können, um den Antisemitismus abzuschwächen. Nur ein Sieg über die Nazis hätte die Juden retten können und dieser wäre nur möglich gewesen, wenn sie sich mit der antinazistischen Arbeiterklasse zum militanten Widerstand vereinigt hätten. Das jedoch war ein Gräuel für die Führung der ZVfD, die im Jahre 1932, während Hitler mit jedem Tag stärker wurde, lieber antikommunistische Treffen organisierten, um die jüdische Jugend vor der Gefahr der „roten Assimilation"[7] zu warnen.

Die zionistischen Minderheiten

Als Hitler an die Macht kam, wandten sich Minderheiten innerhalb der ZVfD zunehmend von Blumenfelds strikter Einstellung gegen jegliche politische Aktionen ab und arbeiteten entweder mit dem Centralverein zusammen oder suchten Hilfe bei anderen politischen Kräften, um das Judentum zu retten. Zwischen dem Bankier Georg Kareski und Blumenfeld gab es schon länger Meinungsverschiedenheiten über die grundsätzlichen Indifferenzen des ZVfD-Präsidenten gegenüber interner jüdischer Gemeindepolitik. Kareski hatte 1919 die Jüdische Volkspartei gegründet, mit der er bei den Wahlen der Berliner Jüdischen Gemeinde für ein Programm warb, das stärker auf jüdische Schulen ausgerichtet war. 1930 stand Kareski dann als Kandidat für den Reichstag für die Liste des Katholischen Zentrums in der großen

---

7   Niewyk, Donald: *The Jews in Weimar Germany*; Baton Rouge; Louisiana State University Press.; 1980; S.30.

deutschen Politarena (er verlor übrigens) und seine Mitstreiter gründeten eigens eine Organisation der jüdischen Wähler der Zentrumspartei. Das Schauspiel amüsierte einen sozialdemokratischen Witzbold: „Die heimatlose jüdische Bourgeoisie hat zum großen Teil Zuflucht bei der Zentrumspartei gesucht – Christus und der erste Papst waren Juden, warum also nicht? Unglückliche Individuen, die ihren Ideen und Zielen Gewalt antun aus Angst vor einer ‚sozialistischen Enteignung'. Was Hitler für die Christen ist, ist die Zentrumspartei für die Juden."[8]

Durch Bismarcks Kulturkampf gegen die katholische Kirche hatte die deutsche katholische Kirche ein natürliches Misstrauen gegenüber dem Antisemitismus entwickelt, sie fürchtete, er könne den Weg für weitere Angriffe auch auf die katholische Minderheit ebnen. Mit dem Hintergedanken, dass Christus selbst Jude war und deshalb jegliche Form von rassischem Antisemitismus mit dem christlichen Glauben unvereinbar sei, verweigerten sogar einzelne Bischöfe Nazis die Kommunion. Doch es gab auch immer schon Antisemiten unter den Führern der *Zentrumspartei,* und nach Unterzeichnung der Lateran-Verträge[9] mit Mussolini 1929 übte der Vatikan zunehmend Druck auf die Partei aus, im Kampf gegen den Kommunismus mit den Nazis zusammenzuarbeiten. Kareski sah jedoch nicht, in welche Richtung die katholische Oberschicht aufgrund dieses Klasseninteresses tendierte und er schätzte Franz von Papen von der *Zentrumspartei*, der nach Brüning das Amt des Kanzlers übernahm, völlig falsch ein. Kareski versicherte seinen reichen jüdischen Freunden: „Die Regierung Papen hat den Schutz der Juden auf ihre Fahne geschrieben."[10] In Wirklichkeit war von Papen immer schon ein Antisemit gewesen und nachdem er schließlich als Kanzler zurücktreten musste, wurde er Teil jener Kamarilla, die Präsident Hindenburg davon überzeugte, Hitler zum Reichskanzler zu machen.

Auf der zionistischen Linken unterstützte der deutsche Ableger der *Poale Zion* die unfähige Führung der SPD. Vor 1914 wollte die SPD nichts mit den Zionisten zu tun haben, da sie den Zionismus als

---

8   Niewyk, Donald: *Socialist, Anti-Semite and Jew; German Social Democracy Confronts the Problem of Anti-Semitism (1918-1933)*; Baton Rouge; Louisiana State University Press.; 1971; S.213.
9   Die Lateran-Verträge wurden am 11. Februar 1929 abgeschlossen und regeln die Unabhängigkeit des neuen Staates Vatikanstadt mit dem Papst als Staatsoberhaupt von der faschistischen italienischen Regierung unter Benito Mussolini.
10 Baker, Leonard: *Hirt der Verfolgten*; Stuttgart; Klett-Cotta; 1982; S.281.

separatistische Kraft zwischen den jüdischen und den nichtjüdischen Arbeitern betrachtete. Nur der rechte Flügel der SPD, der imperialistische Bestrebungen Deutschlands in Afrika befürwortete, unterstützte auch den Arbeiterzionismus, in dessen Vertretern man verbündete sozialistische Kolonisten sah. Erst während des Ersten Weltkrieges und dann nach seinem Ende, als die antikolonialistischen Kräfte des linken Flügels sich der *Kommunistischen Internationale* anschlossen, begann diese, freundschaftliche Beziehungen zu den *Poale Zion* aufzubauen. Die Arbeiterzionisten schlossen sich der SPD vor allem aus einem Grund an – nämlich um Unterstützung für den Zionismus zu erhalten. Solange die SPD-Führung sich positiv zum Zionismus äußerte, revanchierten sich die Zionisten mit ähnlich herzlichen Worten. 1931 war den Führern des Arbeiterzionismus in Palästina klar geworden, dass Hitlers Ideologie wohl siegreich sein würde, doch gab es für sie keine Alternative zur SPD und es gibt keinerlei Hinweis darauf, dass die Führer der *Poale Zion* in Palästina sich je öffentlich gegen ihre einstigen Kameraden in der SPD-Führung gestellt hätten.

„Deutsche mosaischen Glaubens sind ein unliebsames, demoralisierendes Phänomen"

Die Grundeinstellung der Zionisten zu den Nazis bestand darin, dass man nichts tun könne, um sie aufzuhalten, doch sie fühlten sich trotzdem verpflichtet, etwas zu tun. In der *Encyclopedia of Zionism and Israel* ist – wenn auch sehr vage – zu lesen, dass die deutschen Zionisten versucht hätten, Kanzler Brüning davon zu überzeugen, eine starke Erklärung gegen den Antisemitismus der Nazis abzugeben, indem sie „den Einfluss der Zionisten auf die Regierungen verschiedener Nationen betonen". Brüning hat nie darauf reagiert, „noch hatten die Zionisten Erfolg bei ihrem Versuch, sich die Unterstützung der Regierung für eine Emigration der Juden nach Palästina als konstruktiven Ausweg vor internem Druck zu sichern".[11]

Eine derartige Stellungnahme Brünings wäre völlig sinnlos gewesen, es sei denn, er wäre bereit gewesen, die Nazis gänzlich zu vernichten. Jede Erklärung, dass die Regierung die Juden bei der Auswanderung unterstützte, wäre insofern kontraproduktiv gewesen, als sie die Nazis zu der

---

11 Livneh, Eliazer: *Germany: Relations with Zionism and Israel*, Encyclopaedia of Zionism and Israel; Vol. I; S.385.

Überzeugung gebracht hätte, das Regime ließe in der Verteidigung der Rechte der Juden nach und hätte sie damit ermutigt, ihre Bemühungen zu verstärken. Doch Brüning unternahm vor allem deswegen nichts, weil die Zionisten blufften, sie hätten Einfluss auf die „Regierungen verschiedener Nationen", besonders aber auf die von Großbritannien.

Weizmann, der angesehene Wissenschaftler und Präsident der WZO, der gute Verbindungen in London hatte, tat ebenfalls so gut wie nichts für die deutschen Juden. Er hatte sie nie besonders gemocht und er hatte auch keinerlei Mitgefühl für sie und ihren Kampf gegen den Antisemitismus. Bereits am 18. März 1912 hatte er sich nicht geschämt, vor Berliner Publikum zu behaupten, dass „jedes Land nur eine begrenzte Anzahl von Juden aufnehmen kann, wenn es keine ‚Magenbeschwerden' haben will. Und Deutschland hat bereits zu viele Juden."[12] In einem Gespräch mit Balfour 1914 ging er noch weiter, als er ihm sagte, dass „wir mit den kulturellen Antisemiten darin überein stimmen, dass auch wir glauben, dass die Deutschen mosaischen Glaubens ein unliebsames und demoralisierendes Phänomen sind".[13] In den letzten Jahren der Weimarer Republik besuchte er Deutschland mehrfach. Seine Freunde dort teilten ihm mit, dass sie nicht einmal wünschten, dass Juden anderswo für sie demonstrierten. Stattdessen sollte er lieber dafür sorgen, dass aus konservativen britischen Kreisen bekannt würde, dass Hitler sich durch antisemitische Handlungen bei ihnen unbeliebt machen würde. „Weizmann wandte sich daraufhin an den konservativen Abgeordneten Robert Boothby, der ihm ganz offen sagte, dass die meisten Tories der Meinung seien, Hitler bewahre Deutschland vor dem Kommunismus und dass sie deshalb kaum über seinen Antisemitismus beunruhigt seien."[14] Im Januar 1932 war Weizmann der Meinung, dass die Emigration eines Teils der deutschen Juden kurz bevorstünde. Obwohl er die Unterstützung des *Zionistischen Weltkongresses* bereits 1931 verloren hatte, als Präsident der Organisation zurückgetreten und somit frei von jeglicher Last eines Amtes war, unternahm er nichts weiter, um die Juden der Welt gegen Hitler zu mobilisieren.

---

12 Matuvo, Benyamin: *The Zionist Wish and the Nazi Deed*; Issues (Winter 1966/7), S.9.

13 *Chaim Weizmann to Ahad Ha'am*; in: Stein, Leonard (Hrsg.*); The Letters and Papers of Chaim Weizmann, Letters*; London; Oxford U.P.; 1968-<1980>; Vol. VII; S.81.

14 Shafir, Shlomo: *American Jewish Leaders and the Emerging Nazi Threat (1928-1933)*; American Jewish Archives (November 1979); S.172.

In Deutschland selbst unternahm auch die ZVfD keinerlei Versuch, die Juden auf die Straße zu bringen, stattdessen drohte die *Rundschau* lieber damit, dass die Juden anderswo auf die Straße gehen würden – in New York. Tatsächlich gab es jedoch vor der Machtergreifung Hitlers in Amerika keine einzige von den Zionisten organisierte Demonstration gegen ihn. Rabbi (Stephen) Wise, der Führer des *American Jewish Congress*, traf mit den Assimilationisten des *American Jewish Committee* zusammen und gemeinsam fragte man Führer der deutschen Juden, wie man ihnen helfen könne. Die deutsche jüdische Bourgeoisie dankte ihnen lediglich für die freundliche Geste und versicherte den Amerikanern, dass man sich an sie wenden würde, sollte sich die Lage verschlechtern. Wise wollte sich sogar mit der Bitte um eine öffentliche Erklärung an Präsident Hoover wenden, doch selbst das war in den Augen des *American Jewish Committee* schon zu radikal und so verwarf Wise den Gedanken. Wise und Nahum Goldmann organisierten eine Jüdische Weltkonferenz in Genf im Sommer 1932, doch Goldmann wollte nicht mit den Assimilationisten zusammenarbeiten.[15] Der Zionismus war zu dieser Zeit eine Minderheitenbewegung innerhalb des Judentums, die Konferenz wandte sich also eigentlich nur an die eigenen Anhänger und da auch nur an einen kleinen Teil von ihnen, da weder Weizmann noch sein Nachfolger im Amt des Präsidenten der WZO, Nahum Sokolow, daran teilnahmen. Das Treffen brachte keinerlei konkrete Ergebnisse, und eigentlich erkannten weder Wise noch Goldmann wirklich den Ernst der Lage. Goldmann, der stets an den Einfluss der Großmächte geglaubt hatte, sagte auf der ZVfD-Konferenz 1932, dass Großbritannien und Frankreich sowie auch Russland nicht zulassen würden, dass Hitler an die Macht käme.[16] Stephen Wise zog sich sogar noch weiter in diese Traumwelt zurück und sagte, dass „möglicherweise die Sache nicht so schlimm werden würde, wie wir befürchten". Als er von Hitlers Machtübernahme erfuhr, äußerte er die Meinung, dass die eigentliche Gefahr darin bestünde, dass Hitler seine anderen Versprechen nicht würde halten können. Dann „könnte er schließlich zu dem Schluss kommen, dass er sich seinen Nazi-Kameraden in der Frage des Antisemitismus würde beugen müssen".[17]

---

15 Ebenda; S.175.
16 Blumenfeld, Kurt: *Erlebte Judenfrage*; Stuttgart; Deutsche Verlagsanstalt; 1962; S.196.
17 Shafir, Shlomo: *American Jewish Leaders and the Emerging Nazi Threat*; American Jewish Archives (November 1979); S.181.

„Der Liberalismus ist der Feind; und er ist auch der Feind der Nazis"

Da die deutschen Zionisten mit zwei grundlegenden Elementen der Nazi-Ideologie übereinstimmten – dass Juden nie Teil des deutschen Volkes sein könnten und deshalb auf deutschem Boden nichts verloren hätten – war es unvermeidbar, dass einige Zionisten versuchten, eine gütliche Einigung mit den Nazis zu erreichen. Wenn Wise sich selbst vormachen konnte, dass Hitler zu den gemäßigten Nazis gehörte, warum sollten andere sich dann nicht einreden, dass es innerhalb der NSDAP Kräfte gab, die Hitler im Zaum halten könnten? Stephen Poppel hat diese Debatte innerhalb der ZVfD aufgegriffen: „Einige Zionisten nahmen an, es gäbe unter den Nazis auch ehrbare und gemäßigte Elemente, die die Bewegung von innen mäßigen würden ... Diese Elemente könnten als sinnvolle Verhandlungspartner dienen, um eine Art deutsch-jüdische Übereinkunft zu erzielen. Es gab ernsthafte Meinungsverschiedenheiten über diese Möglichkeit, wobei beispielsweise Weltsch [der Chefredakteur der *Rundschau*] dafür und Blumenfeld scharf dagegen argumentierten."[18]

Doch Robert Weltsch war nicht allein mit seiner Ansicht. Gustav Krojanker, ein Redakteur im *Jüdischen Verlag*, dem ältesten zionistischen Verlagshaus in Europa, sah ebenfalls die gemeinsamen Wurzeln der beiden Bewegungen im völkischen Irrationalismus und kam zu dem Schluss, dass die Zionisten die nationalistischen Aspekte des Nazismus positiv betrachteten. Naiv nahm er an, dass eine milde Einstellung gegenüber ihren „Mit-Folkisten" eventuell eine ähnlich milde Reaktion der Nazis gegenüber den Zionisten fördern würde.[19] Der Brite Harry Sacher, seiner Zeit einer der Führer der WZO, erläuterte Krojankers Theorien in einer Rezension von Krojankers *Zum Problem des Neuen Deutschen Nationalismus*: „Für die Zionisten ist der Liberalismus der Feind; er ist auch der Feind der Nazis; ergo, sollten die Zionisten Mitgefühl und Verständnis für die Nazis haben, deren Antisemitismus wahrscheinlich ein vergängliches Phänomen ist."[20]

---

18 Poppel; *Zionism in Germany*; S.161.
19 Strauss, Herbert (Hrsg.): *Jewish Reactions to the Rise of Anti-Semitism in Germany*; In: Strauss, Herbert: *Conference on Anti-Semitism, American Federation of Jews from Central Europe*; New York; 1969; S.13.
20 Sacher, Harry: *Review of Gustav Krojanker, Zum Problem des Neuen Deutschen Nationalismus*; *Jewish Review* (London, September 1932); S.104.

Kein Zionist wollte, dass Hitler an die Macht kommt, kein Zionist hatte ihn gewählt und weder Weltsch noch Krojanker haben vor dem 30. Januar 1933 mit den Nazis kollaboriert. Die Kollaboration begann erst später. Doch diese Vorstellungen waren das logische Ergebnis der jahrzehntelangen Rechtfertigungsversuche der Zionisten für den Antisemitismus und der Unfähigkeit, ihnen zu widerstehen. Man kann dies auch nicht damit entschuldigen, dass die Führer der Zionisten nicht wussten, was nach einer Machtübernahme Hitlers kommen würde. Er hatte deutlich gesagt, dass die Juden schließlich nur noch Bürger zweiter Klasse sein sollten. Außerdem war allgemein bekannt, dass Hitler ein großer Bewunderer Mussolinis war und dass zehn Jahre Faschismus in Italien vor allem Terror, Folter und Diktatur bedeutet hatten. Doch in ihrer Feindseligkeit gegenüber dem Liberalismus und seines Bekenntnisses zur jüdischen Assimilation und als Gegner jener Juden, die ihre demokratischen Rechte innerhalb des parlamentarischen Systems voll nutzten, nahmen die Führer der ZVfD nie wirklich Anstoß am faschistischen Aspekt der Nazi-Ideologie. Es kam diesen Sektierern nie in den Sinn, dass sie es der Demokratie schuldig waren, zu ihrer Verteidigung mobil zu machen. Die ernsten Implikationen eines weiteren faschistischen Regimes mitten in Europa, diesmal mit einer ganz klar antijüdischen Ausrichtung, waren ihnen völlig entgangen.

Bei Dante waren falsche Wahrsager dazu verdammt, rückwärts zu laufen, ihre Gesichter zeigten nach hinten und Tränen liefen ihre Körper hinab. Und das bis in alle Ewigkeit. Ebenso ergeht es allen, die Hitler falsch eingeschätzt haben.

4. Der Zionismus und der italienische Faschismus (1922-1933)

Die Einstellung der Zionistischen Weltorganisation zum italienischen Faschismus wurde vor allem von einem Kriterium bestimmt: der Einstellung Italiens zum Zionismus. Wenn Mussolini sich den Zionisten gegenüber feindselig verhielt, kritisierte Weizmann ihn, als er aber eine pro-zionistische Einstellung zeigte, erfuhr er die begeisterte Unterstützung der zionistischen Führung. Als Hitler an die Macht kam, standen die Zionisten bereits in freundschaftlichen Beziehungen zum ersten Führer eines faschistischen Regimes.

Als (junger) Revolutionär hatte Mussolini stets mit den Juden in der *Sozialistischen Partei Italiens* zusammengearbeitet und erst nachdem er die Linken verlassen hatte, fing er an, die antisemitischen Ideen der nordeuropäischen rechten Parteien aufzugreifen. Vier Tage nach der Machtergreifung der Bolschewiki verkündete er, ihr Sieg sei die Folge einer Verschwörung zwischen der „Synagoge", also „Ceorbaum" (Lenin), „Bronstein" (Trotzki) und der deutschen Armee.[1] 1919 erklärte er den Kommunismus so: Die jüdischen Bankiers – Rothschild, Warburg, Schiff und Guggenheim – standen hinter den kommunistischen Juden.[2] Doch Mussolini war kein so großer Antisemit, dass er die Juden aus seiner neuen Partei ausgeschlossen hätte und so gab es fünf Juden unter den Gründern der faschistischen Bewegung. Der Antisemitismus war kein wichtiger Bestandteil seiner Ideologie, eigentlich fand er auch keinen besonderen Anklang bei seinen Anhängern.

In Italien würde der Antisemitismus im öffentlichen Bewusstsein immer mit dem katholischen Obskurantismus identifiziert werden. Die Kirche hatte die Juden in die Ghettos gezwungen und die italienischen Nationalisten hatten die Juden stets gegen die jeweiligen Päpste unterstützt, in denen sie Gegner eines vereinten Italien sahen. 1848 wurden die Mauern des Römischen Ghettos von der revolutionären Römischen Republik zerstört. Nach dem Untergang der Republik wurde das Ghetto zwar wiederhergestellt, doch der Sieg des nationalistischen Königreichs Italien 1870 setzte der Diskriminierung der Juden endlich

---

1 Michaelis, Meir: *Mussolini and the Jews, German-Italian Relations and the Jewish Question in Italy 1922-1945*; Oxford; Clarendon Press (for the Institute of Jewish Affairs); 1978; S.12.
2 Ebenda; S.13.

ein Ende. Die Kirche machte die Juden für den Sieg der Nationalisten verantwortlich und die offizielle Jesuiten-Zeitung *Civiltá Cattolica* behauptete weiterhin, man sei nur durch eine „Verschwörung mit den Juden, die von Mazzini, Garibaldi, Cavour, Farini und De Pretis organisiert wurde", besiegt worden.[3] Doch diese klerikalen Verleumdungen der Helden des italienischen Nationalismus diskreditierten nur den Antisemitismus, besonders bei der antiklerikalen Jugend des nationalistischen Kleinbürgertums. Da das Hauptziel des Faschismus in einer Mobilisierung des Mittelstandes gegen den Marxismus bestand, nahm sich Mussolini die von seinen Anhängern vorgebrachten Einwände sehr zu Herzen. Wie sollte man auch den Kommunismus als jüdische Verschwörung verleumden, wenn die Juden selbst nicht wirklich unbeliebt waren?

„Wahre Juden haben nie gegen Sie gekämpft"

Wie viele andere hat auch Mussolini ursprünglich den Antisemitismus und den Pro-Zionismus kombiniert und seine *Popolo d'Italia* unterstützte den Zionismus sogar bis 1919, als er zu dem Schluss kam, dass die Zionisten nur Strohmänner der Briten waren, und er begann, die italienischen Zionisten fortan nur noch „so genannte Italiener" zu nennen.[4] Alle italienischen Politiker teilten seinen Verdacht gegen den Zionismus, einschließlich zweier Außenminister jüdischer Abstammung – Sidney Sonnino und Carlo Schanzar. Die Einstellung Italiens zu Palästina war, dass die protestantischen Briten dort eigentlich nichts zu suchen hätten, da es dort keine einheimischen Protestanten gab. Italien wollte aus Palästina eine Art internationales „Heiliges Land" machen. In Übereinstimmung mit der Haltung der vorfaschistischen Regierungen zu Palästina und zum Zionismus war Mussolini vor allem durch imperialistische Rivalität zu Großbritannien und durch Feindseligkeit zu jedweder politischen Gruppierung in Italien, die zu einer internationalen Bewegung loyal war. Mussolinis Marsch auf Rom im Oktober 1922 löste bei der Zionistischen Vereinigung Italiens große Beunruhigung aus. Sie empfanden keine Sympathie für die Facta-Regierung, vor allem wegen ihrer negativen Einstellung zum Zionismus, aber die Fascisti waren kein Stück besser und Mussolini hatte

---

3 Carpi, Daniel: *The Catholic Church and Italian Jewry under the Fascists*; Yad Vashem Studies; Vol. IV; S.44f.
4 Michaelis: *Mussolini and the Jews*; S.14.

kein Hehl aus seiner eigenen antisemitischen Einstellung gemacht. Doch die Bedenken der Zionisten bezüglich des Antisemitismus wurden schnell beseitigt, denn die neue Regierung beeilte sich, Angelo Sacerdoti, den Chef-Rabbiner von Rom und aktiven Zionisten, davon in Kenntnis zu setzen, dass sie den Antisemitismus weder im eigenen Lande, noch außerhalb unterstützen würde. Am 20. Dezember 1922 gewährte Mussolini den Zionisten eine Audienz, bei der sie dem Duce ihre Loyalität versicherten. Die zionistische Schriftstellerin Ruth Bondy schrieb über die italienischen Juden: „Die Delegation ihrerseits sagte, dass die italienischen Juden ihrem Heimatland stets treu sein würden und durch die dortigen jüdischen Gemeinden dazu beitragen könnten, Beziehungen zur Levante aufzubauen."[5]

Mussolini sagte ihnen unverblümt, dass er die Zionisten immer noch als Werkzeug der Briten betrachtete, doch ihr Treuegelübde besänftigte ihn ein wenig und er erklärte sich bereit zu einem Treffen mit Chaim Weizmann, dem Präsidenten der WZO, das am 3. Januar 1923 stattfand. Obwohl Weizmanns Autobiographie bewusst vage gehalten ist und oft sogar irreführend, wenn es um die Beziehungen zu Italien geht, so kann man doch glücklicherweise wenigstens einige Informationen zu diesem Treffen dem Bericht entnehmen, der damals der britischen Botschaft in Rom zuging. Darin ist zu lesen, wie Weizmann versuchte, den Vorwurf zu entkräften, die Zionisten stünden im Dienste der Briten: „Obwohl er verneinte, dass dies in irgendeiner Form der Fall sei, sagte Dr. Weizmann, selbst wenn es so wäre, würde Italien durch die Schwächung der muslimischen Macht ebenso viel gewinnen wie Großbritannien."[6] Diese Antwort hat in Mussolini wohl kaum allzu großes Vertrauen erweckt, doch er war hoch erfreut, als Weizmann ihn um die Erlaubnis bat, einen italienischen Zionisten in die Kommission berufen zu dürfen, die die Siedlung in Palästina beaufsichtigte. Weizmann wusste, dass die italienische Öffentlichkeit dies als Zeichen sehen würde, dass das faschistische Regime die WZO tolerierte, wodurch der Weg für den Zionismus auch bei bisher misstrauischen und vorsichtigen Juden geebnet würde, die Angst hatten, mit dem neuen Regime in Konflikt zu geraten. Mussolini sah es genau andersherum, seiner Meinung nach konnte er durch diese kleine Geste die Unterstützung der Juden sowohl im eigenen Land, als auch im Ausland gewinnen.

---

5 Bondy, Ruth: *The Emissary: A Life of Enzo Sereni*; Boston; Little, Brown and Company; 1977; S.45.
6 Carpi, Daniel: *Weizmann's Political Activities in Italy from 1923 to 1934*; *Zionism* (Tel Aviv, 1975); S.225.

Das Treffen brachte keinerlei Veränderungen in der italienischen Politik bezüglich des Zionismus oder der Einstellung zu den Briten. Italien bemühte sich weiterhin, die zionistischen Bestrebungen durch Störmanöver in der Mandatskommission des Völkerbundes zu behindern. Weizmann hat nie – weder zu diesem Zeitpunkt, noch später – versucht, eine Opposition gegen das, was Mussolini den Italienern antat, aufzubauen, doch musste er sich notgedrungen äußern zu einem Regime, das dem Zionismus so aktiv entgegentrat. Und genau das tat er am 26. März 1923 – in Amerika: „Es gibt heute eine riesige, als Faschismus bekannte, politische Welle, die Italien überrollt. Als eine rein italienische Bewegung geht uns das nichts an, es ist Sache der italienischen Regierung. Doch diese Welle bricht jetzt über die kleine jüdische Gemeinschaft herein und die kleine Gemeinschaft, die sich nie viel angemaßt hat, leidet jetzt unter dem Antisemitismus."[7]

Die italienische Politik zum Zionismus änderte sich erst Mitte der 20er Jahre, als der italienische Konsul in Palästina feststellte, dass die Zionisten Palästina nicht verlassen würden und die Briten es nur täten, wenn die Zionisten ihren eigenen Staat dort bekämen. Weizmann erhielt eine Einladung nach Rom zu einer weiteren Konferenz am 17. September 1923. Mussolini war ausgesprochen herzlich, er bot den Zionisten Hilfe beim Aufbau ihrer Wirtschaft an und die faschistische Presse begann, positiv über den Zionismus in Palästina zu berichten. Führende Zionisten begannen, Rom zu besuchen. Nahum Sokolow, damals Vorsitzender der Zionistischen Exekutive und von 1931 bis 1935 Präsident der WZO, erschien am 26. Oktober 1927. Michael Ledeen, auf Faschismus und Judenfrage spezialisiert, beschrieb die politischen Ergebnisse der Gespräche zwischen Mussolini und Sokolow folgendermaßen: „Nach diesem letzten Treffen feierten die Zionisten Mussolini regelrecht. Sokolow lobte ihn nicht nur als Menschen, sondern verkündete seine feste Überzeugung, er hielt den Faschismus für immun gegen antisemitische Vorurteile. Und er ging noch weiter: In der Vergangenheit mochte es Unklarheiten über die wahre Natur des Faschismus gegeben haben, doch nun ‚beginnen wir, seine wahre Natur zu verstehen ... echte Juden haben nie gegen Sie gekämpft'. Diese Worte, die einer Billigung des faschistischen Regimes durch die Zionisten gleichkamen, wurden in jüdischen Zeitschriften weltweit wiederholt. In jener Periode, die die Entstehung einer neuen rechtlichen Beziehung zwischen den Juden und dem faschistischen Staat feierte,

---

7 Weizmann: *Relief and Reconstruction*; *American Addresses* (1923); S.49.

waren aus allen jüdischen Zentren Italiens Loyalitätsversprechen und Sympathiebekundungen zu hören."[8] Doch nicht alle Zionisten waren mit Sokolow einer Meinung. Die Arbeiterzionisten standen über die *Sozialistische Internationale* in loser Verbindung zu der im Untergrund arbeitenden *Sozialistischen Partei Italiens*, und sie erhoben Einspruch gegen Sokolows Bemerkungen, doch die italienischen Zionisten waren zu sehr im Freudentaumel. Diese wohlhabenden und extrem religiösen Konservativen sahen in Mussolini ihren Beschützer vor dem Marxismus und seiner assimilatorischen Einstellung. 1927 gab Rabbi Sacerdoti dem Journalisten Guido Bedarida ein Interview: „Professor Sacerdoti ist davon überzeugt, dass viele der Grundprinzipien der faschistischen Doktrin wie die Einhaltung der staatlichen Gesetze, der Respekt vor den Traditionen, das Autoritätsprinzip, die Begeisterung für religiöse Werte, der Wunsch nach moralischer und körperlicher Reinheit der Familie und des Individuums, der Kampf um eine gesteigerte Produktion und damit der Kampf gegen den Malthusianismus nicht mehr und nicht weniger jüdische Grundprinzipien sind."[9] Der ideologische Führer der italienischen Zionisten war der Anwalt Alfonso Pacifici. Als extrem frommer Mann versicherte er, die italienischen Zionisten würden zum religiösesten Zweig der Weltbewegung werden. 1932 berichtete auch ein anderer Interviewer über Pacifici: „Er brachte mir gegenüber seine Überzeugung zum Ausdruck, dass die neuen Bedingungen zu einer Wiederbelebung des Judentums in Italien führen würden. Er behauptete sogar, eine Philosophie des Judaismus entwickelt zu haben, die den spirituellen Tendenzen des Faschismus sehr ähnlich sei und das lange bevor diese zur Grundlage des Staatswesens in Italien geworden waren."[10]

Der Aufbau von Beziehungen zwischen Mussolini und Hitler

Während die Zionisten, bevor sie reagierten, wenigstens gewartet hatten, bis Mussolini mit ihnen warm geworden war, hatte Hitler keinerlei derartige Hemmungen. Seit der Machtübernahme der Faschisten führte Hitler Mussolinis Regime als Beweis dafür an, dass eine Terrordiktatur eine schwache bürgerliche Demokratie stürzen konnte, um danach die

---

8 Ledeen, Michael: *Italian Jews and Fascism*; *Judaism* (Sommer 1969); S.286.
9 Bedarida, Guido: *The Jews under Mussolini*; *Reflex* (Oktober 1927); S.58.
10 Goodman, Paul: *Judaism under the Fascist Regime*; *Views* (April 1932); S.46.

Arbeiterbewegung zu vernichten. Nach seinem Machtantritt zollte er Mussolini den ihm gebührenden Respekt, indem er bei einem Treffen mit dem italienischen Botschafter 1933 sagte: „Eure Exzellenz wissen, welch große Bewunderung ich für Mussolini hege, den ich für den geistigen Kopf auch meiner ‚Bewegung' halte, denn wenn es ihm nicht gelungen wäre, in Italien die Macht zu erringen, hätte der Nationalsozialismus in Deutschland keine Chance gehabt."[11]

Hitler übte allerdings in zwei Punkten Kritik am Faschismus: Mussolini unterdrücke massiv die Deutschen in Südtirol, das in Versailles Italien zugesprochen worden war, und er nahm Juden in die *Faschistische Partei* auf. Hitler war vollkommen klar, dass ihrer beider Ziele so ähnlich waren, dass sie notwendigerweise zusammenfinden mussten. Er bestand darauf, dass ein Streit mit den Italienern wegen Südtirol nur den Juden nützen würde, weshalb er, im Gegensatz zu vielen anderen deutschen rechtsgerichteten Politikern, bereit war, die Tiroler im Stich zu lassen.[12] Und obwohl er nichts von Mussolinis früheren antisemitischen Äußerungen wusste, erklärte Hitler 1926 in seinem Buch *Mein Kampf*, im Grunde seines Herzens sei auch Mussolini ein Antisemit. Er schrieb: „Der Kampf, den das faschistische Italien gegen die drei Hauptwaffen des Judentums, wenn auch vielleicht im tiefsten Grunde unbewusst (was ich persönlich nicht glaube), durchführt, ist das beste Anzeichen dafür, daß, wenn auch auf indirektem Wege, dieser überstaatlichen Macht die Giftzähne ausgebrochen werden. Das Verbot der freimaurerischen Geheimgesellschaften, die Verfolgung der übernationalen Presse sowie der dauernde Abbruch des internationalen Marxismus und umgekehrt die stete Festigung der faschistischen Staatsauffassung werden im Laufe der Jahre die italienische Regierung immer mehr dem Interesse des italienischen Volkes dienen lassen können, ohne Rücksicht auf das Gezische der jüdischen Welthydra."[13]

Doch auch wenn Hitler Mussolini positiv gegenüber stand, so hieß das noch lange nicht, dass Mussolini den Nazis gegenüber ebenso eingestellt war. Während der 20er Jahre wiederholte der Duce immer wieder seinen berühmten Satz: „Der Faschismus ist kein Exportartikel." Nach dem Fehlschlag des Bierkellerputsches in München und dem mit

---

11 Carpi, Daniel: *Weizmann's Political Activities in Italy; from 1923 to 1934; Zionism* (Tel Aviv, 1975); S.238.
12 Hitler, Adolf: *Mein Kampf*; München; Verlag Franz Eher Nachfolger GmbH; 1933; S.709.
13 Ebenda; S.721.

nur 6,5 Prozent mageren Abschneiden der Nazis bei den Wahlen 1924 war Hitler ein Niemand. Erst die Depression und Hitlers unerwarteter Wahlerfolg führten dazu, dass Mussolini sich ernsthaft für sein deutsches Gegenüber zu interessieren begann. Er sprach immer häufiger davon, dass der Faschismus innerhalb von zehn Jahren ganz Europa erobern würde und seine Zeitungen druckten positive Artikel über die Nazis. Gleichzeitig jedoch lehnte er Hitlers nordischen Rassismus und seinen Antisemitismus ab. „Völlig verwirrt von seinem Philosemitismus hofften die Zionisten darauf, dass Mussolini einen mäßigenden Einfluss auf Hitler haben würde, wenn dieser an die Macht käme."[14] Im Oktober 1932, am zehnten Jahrestag des Marsches auf Rom, schwärmte Pacifici von den Unterschieden zwischen dem echten Faschismus und seinem Ersatz in Berlin. Er sah „radikale Unterschiede zwischen dem wahren und authentischen Faschismus – dem italienischen Faschismus – und den pseudo-faschistischen Bewegungen in anderen Ländern, die ... oft die reaktionärsten Phobien nutzen und dabei besonders den blinden, hemmungslosen Hass auf die Juden, um die Massen von ihren wirklichen Problemen, den tatsächlichen Gründen für ihr Elend und von den eigentlichen Übeltätern abzulenken."[15]

Später, nach dem Holocaust, versuchte Weizmann in seiner Autobiographie krampfhaft, den italienischen Zionisten eine antifaschistische Legende zu verschaffen: „Die Zionisten, und die Juden ganz allgemein, waren als Antifaschisten bekannt, obgleich sie ihrer Gesinnung keineswegs öffentlich Ausdruck verliehen."[16] 1922 waren die Zionisten wegen seiner antizionistischen Einstellung in den ersten Jahren seiner faschistischen Karriere und wegen seiner antisemitischen Kommentare nicht gut auf Mussolini zu sprechen gewesen. Doch wie gezeigt schworen sie dem neuen Machtinhaber sofort die Treue, nachdem dieser ihnen versichert hatte, er sei kein Antisemit. Obwohl den Zionisten bereits in den ersten Jahren des Regimes klar war, dass Mussolini ihre internationalen Verbindungen ablehnte, ließ sie das nicht zu Antifaschisten werden, und nach den Aussagen von Sokolow und Sacerdoti 1927 konnte man die Zionisten als gute Freunde Mussolinis betrachten.

---

14 Michaelis: *Mussolini and the Jews*; S.49.
15 Ebenda; S.29.
16 Weizmann: *Memoiren*; S.539.

5. Die deutschen Zionisten bieten den Nazis die Zusammenarbeit an

Werner Senator, ein führender deutscher Zionist, bemerkte einmal, dass sich der Zionismus den Ländern, in denen er wirkt, ungeachtet seines jüdischen Nationalismus immer politisch anpasst. Es gibt keinen besseren Beweis dafür als die politische Anpassung der ZVfD an die Theorien und die Politik des neuen Nazi-Regimes. In dem Glauben, die ideologischen Gemeinsamkeiten der beiden Bewegungen – ihre Abneigung gegen den Liberalismus, ihr gemeinsamer völkischer Rassismus und natürlich ihre gemeinsame Überzeugung, Deutschland könne niemals die Heimat der dort lebenden Juden sein – könnten die Nazis dazu bringen, sie zu unterstützen, hat die ZVfD Hitler nach 1933 nicht nur einmal, sondern mehrfach um Hilfe gebeten.

Das Ziel der ZVfD wurde ein „geordneter Rückzug", das heißt, Naziunterstützung für die Emigration zumindest der jüngeren Generation der Juden nach Palästina und so suchten sie sofort Kontakt zu denjenigen Teilen des Nazi-Apparates, von dem anzunehmen war, dass er an einem derartigen Arrangement auf der Grundlage der völkischen Anerkennung des Zionismus interessiert sein würde. Kurt Tuchler, Mitglied der Exekutive der ZVfD, überredete Freiherr Leopold Itz Edler von Mildenstein von der SS, einen pro-zionistischen Artikel für die Nazi-Presse zu schreiben. Mildenstein erklärte sich einverstanden unter der Bedingung, dass er zunächst Palästina besuchen könne, und zwei Monate nach der Machtübernahme Hitlers fuhren die beiden Männer gemeinsam mit ihren Ehefrauen nach Palästina. Mildenstein blieb sechs Monate dort und schrieb nach seiner Rückkehr seine Artikel.[1]

In Kontakt mit einer Zentralfigur der neuen Regierung kam man im März 1933, als Hermann Göring die Führer der großen jüdischen Organisationen zusammenrief. Anfang März hatte Julius Streicher, Herausgeber der Zeitung *Der Stürmer* erklärt, dass ab dem 1. April alle jüdischen Geschäfte und Dienstleister boykottiert werden würden, was jedoch international auf heftigen Widerstand stieß. Hitlers kapitalistische Förderer waren sehr beunruhigt wegen der von Rabbi Wise angekündigten Gegendemonstration in New York am 27. März, falls

---

1 Boas, Jacob: *A Nazi Travels to Palestine*; *History Today* (Januar 1980); London; S.33.

die Nazis ihren geplanten Boykott umsetzen sollten. Die Juden waren sowohl in Amerika als auch in Europa im Einzelhandel stark vertreten und aus Angst vor Vergeltungsmaßnahmen gegen ihre eigenen Firmen drangen Hitlers reiche Förderer darauf, dass die Aktion abgeblasen wurde. Da die Nazis dies jedoch kaum tun konnten, ohne das Gesicht zu verlieren, entschied man sich, die deutschen Juden zu benutzen, um Wise zu besänftigen. Also berief Göring ein Treffen mit den jüdischen Führern ein.

Die Zionisten hatten in der Weimarer Republik keinen großen Einfluss und so wurde ihre Teilnahme an dem Treffen nicht für nötig erachtet. Sie selbst jedoch sahen sich als den einzig natürlichen Verhandlungspartner für die Nazis an und stellten sicher, dass sie – wenn auch spät – eine Einladung erhielten. Martin Rosenbluth, ein führender Zionist, berichtete später in seiner Autobiographie *Go forth and Serve* über dieses Ereignis. Göring traf sich mit vier Juden: Julius Brodnitz vom CV, Heinrich Stahl von der Jüdischen Gemeinde zu Berlin, Max Naumann, ein den Nazis gegenüber positiv eingestellter Fanatiker vom *Verband nationaldeutscher Juden* (VnJ) und dem Zionisten Blumenfeld. Göring stimmte sogleich eine Tirade an: Die ausländische Presse verbreite Lügen über angebliche Feindseligkeiten gegenüber Juden und wenn diese Lügen nicht aufhörten, könne er nicht für die Sicherheit der deutschen Juden garantieren. Am wichtigsten aber sei, dass die Versammlung in New York abgesagt würde: „Dr. Wise ist einer unserer gefährlichsten und skrupellosesten Gegner."[2] Eine Delegation sollte nach London reisen, um dort Kontakt zu den Juden der Welt aufzunehmen. Die Assimilationisten lehnten ab und verwiesen darauf, sie hätten keinen Einfluss auf die Juden in anderen Ländern. Dies war zwar nicht richtig, doch sie wollten nicht auch noch an ihrer eigenen Zerstörung mitwirken. Einzig Blumenfeld meldete sich freiwillig, bestand aber darauf, dass er frei und offen über die Behandlung der Juden durch die Nazis sprechen dürfe. Göring war es völlig egal, was gesagt werden würde, solange nur die Demonstration abgesagt würde und vielleicht könnte eine Beschreibung der schlimmen Lage die ausländischen Juden dazu bringen innezuhalten, aus Angst, noch Schlimmeres heraufzubeschwören. Es war ihm gleichgültig, wer fahren würde und welche Argumente vorgebracht würden, solange die Delegation sich bereit erklärte, „der deutschen Botschaft regelmäßig Bericht zu

---

2 Rosenbluth, Martin: *Go Forth and Serve, Early Years and Public Life*; Herzl; New York; 1961; S.253.

erstatten".³ Die ZVfD entsandte schließlich Martin Rosenbluth und Richard Lichtheim. Aus Angst davor, die alleinige Verantwortung für den Ausgang ihrer seltsamen Mission tragen zu müssen, rangen sie dem CV die Erlaubnis ab, Dr. Ludwig Tietz mitnehmen zu dürfen. Dieser reiche Geschäftsmann war, obwohl selbst kein Zionist, „ein guter Freund von uns".⁴

Das Trio kam am 27. März 1933 in London an und es kam sofort zu einem Treffen mit vierzig jüdischen Führern unter der Leitung von Nahum Sokolow, dem Präsidenten der WZO. Später trafen sie noch mit einer Reihe britischer Offizieller zusammen. Die Delegation sah sich vor zwei Hauptaufgaben: Den Ernst der Lage zu nutzen, um für Palästina als „logischen Zufluchtsort" zu werben und jegliche nazifeindlichen Bemühungen im Ausland zu verhindern. So riefen sie Rabbi Stephen Wise in New York an. Rosenbluth beschreibt das Gespräch in seinen Memoiren wie folgt: „Mit Görings Anweisungen im Hinterkopf... übermittelten wir die Botschaft... Ihm den verschlüsselten Rest unserer Nachricht ebenfalls zu vermitteln, war etwas schwieriger, da es nötig war, etwas verklausuliert zu sprechen, um mögliche Lauscher zu verwirren. Die folgenden Ereignisse zeigten, dass wir unsere versteckte Bitte klar gemacht hatten und dass Dr. Wise begriffen hatte, dass wir wollten, dass er an seiner Meinung festhielt und die Demonstration unter keinen Umständen absagte."⁵

Es gibt keinen Beweis dafür, dass Wise ein solcher Inhalt übermittelt wurde. Durch die Forschungen des israelischen Wissenschaftlers Shaul Esh wissen wir heute, dass die Delegation versucht hat, Demonstrationen in New York und in Palästina zu verhindern. Esh sagt, sie hätten später am Abend telegrafiert, allerdings „nicht unter ihrem eigenen Namen, sondern im Namen der Zionistischen Exekutive in London. Die Telegramme forderten die Empfänger auf, sofort eine Erklärung an die Reichskanzlei des Dritten Reiches zu schicken mit dem Inhalt, dass sie einen organisierten Boykott gegen Deutschland nicht dulden würden... die Zionistische Exekutive in London erfuhr einige Stunden später davon und schickte ein weiteres Telegramm nach Jerusalem, um die Absendung einer offiziellen Erklärung an Hitler aufzuschieben."⁶

---

3   Ebenda; S.254.
4   Ebenda; S.255.
5   Ebenda; S.258.
6   Gutman, Yisrael (als Teil einer Debatte): *Jewish Resistance during the Holocaust*; S.116.

In seiner eigenen Autobiographie *Challenging Years* erwähnt Stephen Wise, dass er das Telegramm erhalten habe, doch verliert er kein Wort von einer etwaigen verschlüsselten Nachricht der Delegation.[7] Dabei kann man annehmen, dass er eine solche Nachricht erwähnt hätte, hätte es denn eine gegeben. Tatsächlich schimpfte Wise in den folgenden Jahren immer wieder auf die ZVfD, weil diese sich hartnäckig gegen jeden Versuch ausländischer Juden wehrte, gegen das Hitler-Regime zu kämpfen.

Die Vorgänge in London waren symptomatisch auch für das weitere Verhalten der ZVfD. 1937, nachdem er Berlin verlassen und nach Amerika ausgewandert war, schrieb Rabbi Joachim Prinz über seine Erfahrungen in Deutschland und bezog sich auf ein Memorandum, das die ZVfD – wie heute bekannt ist – am 21. Juni 1933 an die Nazi-Partei schickte. Prinz beschreibt in seinem Artikel die Stimmung der Zionisten in den ersten Monaten des Jahres 1933: „Jeder in Deutschland wusste, dass nur die Zionisten die Juden gegenüber der Nazi-Regierung verantwortlich vertreten konnten. Wir alle waren sicher, dass die Regierung eines Tages eine Konferenz mit den Juden am runden Tisch einberufen würde, auf der – nachdem die Unruhen und Grausamkeiten der Revolution vorbei wären – der neue Status der deutschen Juden diskutiert werden könnte. Die Regierung erklärte höchst feierlich, dass es kein anderes Land in der Welt gäbe, das so ernsthaft versuchte, das Judenproblem zu lösen wie Deutschland. Lösung der Judenfrage? Das war unser zionistischer Traum! Wir hatten das Bestehen der Judenfrage nie bestritten! Dissimilation? Das war unser eigener Aufruf! ... In einer Erklärung, bemerkenswert für ihren Stolz und ihre Würde, forderten wir eine Konferenz."[8]

Das Dokument blieb bis 1962 verschollen, erst dann wurde es schließlich in Deutschland und in Israel gedruckt. Die Worte „Stolz" und „Würde" sind natürlich frei interpretierbar, doch kann man mit Fug und Recht sagen, dass es nicht ein einziges Wort gab, das heute in diesem Sinne ausgelegt werden könnte. Um dies zu zeigen, braucht es ausgedehnte Zitate aus diesem außergewöhnlichen Memorandum. Es enthielt eine sehr höflich formulierte Bitte an die Nazis:

---

7   Wise, Stephen Samuel: *Challenging years*; New York; 1956; S.248.
8   Prinz, Joachim: *Zionism under the Nazi Government*; *Young Zionist* (London, November 1937); S.18.

„Darum sei es uns gestattet, unsere Anschauungen vorzutragen, die nach unserer Meinung eine den Grundsätzen des neuen deutschen Staates der nationalen Erhebung entsprechende Lösung ermöglichen und zugleich für die Juden eine Regelung ihrer Lebensverhältnisse bedeuten könnten ...

Der Zionismus täuscht sich nicht über die Problematik der jüdischen Situation, die vor allem in der anormalen Berufsschichtung und in dem Mangel einer nicht in der eigenen Tradition verwurzelten geistigen und sittlichen Haltung besteht ...

Wir sind der Ansicht, dass eine den nationalen Staat wirklich befriedigende Antwort auf die Judenfrage nur herbeigeführt werden kann, wenn die auf gesellschaftliche, kulturelle und sittliche Erneuerung der Juden hinzielende jüdische Bewegung dabei mitwirkt ...

Der Zionismus glaubt, dass eine Wiedergeburt des Volkslebens, wie sie im deutschen Leben durch Bindung an die christlichen und nationalen Werte erfolgt, auch in der jüdischen Volksgruppe vor sich gehen müsse. Auch für den Juden müssen Abstammung, Religion, Schicksalsgemeinschaft und Artbewusstsein von entscheidender Bedeutung für seine Lebensgestaltung sein ...

Wir wollen auf dem Boden des neuen Staates, der das Rassenprinzip aufgestellt hat, unsere Gemeinschaft in das Gesamtgefüge so einordnen, dass auch uns, in der uns zugewiesenen Sphäre, eine fruchtbare Betätigung für das Vaterland möglich ist. ... Unser Bekenntnis zum jüdischen Volkstum stellt ein reines und aufrichtiges Verhältnis zum deutschen Volk und seinen nationalen blutmäßigen Gegebenheiten her. Gerade weil wir diese Grundlagen nicht zu verfälschen wünschen, weil auch wir gegen Mischehe und für Reinerhaltung der jüdischen Art sind ...

Nur die Treue zur eigenen Art und Kultur gibt Juden die innere Festigkeit, die eine Verletzung des Respekts vor den nationalen Gefühlen und Imponderabilien des deutschen Volkstums verhindert, und die Einwurzelung im eigenen Seelentum bewahrt den Juden davor, zum wurzellosen Kritiker der nationalen Grundlagen des deutschen Wesens zu werden. Die vom Staat gewünschte völkische Distanzierung würde auf diese Weise zwanglos als Ergebnis einer organischen Entwicklung herbeigeführt.

So kann das hier gekennzeichnete bewusste Judentum, in dessen Namen wir sprechen, sich dem deutschen Staatswesen einfügen, weil es ja innerlich unbefangen und frei ist von dem Ressentiment, das assimilierte Juden bei der Feststellung ihrer Zugehörigkeit zum Judentum, zur jüdischen Rasse und Vergangenheit empfinden müssen. Wir glauben an die Möglichkeit eines ehrlichen Treueverhältnisses zwischen einem artbewußten Judentum und dem deutschen Staat. ...

Für seine praktischen Ziele glaubt der Zionismus, auch die Mitwirkung einer grundsätzlich judengegnerischen Regierung gewinnen zu können, weil es sich in der Behandlung der jüdischen Frage nicht um Sentimentalitäten, sondern um ein reales Problem handelt, an dessen Lösung alle Völker, und im gegenwärtigen Augenblick besonders das deutsche Volk, interessiert sind.

Die Verwirklichung des Zionismus könnte durch ein Ressentiment von Juden im Ausland gegenüber der deutschen Entwicklung nur geschädigt werden. Boykott-Propaganda - wie sie jetzt vielfach gegen Deutschland geführt wird – ist ihrer Natur nach unzionistisch, da der Zionismus nicht bekämpfen, sondern überzeugen und aufbauen will. ...

Unsere hier vorgetragenen Äußerungen beruhen auf der Überzeugung, dass die deutsche Regierung bei der Lösung des Judenproblems in ihrem Sinne volles Verständnis für eine mit den Staatsinteressen im Einklang stehende offene und klare jüdische Haltung haben wird."[9]

Dieses Dokument, ein Verrat an den Juden Deutschlands, war in zionistischen Klischees abgefasst (abnormale Berufsschichtung, wurzellose Intellektuelle, die dringend einer moralischen Erneuerung bedürfen etc). In dem Dokument boten die Zionisten den Nazis eine kalkulierte Kollaboration an, geheiligt durch das große Ziel eines eigenen jüdischen Staates: Wir werden nicht gegen Sie kämpfen, nur gegen jene, die sich Ihnen widersetzen.

Besessen von ihrer seltsamen Mission verloren die Führer der ZVfD jeden Sinn für die internationale jüdische Perspektive und versuchten sogar, die WZO dazu zu bewegen, ihren für August 1933 einberufenen Weltkongress abzusagen. Sie sandten der Führung der WZO einen

---

[9] Dawidowicz, Lucy (Hrsg.): *A Holocaust Reader*; S.150-155. (Veröffentlicht in: *Zwei Welten. Siegfried Moses zum 75. Geburtstag;* Tel Aviv 1962; S.120ff.)

Brief: „Er (der Weltkongress) muss aufs Schärfste protestieren, ihr Leben (das der Führer der ZVfD) könnte auf dem Spiel stehen in einer Zeit, da unsere legale Existenz es uns ermöglicht, Tausende zu organisieren und große Geldsummen nach Palästina zu transferieren."[10] Wie wir sehen werden, fand der Kongress dennoch statt, doch die ZVfD hatte keinen Grund zur Sorge, denn die Nazis nutzten die Gelegenheit um zu verkünden, sie hätten einen Deal mit dem Welt-Zionismus gemacht.

„Ihren eigenen nationalen Idealismus im Nazi-Geist suchend"

Die jüdische Öffentlichkeit wusste nichts davon, dass von Mildenstein in Begleitung eines Mitglieds der Zionistischen Exekutive nach Palästina gereist war, ebenso wenig wie von Rosenbluths und Lichtheims Reise nach London, dem Memorandum oder der Bitte, den Zionistischen Weltkongress abzusagen. Doch die Angriffe auf die assimilierten deutschen Juden in der *Rundschau* konnte man kaum übersehen. „Der CV beklagte sich bitterlich über die zionistischen ‚Siegesfanfaren', während die *Rundschau* sich beeilte, die schuldigen Juden zu verurteilen."[11] Der Herausgeber Robert Weltsch nahm den Boykott vom 1. April zum Anlass, die deutschen Juden in einem Leitartikel mit dem Titel *Tragt ihn mit Stolz, den gelben Fleck!* anzugreifen: „Immer hat das jüdische Volk in kritischen Tagen seines Schicksals sich zunächst die Frage vorgelegt, was seine eigene Schuld ist. In unserem wichtigsten Gebete heißt es: ‚Um unserer Sünden willen wurden wir aus unserem Land vertrieben' ... Die Judenheit trägt eine schwere Schuld, weil sie den Ruf Theodor Herzls nicht gehört, ja teilweise verspottet hat ... Weil der Jude sein Judentum nicht stolz zur Schau trug, weil er sich um die Judenfrage herumdrücken wollte, hat er sich mitschuldig gemacht an der Erniedrigung des Judentums."[12]

Selbst als die Nazis dabei waren, die Linken in Konzentrationslager zu stecken, griff Weltsch linke jüdische Journalisten an: „Wenn heute

---

10 Bondy, Ruth: *The Emissary: A Life of Enzo Sereni*; S.118-19.
11 Boas, Jacob:*The Jews of Germany: Self-Perception in the Nazi Era as Reflected in the German Jewish Press 1933-1938*; PhD thesis, University of California, Riverside; 1977; S.135.
12 Weltsch, Robert: *Tragt ihn mit Stolz, den gelben Fleck*; in: *Jüdische Rundschau* vom 4.4.1933; sowie in: Broder, Henry M./Recher, Hilde (Hrsg.); *Kleine Jüdische Bibliothek*; Nördlingen; Greno-Verlag; 1988; S.26.

in der nationalsozialistischen und deutschnationalen Presse häufig auf einen Typus des jüdischen Literaten und auf die so genannte Judenpresse hingewiesen wird, ... so muß immer wieder gesagt werden, daß diese keine Repräsentanten des Judentums sind ... Aufrechte Juden waren stets entrüstet über die Witzeleien und die Karikaturen, die von jüdischen Possenreißern genauso oder in noch höherem Maß gegen das Judentum wie gegen Deutsche oder andere gerichtet wurden."[13]

Obwohl die linke Presse seit der Machtübernahme der Nazis verboten wurde, waren die jüdischen Zeitungen weiterhin legal. Sie wurden natürlich zensiert und wenn ein Blatt etwas Ungehöriges druckte, wurde es – zumindest zeitweise – geschlossen. Doch die Nazis zwangen die Zionisten nicht, ihre jüdischen Mitbürger zu denunzieren.

Nach dem Holocaust war Weltsch ziemlich zerknirscht wegen des Leitartikels und sagte, er hätte den Juden raten sollen, um ihr Leben zu rennen, doch er hat nie behauptet, dass die Nazis ihn gezwungen hätten, den Artikel zu schreiben. Weltsch war kein Faschist, doch er war zu sehr zionistischer Konfessionalist, um seine Ideen über die Allgemeinheit wirklich zu Ende gedacht zu haben. Und wie die meisten Führer der ZVfD war auch er überzeugt, der „geltungsbedürftige Liberalismus" und die parlamentarische Demokratie seien – zumindest in Deutschland – tot. International waren sie immer noch für die Briten in Palästina, doch der Korrespondent der *Rundschau* in Italien, Kurt Kornicker, war ganz offen profaschistisch eingestellt.[14] Die Führer der ZVfD kamen zu der Überzeugung, der Faschismus sei die Bewegung der Zukunft, zumindest in Mitteleuropa, und innerhalb dieses Rahmens standen sich der „gute" Faschismus Mussolinis und die „Exzesse" Hitlers gegenüber, von denen die Zionisten annahmen, sie würden mit ihrer Hilfe mit der Zeit nachlassen.

Der Rassismus triumphierte nun und die ZVfD heulte mit den Wölfen. Durch die Aussage von Kurt Blumenfeld im April 1933, die Juden hätten früher ihre natürliche, durch das Blut bestimmte Andersartigkeit von den echten Deutschen versteckt, begann das Gerede vom Blut sich festzusetzen, doch es nahm schier Wagnerische Ausmaße an nach einem langen Essay mit dem Titel *Rasse als Kulturfaktor*, das in der *Rundschau* vom 4. August erschien und sich mit den intellektuellen Auswirkungen

---

13 Ebenda; S.28.
14 Michaelis: *Mussolini and the Jews*; S.122.

des Sieges der Nazis auf die Juden beschäftigte. In dem Essay hieß es, die Juden sollten die Gebote ihrer neuen Herren nicht nur still hinnehmen, sie müssten auch endlich einsehen, dass die Rassentrennung eine gute Sache war: „Wir, die wir als ‚Fremdrassige' hier leben, haben das Rassenbewußtsein und die Rassenpflege des deutschen Volkes unbedingt zu respektieren. Das verhindert aber u. E. nicht ein friedliches Nebeneinander von Menschen verschiedener rassischer Zugehörigkeit. Je geringer die Möglichkeit einer unerwünschten Vermischung, umso weniger bedarf es des Rassen-‚Schutzes' ... Es gibt Differenzierungen, die ihre Wurzeln letzten Endes in der Abstammung haben. Nur ganz rationalistische Zeiten, denen das Gefühl für die tieferen Gründe und Abgründe der Seele und für die Ursprünge des Gemeinschaftsbewußtseins abhanden gekommen war, konnten Abstammung als eine bloße ‚naturgeschichtliche', im Übrigen belanglose Sache abtun."

Weiter hieß es, dass es in der Vergangenheit schwer gewesen sei, die Juden dazu zu bringen, den Rassismus objektiv zu evaluieren. Doch nun sei es Zeit, eigentlich sogar höchste Zeit, für eine „ruhige Abwägung": „Rassentum ist zweifellos ein ... sehr wichtiges, ja entscheidendes Moment. Aus ‚Blut und Boden' ist tatsächlich das Wesen der Völker und ihrer Leistungen bestimmt." Die Juden müssten wiedergutmachen, dass „in den letzten Generationen das jüdische Rassenbewußtsein vielfach vernachlässigt wurde." Der Artikel warnte vor einer Bagatellisierung des Rassegedankens und vor dem CV, der zwar im Angesicht der Katastrophe begann, seine assimilatorische Ideologie aufzugeben, jedoch „ohne in Wahrheit eine innerliche Wendung vollzogen zu haben".

Doch es war nicht genug, die rassistische *bona fides* ihrer Gegner herauszufordern. Um zu beweisen, dass die „Jüdische Renaissance-Bewegung" schon immer rassistisch geprägt gewesen war, druckte die *Rundschau* unter dem Titel *Stimmen des Blutes* zwei Artikel aus der Zeit vor 1914 in Neuauflage ab. In *Das singende Blut* von Stefan Zweig und *Lied des Blutes* von Hubert Salus war schwärmerisch die Rede davon, wie „der moderne Jude ... sein Judentum erkennt ... durch ein inneres Erlebnis, das ihn in ... mystischer Weise die besondere Sprache seines Blutes verstehen lehrt".

Doch wenngleich diese Nachahmer der Nazis überzeugte Rassisten waren, so waren sie doch keine Chauvinisten. Sie behaupteten nicht, rassisch über den Arabern zu stehen. Die Zionisten wollten ihre unbedarften semitischen Verwandten sogar aufbauen. Ihr Völkismus war nur eine verzerrte Reaktion auf ihr eigenes „Persönlichkeitsproblem", wie sie es nannten: Er erlaubte ihnen, sich mit dem Vorhandensein des Antisemitismus in Deutschland auszusöhnen, ohne ihn zu bekämpfen. Sie beeilten sich, den Lesern zu versichern, dass viele moderne Nationen und Staaten aus unterschiedlichen Rassen bestanden, die dennoch in Harmonie zusammenlebten. Die Warnung an die Juden lautete: Wenn sie nun auch zu Rassisten würden, so sollten sie doch nicht zu Chauvinisten werden: „Über den Rassen, so glauben wir, steht die Einheit des Menschengeistes."[15]

Obwohl die gesamte Literatur der ZVfD vom Rassismus durchdrungen ist, galt unter den ausländischen jüdischen Beobachtern stets Joachim Prinz als dessen heftigster Verfechter. Er, der vor 1933 ein treuer Wähler der Sozialdemokraten gewesen war, wurde in den ersten Jahren des Dritten Reiches zum fanatischen Folkisten. Einiges von der Feindseligkeit, die er in seinem Buch *Wir Juden* gegen seine jüdischen Mitmenschen versprüht, hätte auch aus der Feder eines Nazipropagandisten stammen können. „Was sich hier in diesen Menschen an Verschrobenheit, Kauzerei, Geltungstrieb, Minderwertigkeiten, Hochmut, Selbstbetrug, überspitzter Wahrheitsliebe, Hass, krankhaftem Patriotismus und wurzellosem Kosmopolitentum zusammendrängt, stellt ein psychopathologisches Arsenal von seltener Reichhaltigkeit dar."[16]

Für die rationalen und liberalen Traditionen, die die gemeinsame Grundlage allen fortschrittlichen Denkens seit der amerikanischen Revolution gewesen waren, empfand Prinz nur tiefste Verachtung. Seiner Ansicht nach konnte der Schaden, den der Liberalismus angerichtet hatte, nur dadurch kompensiert werden, dass er im Sterben lag: „Daß aber überall in der Welt die Symptome wachsen, die eine Abkehr von den Grundprinzipien des Liberalismus bedeuten, daß der Wert des Parlaments und der Demokratie zu wanken beginnt, daß Überspitzung des Individualismus als ein Fehler eingesehen wird, und daß der Begriff und die Wirklichkeit der Nation und des Volkes allmählich überall mehr und mehr an Boden gewinnen, kann der ruhige und nüchterne Beobachter der Vorgänge in der Welt als Tatsachen erkennen."[17] Prinz glaubte fest an die Möglichkeit eines Arrangements

---

15 *Jüdische Rundschau* vom 4.8.1933.
16 Prinz, Joachim: *Wir Juden*; Berlin; Erich Reiss Verlag; 1934; S.26.
17 Ebenda; S.151.

zwischen den Nazis und den Juden, allerdings nur auf der Grundlage eines Abkommens zwischen den Nazis und den Zionisten: „Ein Staat, der aufgebaut ist auf dem Prinzip der Reinheit von Nation und Rasse, kann nur vor dem Juden Achtung und Respekt haben, der sich zur eigenen Art bekennt."[18]

Nachdem er in die Vereinigten Staaten ausgewandert war, erkannte Prinz, dass nichts von dem, was er gesagt hatte, als er noch in Deutschland war, in einem demokratischen Kontext auch nur annähernd rational klang und gab seine bizarren Vorstellungen auf, was ein weiterer Beweis dafür ist, dass sich die deutschen Zionisten einfach nur ideologisch an die Nazis angepasst hatten.[19] Doch der wohl beste Beweis für die Nazifizierung der Zionisten ist folgende seltsame Aussage von Arnold Zweig, einem der Herausgeber der *Rundschau*, in seinem selbstverständlich im Ausland geschriebenen und 1937 veröffentlichten Buch *Bilanz der deutschen Judenheit*: „Daher war sechs Monate lang von den in Deutschland erscheinenden Zeitungen die selbstständigste, mutigste und geistigste die *Jüdische Rundschau*, das offizielle Blatt der Zionistischen Vereinigung für Deutschland. Verlor sie sich auch manchmal in der Anerkennung des völkischen Staates und seiner ‚Belange' zu weit, ihren eigenen nationalen Idealismus im Nazi-Geist suchend, so ging doch von ihr ein Strom von Kraft, Ruhe, Wärme und Zuversicht aus, dessen die deutschen Juden, ja, das Judentum der ganzen Welt dringend bedurften."[20]

„Die exklusive Kontrolle jüdischen Lebens in Deutschland"

Nicht einmal die Nürnberger Gesetze vom 15. September 1935 konnten den Glauben der deutschen Zionisten an einen ultimativen Modus Vivendi mit den Nazis erschüttern. Das *Hechalutz* (Pionier) Zentrum, das für die Vorbereitung der Jugendlichen auf das Leben im Kibbuz zuständig war, kam zu dem Schluss, die Verkündung von Gesetzen, die Mischehen kriminalisierten, sei eine gute Gelegenheit für einen erneuten Versuch zur Annäherung an das Regime. Die Pioniere legten einen Plan für die Emigration aller Juden aus Deutschland innerhalb

---

18 Ebenda; S.154.
19 Interview des Autors mit Joachim Prinz am 8. Februar 1981.
20 Zweig, Arnold: *Bilanz der deutschen Judenheit*; Köln; Joseph Melzer Verlag; 1961; S.305.

eines Zeitraumes von 15-25 Jahren vor. Abraham Margaliot, Wissenschaftler am Internationalen Institut für Holocaust-Forschung in Yad Vashem in Israel, versucht, die Denkweise der Pioniere in jenem schicksalhaften Jahr zu erklären: „Die *Hechalutz*-Führer nahmen an, dieses Ziel sei so reizvoll für die deutsche Obrigkeit, dass sie bereit wären, die Emigration durch eine Liberalisierung der Gesetze zum Devisentransfer ins Ausland, durch die Bereitstellung von Möglichkeiten zur Berufsausbildung und durch ‚politische Mittel' zu unterstützen."[21] Die *Rundschau* veröffentlichte Auszüge aus einer Rede, in der Hitler verkündete, seine Regierung hoffe weiterhin, eine Grundlage für „ein erträgliches Verhältnis zum jüdischen Volk" schaffen zu können.[22] Die Zeitung veröffentlichte auch eine Stellungnahme des Vorsitzenden des Nazi-Journalistenverbandes A.-I. Berndt, der einer zweifellos sehr überraschten Weltöffentlichkeit mitteilte: „Das deutsche Volk ist überzeugt davon, dass es mit diesen Gesetzen eine auch für das Judentum in Deutschland selbst heilsame und nützliche Tat vollbracht hat. Indem Deutschland der jüdischen Minderheit Gelegenheit gibt, sich selbst zu leben und diesem Eigenleben der jüdischen Minderheit den staatlichen Schutz gewährt, fördert es die Volkwerdung des Judentums und trägt dazu bei, das Verhältnis zwischen den beiden Nationen wieder erträglicher zu gestalten."[23]

„Nationale Autonomie" wurde zum Ziel der ZVfD. Sie wollte, dass Hitler den Juden das Recht auf wirtschaftliche Existenz, Schutz vor Angriffen auf ihre Ehre und Ausbildung zur Vorbereitung auf Auswanderung geben würde. Die ZVfD beschäftigte sich hartnäckig damit, die verschiedenen jüdischen Institutionen dazu zu benutzen, einen jüdischen Nationalgeist zu entwickeln. Je stärker die Nazis die Daumenschrauben gegenüber den Juden anzogen, desto überzeugter waren sie, dass ein Deal mit den Nazis möglich war. Schließlich, so meinten sie, je mehr die Nazis die Juden aus allen Bereichen deutschen Lebens ausschlossen, würden sie die Zionisten brauchen, um ihnen zu helfen, die Juden loszuwerden. Am 15. Januar 1936 berichtete die *Palestine Post* überraschend: „Die Exekutive der Zionistischen Vereinigung für Deutschland forderte heute in einer Proklamation von der deutschen Regierung mutig die Anerkennung der ZVfD als einziges Instrument

---

21 Margaliot, Abraham: *The Reaction of the Jewish Public*; in: *Germany to the Nuremberg Laws*; *Yad Vashem Studies*, Vol. XII; S.89.
22 *Jüdische Rundschau* vom 17.9.1935.
23 Ebenda.

zur exklusiven Kontrolle jüdischen Lebens in Deutschland."[24] Erst die zunehmenden Einschüchterungen und der wachsende Terror der Nazis ließen die Hoffnungen der deutschen Zionisten auf ein Arrangement langsam schwinden. Doch es gab weiterhin keinerlei Anzeichen dafür, dass die Führung der ZVfD irgendwelche gegen die Nazis gerichteten Aktivitäten geplant hätte. In der gesamten Vorkriegszeit gab es nur eine minimale Beteiligung der Zionisten an antifaschistischer Untergrundarbeit. Obwohl die Jugendbewegungen von *Hechalutz* und *Hashomer* von Sozialismus sprachen, waren die Nazis deswegen nicht allzu besorgt. Yechiel Greenberg von *Hashomer* gab 1938 offen zu: „Unser Sozialismus wurde lediglich als Philosophie für den Export angesehen."[25] Doch schon seit Beginn der Diktatur schickte die im Untergrund arbeitende KPD, die stets auf der Suche nach neuen Mitgliedern war, einige ihrer jüdischen Teilnehmer in die Jugendorganisationen und laut Arnold Paucker, heute Herausgeber der Londoner Ausgabe des *Leo Baeck Institute Year Book*, haben sich einige zionistische Jugendliche danach an der Arbeit des Widerstands beteiligt – zumindest durch die Teilnahme an einigen illegalen Plakataktionen in den ersten Jahren des Regimes.[26] Wie viel davon auf den Einfluss der kommunistischen Werber zurückzuführen ist und wie viele lediglich einer spontanen Idee folgten, ist schwer zu sagen. Jedoch griff die zionistische Bürokratie die KPD scharf an.[27] So wiederholte sich in Deutschland das Szenario aus Italien: Die zionistische Führung suchte die Unterstützung des Regimes für den Zionismus und wandte sich gegen die Kommunisten, in keinem der beiden Länder konnten die Zionisten als Teil des antifaschistischen Widerstandes gesehen werden.

Auf die Beziehungen zwischen ZVfD und WZO ist später zurückzukommen. Hier nur soviel: Die Führung der WZO billigte die Generallinie ihrer deutschen Tochterorganisation. Jedoch gab es in den Reihen der Weltbewegung viele, die sich weigerten, still zu schweigen, während der deutsche Ableger nicht nur die Staatsbürgerschaft zweiter Klasse als das, was die Juden rechtens erwarten konnten, akzeptierte, sondern, schlimmer noch, ausländische Juden dafür beschimpfte, dass sie Deutschland boykottierten. Boris Smolar, der Europa-Chef-Kor-

---

24 *German Zionists Seek Recognition*; *Palestine Post* (15. Januar 1936); S.1.
25 Greenberg, Yechiel: *Hashomer Hatzair in Europe*; *Hashomer Hatzair* (November 1937); S.13.
26 Interview des Autors mit Arnold Paucker am 28. Oktober 1980.
27 Josephthal, Giora: *The Responsible Attitude, Life and Opinions of Giora Josephthal*; New York; Schocken Books; 1966; S.88.

respondent der *Jüdischen Telegraphen-Agentur*, JTA, der zionistischen Nachrichtenagentur, machte sich zur Stimme all dieser, als er 1935 sehr verärgert schrieb: „Man kann verstehen, dass eine in Deutschland erscheinende jüdische Zeitung nicht in der Lage ist, die Forderungen des Weltjudentums nach der Wiederherstellung aller Rechte für Juden in vollem Maße zu unterstützen. Dies rechtfertigt jedoch in keiner Weise, dass ein offizielles Organ sich praktisch mit den Beschränkungen, die es in Deutschland für Juden gibt, einverstanden erklärt. Doch genau das hat die *Jüdische Rundschau* getan."[28]

Vor der Machtergreifung der Nazis war der deutsche Zionismus nicht mehr als ein isolierter bourgeoiser politischer Kult. Während die Linken versuchten, die Braunhemden auf den Straßen zu bekämpfen, waren die Zionisten eifrig damit beschäftigt, Geld für Bäume in Palästina zu sammeln. 1933 dann glaubte diese kleine Gruppe plötzlich, sie sei von der Geschichte dazu auserkoren, in heimliche Verhandlungen mit den Nazis zu treten und sich damit gegen den übergroßen Teil des Weltjudentums zu stellen, der Hitler Widerstand leisten wollte und all das in der vagen Hoffnung auf die Unterstützung des Feindes ihres Volkes beim Aufbau ihres Staates in Palästina. Smolar und andere Kritiker der Zionisten meinten, die ZVfD sei einfach nur feige, doch damit hatten sie Unrecht. Die Kapitulationstheorie erklärt nichts von der Entwicklung des zionistischen Rassismus in der Vor-Hitler-Zeit und auch nicht, warum die WZO dies billigte. In Wahrheit war es etwas viel Schlimmeres als Feigheit. Die simple Wahrheit ist, dass die deutschen Zionisten keineswegs der Meinung waren, sie würden sich ergeben, sie sahen sich viel mehr als zukünftige Partner in einer Art Pakt zwischen Staatsmännern. Sie waren völlig verblendet. Nicht Juden triumphierten über andere Juden in Nazi-Deutschland. Es gab nie die leiseste Chance für einen Modus Vivendi zwischen Hitler und den Juden. Nachdem er die Macht übernommen hatte, war die Situation für die Juden innerhalb Deutschlands hoffnungslos; ihnen blieb nichts weiter übrig, als ins Exil zu gehen und ihren Kampf von dort aus fortzusetzen. Viele taten dies auch, doch die Zionisten träumten weiterhin davon, eines Tages Hitlers Unterstützung für sich und ihre Sache zu gewinnen. Sie hatten Hitler nicht vor seinem Machtantritt bekämpft – als es noch eine Chance gab, ihn zu schlagen, und dies nicht aus Feigheit, sondern weil es ihre tiefste innerste, von Herzl geerbte Überzeugung war, dass der Antisemitismus nicht bekämpft werden könne. Angesichts

---

28 Smolar, Boris: *Zionist Overtures to Nazism*; Jewish Daily Bulletin (8. März 1935); S.2.

6. Der jüdische Anti-Nazi-Boykott und das Handelsabkommen zwischen den Zionisten und den Nazis

Hitler konnte nur durch die Inkompetenz seiner Gegner an die Macht gelangen und der neue Kanzler war seinen kapitalistischen Gönnern immer noch den Beweis schuldig, dass er der Aufgabe gewachsen war, Deutschland zu regieren. Dabei war seine Position zunächst noch nicht völlig gefestigt: Die Arbeiter waren immer noch gegen ihn und die Industriekapitäne forderten immer noch den Beweis, dass er die Wirtschaft wieder würde ankurbeln können. Die Kapitalisten im Ausland schwankten hin und her zwischen der Erleichterung darüber, dass er den Kommunismus zerschlagen hatte und der Angst davor, er könne einen neuen Krieg anzetteln. Da Deutschland stark vom Weltmarkt abhängig war, war die Meinung des Auslands enorm wichtig – und Hitlers Antisemitismus wurde zum Problem. Die Juden hatten auf der Welt viel Einfluss, besonders auf den beiden wichtigsten deutschen Märkten – Osteuropa und Amerika. Der neue Kanzler konnte sich der Loyalität der deutschen Geschäftsleute keineswegs sicher sein. Wenn sie hätten Verluste hinnehmen müssen, weil sich die Juden und andere Gegner im Ausland auf einen groß angelegten Boykott deutscher Exporte einigten, hätte es gut sein können, dass sie – gemeinsam mit ihren Verbündeten im Militär – Hitler in seiner Politik bremsten oder gar absetzten. Selbst die Wirtschaftsexperten des Regimes sahen die eigene Schwäche klar und deutlich und äußerten sich besorgt, dass die „Neue Ordnung" im Ausland auf heftigen Widerstand stoßen und diesen nicht überleben würde.

Die Juden reagierten sehr langsam, doch nachdem man die Folgen für die Juden in Deutschland genau bedacht hatte, riefen die Jüdischen Kriegsveteranen (*Jewish War Veterans*, JWV) in New York am 19. März 1933 schließlich zum Handelsboykott auf und organisierten eine große Protestdemonstration, die am 23. März stattfand. An dieser Demonstration nahmen neben dem Bürgermeister von New York auch die Kommunisten teil, denen die Kriegsveteranen die Teilnahme jedoch nur ohne eigene Transparente gestatten wollten. Durch die Ausgrenzung Tausender kommunistischer Juden in New York waren die Bemühungen der kleinen Gruppe von Veteranen zum Scheitern verurteilt. In ihrer politischen Naivität übersahen sie, dass dieser Boykott von einer möglichst breiten Basis getragen werden musste, wenn er auch nur den Hauch einer Chance auf Erfolg haben sollte. Kurz nach dem Scheitern der Bemühungen der Veteranen gründeten der Zionist Abe Coralnik und Samuel Untermyer, ein Sympathisant, der das Geld für den Bau des neuen Stadiums an der Hebräischen Universität in Jerusalem gestiftet hatte, die (spätere) *Non-Sectarian Anti-Nazi-League*. Demonstrationen vor Geschäften zur Umsetzung des Boykotts wären jedoch illegal gewesen, und Untermyer, ein Rechtsanwalt, hätte nie gegen das Gesetz verstoßen. Doch ohne Aufzüge vor Geschäften ist ein solcher Boykott nicht umsetzbar und so wandten sich diejenigen Juden, die den Boykott unbedingt wollten, zunächst an Rabbi Wise und dann an den zionistischen *American Jewish Congress* (AJC) mit der Bitte, die Führung zu übernehmen. Zuerst war Wise strikt sowohl gegen die Demonstrationen als auch gegen einen Boykott, doch am 27. März war auch er schließlich bereit, den Madison Square Garden mit Menschen zu füllen und ihn damit zum Ort der Versammlung zu machen, was Göring so große Sorgen bereitete.

Die große Ansammlung von Politikern, Kirchen- sowie Gewerkschaftsvertretern war eine lebende Anklage gegen den Tyrannen in Berlin, doch es gab keinerlei Bemühungen, die breite Masse zur Unterstützung zu mobilisieren. Wise, der dies schon vor der Machtübernahme Hitlers versäumt hatte, unternahm auch jetzt nichts. Im Gegenteil, er schrieb sogar an einen Freund: „Du kannst Dir nicht vorstellen, was ich alles tue, um mich den Massen entgegenzustellen. Sie wollen organisierte Boykotte und große Szenen auf den Straßen."[1] Er war gegen einen Boykott, denn er hoffte, dass einige Demonstrationen ausreichen würden, um Roosevelt dazu zu bringen zu intervenieren. Doch das State Department sah in Hitler einen Rammbock gegen den Kommunismus, während die innenpolitisch interessierten Politiker, die endlich die Depression beenden wollten, auf den deutschen Markt hofften. Infolgedessen gab es seitens der Demokraten keinerlei Einsatz gegen Hitler und genauso wenig für die Juden. Wise – selbst Demokrat – stellte sich weiterhin gegen einen Boykott, doch während seines Aufenthalts in Europa im August 1933, bei dem er mit den Führern der deutschen Juden zusammenkam und am Zionistischen Weltkongress teilnahm, gelang es den radikaleren Elementen im AJC, einen Boykott auszurufen. Doch der AJC blieb eine durch und durch bourgeoise Organisation ohne jegliche Erfahrung in der Mobilisierung

---

1 Voss, Carl: *Let Stephen Wise Speak for Himself*, Dimensions in American Judaism (Herbst 1968); S.37.

der Massen und genau wie die *Anti-Nazi-League* war der AJC gegen Protestaktionen vor den Geschäften. Ihr Boykott-Direktor tat nicht mehr, als großartige Statistiken zu veröffentlichen, die zeigten, welchen Schaden der Boykott dem Handel Nazideutschlands zufügte.[2] Erst als die jüngeren Mitglieder des AJC im Herbst 1934 rebellierten und vor einer Warenhauskette lautstark protestierten, erlaubte der AJC seinen Anhängern, derartige Protestaktionen vor den Geschäften von widerspenstigen Händlern durchzuführen.

Boykotts sind fast nie erfolgreich. Die meisten Menschen sind der Meinung, es sei ausreichend, die entsprechenden Waren nicht zu kaufen, doch ein Boykott kann nur dann erfolgreich sein, wenn eine große Masse bereit ist, den Handel ernsthaft zu stören. Es gibt viele – Juden wie Nicht-Juden –, die die Verantwortung dafür tragen, dass eine solche Bewegung in diesem Falle nicht entstand. Ganz sicher haben die Führer der Gewerkschaften einen großen Anteil daran, dass es nie zu einem ernst zu nehmenden Boykott kam, da sie zwar ihre Opposition zu Hitler immer wieder bekräftigten, doch nichts unternahmen, um ihre Basis zu mobilisieren. Auch jüdische Gruppierungen wie die JWV, die *Anti-Nazi League* und der AJC waren zwar sicher letztlich nicht bedeutend genug, doch es gab unter den Juden in Amerika und Großbritannien viele, die sich ganz klar gegen die Idee eines Boykotts stellten. So weigerten sich auch das *American Jewish Committee*, der Orden der *B'nai B'rith* (Söhne des Bundes) und das *Board of Deputies of British Jews*, den Boykott zu unterstützen. Sie befürchteten, dass sich die jüdischen Arbeiter und ihre nicht-jüdischen Kollegen, nachdem sie sich in den Kopf gesetzt hätten, Hitler zu bekämpfen, anschließend vielleicht gegen die Reichen im eigenen Land wenden würden. Diese Wohlhabenden beschränkten sich also auf Wohltätigkeitsaktionen für die deutschen Juden und jüdische Flüchtlinge aus Deutschland und beteten, dass Hitlers Ideen sich nicht weiterverbreiten würden. Die *Agudas Yisrael* (Union Israels), der politische Arm der extremen traditionellen Orthodoxen, wandte sich ebenfalls gegen den Boykott, sowohl aus religiösen Gründen als auch aufgrund ihres sozialen Konservatismus. Sie behaupteten, dass es den Juden seit der Zerstörung des alten jüdischen Königreichs durch die Römer nach dem Talmud verboten war, sich gegen nicht-jüdische Autoritäten in der Diaspora aufzulehnen. Der Boykott stellte ihrer Meinung nach ein solches Auflehnen

---

2   Gottlieb, Moshe: *The Anti-Nazi Boycott Movement in the American Jewish Community 1933-1941*; PhD thesis, Brandeis University 1967; S.160.

dar und war damit laut Talmud verboten. Doch von allen jüdischen Gegnern des Boykotts war die *Zionistische Weltorganisation* (WZO) der wichtigste. Sie kaufte und verkaufte nicht nur weiterhin deutsche Waren, sie rekrutierte sogar neue Kunden für Hitler und seine Förderer aus der Industrie.

Die Attraktivität des Blut-Konzepts

Ähnlich wie ihr deutscher Ableger, die ZVfD, sah auch die WZO in Hitlers Sieg nicht in erster Linie eine Niederlage für das gesamte Judentum, sondern einen Beweis dafür, dass Assimilation und Liberalismus gescheitert waren. Jetzt schien ihre Zeit gekommen. Allmählich klangen die Zionisten wie Wanderprediger: Hitler sei der Dreschflegel der Geschichte, mit dem die halsstarrigen Juden in ihr eigenes Land und zu ihresgleichen zurückgetrieben würden. Der damals weltberühmte Biograph Emil Ludwig, der sich erst kurz vorher zum Zionismus bekehrt hatte, äußerte sich in einem Interview, das er während eines Amerika-Aufenthalts einem anderen Zionisten gab, folgendermaßen zur allgemeinen Einstellung der zionistischen Bewegung:

„Hitler wird in ein paar Jahren in Vergessenheit geraten sein, doch er wird ein wundervolles Denkmal in Palästina haben. Wissen Sie', und hier schien der Historiker und Biograph die Rolle eines jüdischen Patriarchen einzunehmen, das Auftauchen der Nazis war eigentlich sehr willkommen. So viele unserer deutschen Juden trieben zwischen zwei Ufern, so viele von ihnen schwammen mit der trügerischen Strömung zwischen der *Scylla* der Assimilation und der *Charybdis* einer flüchtigen Bekanntschaft mit jüdischen Fragen. Tausende, die völlig für das Judentum verloren schienen, kehrten durch Hitler in den Schoß der Gemeinde zurück, und dafür bin ich persönlich ihm sehr dankbar.'"[3]

Ludwig war ein Neuling in der Bewegung, doch seine Ansichten gingen absolut konform mit denen solch altgedienter und gefeierter Mitglieder wie Chaim Nachman Bialik, der damals als der Dichterfürst der Zionisten galt. Durch seine Bekanntheit verbreiteten sich seine Ansichten schnell, sowohl innerhalb der zionistischen Bewegung als auch unter ihren Gegnern aus dem linken Spektrum. Schon lange war der Schriftsteller besorgt, die Einheit der Juden sei in Gefahr, weil der

---

3 Steinglass, Meyer: *Emil Ludwig before the Judge*; *American Jewish Times* (April 1936); S.35.

traditionelle religiöse Glaube immer stärker zurück ging und so konnte er jetzt seine Freude darüber, dass Hitler genau zur rechten Zeit aufgetaucht war, um das deutsche Judentum vor der Zerstörung von innen heraus zu bewahren, nur schwer verbergen. „Nach Ansicht des Dichters hat Hitler den Juden zumindest einen großen Dienst erwiesen, indem er keine Unterschiede machte zwischen gläubigen Juden und Apostaten. Hätte Hitler die getauften Juden akzeptiert, wäre es lediglich zu einem Ansturm Tausender Juden auf die Taufbecken gekommen, ein wenig erbauliches Spektakel, behauptete Bialik. Hitler hat mit seiner Politik vielleicht das deutsche Judentum gerettet, das dabei war, sich bis zum völligen Verschwinden zu assimilieren. Gleichzeitig hat er dadurch der Welt das jüdische Problem so bewusst gemacht, dass sie es nicht länger ignorieren konnte."[4]

Wie viele andere Zionisten war auch Bialik der Ansicht, Juden seien eine Art Überrasse; wenn sie nur endlich zur Vernunft kämen und aufhören würden, sich und ihre Zeit an die undankbare Menschheit zu verschwenden und anfangen würden, ihren eigenen Weinberg zu bearbeiten. „Tatsächlich ist es so, dass die Juden durch ihr Eindringen in andere Nationen eigentlich die Überreste dieser Art von Götzendienst untergraben haben ... doch die vielleicht stärkste Kraft in diesem Prozess waren die ‚abtrünnigen' oder ‚assimilierten' Juden aller Art, die in den Körper des Christentums eingedrungen sind, dort die Eingeweide durcheinander gebracht haben und die dann mit ihrem jüdischen Willen und ihrem jüdischen Blut langsam die Reste des *Heidentums* geschwächt haben. Auch ich glaube wie Hitler an die Macht des Blut-Konzepts. Das waren die Männer, die – obwohl oft an ihrer Stelle die Namen großer Nicht-Juden genannt werden – den Weg bereitet haben für die großen Freiheitsbewegungen in der ganzen Welt: die Renaissance, den Liberalismus, die Demokratie, den Sozialismus und den Kommunismus ... Manchmal sehen Antisemiten die Dinge tatsächlich sehr klar. Der jüdische Einfluss in diesem Bereich war tatsächlich sehr groß, das sollten wir nicht verneinen."[5]

Doch nicht alle der mehr als eine Million Mitglieder, die die zionistische Bewegung 1934 bereits hatte, teilten die verquere Vorstellung, Hitler sei eigentlich ein Segen für die Juden. Einige, unter ihnen auch der amerikanische Rabbi Abraham Jacobson, widersprachen dieser

---

4 *Palestine and the Press*; *New Palestine* (11. Dezember 1933); S.7.
5 Bialik, Chaim: *The Present Hour*; *Young Zionist* (London, Mai 1934); S.6.

absurden Idee, die selbst 1936 noch sehr weit verbreitet war: „Wie oft haben wir schon den gottlosen, aus der Verzweiflung über das Desinteresse der amerikanischen Juden am Zionismus geborenen Wunsch gehört, ein Hitler möge über sie kommen? Denn dann würden sie erkennen, wie wichtig Palästina ist!"[6]

Die ersten Geschäfte mit den Nazis

Natürlich war die WZO bereit zu versuchen, die Nazis für ihre eigenen Zwecke zu benutzen. Die ersten Annäherungsversuche unternahm unabhängig von ihr ein gewisser Sam Cohen, der Besitzer von *Ha Note'a Ltd*, einer Plantagengesellschaft für Zitrusfrüchte in Tel Aviv. Schon unter Kanzler Brüning hatte die deutsche Regierung eine Art Fluchtsteuer auf Kapital, das das Land verlässt, eingeführt. Cohen hatte vorgeschlagen, zionistische Emigranten von dieser Steuer zu befreien, wenn sie stattdessen Waren in Deutschland einkauften und das Geld aus dem späteren Verkauf der Waren in Palästina nach Deutschland zurückschickten. Brüning hatte seinerzeit an dem Vorschlag keinerlei Interesse gezeigt, doch im Jahre 1933 entschloss sich Cohen, ihm den Vorschlag noch einmal zu unterbreiten. Die Nazis waren bereits in großer Sorge wegen der Auswirkungen, die selbst der spontane und schlecht organisierte Boykott auf ihre Handelsbilanz hatte und Heinrich Wolff, der deutsche Konsul in Jerusalem, begriff schnell, wie nützlich der Vorschlag von Cohen sein könnte. So schrieb er an sein Ministerium: „Auf diese Weise wäre es eventuell möglich, sich erfolgreich gegen den jüdischen Boykott zu wehren. Es wäre eventuell möglich, die Mauer einzureißen."[7]

Die Juden, argumentierte er, würden damit in ein Dilemma gebracht werden. Eine Fortsetzung des Boykotts würde man als Aufbau von zusätzlichen Hindernissen für Emigranten, die eine neue Heimat in Palästina oder anderswo suchen, werten. Durch seine Anwesenheit vor Ort gehörte Wolff zu den ersten Deutschen, die die wachsende Bedeutung Palästinas in der „jüdischen Gleichung" erkannten und so schrieb er im Juni nochmals nach Berlin: „Während Yishuv im April und Mai noch auf Boykott-Anweisungen aus den Vereinigten Staaten

---

6   Jacobson, Abraham: *The Fundamentals of Jewish Nationalism*; New Palestine (3. April 1936); S.3.
7   Yisraeli, David: *The Third Reich and the Transfer Agreement*; Journal of Contemporary History, Vol. VI (1971); S.131.

wartete, so scheint es jetzt so, dass sich die Situation verändert hat. Jetzt ist es Palästina, das die Anweisungen gibt ... Es ist wichtig, den Boykott zuallererst in Palästina zu brechen, und die Auswirkungen werden unausweichlich auch an der Hauptfront zu spüren sein, in den Vereinigten Staaten."[8]

Anfang Mai 1933 unterzeichnete das Reichswirtschaftsministerium der Nazis ein Abkommen mit Cohen über eine Million Reichsmark jüdischen Kapitals, das in Form von Landwirtschaftsmaschinen nach Palästina verschifft werden sollte. An dieser Stelle intervenierte die WZO. Die Depression hatte einen verheerenden Einfluss auf das Spendenaufkommen gehabt und im März 1933 hatte man verzweifelt nach Amerika telegraphiert, dass, wenn nicht sofort neue finanzielle Mittel kämen, Palästina vor dem finanziellen Kollaps stünde.[9] Menachem Ussischkin, Leiter des *Jüdischen Nationalfonds* (JNF), bat Cohen dahingehend zu verhandeln, dass in Deutschland eingefrorene Gelder des JNF über *Ha Note'a* freigegeben würden. Man köderte die Nazis damit, dass das Geld dazu benutzt werden würde, in Palästina Land für diejenigen Juden zu kaufen, die Hitler aus Deutschland vertreiben wolle. Außerdem versicherte Cohen Heinrich Wolff, er würde „hinter den Kulissen der bevorstehenden jüdischen Konferenz in London" daran arbeiten, „eine etwaige Boykott-Resolution zu schwächen oder sogar zu verhindern".[10] Dr. Fritz Reichert, offiziell Korrespondent der Presseagentur *DNB*, zugleich Mittelsmann des SS-Sicherheitsdienstes in Palästina, schrieb später in Erinnerung an die Sache an sein Hauptquartier: „Die Londoner Boykott-Konferenz wurde von Tel Aviv torpediert, weil der Direktor des Transfer-Programms in Palästina in enger Zusammenarbeit mit dem Konsulat in Jerusalem nach London telegrafierte. Unsere wichtigste Aufgabe hier vor Ort ist es, von Palästina aus die Vereinigung des Weltjudentums auf einer Deutschland feindlichen Grundlage zu verhindern ... Es ist ratsam, die politische und wirtschaftliche Stärke des Judentums dadurch zu zerstören, daß man Uneinigkeit innerhalb der Basis verursacht."[11] Sam Cohen wurde bei diesen delikaten Verhandlungen sehr bald von Chaim Arlosoroff abgelöst. Er gehörte zu den Arbeiterzionisten, war Politischer Sekretär

---

8 Ebenda.
9 *Palestine Drive to Continue; Israel's Messenger* (Shanghai, 1. Mai 1933); S.2.
10 Braatz, Werner: *German Commercial Interests in Palestine: Zionism and the Boycott of German Goods, 1933-1934*; *European Studies Review* (Oktober 1979); S.500.
11 Yisraeli, David: *The Third Reich and the Transfer Agreement*; *Journal of Contemporary History*; Vol. VI (1971); S.132.

der *Jewish Agency*, des Zentrums der WZO in Palästina. Arlosoroff war sich der Probleme, mit denen die Bewegung zu kämpfen hatte, wohl bewusst. Im Jahre 1932 kam er zu dem Schluss, dass man einfach zu wenig Immigranten angezogen hätte, um den Arabern zahlenmäßig überlegen sein zu können und dass sie auch nicht genug jüdisches Kapital anlockten. Hitler an der Macht in Deutschland bedeutete Krieg in spätestens zehn Jahren. Die Sicherung des Überlebens in Palästina für diese Zeit und die Lösung des jüdischen Problems erforderten sofortiges und energisches Handeln. Und nun dachte er, er habe die Lösung für die Schwierigkeiten des Zionismus gefunden: Mit dem Einverständnis der Briten könnte es gelingen, sowohl mehr Immigranten als auch das dringend benötigte Kapital ins Land zu holen, indem man Cohens Projekt ausweitete. In einem Artikel in der *Jüdischen Rundschau* sowie in anderen Zeitungen erklärte er kühl, dies könne nur durch vollständige Kooperation mit Berlin erreicht werden: „... es ist klar, dass Deutschland seine Währungs- und Devisenposition keiner Spannung aussetzen wird, um den Juden besonders entgegenzukommen. Ein Ausweg kann nur so gefunden werden, dass ein Ausgleich zwischen den Interessen geschaffen wird. ... Es sollte möglich sein, zu einem Abkommen zu gelangen ..."

Der – in eigener Sicht – sozialistische Zionist schlug die ultimative Allianz vor, einen Deal zwischen den Zionisten, den Nazis, den Faschisten und dem britischen Empire zur Organisation der Evakuierung der Juden aus Deutschland: „Der selbsternannte Sozial-Zionist schlug eine große Allianz vor, einen Deal zwischen den Zionisten, den Nazis, den Faschisten und dem britischen Empire zur Organisation der Evakuierung der Juden aus Deutschland: „Es wäre vielleicht möglich, eine Treuhandgesellschaft ins Leben zu rufen, an der das Reich direkt beteiligt wäre, an der sich auch andere europäische Interessen beteiligen könnten, die die langsame Abwicklung der betreffenden Vermögenswerte auf sich nehmen könnte, während ihre Pfandbriefe schon jetzt ... bis zu einer gewissen Grenze beliehen werden könnten. Ein Garantiefond ... könnte die Beleihungsgrenze so hoch als möglich treiben."[12]
Er war der Meinung, seine Idee käme genau zur rechten Zeit, denn die Welt würde „eine konstruktive Behandlung der Judenfrage in Deutschland" sicher unterstützen.[13] Da er wusste, dass die deutschen

---

12 *Jüdische Rundschau*, 23.05.1933.
13 Ebenda.

Juden ihr Geld nicht in Hitlers Hände würden legen wollen, schlug er vor, die Briten sollten den Manager des Fonds auswählen. Sein Freund Yitzhak Lufban schrieb später, dass „Arlosoroff mehrere Personen vorgeschlagen hatte und der Kolonialsekretär sich dann für einen davon entschieden hatte".[14] Anfang Mai 1933 kamen Arlosoroff und die Nazis vorläufig überein, Cohens Konzept auszudehnen. Arlosoroff besuchte Berlin nochmals im Juni, bis er dann am 14. Juni nach Tel Aviv zurückkehrte. Zwei Tage später fiel er einem Anschlag zum Opfer, Motiv dafür waren seine Geschäfte mit den Nazis. Zu dem Mord später mehr, an dieser Stelle sei nur gesagt, dass er die Zusammenarbeit der WZO mit den Nazis keineswegs bremste und dass die Nazis einen Pakt mit den Zionisten gerade rechtzeitig vor dem 18. Zionistenkongress verkündeten, der im August in Prag stattfinden sollte.

Die WZO rechtfertigt den Pakt mit den Nazis

Der Schatten Hitlers hing über dem gesamten Kongress in Prag. Die Führer der WZO wussten, dass die Nazis an einem Deal interessiert waren, weshalb sie entschlossen waren, jegliche Verletzung Deutschlands zu vermeiden, indem sie die Diskussion der dortigen Situation auf ein absolutes Minimum beschränkten.[15] Das Regime als solches wurde nicht verurteilt. Man rief zwar den Völkerbund um Hilfe beim „Kampf um die Wiederherstellung der Rechte der Juden in Deutschland", doch die Bitte war verpackt in endlose Argumentationen zur Emigration sowie zu Palästina.[16] Es gab weder einen konkreten Plan, um Druck auf die Weltorganisation auszuüben, noch eine konkrete Forderung, was genau der Völkerbund unternehmen sollte.

Die Öffentlichkeit erfuhr von dem Pakt der Zionisten mit den Nazis am Tag, bevor über die Boykott-Resolution diskutiert werden sollte und man vermutete, dass die Nazis den Termin bewusst gewählt hatten, um den Befürwortern des Boykotts den Wind aus den Segeln zu nehmen. Wladimir Jabotinsky, der Führer der „Revisionisten" vom rechten Flügel, trug das Anliegen des Boykotts vor, doch es gab nicht den Hauch einer Chance, dass man sich ernsthaft mit seinem Vorschlag auseinandersetzen würde. Die Briten hatten mehrere seiner revi-

---

14 Lufban, Yitzhak: *Arlosoroff's Last Period*; *Labor Palestine* (Juni 1934); S.6.
15 *Zionist Congress in Prague*; *Zionist Record* (Südafrika, 1. September 1933); S.5.
16 *The 18th Zionist Congress*; *New Judaea* (London, September 1933); S.193.

sionistischen Anhänger wegen des Verdachts des Mordes an Arlosoroff verhaftet und der Staatsanwalt legte dem Gericht in Palästina Beweise vor, während der Kongress lief. Da es schon öfter zu Gewalttaten der Revisionisten an ihren zionistischen Rivalen gekommen war, waren die meisten Abgeordneten des Kongresses überzeugt davon, dass diese in den Mord an Arlosoroff verwickelt waren. Ihr zweifelhafter Ruf wurde noch dadurch verstärkt, dass Jabotinskys eigene Braunhemden ihren Chef in voller militärischer Montur in den Saal begleiteten und so das Präsidium zwangen, die Uniformen zu verbieten – aus Angst, dass diese die Anhänger Arlosoroffs zu gewalttätigen Auseinandersetzungen provozieren könnten. Jabotinskys Forderung nach Unterstützung für den Boykott und sein Widerspruch gegen den Pakt mit den Nazis wurden als Raserei eines terroristischen Gegners der demokratisch gewählten gemäßigten Führung abgetan und seine Resolution mit 240 zu 48 Stimmen abgelehnt.

Doch die Ablehnung von Jabotinskys Resolution bedeutete nicht zwingend, dass die Abgeordneten eine Zusammenarbeit mit Hitler befürworteten und als die Nazis bekannt gaben, sie hätten ein Abkommen mit den Zionisten unterzeichnet, dass deutschen Juden ermöglichte, ihr Kapital in Form von deutschen Waren im Wert von drei Millionen Reichsmark nach Palästina auszuführen, hielt ein Großteil der Kongressabgeordneten dies für einen Propaganda-Trick. Als klar wurde, dass es sich nicht um einen Trick handelte, war die Hölle los. Die Führung hatte sich völlig verschätzt, indem sie tatsächlich erwartet hatte, der Pakt würde sich sofort allgemeiner Beliebtheit erfreuen. Völlig überrascht von der geradezu feindseligen Opposition, versuchte sie daher, sich durch eindeutige Lügen zu rechtfertigen. Der Führer der Arbeiterzionisten, Berl Locker, erklärte knapp: „Die Exekutive der Zionistischen Weltorganisation hatte nichts mit den Verhandlungen zu tun, die zu einem Abkommen mit der deutschen Regierung führten."[17] Doch niemand schenkte dieser dreisten Lüge Glauben.

Viele Delegierte, vor allem die amerikanischen, waren für einen Boykott und hatten hauptsächlich deswegen gegen Jabotinsky gestimmt, weil sie der Meinung waren, die WZO sei zu sehr mit Palästina beschäftigt und könne sich jetzt nicht noch mit zusätzlichen Aufgaben belasten. An dieser Stelle stellte Stephen Wise der Führung ein Ultimatum, um zu erklären, „wie man die deutsche ... Propaganda davon abhalten

---

17 *Jewish Daily Bulletin* (29. August 1933); S.4.

sollte, das Abkommen zu verwerten". Seine Forderung „wurde den ganzen Tag lang ... vom politischen Komitee ... heiß diskutiert".[18] Am Ende wagte es die Führung nicht, offiziell die Verantwortung für das *„Ha'avara"*- oder Transfer-Abkommen zu übernehmen und gab vor, dass es nur für Deutschland und die *Anglo-Palestine Bank* bindend sei. Doch da es ihre eigene Bank war, machte sie sich damit nur vor Freund und Feind gleichermaßen lächerlich.

Die Diskussion über den Pakt der Zionisten mit den Nazis wurde bis 1935 mit unverminderter Schärfe fortgesetzt. *Ha'avara* entwickelte sich schnell zu einem wichtigen Bank- und Handelshaus, das zu seiner Blütezeit 137 hoch qualifizierte Mitarbeiter in seinem Büro in Jerusalem beschäftigte. Unter dem Druck der Nazis änderten sich die Regelungen ständig, doch im Grunde lief es immer auf dasselbe hinaus: deutsche Juden konnten ihr Geld bei einer Bank in Deutschland anlegen, dieses Geld wurde zum Kauf von Exportgütern genutzt, die wiederum außerhalb Deutschlands verkauft wurden, üblicherweise in Palästina, aber nicht ausschließlich. Wenn die Emigranten dann endlich in Palästina ankamen, erhielten sie das Geld aus dem Verkauf der vorher von ihnen erworbenen Waren, sobald diese endgültig verkauft worden waren. Steuerlicher Einfallsreichtum führte zur Ausdehnung der Aktivitäten von *Ha'avara* in viele Richtungen, doch die Attraktivität für die deutschen Juden blieb immer dieselbe: Es war der schmerzloseste Weg, jüdisches Kapital aus Deutschland auszuführen. Trotzdem legten die Nazis die Regeln fest und diese wurden natürlich mit der Zeit immer unvorteilhafter. So verlor jeder Nutzer des Programms 1938 bereits etwa 30 Prozent, manche sogar bis zu 50 Prozent seines Vermögens. Trotzdem waren die Verluste immer noch drei- bis viermal geringer als bei Juden, deren Geld anderswohin floss.[19]

Die maximale Summe, die jeder Emigrant über das *Ha'avara*-Programm ausführen durfte, lag bei 50.000 Reichsmark, was das Programm für reiche Juden unattraktiv machte. So flossen umgerechnet nur etwa 40.419.000 Dollar über *Ha'avara* nach Palästina, während 650 Millionen Dollar in die Vereinigten Staaten gingen, 60 Millionen Dollar nach Großbritannien und andere nicht unwesentliche Summen anderswohin. Doch auch wenn die Summen, die über das

---

18 *Zionist Congress Votes Inquiry Commission for Palestine Terrorist Groups*; *Jewish Daily Bulletin* (1. September 1933); S.4.

19 Wischnitzer, Mark: *To Dwell in Safety: The Story of Jewish Migration since 1800*; Philadelphia; Jewish Publication Society; 1949; S.212.

Ha'avara-Programm transferiert wurden, im Vergleich zum Gesamtvermögen der deutschen Juden vergleichsweise klein waren, so waren sie doch von entscheidender Bedeutung für den Zionismus. Etwa 60 Prozent des Kapitals, das zwischen August 1933 und September 1939 in Palästina investiert wurde, war durch das Abkommen mit den Nazis ins Land gekommen.[20] Die Briten hatten jährliche Einwanderungsquoten für Juden festgesetzt und dabei die schwache wirtschaftliche Aufnahmefähigkeit des Landes zugrunde gelegt, um deren Anzahl zu begrenzen; doch „Kapitalisten", also jene, die mehr als 1000 Pfund ins Land brachten, durften außerhalb der Quoten einwandern. Die 16.529 „Kapitalisten" vergrößerten nicht nur die absolute Zahl an Einwanderern, sondern waren auch eine wirtschaftliche Bereicherung für die Zionisten. Ihr Kapital brachte einen Boom und ließ in Palästina inmitten der weltweiten Depression einen künstlichen Wohlstand entstehen.

Zunächst versuchte die WZO, sich gegen den Vorwurf des Boykott-Bruchs und der Kollaboration zu wehren, indem sie darauf bestand, dass der Transfer über das *Ha'avara*-Programm den Boykott nicht wirklich bräche, da Deutschland für die Waren keine Devisen erhielte, da sie alle in Deutschland für Mark gekauft würden. Doch Berlin forderte sehr bald für einige der Erzeugnisse Teilzahlungen in Devisen, und sehr bald begann auch die WZO, in Ägypten, im Libanon, in Syrien und im Irak neue Kunden für Deutschland zu werben. Schließlich begannen die Zionisten, für ihre Orangen-Exporte nach Belgien und Holland Schiffe der Nazis zu nutzen.[21] Und 1936 begann die WZO damit, Hitlers Waren in Großbritannien zu verkaufen.[22]

Die WZO war nicht interessiert daran, die Nazis zu bekämpfen und ihre Verteidigung des *Ha'avara*-Programms zeigte das deutlich. Selig Brodetsky, Mitglied der Zionistischen Exekutive und 1939 dann Präsident des *British Board of Deputies,* tadelte die Welt für ihre Verachtung: „Der Kongress hatte ein Niveau erreicht, das wenige jüdische Organe hätten erreichen können. Es war leicht, hitzige Reden zu halten, Treffen zu organisieren und Boykotte auszurufen, doch es war viel schwieriger, ruhig und sachlich zu diskutieren. Man hat gesagt, dass die Entscheidungen in Bezug auf Deutschland zu schwach waren.

---

20 Rosenthal, David: *Chaim Arlosoroff 40 Years Later*; Jewish Frontier (August 1974); S.23.
21 *Reflections*; Palestine Post (14. November 1938); S.6.
22 Bauer, Yehuda: *My Brother's Keeper, a History of the American Jewish Joint Distribution Committee, 1929-1939*; Philadelphia; The Jewish Publication Society of America, 1974; S.129.

Nein! Nicht-Juden konnten sich erlauben, starke Worte zu benutzen, doch Juden konnten das nicht."[23] Nicht die Zionisten waren also die Verräter, sondern alle anderen hatten den falschen Weg eingeschlagen – das jedenfalls wollte Moshe Beilenson, ein führender Arbeiterzionist, die Welt glauben machen. Dies war nicht sein erster Versuch zur Kollaboration mit dem Faschismus. 1922 war er eines der Mitglieder der Delegation gewesen, die Mussolini der Loyalität der italienischen Zionisten versichert hatte. Jetzt unternahm er den Versuch, eine theoretische Verteidigung für den Pakt mit den Nazis zu liefern: „Nachdem die Ghettomauern umgestürzt worden waren, war unsere wichtigste Waffe zur Verteidigung unseres Lebens und unserer Rechte der Protest ... All unsere jahrzehntelangen Proteste konnten die Herrschaft der Verfolgung nicht brechen, nicht nur im riesigen Zarenreich nicht, sondern noch nicht einmal im vergleichsweise kleinen Rumänien ... Der Kongress hat keinen ‚Verrat begangen', er hat triumphiert. Er war nicht ‚ängstlich', im Gegenteil, er hatte den Mut, eine neue jüdische Staatskunst zu entwickeln ... Wahrlich, der 18. Kongress hatte den Mut, die Traditionen der Assimilation zu brechen, die sich stets auf andere verlässt und stets andere um Hilfe bittet ... Seit Generationen haben wir mit den Waffen des Protests gekämpft. Jetzt haben wir eine andere Waffe in der Hand, eine starke, verlässliche und wirkungsvolle Waffe: das Visum für Palästina."[24]

Die große Mehrheit der Juden war gegen *Ha'avara*. Das Programm hatte keine Befürworter außerhalb der WZO und selbst innerhalb der WZO gab es viele Gegner des Handels mit den Nazis. Erste interne Proteste der WZO gab es bereits während des Kongresses in Prag. Der Pakt war besonders in Polen sehr umstritten, da die Juden dort fürchteten, wenn es im Nachbarland keinen Widerstand gegen den Antisemitismus mehr gäbe, würden die Judenhasser im eigenen Lande von der eigenen Regierung fordern, dem deutschen Beispiel zu folgen. Auch in Amerika und Großbritannien, beides Länder mit einer mehr oder weniger demokratischen Tradition, waren viele Zionisten gegen den Boykott, darunter auch einige der großen Namen der Bewegung. Der bekannte Rabbi Abba Hillel Silver aus Cleveland war im August 1933 einer der ersten, die protestierten: „Schon die bloße Vorstellung, dass die Juden Palästinas mit Hitler über Geschäftsbeziehungen verhandeln, statt Gerechtigkeit für die verfolgten Juden in Deutschland zu

---

23 *Justification of the Zionist Congress; Zionist Record* (Südafrika, 4. Oktober 1933); S.5.
24 Beilenson, Moshe: *The New Jewish Statesmanship*; *Labor Palestine* (Februar 1934); S.8-10.

fordern, ist unvorstellbar. Man könnte meinen, das ganze sei eine Art Ausverkauf, und die Juden Palästinas seien bemüht, ein paar günstige Angebote für sich selbst herauszuschlagen."[25]

Selbst am anderen Ende der Welt wurde protestiert. So schrieben die Melbourner *Jewish Weekly News*: „Sie werden uns zum Gespött der Deutschen machen, die behaupten können, dass bei einem Konflikt zwischen jüdischem Geschäftssinn und jüdischem Gefühl immer der Geschäftssinn gewinnt."[26] Rabbi Wise wandte sich dem Thema bei zahllosen Gelegenheiten zu. Im September 1933 nannte er *Ha'avara* das „neue goldene Kalb – die goldenen Orangen" und sagte weiter: „Ich denke, ich spreche im Namen vieler Juden überall auf der Welt, wenn ich sage, dass wir jeden Juden – in Palästina und außerhalb – verabscheuen, der irgendwelche geschäftlichen Vereinbarungen mit der Nazi-Regierung zu treffen versucht – aus welchem Grunde auch immer."[27]

In einer Rede auf der Jüdischen Weltkonferenz 1934 in Genf griff Wise die Arbeiterzionisten, die die stärkste Kraft unter den Zionisten in Palästina geworden waren, scharf an: „Ein führender Vertreter aus Palästina hat es in Prag wieder und wieder gesagt: Palästina hat Priorität. Diese Konferenz muss ganz klar feststellen, dass, obwohl Palästina Vorrang vor allen anderen Faktoren der Gleichung hat, diese Priorität da endet, wo sie in Konflikt mit einem höheren moralischen Gesetz gerät."[28] Wise hatte damit das Problem in der Einstellung der WZO auf den Punkt gebracht: Das Land Israel war wichtiger geworden als die Interessen des Volkes Israel. Der Arbeiterzionismus war im wahrsten Sinne des Wortes zu einem utopischen Kult geworden. Seiner Meinung nach war das Konzept vom neuen Juden im altangestammten jüdischen Land der einzige Weg für die künftige Existenz der jüdischen Nation. Das wirkliche jüdische Volk, die Millionen Juden in der Diaspora, waren für ihn nur eine Art Reservoir, aus dem sie die jungen Juden zum Aufbau ihres Staates schöpfen konnten. Die Diaspora als solche wurde verteufelt. Es gab nur zwei Möglichkeiten: Vertreibung wie aus Deutschland oder Assimilation wie in Frankreich. Und da sie

---

25 Untermyer: *Rabbi Silver Denounce Deals Reported Negotiated with Germany*; Jewish Daily Bulletin (30. August 1933); S.4.
26 *The Palestine Orange Agreement*; Jewish Weekly News (Melbourne, 10. November 1933); S.5.
27 Streit, Clarence: *League Aid Asked for German Jews*; New York Times (9. September 1933); S.5.
28 *Dr. Stephen Wise on Policy of World Jewry*; World Jewry (London, 24. August 1934); S.395.

der seltsamen Meinung waren, das Überleben der Juden stünde und fiele mit ihrer Arbeit in Israel, versuchten die Zionisten, noch mehr Unterstützung von den Nazis zu erhalten, um ihre Vision wahr werden zu lassen.

Ende 1933 versuchten sie, Arlosoroffs Idee von der Liquidationsbank wieder zu beleben. Weizmann ließ über Cohen dem deutschen Außenministerium den Vorschlag unterbreiten, dass er, der ehemalige Präsident der Bewegung und jetzige Vorsitzende ihres Zentralbüros für die Ansiedlung deutscher Juden, nach Berlin kommen würde, um die Einzelheiten des Liquidationskonzepts zu diskutieren, doch die Nazis lehnten es ab, ihn nach Berlin einzuladen.[29] Die Nazis waren stets weit weniger daran interessiert, mit den Zionisten ins Geschäft zu kommen als andersherum. Sie hatten erreicht, was sie wollten: Die Zionisten hatten den Boykott gebrochen, und es gab keinerlei Anzeichen für einen Widerstand ihrerseits gegen die Nazis; das war vorerst ausreichend. Doch nicht einmal diese offene Zurückweisung konnte Weizmann von seinem Kurs abbringen. Über ein Jahr später, am 3. Juli 1935, schrieb er an Arthur Ruppin, den Direktor des Kolonisationsdepartments in Palästina und einen der eifrigsten Befürworter engerer Kontakte zu den Nazis: „Wie ich höre, hat Dr. Moses Kontakt zum Reichswirtschaftsministerium aufgenommen und nach einer Reihe von Gesprächen ein Memorandum vorgelegt, in dem er fordert, dass das Geld aus eventuellen zusätzlichen, auf Bitte unserer Freunde in Deutschland zustande gekommenen Exporten nach England für die 1000-Pfund-Leute[30] genutzt wird."[31]

Weiter stellte Weizmann klar, dass die Aussage des Prager Kongresses bezüglich des „Kampfes" für die Rechte der deutschen Juden nur ein Lippenbekenntnis war. Im Lichte des bevorstehenden Kongresses 1935 in Luzern sagte er dazu: „Ich weiß sehr gut, dass der Kongress in Luzern die Frage der deutschen Juden umgehen und nicht weiter

---

29 Braatz, Werner: *German Commercial Interests in Palestine: Zionism and the Boycott of German Goods, 1933-1934*; *European Studies Review* (Oktober 1979); S.504.

30 Die Engländer gaben nur eine beschränkte Anzahl von Einwanderungs-Zertifikaten an Juden aus, die nach Palästina immigrieren wollten. Die Einwanderer wurden entsprechend ihrem Vermögen, Beruf und Stand in Kategorien eingeteilt, wonach sie dann Zertifikate bekamen. Die Kategorien reichten von A1 (am höchsten) bis D5 (am niedrigsten). Die 1000-Pfund-Leute gehörten zur besten Kategorie A1, d.h. Kapitalisten mit einem Eigenkapital von 1000 Pfund. Diese Katalogisierung jüdischer Bürger nach Nützlichkeitsstandpunkten galt von 1932 bis 1945.

31 Weizmann, Chaim: *To Arthur Ruppin, 3. Juli 1935*; in: Barnett Litvinoff (Hrsg.): *The Letters and Papers of Chaim Weizmann*; Letters, Vol. XVI; S.464.

berühren kann, genau wie es der Kongress in Prag getan hat ... Ich wage zu bezweifeln, dass irgendjemand, besonders aber die deutschen Juden und die deutschen Zionisten, einen Vorteil davon hätten, wenn die deutsche Judenfrage in aller Gründlichkeit behandelt würde, womöglich gar in einem eigenen Bericht. Es wird keinerlei positiven nützlichen Effekt haben, besonders heutzutage nicht, da alle Welt versucht, sich mit den Deutschen gut zu stellen. Andererseits glaube ich, dass ein solcher Bericht dem besten, was wir in Deutschland haben, der verstärkten zionistischen Bewegung, sehr gefährlich werden könnte ... Wir als Zionistische Organisation sollten uns um eine konstruktive Lösung der Judenfrage in Deutschland durch die Emigration junger Juden von Deutschland nach Palästina kümmern, statt uns mit der Frage der Gleichberechtigung der Juden in Deutschland zu beschäftigen."[32]

Wie wir uns erinnern, war „konstruktiv" eines der beliebtesten Klischees von Weizmann. Nach dem Ersten Weltkrieg hatte er den Kapitalisten in Versailles versichert, der Zionismus sei konstruktiv, im Gegensatz zu den „destruktiven Tendenzen" dessen, womit sich einige andere Juden beschäftigten. Es war ungewöhnlich, dass ein solches „konstruktives" Denken in Bezug auf Hitler, das seinerzeit in kapitalistischen Kreisen sehr verbreitet war, gerade von einem Juden beschworen wurde, aber natürlich war der Hohe Zionismus meilenweit entfernt von der normalen jüdischen Mentalität. Ruppin, ein in Deutschland geborener Freund Weizmanns, war ein gutes Beispiel dafür. Als „Rasse-Verbesserer" war er dafür zuständig, mittelständische Jugendliche in „konstruktive" Schwerarbeiter auf gesundem jüdischem *Boden* zu verwandeln. In seinem Buch *Jews in the Modern World* formulierte er 1934 offen die Anpassungslinie der zionistischen Bewegung. Er erklärte den Juden darin einmal mehr, es sei ihre eigene Schuld, dass die Dinge so gekommen waren, wie sie gekommen waren und ermahnte sie: „Ein solcher Versuch einer friedlichen Lösung des Problems wäre möglich gewesen, wenn ... die Juden ... anerkannt hätten, dass ihre einzigartige Stellung unter den Deutschen zu Konflikten führen musste, die ihren Ursprung in der Natur des Menschen haben und nicht durch Argumente oder Logik verhindert werden konnten. Hätten beide Seiten verstanden, dass die derzeitige Situation nicht durch bösen Willen entstanden war, sondern durch die Umstände, die sich unabhängig vom Willen beider Seiten entwickelt hatten, dann wäre es unnötig gewesen zu versuchen,

---

32 Ebenda; S.465-6.

das Judenproblem in einer Orgie zügellosen Hasses zu lösen." Seine Theorie vom „Missverständnis" führte zu dem logischen Schluss: „Es wird verschiedene Zwischen- und Teillösungen brauchen, um einen *modus vivendi* zu erreichen."[33] Lewis Namier, ein früherer politischer Sekretär der WZO und bedeutender Historiker auf dem Spezialgebiet des britischen Adels, hatte die Einleitung zu Ruppins Buch geschrieben. Zionisten mit fundiertem Wissen wie Nahum Goldmann sahen in Namier einen echten jüdischen Antisemiten.[34] In seiner Treue zum Adel verachtete er die Juden als Inbegriff des Kapitalismus, des vulgären „Händlertums". Wie nicht anders zu erwarten, legte er in seiner Einleitung sein „Verständnis" für den Antisemitismus dar – „nicht jeder, der sich mit uns unwohl fühlt, muss deswegen gleich ein Antisemit sein, und der Antisemitismus ist auch nicht notwendigerweise und von Natur aus etwas Schlechtes."[35]

Der ursprüngliche Entwurf war sogar noch schärfer im Ton. Weizmann hatte ihn gelesen und sah sich daraufhin gezwungen, Namier zu bremsen, ihre Toleranz gegenüber dem Nazismus nicht so offen darzulegen: „Die Zeilen auf Seite sechs, die ich mit Bleistift angestrichen habe, ‚doch was geschehen ist etc.', erscheinen mir gefährlich, obwohl ich mit ihrer Schlussfolgerung übereinstimme. Doch das Buch ist von Ruppin und die Einleitung von Ihnen, und es wird in Deutschland daraus zitiert werden, und die ‚Flegel' werden sagen: ‚Die Juden denken selbst, dass es zu ihrem Besten sein wird etc.' Ich würde es, wenn möglich, weglassen."[36] So also dachten die führenden Köpfe der zionistischen Bewegung im Jahre 1935 kurz vor dem Kongress in Luzern. Öffentlich behaupteten sie, sie hätten nichts mit *Ha'avara* zu tun und hinter den Kulissen taten sie alles, um das Programm soweit wie möglich auszudehnen. Überhaupt standen ihr gesamtes Denken und ihre Politik in jeder Hinsicht im Widerspruch zur Meinung der übergroßen Mehrheit der Juden weltweit.

---

33 Ruppin, Arthur: *The Jews in the Modern World*; London; Macmillan; 1934; S.256/257.
34 Goldmann, Nahum: *Mein Leben als deutscher Jude*; Frankfurt/Main, Berlin, Wien; Ullstein; 1983; S.112.
35 Ruppin: *Jews in the Modern World*; S. xiii.
36 Weizmann: *To Lewis Namier*; 1. Oktober 1933; *Letters*, Band XVI; S.54.

„Der Versuch, den größtmöglichen Vorteil aus zionistischer Sicht daraus zu ziehen"

Noch immer stand der zionistischen Führung ein großer interner Kampf wegen *Ha'avara* und ihrer allgemeinen Einstellung zu den Nazis bevor. Jabotinsky und seine Revisionisten hatten sich von der WZO abgespalten, doch ein kleiner Teil seiner ehemaligen Anhänger, die sich jetzt Judenstaatpartei nannten, war der WZO treu geblieben und protestierte immer noch gegen den Transfer. Verschiedene Journalisten beschrieben damals die kurze, aber hitzige Debatte auf dem Kongress von 1935. Die Zeitung *The Canadian Zionist* berichtete: „Es wurde abgestimmt, und Herrn Grossmanns Antrag (auf eine Debatte darüber, ob die *Anglo-Palestine Bank* die Verhaftung einiger Demonstranten zu verantworten hätte, die gegen die Verwendung deutschen Zements protestiert hatten) wurde abgelehnt. Daraufhin riefen einige von Herrn Grossmanns Anhängern laut und spöttisch ‚Heil Hitler!', woraufhin ein allgemeiner Aufruhr entstand."[37]

Paul Novick, Herausgeber der amerikanischen kommunistischen Tageszeitung *Morgen Freiheit*, schrieb, dass die „*Histadrut*-Abgeordneten es ihnen mit gleicher Münze heimzahlten, indem sie den Judenstaatlern zuriefen: ‚Schuschnigg-Agenten' (was soviel bedeutet wie ‚Agenten des italienisch-österreichischen Faschismus')".[38]

Die Politik der Exekutive gegenüber Hitler fand aber auch unerschrockene Befürworter auf dem Kongress. Eine theoretische Rechtfertigung kam von Moshe Shertok[39], dem Nachfolger Arlosoroffs im Amt des Politischen Sekretärs der Bewegung (was so etwas wie der Außenminister der Organisation bedeutet). Der Mann, der später der zweite Ministerpräsident des Staates Israel werden sollte, erklärte den Delegierten und der restlichen jüdischen Welt mit ernster Mine, sie müssten Folgendes endlich einsehen: „Das jüdische Volk hatte keine andere Hoffnung auf Erfolg im Kampf ums Überleben als durch den Aufbau von Eretz Israel, und es muss deshalb bereit sein, die Konsequenzen zu ziehen. Es hat lange die Proteste und Boykotte anderer Völker nachgeahmt und dabei nicht bedacht, dass diese Maßnahmen Ausdruck

---

37 *Nineteenth Congress Report; Canadian Zionist* (September 1935); S.8.
38 Novick, Paul: *Zionism Today* (1936); S.4.
39 Shertok, Moshe (1894-1965), geboren in der Ukraine, wanderte 1906 mit seiner Familie nach Palästina aus. Eine seiner bedeutendsten Leistungen als zionistischer Führer war die Entwicklung von Methoden zionistischer und israelischer Diplomatie.

der Kraft dieser Völker waren, während die zionistische Bewegung eine solche Kraft für sich selbst erst schaffen musste."[40] Die vielleicht wichtigsten Propagandisten für die Politik der WZO außerhalb des Kongresses waren die *shliachim* oder Emissäre, die die Arbeiterzionisten von Palästina in alle Welt aussandten. Enzo Sereni, der ebenfalls aus der italienischen Bewegung, die sich der Zusammenarbeit mit den Faschisten verschrieben hatte, hervorgegangen war, war in den Jahren 1931 und 1932 Emissär in Deutschland gewesen, doch hatte er nie etwas unternommen, um die deutschen Juden zu mobilisieren oder die SPD in ihrem Kampf gegen die Nazis zu unterstützen. Sereni war einer derjenigen, die in Hitler die Geißel sahen, die die Juden zum Zionismus trieb. Einmal äußerte er gegenüber Max Ascoli, einem italienischen Antifaschisten, dass „Hitlers Antisemitismus noch zur Rettung der Juden führen würde".[41] Auf dem Kongress in Luzern war er ein rigoroser Befürworter der Idee, dass Palästina Vorrang vor allem anderen haben sollte: „Wir müssen uns nicht dafür schämen, daß wir die Verfolgung der Juden in Deutschland für den Aufbau Palästinas benutzt haben. So haben es uns die Weisen und alten Führer gelehrt, ... die Katastrophen der jüdischen Bevölkerung in der Diaspora zum Aufbau zu nutzen."[42] Doch der bei weitem beste Beweis für den Unwillen der Führung, den Nazis Widerstand zu leisten, war Weizmanns Aussage: „Aber die einzige würdige und wirksame Antwort auf all das, was den Juden in Deutschland angetan wird, ist ein großer, schöner und gerechter Bau in Erez Israel ... [Mit dem Einzug der deutschen Kinder, der Erwachsenen und Halberwachsenen in Palästina] wird etwas geschaffen, das die Schmerzen, die wir alle tragen, einmal in Zukunft im Munde von Enkeln und Urenkeln in Lieder und Sagen verwandeln wird."[43]

Es gelang dem Präsidium, jede ernsthafte Diskussion über einen möglichen Widerstand während des Kongresses zu verhindern und der Name von Wise wurde von der Liste der Redner gestrichen aus Angst, er würde Hitler angreifen. Wise drohte daraufhin, er würde den Kongress verlassen, wenn er nicht sprechen dürfe und da der Kongress wusste, dass man es sich nicht leisten konnte, dass einer der bekanntes-

---

40 *Executive Defines its Policies in Reply to Opposition*; New Palestine (20. September 1935); S.24.
41 Bondy: *The Emissary: A Life of Enzo Sereni*; S.141.
42 Novick: *Zionism Today*; S.5.
43 Weizmann, Chaim: *Reden und Aufsätze, 1901-1936*; Tel-Aviv; Hitachduth Olej Germania; 1937; S.259.

ten amerikanischen Zionisten den Kongress wegen eines so kontroversen Themas verlassen würde, gab man schließlich nach und ließ ihn sprechen. So stand er auf, sagte, er sei ein Gegner Hitlers – eine Aussage, die in kaum einer anderen Runde überhaupt irgendwelche besondere Beachtung gefunden hätte – und setzte sich wieder. Abba Hillel Silver und er hatten nie viel mehr getan, als über einen Boykott zu reden und bis 1935 gab es in Amerika nicht einmal ansatzweise eine effektive Boykottorganisation. Tatsache ist, dass es kein Alternativprogramm für einen effektiven Widerstand gab; und jetzt, da man sich in erster Linie auf Palästina als Zufluchtsstätte für die deutschen Juden konzentrierte, kapitulierten sie vor Weizmann und billigten *Ha'avara*. Nach dem Kongress in Luzern herrschten keine ernst zu nehmenden Differenzen mehr zwischen ihnen und der internationalen Bewegung. Am Ende bestand der einzige offizielle Protest der Versammlung gegen Hitler in der Aussetzung einer ihrer Sitzungen für einen halben Tag – eine absolut bedeutungslose Geste. Es fiel Weizmann nicht schwer, den Kongress dazu zu bringen, *Ha'avara* formal zu billigen, doch es gelang der Opposition, eine der geplanten Aktivitäten von *Ha'avara* zu verhindern. Die NEMICO (*Near and Middle East Commercial Corporation*) war als Tochtergesellschaft der *Ha'avara* gegründet worden, um neue Kunden für Deutschland im Nahen Osten anzuwerben. Die Ägyptische Zionistische Föderation hatte gedroht, den Skandal öffentlich zu machen, wenn die Weltorganisation den Plan nicht sofort aufgeben würde und im Interesse des größeren Ganzen willigte die Führung – wenn auch widerwillig – ein, den NEMICO-Plan zu opfern.

Die Kapitulation der Amerikaner hatte allerdings keinerlei Einfluss auf die jüdische Opposition anderswo. Die Presse reagierte sofort mit kritischen Beiträgen. Die Londoner *World Jewry*, die damals beste englischsprachige zionistische Zeitschrift, ließ kein gutes Haar am Kongress der eigenen Bewegung: „Dr. Weizmann ging so weit zu behaupten, dass die einzig würdige Antwort, die die Juden geben könnten, erneute Bemühungen zum Aufbau Palästinas seien. Man mag sich nicht vorstellen, wie beängstigend diese Proklamation des Präsidenten des Kongresses in den Ohren der Herren Hitler, Streicher und Goebbels geklungen haben muss!"[44] Die inoffizielle zionistische Presse in Großbritannien teilte die zunehmende öffentliche Ansicht, dass ein Krieg mit Hitler unvermeidlich war und hatte deshalb kein Verständnis dafür, dass es keinerlei ernsthafte Diskussion zum Thema auf dem Kongress gegeben

---

44 *Kiddush Hashem*; *World Jewry* (6. September 1935); S.1.

hatte. Der Korrespondent der *World Jewry* beschrieb das Treffen als seltsam deprimierend: „Wir hatten eine Tagesordnung, die eher zu der Aufsichtsratssitzung einer GmbH gepasst hätte als zu einem nationalen Konklave, bei dem es um das Schicksal der ganzen Nation ging."[45] Selbst der *Jewish Chronicle*, sonst stets ein Sprachrohr des jüdischen Establishments, schlug den gleichen anklagenden Ton an: „Die ganze Veranstaltung war genauso lahm wie eine Debatte über das *Colonial Office* im Unterhaus am Freitagmorgen."[46] Man sah sich gezwungen, die Entscheidung zu *Ha'avara* zu verurteilen: „Die ganze Sache ist für den Rest der Welt, um dessen Mitgefühl wir immer bitten, verwirrend und entmutigend für die Juden, für die der Boykott eine der wenigen Waffen ist, die ihnen zur Verfügung stehen und die sich jetzt von der Bewegung verraten fühlen, von der sie doch hätten erwarten können, dass sie ihnen als Partner in ihrem Kampf zur Seite steht."[47] In Amerika kam der größte Widerstand gegen *Ha'avara* aus den Reihen der Gewerkschaften der Bekleidungsindustrie mit den Hunderttausenden jüdischer Arbeiter. Die meisten jüdischen Arbeiterführer hatten dem Zionismus von Anfang an skeptisch gegenüber gestanden. Viele von ihnen kamen aus Russland und erinnerten sich genau an die verhängnisvollen Gespräche zwischen Herzl und von Plehwe sowie daran, wie ihr alter Feind Subatow den *Poale Zionisten* den Rücken gestärkt hatte gegen den Bund. Was sie anging, so war *Ha'avara* nur wieder einer der alten Tricks der Zionisten und im Dezember 1935 kam es in New York vor einer riesigen Zuhörerschaft zu einer Diskussion zwischen Baruch Charney Vladeck, dem Vorsitzenden des *Jewish Labour Committee*, der selbst ein ehemaliges Bund-Mitglied aus Polen war, und Berl Locker, dem organisatorischen Führer *Poale Zion* in Palästina.

Locker sah sich gezwungen, eine defensive Haltung einzunehmen und er bestand darauf, das Abkommen liege im ureigensten Interesse der deutschen Juden. Außerdem, so argumentierte er, hätten sie die Waren auch ohne Abkommen von selbst mit ins Land gebracht. Und in dieser Hinsicht wäre die Situation ohne den Pakt mit den Nazis viel schlechter: „Palästina wurde vor vollendete Tatsachen gestellt ... Das Transfer-Abkommen verhindert, dass das Land mit deutschen Waren überflutet wird, da diese nur dann ins Land kommen, wenn

---

45 *Has Congress a Message to Deliver?*; World Jewry, (30. August 1935); S.1.
46 *Reflections on the Zionist Congress*; Jewish Chronicle (London, 20. September 1935); S.24.
47 *Zionists close their Ranks*; Jewish Chronicle (London, 6. September 1935); S.9.

sie gebraucht werden."[48] Doch Vladeck ließ sich von dieser offensichtlichen List Lockers nicht täuschen und griff ihn weiter an. In New York hatten die Arbeiterzionisten [die] einerseits den Boykott in den USA unterstützt, andererseits aber *Ha'avara* in Palästina entschuldigt und nun warf der alte Bundist ihnen vor, auf zwei Hochzeiten zu tanzen: „Sie können noch bis zum St. Nimmerleinstag weiter streiten, aber das ist doppelte Buchführung der allerfeinsten Sorte. Keiner darf den Boykott brechen – außer der Juden in Palästina! Und keiner darf Geschäfte mit Deutschland machen – außer der Zionistischen Organisation! ... Ich behaupte, dass der eigentliche Zweck dieses Abkommens nicht die Rettung der Juden aus Deutschland, sondern die Stärkung verschiedener Institutionen in Palästina ist ... Somit wird Palästina zum offiziellen Agenten für einen Bruch des Boykotts im Nahen Osten ... Als die ersten Neuigkeiten über das Transfer-Abkommen bekannt wurden, ... sagte Berl Locker ‚Keine zionistische Organisation steht in irgendeiner Verbindung zu diesem Abkommen.' ... Daraus kann ich nur einen Schluss ziehen: Das Transfer-Abkommen ist eine Schande für die Juden und für die Welt."[49]

Während die meisten Juden also *Ha'avara* strikt ablehnten, gab es zumindest einen, der sich nicht schämte, öffentlich Kritik an Weizmann und dessen Freunden zu üben, weil diese seiner Meinung nach in ihren Bemühungen nicht weit genug gingen – Gustav Krojanker, dessen Ansichten zu den Nazis in Kapitel 3 bereits behandelt wurden. Er war inzwischen einer der Führer der *Hitachdut Olei Germania*, der Vereinigung deutscher Immigranten in Palästina, mit deren Hilfe er 1936 sein Pamphlet *The Transfer: A Vital Question of the Zionist Movement* veröffentlichte. Für ihn war der Zionismus knallhart berechnend, nichts anderes, und er war bereit, die offensichtlichen logischen Schlussfolgerungen aus dem Pakt mit den Nazis zu ziehen. Er behauptete, den Nazismus und die Möglichkeiten, die sich daraus für den Zionismus ergaben, in absolut Herzlscher Weise zu sehen: „Seine Einschätzung der Lage war frei von jeglichem unnützen Groll; er sah zwei politische Faktoren – eine Organisation des jüdischen Volkes auf der einen Seite und die betroffenen Länder auf der anderen. Die beiden Seiten mussten notwendigerweise zu Partnern in einem Abkommen werden."

---

48 *Debating the Issues of the Transfer; Call of Youth* (Januar 1936); S.3-12.
49 Ebenda; S.34.

Krojanker tadelte die Führung für den mangelnden Mut, *Ha'avara* 1933 formell zu billigen. Seiner Meinung nach war dies nur eine Kapitulation vor dem, was er „Diaspora-Mentalität" nannte. Er wollte, dass die WZO noch viel weiter ginge: „Die zionistische Bewegung hätte sich bemühen sollen, ... die deutsche Regierung dazu zu bewegen, mit ihnen eine Art Staatsvertrag abzuschließen, indem sie die Situation akzeptiert und versucht, den größtmöglichen Vorteil im zionistischen Sinne daraus zu ziehen."

Er bestand darauf, dass der nächste Schritt darin bestehen müsse, die Nazis durch eine Ausweitung von *Ha'avara* dabei zu unterstützen, den Boykott in Europa zu brechen. Deutschland „könnte sogar bereit sein, Abkommen abzuschließen, wenn wir ... bereit wären, das *Ha'avara-Konzept* auf andere Länder auszudehnen".[50] Doch die Führung der WZO brauchte die guten Ratschläge Krojankers nicht. Er wusste nicht, dass sie – insgeheim – bereits beschlossen hatten, genau das zu tun, was er vorschlug und dass nun, im März 1936, die Verhandlungen von Siegfried Moses ihren Abschluss in der Schaffung der *International-Trade-and-Investment-Agency-Bank* (INTRIA-Bank) in London gefunden hatten, die den Verkauf deutscher Waren in Großbritannien abwickeln sollte.[51] Die Nazis waren zufrieden, dass die Boykottkräfte weiter demoralisiert würden, da die Angst vor feindseligen Reaktionen von jüdischer oder britischer Seite auf einen Bruch des Boykotts es unmöglich machte, dass über INTRIA britisches Geld direkt nach Deutschland floss. Stattdessen wurden die Waren in Deutschland für Reichsmark gekauft und ihr Gegenwert jüdischen Kapitalisten gutgeschrieben, die das Geld brauchten, um die 1.000 Pfund zur Umgehung der Palästina-Immigrationsquote aufzubringen. Die Handelsbeziehungen zwischen den Nazis und den Zionisten entwickelten sich auch in anderen Bereichen sehr erfolgreich. 1937 wurden 200.000 Kisten der „Goldenen Orangen" nach Deutschland verschifft und 500.000 weitere in die Niederlande unter der Hakenkreuz-Flagge.[52] Selbst nach der Reichskristallnacht vom 9. November 1938 bot Werner Feilchenfeld, der Manager von *Ha'avara Ltd.*, weiterhin potentiellen Kunden der Nazi-Schiffe Sonderkonditionen für die Nutzung an. Seine einzige Sorge bestand darin, zimperlichen Kunden zu versichern, dass „es

---

50 Kronjanker, Gustav: *The Transfer: A Vital Question of the Zionist Movement*, In: Brenner, Lenni: *51 Documents: Zionist Collaboration With the Nazis*; Fort Lee, NJ; Barricade Books; 2002; S.7-10 und 15.

51 Bauer: *My Brother's Keeper*; S.129.

52 *Reflections*; *Palestine Post* (14. November 1938); S.6.

keine Konkurrenz mit den britischen Schiffen gibt, da das Transfer-Abkommen auf das Einschiffen von Zitrusfrüchten in holländische und belgische Häfen beschränkt ist und britische Häfen explizit ausgeschlossen sind". [53]

„In einer Situation wie dieser kommt es auf die moralische Einstellung eines Volkes an"

Natürlich profitierten in erster Linie die Nazis von *Ha'avara*. Es half ihnen nicht nur dabei, einige Tausend Juden mehr aus dem Land zu vertreiben, sondern war dadurch, dass es all jenen, die auch weiterhin Handel mit Deutschland treiben wollten, die perfekte Rechtfertigung lieferte, auch von großem Nutzen im Ausland. Die britische Zeitung *Blackshirt* von Sir Oswald Mosley[54] war absolut dafür: „Das ist doch unglaublich! Wir tun alles, was wir nur können und weigern uns, weiter Handel mit den Nazis zu treiben, um die armen Juden zu verteidigen. Die Juden selbst aber dürfen in ihrem eigenen Land weiterhin gute Geschäfte mit den Nazis machen. Es gibt keine bessere Möglichkeit für die Faschisten, der bösartigen Propaganda zur Zerstörung der freundschaftlichen Beziehungen mit Deutschland zu begegnen, als diesen Fakt zu nutzen."[55]

Für eine abschließende Bewertung der Rolle der WZO während des Holocaust ist es notwendig, auch die anderen Beziehungen zwischen den Zionisten und den Nazis näher zu beleuchten, doch an dieser Stelle kann bereits eine vorläufige Beurteilung von *Ha'avara* vorgenommen werden. Jegliche Ausreden, dass durch dieses Programm irgendwelche Menschenleben gerettet wurden, müssen von einer ernsthaften Betrachtung ausgeschlossen werden. Kein einziger Zionist konnte in den 30er Jahren auch nur im Traum daran denken, Hitler könne versuchen, die Juden in Deutschland und in ganz Europa auszurotten, deshalb hat auch niemand versucht, das Programm damit zu rechtfertigen, solange es lief.

---

53 Felchenfeld, Werner: *Citrus on German Ships*; *Palestine Post* (Letters) (17. November 1938); S.6.
54 Sir Mosley, Oswald, britischer Politiker und Faschistenführer, gründete 1932 die Partei *British Union of Fascists* (BUF), die Nachfolgeorganisation *Union Movement* führte er bis zu seinem Tod. Beide Gruppen vertraten einen militanten Antisemitismus. Mosley war der Überzeugung, dass die faschistische Bewegung für ihn und Großbritannien richtungsweisend sei.
55 *Blackshirts Peeved at Reich-Zion Trade*; *Jewish Daily Bulletin* (6. Februar 1935); S.5.

Die damalige Ausrede lautete, dass damit der Reichtum der Juden gerettet werden konnte, nicht ihr Leben. Tatsächlich half es bestenfalls einigen Tausend Juden mit Geld, die britischen Einwanderungsquoten für Palästina zu umgehen und indirekt eröffnete es einigen anderen eine Möglichkeit, die Wirtschaft in Palästina anzukurbeln. Doch jeder echte Gegner der Nazis verstand, dass, nachdem Hitler die Macht übernommen und die deutschen Juden in der Hand hatte, der Kampf gegen ihn nicht durch eine übermäßige Besorgnis um ihr Schicksal gebremst werden durfte; sie waren ja im Grunde so etwas wie Kriegsgefangene. Doch der Kampf musste weitergehen. Natürlich wollte niemand diesen armen Unglücklichen unnötig zusätzliches Leid zufügen, doch ein Aufgeben im Kampf gegen die Nazis aus Sorge um die deutschen Juden hätte nur Hitlers Vormarsch in Europa beschleunigt.

Während die WZO damit beschäftigt war, das Eigentum der Juden zu retten oder, um es deutlicher zu sagen, einen Teil des Eigentums der deutschen jüdischen Bourgeoisie, nämlich der 1000-Pfund-Kandidaten, kämpften Tausende Deutsche – darunter auch viele Juden – in Spanien gegen Hitlers Legion Condor und Francos faschistische Armee. *Ha'avara* hat den Nazis ganz sicher insofern geholfen, indem es die Juden – unter ihnen auch einige Zionisten – demoralisierte, indem es ihnen die Illusion gab, es sei möglich, eine Art *modus vivendi* mit Hitler zu finden. Ebenso demoralisierte es auch die Nicht-Juden, da sie erfahren mussten, dass eine internationale jüdische Bewegung bereit war, sich auf einen Handel mit dem Feind einzulassen. Durch *Ha'avara* hat sich die von Millionen getragene zionistische Bewegung aus dem direkten Widerstand gegen das Naziregime zurückgezogen.

Die WZO hat keinen Widerstand gegen Hitler geleistet, sondern im Gegenteil versucht, mit ihm zusammenzuarbeiten und wie man an den Vorschlägen von Arlosoroff und Weizmann bezüglich einer Liquidationsbank sehen kann, hat nur die Tatsache, dass die Nazis nicht bereit waren, diese Zusammenarbeit weiter auszudehnen, verhindert, dass sich die Kooperation noch weiter entwickeln konnte. Diejenigen Zionisten, die wie die *World Jewry* versuchten, Widerstand gegen Hitler zu leisten, müssen sich auch vorhalten lassen, dass es ihnen nicht gelungen ist, eine effektive jüdische oder gar zionistische Boykott-Bewegung ins Leben zu rufen, doch man muss ihnen zumindest moralisch zugute halten, dass sie wenigstens den Versuch unternommen haben, die Nazis anzugreifen.

Im Vergleich dazu verdienen Weizmann, Shertok und andere Gesinnungsgenossen nicht länger unseren Respekt, selbst wenn wir sie nur in Beziehung zu anderen zionistischen Denkern setzen und jegliche andere jüdische Meinung außen vor lassen. Bestenfalls könnte man sagen, Weizmann und seinesgleichen seien das Äquivalent zu Neville Chamberlain, nämlich absolute moralische und politische Versager. Nach dem Krieg und dem Holocaust, beschrieb ein zerknirschter, reumütiger und von seinem eigenen unmoralischen Verhalten während der Hitler-Zeit zutiefst beschämter Nahum Goldmann ein dramatisches Treffen zwischen ihm und dem tschechischen Außenminister Edvard Beneš im Jahre 1935. Mit Goldmanns lebendigem Bericht über Beneš' Warnung an die Juden ist alles gesagt, was es je zu sagen gäbe über *Ha'avara* und das erbärmliche Versagen der WZO im Widerstand gegen die Nazis: „'Verstehen Sie denn nicht', rief er, 'dass die Juden ihre Zukunft, ihre Gleichberechtigung auf der ganzen Welt gefährden, wenn sie nur mit lauen Gesten reagieren, ohne die öffentliche Weltmeinung aufzurütteln und energisch gegen die Deutschen vorzugehen?' ... Ich spürte[mit jeder Faser], dass Beneš recht hatte ... Aber die Frage nach dem Erfolg ist [in diesem Zusammenhang] unmaßgeblich. Entscheidend ist die moralische Haltung eines Volkes in solcher Lage, die Bereitschaft zurückzuschlagen, statt hilflos ein Gemetzel über sich ergehen zu lassen."[56]

---

56 Goldmann: *Mein Leben als deutscher Jude*; Frankfurt/M., Berlin, Wien; Ullstein; 1983; S. 257.

7. Hitlers Blick auf den Zionismus

Hitler hatte seine Ansichten über die Juden und die Judenfrage bereits in *Mein Kampf* klar dargelegt. Darin hatte er sich außerordentlich bemüht zu beweisen, dass sein Judenhass durchaus vernünftig war sowie dass er die Folge gemachter Erfahrungen und die logische Konsequenz aus klaren Beweisen war. Hitler bestand stets darauf, er sei den Juden zunächst durchaus wohlgesinnt gewesen. Sein Vater, „der alte Gentleman", sah Antisemitismus als Überbleibsel religiöser Vorurteile und genauso, so hören wir, sah es auch der aufgeklärte junge Adolf. Erst nach dem Tod seiner Mutter, als er aus dem provinziellen Linz nach Wien zog, ergab sich für Hitler die Gelegenheit, die vorschnellen Annahmen seiner Jugend zu hinterfragen, als er beim Schlendern durch die Innenstadt auf einen galizischen Chassiden traf, „auf eine Erscheinung in langem Kaftan mit schwarzen Locken. ‚Ist das auch ein Jude?' war mein erster Gedanke."

Doch je mehr er darüber nachdachte, was er gesehen hatte, desto stärker nahm die Frage eine neue Form an: „Ist das auch ein Deutscher?"[1] In diesem Kontext seiner frühesten Grübeleien darüber, was für ihn die zentrale Frage des Lebens darstellte, führte er den Zionismus in sein Werk ein. „Aber wenn ich daran noch gezweifelt hätte, so wurde das Schwanken endgültig behoben durch die Stellungnahme eines Teiles der Juden selber. Eine große Bewegung unter ihnen, die in Wien nicht wenig umfangreich war, trat auf das schärfste für die Bestätigung des völkischen Charakters der Judenschaft ein: der Zionismus. Wohl hatte es den Anschein, als ob nur ein Teil der Juden diese Stellungnahme billigen würde, die große Mehrheit aber eine solche Festlegung verurteilte, ja innerlich ablehne … das so genannte Judentum liberaler Denkart lehnte ja die Zionisten nicht als Nichtjuden ab, sondern nur als Juden von einem unpraktischen, ja vielleicht sogar gefährlichem öffentlichen Bekenntnis zu ihrem Judentum."[2]

Es gibt keinen besseren Beleg als diesen für die klassische Rolle der Zionisten als Vorreiter Hitlers in Sachen Antisemitismus. Was braucht es mehr, fragt sich der Leser, um einen vernünftigen Menschen zu überzeugen? Doch vor 1914 gab es für Hitler keinerlei Anlass, sich näher

---

1 Hitler: *Mein Kampf*, S.59.
2 Ebenda; S.60/61.

mit dem Zionismus zu beschäftigen, da die Chancen für einen wieder erstehenden Judenstaat nicht besonders groß waren. Erst die Balfour-Deklaration, die Niederlage Deutschlands im Ersten Weltkrieg und die Weimarer Republik ließen ihn erneut über den Zionismus nachdenken. Natürlich vermengte er dabei alle drei Ereignisse miteinander. Die verräterischen Juden hatten dadurch, wie sie die Balfour-Deklaration begrüßten, ihr wahres Gesicht gezeigt, und die Sozialdemokraten, diese Diener der Juden, hatten den Kaiser gestürzt; wenn sie nicht gewesen wären, hätte Deutschland den Krieg gewonnen. 1919 trat Hitler der winzigen *Nationalsozialistischen Partei* bei und wurde zu ihrem besten Volksverhetzer in Bierkellern, doch der dominante Ideologe in den feineren Details der Judenfrage blieb Alfred Rosenberg, ein aus dem Baltikum geflüchteter Deutscher, der seine Theorien schon entwickelt hatte, als er noch in Estland lebte. 1919 hatte Rosenberg den Zionismus bereits in seinem Buch *Die Spur des Juden im Wandel der Zeiten* beschrieben. Es handelte sich für ihn nur um einen weiteren Trick der Juden; die Zionisten wollten nur ein Versteck für die jüdische Weltverschwörung schaffen. Außerdem seien Juden aufgrund ihrer rassischen Natur unfähig, einen eigenen Staat aufzubauen, doch er erkannte auch, dass die zionistische Ideologie als wundervolle Rechtfertigung dafür dienen könnte, den deutschen Juden ihre Rechte zu entziehen und vielleicht ergab sich sogar die Möglichkeit, die Bewegung in Zukunft zum Vorantreiben einer jüdischen Emigration zu benutzen.

Bald begann Hitler, diese Themen in seinen Reden anzusprechen. Am 6. Juli 1920 verkündete er, Palästina sei der Ort, wo die Juden hin gehörten, und dass sie nur dort darauf hoffen könnten, all ihre Rechte zu erhalten. Nach 1920 erschienen im Organ der Partei, dem *Völkischen Beobachter*, zunehmend Artikel, die eine jüdische Emigration befürworteten, und von Zeit zu Zeit kamen auch die Parteipropagandisten auf das Thema zurück, so auch Julius Streicher in seiner Rede vom 20. April 1926 vor dem Bayrischen Landtag.[3] Doch für Hitler lag der Wert des Zionismus einzig darin, dass er bestätigte, dass die Juden niemals Deutsche sein könnten. In *Mein Kampf* schrieb er: „Denn indem der Zionismus der anderen Welt weiszumachen versucht, dass die völkische Selbstbestimmung des Juden in der Schaffung eines palästinensischen Staates seine Befriedigung fände, betölpeln die Juden abermals

---

[3] Nicosia, Francis: *Zionism in Nationalist Socialist Jewish Policy in Germany, 1933-9*; Journal of Modern History (on-demand supplement) (Dezember 1978); S.D1257-9.

die dummen Gojim[4] auf das gerissenste. Sie denken gar nicht daran, in Palästina einen jüdischen Staat aufzubauen, um ihn etwa zu bewohnen, sondern sie wünschen nur eine mit eigenen Hoheitsrechten ausgestattete, dem Zugriff anderer Staaten entzogene Organisationszentrale ihrer internationalen Weltbegaunerei; einen Zufluchtsort überführter Lumpen und eine Hochschule werdender Gauner."[5]

Den Juden fehle es am nötigen Rassencharakter, um einen eigenen Staat aufzubauen. Sie seien im Grunde allesamt Blutsauger, denen es an natürlichem Idealismus fehle und die die Arbeit hassten. Er erklärte weiter: „… eine bestimmte räumliche Fassung eines Staatsgebildes setzt immer eine idealistische Gesinnung der Staatsrasse voraus, besonders aber eine richtige Auffassung des Begriffs Arbeit. In eben dem Maße, in dem es an dieser Einstellung mangelt, versagt auch jeder Versuch zur Bildung, ja sogar zur Erhaltung eines räumlich begrenzten Staates."[6]

Trotz früherer Überlegungen zum Wert des Zionismus als Befürworter einer jüdischen Emigration machten die Nazis keinerlei Anstalten, Beziehungen zu den Zionisten aufzubauen. Im Gegenteil, als 1925 der Zionistenkongress in Wien stattfand, waren die Nazis unter denen, die dagegen lautstark protestierten.[7]

Schutz der Nazis für den Zionismus

Hatte Hitler schon immer vor, die Juden zu ermorden? Seine ersten Gedanken dazu legte er in *Mein Kampf* dar: „Hätte im Jahre 1914 die deutsche Arbeiterschaft ihrer inneren Einstellung nach noch aus Marxisten bestanden, so wäre der Krieg nach drei Wochen zu Ende gewesen. Deutschland wäre zusammengebrochen, ehe der erste Soldat seinen Fuß nur über die Grenze gesetzt hätte. Nein, daß damals das deutsche Volk noch kämpfte, bewies, daß der marxistische Irrwahn sich noch nicht bis zur letzten Tiefe einzufressen vermocht hatte. In eben dem Maße aber, in dem im Laufe des Krieges der deutsche Arbeiter und

---

4 Der Begriff „gojim" wird von Juden abwertend für diejenigen Juden gebraucht, die die jüdischen Vorschriften und Verhaltensweisen missachten, also im Widerspruch zum traditionellen Judentum handeln.
5 Hitler: *Mein Kampf*; S.356.
6 Ebenda; S.331.
7 Carsten, Francis L.: *Fascist Movement in Austria, From Schönerer to Hitler*; London; Sage Publications; 1977; S.96.

deutsche Soldat wieder in die Hand der marxistischen Führer zurückkehrte, in eben dem Maße ging er dem Vaterland verloren. Hätte man zu Kriegsbeginn und während des Krieges einmal zwölf- oder fünfzehntausend dieser hebräischen Volksverderber so unter Giftgas gehalten, wie Hunderttausende unserer allerbesten deutschen Arbeiter aus allen Schichten und Berufen es im Felde erdulden mussten, dann wäre das Millionenopfer der Front nicht vergeblich gewesen."[8]

Doch diese Gedanken waren nicht die Basis der populären Nazi-Agitation vor der Machtübernahme 1933. Vielmehr konzentrierten sie sich darauf, die Juden schlecht zu machen, als zu erklären, was sie mit ihnen vorhatten, wenn sie erst einmal gewonnen hätten. Jahrzehntelang war *Kikes nach Palästina!* („Kike" kommt aus dem amerikanischen und ist eines der abwertendsten Schimpfwörter für Juden) die Losung der europäischen Antisemiten gewesen und die Nazipropaganda hat diesen dann in ihrer eigenen Agitation benutzt. Im Mittelpunkt einer der größten antijüdischen Demonstrationen im schlesischen Breslau im Juni 1932 stand ein großes Transparent, das den Juden riet: *Macht Euch bereit für Palästina!*[9] Während des antijüdischen Boykotts vom 1. April 1933, verteilten Demonstranten vor den Warenhäusern imitierte *One-Way-Tickets nach Palästina* als Flugzettel an jüdisch aussehende Passanten.[10]

Das offizielle Nazi-Manifest, in dem der Boykott verkündet wurde, erklärte, die Ressentiments gegen die Nazis im Ausland kommen daher, weil das internationale Judentum „versucht, das 1897 von dem Zionistenführer Herzl verkündete Programm umzusetzen" und die Staaten gegen jedes Land aufzubringen, das ein Gegner der Juden ist.[11] Doch nichts davon war wirklich ernst zu nehmen, es war nur ein weiterer Ausdruck von fanatischem Antisemitismus. Bis zu seiner Machtübernahme hatte Hitler nie ernsthaft darüber nachgedacht, was er mit den Juden anfangen wollte. Bis auf die Aussage in *Mein Kampf* gibt es keine Anhaltspunkte dafür, dass er selbst engsten Vertrauten erzählt hätte, was er wirklich plante. Schließlich war, wie Hitler oft privat klagte, der durchschnittliche SS-Mann im Grunde weich – und ein Klatschmaul.

---

8   Hitler: *Mein Kampf*; S.772.
9   Niewyk: *Socialist, Anti-Semite and Jew*; S.149.
10 Poretsky, Elisabeth K.: *Our Own People; A Memoir of "Ignace Reiss" and his Friends*; London; Oxford University Press; 1969; S.134.
11 *No Violence Urged*; *Israel's Messenger* (Shanghai, 10. April 1933); S.19.

Wenn man denen erzählen würde, dass man die Juden umbringen will, kämen die mit Entschuldigungen für ihre eigenen „guten Juden" und dann? Dann waren da noch die Kapitalisten mit ihren jüdischen Geschäftskontakten im Ausland und außerdem die Kirchen mit ihren Bedenken, wenn es um Mord geht. Hitler löste das Problem, indem er es ignorierte und es jeder Regierungsbehörde und jeder Abteilung in der Partei überließ, sich eine passende Politik dazu zurechtzulegen. Natürlich gab es da unweigerlich konkurrierende Schulen. Es gab stets die Befürworter offenen Terrors, doch diejenigen, die meinten, die Juden seien zu tief in der heimischen Wirtschaft verwurzelt und hätten auch zu viele Kontakte im Ausland, standen ihnen zahlenmäßig in nichts nach. Auch die sofortige Errichtung von Ghettos fand ihre Anhänger, doch auch dieser Idee begegnete man mit denselben Einwänden. Eine Emigration schien offensichtlich die Lösung zu sein, aber wohin? Eine Massenemigration würde einerseits das Ansehen Berlins im Vergleich zu anderen Hauptstädten schmälern und was wäre mit den anderen Großstädten in der Welt, wenn dort plötzlich Massen von Juden ankämen? Sie würden andere – nicht nur Juden – gegen das Reich aufhetzen und die Auswirkungen für den deutschen Handel könnten verheerend sein. Vor diesem politischen Hintergrund traten die Zionisten, Sam Cohen von *Ha Note'a* und die ZVfD, erstmals mit ihren Vorschlägen zur Zusammenarbeit an die Nazis heran.

Ha'avara hatte mehrere offensichtliche Vorteile für die Nazis. Wenn die Juden nach Palästina auswanderten, könnten sie sich nur noch bei anderen Juden beklagen. Sie würden dort sogar einen mäßigenden Einfluss ausüben. Aus Angst vor Vergeltungsmaßnahmen an ihren noch in Deutschland lebenden Verwandten für den Fall, dass irgendetwas unternommen würde, was die Nazis dazu veranlassen würde, das Transferabkommen zu kündigen, würden sie sich hüten, im großen Stil Propaganda gegen die Nazis zu machen. Doch der wichtigste Vorteil von *Ha'avara* war seine Verwertbarkeit für die Propaganda. Mit dem Abkommen hatten die Nazis etwas, dass sie ihren Gegnern im Ausland entgegenhalten konnten, die immer behaupteten, sie seien unfähig, irgendeine andere Politik in Bezug auf die Juden zu verfolgen als physische Gewalt. In einer Rede am 24. Oktober 1933 behauptete Hitler sogar dreist, in Wirklichkeit sei er der Wohltäter der Juden, nicht ihr Kritiker: „In England erklärt man, man habe offene Arme für alle Bedrängten, insonderheit für die aus Deutschland herausgehenden Juden. ... Aber es würde noch schöner sein, wenn dann England seine große Geste nicht abhängig machen würde von 1.000 Pfund, sondern wenn es sagen würde: Es kann jeder herein! – so, wie wir das leider 30 und 40 Jahre getan hatten. Wenn auch wir erklärt hätten, nach Deutschland könne man nur herein unter der Voraussetzung, dass man 1.000 Pfund mitbringt oder mehr bezahlt, dann gäbe es bei uns überhaupt keine Judenfrage. ... Da sind wir Wilden wieder einmal bessere Menschen gewesen! ... weniger vielleicht den äußeren Erklärungen, wohl aber unseren Taten nach. Wir sind jetzt noch so großzügig und geben dem jüdischen Volke einen viel höheren Prozentsatz als Anteil an Lebensmöglichkeit, als er uns selbst zur Verfügung steht."[12]

In Nazi-Deutschland galt der Wille des Führers als Gesetz und nachdem Hitler es einmal verkündet hatte, entwickelte sich eine erklärtermaßen pro-zionistische Politik. Dr. Hans Frank, damals Justizminister in Bayern und später Generalgouverneur in Polen, erklärte vor dem Nürnberger Reichsparteitag der Nazipartei, die für Juden und Nicht-Juden beste Lösung der Judenfrage bestünde in einem eigenen Staat für die Juden in Palästina.[13] Noch im Oktober 1933 richtete die *Hamburg-Südamerika Schifffahrtsgesellschaft* eine direkte Verbindung nach Haifa ein mit „streng koscherem Essen auf seinen Schiffen unter Aufsicht des Hamburger Rabbinats".[14] Juden konnten immer noch in jedes Land auswandern, das sie aufnehmen würde, doch Palästina war für die Propagandisten zur bevorzugten Lösung für die Judenfrage geworden. Trotzdem blieben auch die Zionisten letztlich Juden, wie Gustav Genther von der German Education School sehr schön erklärte: „Genauso, wie wir jetzt freundschaftliche Beziehungen zu Sowjetrussland haben, obwohl Russland als kommunistisches Land eine Gefahr für unseren nationalsozialistischen Staat darstellt, werden wir die gleiche Haltung auch gegenüber den Juden einnehmen, wenn sie sich als unabhängige Nation etablieren, obwohl wir wissen, dass sie immer unsere Feinde bleiben werden."[15]
Wenn das noch nicht reichte, um die Einstellung der Nazis zu den Zionisten zu verdeutlichen, so musste spätestens das Kinderspiel „Juden raus!" etwaige noch vorhandene Illusionen endgültig zerstören. Die Spielsteine waren kleine Figuren mit spitzen Hüten, wie die Juden sie im Mittelalter getragen hatten. Um sie zu bewegen, wurde gewürfelt

---

12 *Völkischer Beobachter* vom 26.10.1933.
13 Nicosia, Francis R. J: *Zionism in Nationalist Socialist Jewish policy in Germany, 1933-39*; University of Chicago; 1978; S.D1263.
14 *Hamburg-Haifa Direct Shipping Line*; Zionist Record (20. Oktober 1933); S.15.
15 *Members of Pro-Palestine Committee in Germany put on Anti-Semitic Blacklist*; Jewish Weekly News (Melbourne, 30. März 1934); S.6.

und es hatte derjenige Spieler gewonnen, dessen „Jude" als erster durch das Tor in der Stadtmauer aus der Stadt hastete – nur weg nach Palästina.[16] Der Zionismus wurde in Nazi-Deutschland verachtet, doch die Zionisten brauchten dringend die Patronage der Nazis, um das Geld für den Aufbau von Palästina aufzubringen und so gaben sie sich der Illusion hin, dass *Ha'avara* und die darauf folgenden Gespräche zum Thema Palästina schließlich zu einer Art Staatsvertrag führen würden.

„Unser offizieller Segen geht mit ihnen"

1934 war die SS das am stärksten pro-zionistische Element in der *Nationalsozialistischen Partei*. Andere Nazis sagten sogar, sie seien „weich" gegenüber den Juden. Baron von Mildenstein war von seinem sechsmonatigen Besuch in Palästina als begeisterter Sympathisant der Sache der Zionisten zurückgekehrt. Später als Leiter der Judenabteilung des SS-Sicherheitsdienstes begann er, Hebräisch zu lernen und hebräische Platten zu sammeln und als sein früherer Weggefährte und Vorbild Kurt Tuchler ihn einmal in seinem Büro besuchte, wurde er von den Klängen bekannter jüdischer Volkslieder begrüßt.[17]
An den Wänden hingen Karten, die „das Vordringen des Zionismus im deutschen Judentum festhielten."[18] Und von Mildenstein stand zu seinem Wort: Er schrieb positiv über das, was er in den zionistischen Kolonien in Palästina gesehen hatte und überredete sogar Goebbels, den Bericht als große zwölfteilige Serie in dem führenden Propagandaorgan der Nazis, *Der Angriff,* zu bringen (26. September bis 9. Oktober 1934). Sein Aufenthalt bei den Zionisten wies dem SS-Mann „einen Weg, wie eine Jahrhunderte alte Wunde am Körper der Welt heilen könnte: das Judenproblem". Es war erstaunlich, wie ein wenig guter jüdischer Boden unter den Füßen den Juden beleben konnte: „Der Boden hat ihn und seine Gefährten in einem Jahrzehnt neu gestaltet. Diese neuen Juden werden ein neues Volk."[19] In Erinnerung an die

---

16 Jewish Central Information Office – The Wiener Library – Its History and Activities 1934-45 (photograph between S.212-13).

17 Boas, Jacob: *The Jews of Germany: Self-Perception in the Nazi Era as Reflected in the German Jewish Press 1933-1938*; S.110.

18 Höhne, Heinz: *Der Orden unter dem Totenkopf, die Geschichte der SS*; München, Augsburg; Orbis; 2002; S.306.

19 Mildenstein, Leopold von (Pseudonym von Lim); *Ein Nazi fährt nach Palästina*; *Der Angriff* (26. September bis 9. Oktober 1934); S.4. (Texte aus diesen Reportagen übernahm Mildenstein später in sein Buch *Rings um das brennende Land am Jordan*; Berlin; Verlagsanstalt Otto Stollberg; 1938.)

Reise des Barons ließ Goebbels eine Medaille prägen: auf der einen Seite das Hakenkreuz, auf der anderen der Davidstern.[20] 1935 schrieb Reinhardt Heydrich, damals Chef des SS-Sicherheitsdienstes und später der berüchtigte Reichsprotektor der okkupierten tschechischen Gebiete, einen Artikel für *Das Schwarze Korps*, das offizielle Organ der SS, mit dem Titel *Der sichtbare Feind*. Darin bewertete Heydrich die verschiedenen Strömungen innerhalb des Judentums und verglich dabei die verhassten Assimilationisten mit den Zionisten. Seine Voreingenommenheit gegenüber dem Zionismus hätte nicht unmissverständlicher zum Ausdruck kommen können: „Nach der Machtübernahme hat zwar die Rassengesetzgebung in bestimmten Grenzen den direkten Einfluss des Judentums stark beschränkt. Der Jude sieht sie ... aber auch nur als Beschränkung an. Zunächst gibt es für ihn nur die Fragen: Wie lässt sich die alte Position zurückgewinnen ... Die in Deutschland lebenden Juden gliedern sich in zwei Gruppen, die Zionisten und Assimilanten ... Die Zionisten vertreten einen starken Rassestandpunkt und streben mit der Auswanderung nach Palästina die Schaffung eines eigenen jüdischen Staates an."

Heydrich bedachte sie mit freundlichen Worten zum Abschied: „... die Zeit dürfte nicht mehr allzu fern sein, in der Palästina seine über ein Jahrtausend verlorenen Söhne wieder aufnehmen kann. Unsere Wünsche, verbunden mit staatlichem Wohlwollen, begleiten sie."[21]

„Es war eine schmerzliche Erfahrung für den Zionismus, für Gefälligkeiten ausgewählt worden zu sein"

Die Nazis verteidigten die Nürnberger Rassegesetze vom September 1935, die den Schlusspunkt unter die antijüdische Gesetzgebung Deutschlands vor dem Zweiten Weltkrieg setzten, als Ausdruck ihrer pro-zionistischen Einstellung. Zumindest hätten sie das stillschweigende Einverständnis der klügeren Köpfe unter den Juden. So kam es – und das war ganz sicher kein Zufall – dass alle jüdischen Zeitungen in Deutschland zeitweilig verboten waren, als die Gesetze verkündet wurden – bis auf die *Rundschau*. Die veröffentlichte die gesetzlichen Beschränkungen zusammen mit einem Kommentar von Alfred-Inge-

---

20 Boas, Jacob: *A Nazi Travels to Palestine*; *History Today* (London, Januar 1980); S.38.
21 *Das Schwarze Korps* (15. Mai 1935).

mar Berndt, dem Chefredakteur des *Deutschen Nachrichtenbüros*. Berndt erinnerte daran, dass nur zwei Wochen zuvor alle Redner auf dem Zionistenkongress in Luzern gefordert hätten, die Juden der Welt müssten als eigenes Volk anerkannt werden, egal wo sie lebten. So habe Hitler, erklärte er, nichts anderes getan, als „den Forderungen des Internationalen Zionistenkongresses" nachzukommen, indem er „die in Deutschland lebenden Juden zu einer nationalen Minderheit macht".[22]

Es gab einen Aspekt der Gesetze, der inzwischen längst vergessen ist, damals aber große Aufmerksamkeit erregte: Ab sofort sollten nämlich im Dritten Reich nur noch zwei Flaggen erlaubt sein, die Hakenkreuzfahne und das blau-weiße Zionistenbanner. Dies freute natürlich die ZVfD sehr, die hoffte, es handele sich um ein Zeichen der Annäherung von Seiten Hitlers. Für viele Zionisten im Ausland war das dagegen eine furchtbare Beleidigung, wie der ärgerliche Kommentar im *Congress Bulletin* von Stephen Wise deutlich zeigt:

„Hitlerismus ist der Nationalismus Satans. Der Entschluss, dem deutschen Volkskörper das jüdische Element zu nehmen, führte dazu, dass Hitler seine ‚Verwandtschaft' mit den Zionisten entdeckte, dem jüdischen Befreiungsnationalismus. Deshalb wurde der Zionismus zur einzigen anderen im Reich erlaubten Partei und die zionistische Flagge zur einzigen anderen Flagge, die zu zeigen im Nazi-Land erlaubt ist. Es ist eine schmerzliche Erfahrung für den Zionismus, von seinem satanischen Gegenüber für Gefälligkeiten und Privilegien ausgewählt worden zu sein."[23]

In ihrem Philo-Zionismus waren die Nazis ebenso gründlich wie in anderen Dingen. Jetzt, da die Juden als eigenständiges Volk mit eigenem Land etabliert waren, sollten sie da nicht auch eine eigene Sprache haben? 1936 fügten sie ihren Repressionsmaßnahmen ein weiteres „Nach-Palästina"-Element hinzu. Und so musste *Jewish Frontier* seinen Lesern leider mitteilen: „Die Versuche, die Juden in kulturellen Ghettos abzusondern, haben mit dem Verbot an die Rabbis, ihre Chanukah-Predigten [6. Dezember] auf deutsch zu halten, einen neuen Höhepunkt erreicht. Dies steht in einer Linie mit den Bemühungen der Nazis, die deutschen Juden zu zwingen, die hebräische Sprache

---

22 *Jüdische Rundschau* vom 17.09.1935.
23 *Baal is not God*; *Congress Bulletin* (24 Januar 1936); S.2.

als ihr kulturelles Medium zu nutzen. So wird ein weiterer Beweis der Kooperation der Zionisten mit den Nazis nur zu bereitwillig von den kommunistischen Gegnern des Zionismus aufgegriffen."[24]

Die Nachsicht der Nazis mit den Zionisten

Im Frühjahr 1934 legte man Heinrich Himmler, dem Reichsführer (der) SS, den *Lagebericht: Judenfrage* vor: Die große Mehrheit der Juden sahen sich immer noch als Deutsche und waren entschlossen zu bleiben. Da man aus Angst vor etwaigen negativen internationalen Reaktionen keine Gewalt anwenden konnte, war der einzige Weg, ihren Widerstand zu brechen, die Schaffung einer eigenen jüdischen Identität unter den Juden durch eine systematische Förderung von jüdischen Schulen und Sportmannschaften, die Förderung der hebräischen Sprache, jüdischer Kunst, Folklore usw. Zusammen mit den Umschulungszentren der Zionisten würde dies die widerspenstigen Juden schließlich dazu bringen, ihr Heimatland zu verlassen. Doch dieser subtile Plan war nicht genug, denn wann immer der Druck auf sie nachließ, verschanzten sich die starrköpfigen Juden einfach wieder. Also bestand die Politik der Nazis zunehmend in einer Unterstützung der Zionisten, damit die Juden deutlich sehen konnten, dass der einzige Weg, größere Schwierigkeiten zu vermeiden, ein Beitritt zur zionistischen Bewegung war. Alle Juden, auch die Zionisten, wurden weiterhin als Juden verfolgt, doch es war immer möglich, den Druck etwas zu mindern. Und so informierte die bayrische Gestapo am 28. Januar 1935 die allgemeine Polizei, dass von nun an „Mitglieder der zionistischen Organisationen wegen ihrer Bemühungen um eine Emigration der Juden nach Palästina nicht mit der gleichen Härte zu behandeln sind, die gegenüber Mitgliedern deutsch-jüdischer Organisationen [also gegenüber Assimilationisten] notwendig ist".[25]

Durch ihre pro-zionistische Politik machten sich die Nazis jedoch selbst Schwierigkeiten. Die WZO hatte ein viel größeres Interesse an dem deutsch-jüdischen Kapital als an den deutschen Juden. Außerdem war sie an die Einwanderungsquoten der Briten gebunden. Die meisten Anhänger der WZO lebten in Polen und wenn sie nun zu viele Ein-

---

24 Duker, Abraham: *Diaspora*; *Jewish Frontier* (Januar 1937); S.28.
25 Grossmann, Kurt: *Zionists and Non-Zionists under Nazi Rule in the 1930s*; *Herzl Yearbook*, Vol. VI; S.340.

wanderungszertifikate an deutsche Juden verteilte, gäbe es nicht mehr genug für ihre Basis in Polen und anderswo. Deswegen gaben die Zionisten in den 30er Jahren nur 22 Prozent der Einwanderungszertifikate an deutsche Juden. Außerdem hatte die WZO keinerlei Interesse am Großteil der deutschen Juden, da die meisten keine Zionisten waren, kein Hebräisch konnten, zu alt waren und natürlich weil sie nicht die richtigen Berufe hatten. Entweder mussten alternative Auswanderungsziele für die deutschen Juden gefunden werden, oder Deutschland würde auf den Juden sitzen bleiben, die weder Deutschland noch die Zionisten haben wollten. Die Diskriminierung der Nazis gegenüber Antizionisten führte zu Problemen für weltweite Organisationen wie dem *American Jewish Joint Distribution Committee*, das versuchte, Juden eine neue Heimat in anderen Ländern als Palästina zu bieten. Yehuda Bauer, einer der bekanntesten israelischen Holocaust-Spezialisten, beschrieb einmal eine Diskussion über diese Probleme zwischen zweien der führenden Köpfe des *Joint Distribution Committee*:

„[Joseph] Hyman meinte, dass die deutschen Juden eine klare Aussage treffen sollten, dass Palästina nicht die einzige Option war, was auch, ehrlich gesagt, stimmte. [Bernhard] Kahn stimmte dem zu, erklärte aber, dass die Nazis den Zionismus deshalb unterstützten, weil sie sich von ihm die Emigration der meisten Juden aus Deutschland versprachen; und deshalb könne die Führung der deutschen Juden nicht von anderen Optionen reden. Noch weniger könne sie die Entscheidung erwähnen, die jüdischen Institutionen in Deutschland aufrechtzuerhalten. Die Nazis hatten einmal eine Versammlung aufgelöst, nur weil einer der Sprecher gesagt hatte: ,Wir müssen für diejenigen sorgen, die weggehen und für die Juden, die in Deutschland bleiben müssen'".[26]
In der Praxis löste sich die Frage, wohin die Juden gehen sollten, mit dem Anschluss Österreichs ans Reich, der so viele neue Juden mit sich brachte, dass es das Vertreibungsprogramm lahm gelegt hätte, sich weiter mit der Frage nach ihrem zukünftigen Aufenthaltsort zu beschäftigen. Im Oktober 1938 fanden die Nazis heraus, dass die Polen die Staatsbürgerschaft Tausender polnischer Juden, die in Deutschland lebten, aufheben wollten. Deshalb entschieden sie, die Juden sofort nach Polen zu deportieren, um zu verhindern, dass Deutschland nachher auf Tausenden von staatenlosen Juden sitzen blieb. Dieses „kalte Pogrom" führte schließlich zu dem Gewaltausbruch in der Reichskristallnacht im November 1938.

---

26 Bauer: *My Brother's Keeper*, S.136.

Die ganze Geschichte kam viele Jahre später bei dem Prozess gegen Adolf Eichmann am 25. April 1961 ans Licht. Der Zeuge Sendel Grynszpan, inzwischen ein alter Mann, war der Vater von Herschel Grynszpan, der aus Verzweiflung über die Deportation seines Vaters zurück nach Polen einen Anschlag auf einen deutschen Diplomaten in Paris verübt hatte und damit den Nazis den perfekten Vorwand für die Reichskristallnacht geliefert hatte. Der alte Sendel erzählte von seiner Deportation aus seinem Haus in Hannover in der Nacht des 27. Oktober 1938: „Und dann lud man uns auf Polizeiautos, auf Gefängniswagen, ungefähr 20 auf jeden Wagen und transportierte uns zum Bahnhof. Die Straßen waren voll von Menschen, und sie schrieen: ‚Juden raus nach Palästina!'"[27]

Die Bedeutung der Aussage von Grynszpan ging in der Fülle von Details des Eichmann-Prozesses völlig unter. Doch diese Juden wurden, entgegen dem Geschrei des Nazi-Mobs, nicht nach Palästina geschickt. Es kam damals in dem Gerichtssaal in Jerusalem dem Generalstaatsanwalt nicht in den Sinn, dem alten Herrn Grynszpan eine Frage zu stellen, die wir heute sicher stellen würden: „Was haben sie gedacht, was haben die anderen Juden gedacht, als sie das Geschrei des wilden Mobs hörten?" Sendel Grynszpan ist inzwischen lange tot, wie wohl die meisten, wenn nicht sogar alle, die diese schrecklichen Erlebnisse in jener Nacht mit ihm teilten; und so gibt es für uns keine Antwort auf diese Frage. Doch eigentlich kommt es viel mehr darauf an, was da geschrieen wurde, als darauf, was die Menschen in den Gefangenentransportern dachten. Wir können jedoch mit Recht annehmen, dass, wenn die ZVfD Widerstand gegen das Erstarken des Nazitums geleistet hätte, wenn die WZO die Juden der Welt gegen die „Neue Ordnung" mobilisiert hätte, wenn Palästina eine Bastion des jüdischen Widerstandes gegen die Nazis gewesen wäre, dann die Nazis niemals den Juden und diesem Mob gegenüber erklärt hätten, der einzig richtige Ort für einen Juden sei Palästina. In diesem Falle wären in jener Nacht in Hannover vielleicht Rufe wie „Juden nach Polen!" oder ein offenes „Tötet die Juden!" zu hören gewesen. Entscheidend dabei ist, dass der Mob in seinem Geschrei nur wiederholte, was Hitlers Günstlinge ihnen vorgesagt hatten: „Juden nach Palästina!"

---

27 Arendt, Hannah: *Eichmann in Jerusalem*; Leipzig; Reclam; 1990; S.362.

„Die Nazis forderten ein ‚stärkeres zionistisches Benehmen'"

Dass die Nazis die Zionisten anderen Juden vorzogen, steht inzwischen außer Frage. Auch wenn Joachim Prinz 1937 beim Schreiben seines Artikels vielleicht zusammengezuckt sein mag, er war nur ehrlich, als er traurig einräumte: „Die Arbeit der Zionisten war sehr schwer. Es war moralisch beunruhigend, dass sie als die Lieblingskinder der Nazi-Regierung angesehen wurden, besonders als diese die antizionistischen Jugendgruppen auflöste und auch anderweitig die Zionisten vorzuziehen schien. Die Nazis forderten ein ‚stärkeres zionistisches Benehmen'".[28]

Die zionistische Bewegung unterlag in Deutschland während der ganzen 30er Jahre stets starken Beschränkungen. Die *Rundschau* wurde zwischen 1933 und November 1938, als die Nazis nach der Reichskristallnacht schließlich das Büro der ZVfD endgültig schlossen, mindestens dreimal zeitweilig verboten. Nach 1933 wurden die Emissäre der Arbeiterzionisten des Landes verwiesen, doch selbst dann durften die Zionistenführer aus Palästina noch zu besonderen Treffen ins Land einreisen. So erhielt beispielsweise Arthur Ruppin am 20. März 1938 die Erlaubnis zur Einreise, um vor einer großen Versammlung in Berlin zu den Auswirkungen des arabischen Aufstandes von 1936 in Palästina zu sprechen.

Natürlich hatten die Zionisten viel weniger Schwierigkeiten als ihre bourgeoisen assimilatorischen Gegner vom CV und es war gar nicht mit dem zu vergleichen, was die Kommunisten in Dachau durchmachen mussten, während in den Straßen von Berlin die *Rundschau* verkauft werden konnte. Doch die Tatsache, dass die Zionisten Hitlers „Lieblingskinder" wurden, macht ihn kaum zu einem jüdischen Nationalisten. Selbst von Mildenstein mit all seinen hebräischen Schallplatten akzeptierte die politische Linie der Partei, als klar wurde, dass es auf einen Mord an den Juden hinauslaufen würde. Während der ganzen Zeit spielten die Nazis mit den Zionisten Katz und Maus. Hitler hatte nie vor, irgendjemanden davonkommen zu lassen, nur weil er die Juden ermutigte, nach Palästina auszuwandern. Wenn die Juden ins ferne Amerika auswanderten, käme er nicht mehr an sie heran

---

28 Prinz, Joachim: *Zionism under the Nazi Government*; *Young Zionist* (London, November 1937); S.18.

und sie würden auf ewig die Feinde des Deutschen Reiches bleiben. Aber wenn sie stattdessen nach Palästina gingen? „Dort", so sagte ein Gestapo-Agent einmal zu einem jüdischen Funktionär, „werden wir Euch einholen".[29]

Die Zionisten konnten noch nicht einmal behaupten, sie seien von Hitler hintergangen worden. Sie hatten sich selbst hereingelegt. Hitlers Ansichten zum Zionismus, inklusive seiner Theorie, die Juden seien unfähig, einen eigenen Staat zu errichten, gab es seit 1926 nachzulesen in klarem Deutsch. Die Zionisten hatten einfach die Tatsache ignoriert, dass Hitler alle Juden hasste und dass er besonders die zionistische Ideologie verachtete. Sie waren einfach Reaktionäre, die sich in ihrer Naivität entschlossen hatten, die Gemeinsamkeiten zwischen ihrer Ideologie und der Hitlers hervorzuheben. Sie versuchten, sich selbst davon zu überzeugen, dass die Tatsache, dass auch sie Rassisten waren, dass auch sie gegen Mischehen waren, dass auch sie daran glaubten, dass Juden als Fremde in Deutschland lebten und dass auch sie Gegner der Linken waren, ausreichen würde, um Adolf Hitler dazu zu bringen, sie als einzig „ehrliche Partner" für eine diplomatische Détente zu sehen.[30]

---

29 Dawidowicz, Lucy: *Der Krieg gegen die Juden*; Kindler Verlag GmbH; München; 1979; S. 86.
30 Boas: *The Jews of Germany*; S.111.

8. Palästina – die Araber, die Zionisten, die Briten und die Nazis

Es waren die Araber, nicht die Zionisten, die die Nazis dazu brachten, ihre pro-zionistische Einstellung neu zu überdenken. Zwischen 1933 und 1936 strömten 164.267 jüdische Einwanderer nach Palästina, 61.854 davon allein im Jahr 1935. Der Anteil der jüdischen Minderheit an der Gesamtbevölkerung wuchs von 18 Prozent im Jahre 1931 auf 29,9 Prozent im Dezember 1935 an und die Zionisten sahen sich schon in naher Zukunft als Mehrheit.

Die Araber reagierten als erste auf diese Statistik. Sie hatten das britische Mandat mit seinem erklärten Ziel einer Errichtung eines jüdischen Staates in ihrem Land nie akzeptiert. In den Jahren 1920 und 1921 war es bereits zu Ausschreitungen gekommen und 1929 entlud sich die Wut der Muslime nach gegenseitigen Provokationen zionistischer Chauvinisten und muslimischer Fanatiker an der Klagemauer in einer Reihe grausamer Massaker, in deren Verlauf 135 Juden und mindestens ebenso viele Muslime getötet wurden – diese allerdings von den Briten. Die Politik der in Palästina lebenden Araber wurde zu der Zeit im Wesentlichen von einer Handvoll reicher Clans bestimmt.

Die größten Nationalisten unter ihnen waren die Husseinis, deren Anführer der Mufti von Jerusalem, Hadji Mohammed Amin el Hussein, war. Als strenggläubiger Moslem bestand für ihn die einzig adäquate Reaktion auf die Provokationen an der Klagemauer in einem Aufruf der Gläubigen zum Kampf gegen die Zionisten als Ungläubige, nicht als politische Gegner. Er stand jeder sozialen Reform skeptisch gegenüber und hatte auch nicht wirklich vor, ein politisches Programm zu entwickeln, um die arabischen Bauern, die größtenteils Analphabeten waren, für sich zu begeistern. Das Fehlen eines solchen Programms für die aus Bauern bestehende Mehrheit der Bevölkerung war letztlich der Grund dafür, dass er nie eine politische Kraft schaffen konnte, die es mit den zahlenmäßig unterlegenen, aber viel besser organisierten Zionisten hätte aufnehmen können. So war er gezwungen, sich im Ausland nach einem Gönner umzusehen, der ihm die Kraft geben würde, die ihm die Gesellschaft in Palästina wegen seiner reaktionären Politik versagte. Seine Wahl fiel auf Italien. Der Deal mit Rom war bis zu seiner eher zufälligen Aufdeckung im Jahre 1935 streng geheim gehalten worden, da er in der arabischen Welt kaum zu rechtfertigen gewesen wäre.

Mussolini hatte Giftgas gegen die aufständischen Senussi in Libyen eingesetzt und er war mehr oder weniger offen pro-zionistisch eingestellt. Doch Rom war immerhin anti-britisch und bereit, den Mufti in dieser Hinsicht zu unterstützen. Das erste Geld floss 1934, doch es wurde kaum etwas erreicht – weder für die Palästinenser, noch für die Italiener. Einige Jahre später musste Mussolinis Außenminister – sein Schwiegersohn Galeazzo Ciano – dem deutschen Botschafter gegenüber eingestehen, er habe „jahrelang dauerhafte Beziehungen zum Großmufti unterhalten, wovon sein Geheimfonds Zeugnis ablegt. Was man für dieses Millionengeschenk letztlich erhielt, war nicht viel und beschränkte sich meist auf die Zerstörung einiger Pipelines, die in der Regel schnell wieder repariert werden konnten."[1]

„Ziel ... der Haganah – die baldige Erreichung der jüdischen Majorität in Palästina"

Dass Hitler der Ansicht war, die Juden seien unfähig, einen eigenen Staat aufzubauen, hieß nicht, dass er pro-palästinensisch eingestellt gewesen wäre. Auch die Palästinenser waren Semiten. In den 20er Jahren brachten viele politisch rechtsgerichtete Gruppierungen in Deutschland ihr Mitgefühl mit den unterdrückten Nationen des Britischen Empires zum Ausdruck, die sie genauso als Opfer des perfiden Albion ansahen wie sich selbst. Doch Hitler wollte davon nichts wissen; die Briten waren immerhin Weiße. „Ganz abgesehen davon, dass ich als Germane Indien trotz allem immer noch lieber unter englischer Herrschaft sehe als unter einer anderen. Genau so kümmerlich sind die Hoffnungen auf den sagenhaften Aufstand in Ägypten ... Als völkischer Mann, der den Wert des Menschentums nach rassischen Grundlagen abschätzt, darf ich schon aus der Erkenntnis der rassischen Minderwertigkeit dieser so genannten ‚unterdrückten Nationen' nicht das Schicksal des eigenen Volkes mit dem ihren verketten."[2]

Jedoch brachte der Aufstand der arabischen Palästinenser im Jahre 1936 die Nazis dazu, die Implikationen ihrer pro-zionistischen Politik zu überdenken. Der Fund von Waffen in einer Zementlieferung nach Tel Aviv im Jahre 1935 hatte für große Aufregung gesorgt und im November spitzte sich die Situation deutlich zu, als Scheich Izz al-

---

1 *Hitler's Friends in the Middle East*, Wiener Library Bulletin, Vol. XV (1961); S.35.
2 Hitler: *Mein Kampf*, S.747.

Din al-Qassam, ein bekannter muslimischer Prediger, sich mit seiner Guerilla-Gruppe in den Bergen verschanzte. Britische Truppen töteten ihn innerhalb kürzester Zeit, doch seine Beerdigung wurde zu einer leidenschaftlichen Demonstration. So zog sich die Krise über Monate hin und schließlich entlud sich die Spannung in der Nacht des 15. April 1936, als ein Überlebender von Qassams Gruppe den Verkehr auf der Straße nach Tulkarm anhielt, die Reisenden ausraubte und zwei Juden tötete. Als Vergeltungsmaßnahme wurden in der darauf folgenden Nacht zwei Araber ermordet. Die Beerdigung der beiden Juden wurde zu einer Demonstration rechter Zionisten und die Menge marschierte auf das arabische Jaffa. Die Polizei eröffnete das Feuer, vier Juden wurden erschossen und wieder wurden anschließend als Vergeltung mehrere Araber auf den Straßen von Tel Aviv angegriffen. Schon bald folgte ein Gegenmarsch auf Tel Aviv. Und so begann der Aufstand. Ein spontaner Generalstreik und der Druck von unten zwangen die rivalisierenden Cliquen innerhalb des arabischen Establishments, sich im *Arabischen Hochkomitee* unter der Führung des Mufti zu vereinigen. Doch das Hochkomitee befürchtete, dass eine Fortsetzung des Aufstandes dazu führen würde, dass die Bauern dauerhaft außer Kontrolle geraten würden und so setzte es sich letztlich gegen die Streikkomitees durch. Der Protest wurde am 12. Oktober beendet und man wartete auf den Abschluss der Untersuchung der Vorfälle durch eine britische Königliche Kommission.

Bis zum arabischen Aufstand war die Unterstützung der Nazis für die Zionisten nicht besonders engagiert, aber, wie wir gesehen haben, unverbindlich. Doch durch das politische Durcheinander in Palästina und die Einsetzung der Peel-Kommission sah die WZO ihre Chance, die Nazis davon zu überzeugen, sich in Palästina selbst öffentlich zur WZO zu bekennen. Am 8. Dezember 1936 trafen sich eine gemeinsame Delegation der *Jewish Agency*, der höchsten Institution der WZO in Palästina, und der *Hitachdut Olei Germania* (Vereinigung deutscher Immigranten) mit dem deutschen Generalkonsul Döhle in dessen Büro in Jerusalem. Der zionistische Gelehrte David Yisraeli berichtete über das Treffen: „Sie wollten über Döhle die Nazi-Regierung überzeugen, ihr offizieller Repräsentant in Jerusalem solle vor die Peel-Kommission treten und erklären, dass Deutschland an einer verstärkten Immigration nach Palästina interessiert sei, weil man wolle, dass möglichst viele Juden aus Deutschland emigrierten. Der Konsul jedoch lehnte den Vorschlag rundweg ab. Offiziell gab er als Grund an, dass Überlegungen zur verstärkten Immigration unweigerlich zum Thema

Transfer führen würden, der den britischen Exporten nach Palästina abträglich war."[3] Charakteristischerweise waren die Zionisten mehr an einem Ausbau der Beziehungen mit den Nazis interessiert als diese selbst, doch die Ablehnung ihres Vorschlags durch Döhle hielt sie nicht von weiteren Versuchen ab. Für die Zionisten und ihre Bemühungen war das Untersuchungsergebnis der Peel-Kommission außerordentlich wichtig und es war die *Haganah*, damals der militärische Arm der *Jewish Agency* (de facto die Miliz der Arbeiterzionisten), die die Erlaubnis Berlins erwirkte, direkt mit dem Sicherheitsdienst (SD) der SS verhandeln zu dürfen. Am 26. Februar 1937 traf Feivel Polkes, ein Vertreter der *Haganah*, in Berlin ein und wurde an Adolf Eichmann als Verhandlungspartner verwiesen. Eichmann war das Protegé des prozionistischen von Mildenstein gewesen und hatte, wie sein Mentor, Hebräisch gelernt, Herzls Schriften gelesen und war der Spezialist des SD zum Thema Zionismus. Das Gespräch zwischen Eichmann und Polkes wurde in einem Bericht von Eichmanns Vorgesetztem Franz Alfred Six[4] festgehalten, den die amerikanische Armee nach Beendigung des Zweiten Weltkrieges in den SS-Akten fand.

Darin heißt es: „In politischer Hinsicht ist Polkes Nationalzionist. Aus dieser Einstellung heraus ist er Gegner aller jüdischen Bestrebungen, die sich gegen die Errichtung eines Judenstaates in Palästina wenden. Als *Hagana*-Mann bekämpft er sowohl den Kommunismus als auch alle araberfreundlichen englischen Bestrebungen ... Als sein Ziel, also als das der *Hagana*, bezeichnete er die möglichst baldige Erreichung der jüdischen Majorität in Palästina. Er arbeite aus diesem Grund, soweit es zur Erreichung dieses Zieles nötig sei, sowohl mit als auch gegen ,*Intelligence Service*', ,*Sûreté générale*', England und Italien. Auch für Deutschland erklärte er sich bereit, Dienste in Form von Nachrichten zu leisten, soweit sie nicht seinen politischen Zielen entgegenstünden. Er würde u. a. die deutschen außenpolitischen Interessen im vorderen Orient tatkräftig unterstützen, würde sich dafür verwenden, dem Deutschen Reiche Erdölquellen in die Hand zu spielen, ohne dabei englische Interessensphären zu berühren, wenn die deutschen Devisenverordnungen für die nach Palästina auswandernden Juden gelockert

---

3 Yisraeli: *Germany and Zionism*; S.158.
4 Seit 1937 war Six Chef des Sicherheitsdienstes und ab 1939 SS-Standartenführer. Nach dem Zweiten Weltkrieg wurde er 1947 in Nürnberg zu 20 Jahren Haft verurteilt, jedoch bereits nach fünf Jahren vorzeitig entlassen. Seit 1952 arbeitete Six für den BND, ab 1961 war er Manager bei Porsche.

würden."⁵ Six dachte, eine Zusammenarbeit mit der *Haganah* sei im Interesse der Nazis. Diese brauchten immer neueste Informationen über die verschiedenen jüdischen Boykottgruppen und über jüdische Pläne für Anschläge auf das Leben prominenter Nazis. Er war bereit, der SS zu erlauben, den Zionisten im Gegenzug zu helfen. „Auf die Reichsvertretung der Juden in Deutschland wird ein Druck dahingehend ausgeübt, daß sie die aus Deutschland auswandernden Juden verpflichten, ausschließlich nach Palästina, nicht aber in irgendein anderes Land zu gehen. Eine solche Maßnahme liegt durchaus im deutschen Interesse und wird bereits durch Maßnahmen der Gestapo vorbereitet. Polkes Pläne zur Herbeiführung der jüdischen Majorität in Palästina würden hierdurch gleichzeitig gefördert werden."⁶

Das deutsche Außenministerium teilte den Enthusiasmus von Six keineswegs, denn dort sah man Palästina als britisches Einflussgebiet. Berlins Hauptinteresse bestand in einer Verständigung mit London in der Balkan-Frage und es durfte nichts unternommen werden, was diese störte. Außerdem war man besorgt, wie Italien auf eine Einmischung Deutschlands in die Politik im Mittelmeerraum reagieren würde. Deshalb telegraphierte der deutsche Außenminister Konstantin von Neurath am 1. Juni 1937 an seine Diplomaten in London, Jerusalem und Bagdad: Weder ein zionistischer Staat noch eine zionistische politische Struktur unter britischer Herrschaft wären im deutschen Interesse, da diese nicht die Juden der Welt absorbieren würde, „sondern eine zusätzliche Machtposition für das Weltjudentum nach internationalem Recht schaffen würde, etwas wie den Vatikanstaat für den politischen Katholizismus oder Moskau für die Komintern". Deutschland habe deshalb „ein Interesse an der Stärkung der arabischen Welt", doch „es ist natürlich nicht zu erwarten, dass eine direkte deutsche Intervention einen wesentlichen Einfluss auf die Entwicklung der Palästina-Frage haben würde". Unter keinen Umständen sollten die Palästinenser mehr als eine pro-forma-Unterstützung erhalten: „Das Verständnis für die arabischen nationalistischen Ziele sollte klarer als bisher zum Ausdruck gebracht werden, ohne jedoch konkrete Versprechungen zu machen."⁷

---

5   Im Faksimile abgedruckt in: Brentjes, Burckard: *Geheimoperation Nahost*; Das Neue Berlin; Berlin 2001; S.13-18.
6   Ebenda; S.18.
7   Documents on German Foreign Policy, Reihe D, Band V, (Washington, 1953); S.746/747.

Die zionistischen Vorstellungen von der Zukunft Israels

In seinen Memoiren hat Sir Ronald Storrs, der erste Militärgouverneur von Jerusalem, die damalige politische Linie der Briten in der Palästina-Frage äußerst elegant beschrieben: Das zionistische „Unternehmen, das sowohl denjenigen segnete, der gab, als auch denjenigen, der nahm, indem es für England ‚ein kleines loyales jüdisches Ulster' in einem Meer von potentiell feindlichem Arabismus"[8] schuf. Dies war auch der geistige Hintergrund des Vorschlags der Peel-Kommission vom Juli 1937, nach dem Palästina dreigeteilt werden sollte. Das gesamte Gebiet bliebe weiterhin unter britischer Oberhoheit, Großbritannien selbst behielte einen Streifen von Jerusalem nach Jaffa und Haifa für zehn Jahre, nach deren Ablauf es einem zweiteiligen zionistischen Teilstaat zugeschlagen würde, der zusammengenommen etwa die Größe des Sauerlandes hätte. Im zionistischen Teil hätte es eine große arabische Minderheit gegeben, von der die Kommission annahm, ein Part davon würde in den arabischen Teilstaat umziehen, der den Rest des Landes einnehmen würde.

Die Meinungen im Zionismus gingen weit auseinander. Das „jüdische Ulster" unterschied sich insofern vom Original, als die Zionisten die Teilung nicht als Erfüllung ihres Zieles sahen. Ihr Eretz Israel umfasste das gesamte biblische Erbe Abrahams. Schließlich war die Position des *Zionistischen Weltkongresses* ein sorgfältig qualifiziertes „Nein", das „Ja" bedeutete: Diese Teilung wurde abgelehnt, doch die Exekutive ermächtigt, weiter um ein besseres Ergebnis zu feilschen.

Wie sah also der Staat aus, den die Zionisten sich 1937 für sich und Millionen anderer Juden vorstellten? Die Arbeiterzionisten waren die bei weitem stärkste Kraft innerhalb der Bewegung, und es gab keinen größeren Befürworter der vorgeschlagenen Teilung als ihren Führer David Ben-Gurion, der im Sommer 1937 auf einer Tagung des Weltrates der *Poale Zion* in Zürich hoch und heilig versicherte, dass man sich in dieser Hinsicht keine Sorgen machen müsse: Später werde man sich mit Sicherheit ausdehnen. „Der jüdische Staat, der uns jetzt vorgeschlagen wird, entspricht selbst mit allen Reparationen und Verbesserungen zu unseren Gunsten nicht dem zionistischen Ziel – auf diesem Gebiet kann man die Judenfrage nicht lösen ... Was wird sein, wenn

---

8 Storrs, Ronald: *Orientations*; London; Nicolson & Watson; 1943; S.345.

in weiteren 15 (oder einer anderen Anzahl von) Jahren der vorgesehene territorial begrenzte Teilstaat seinen Sättigungspunkt in Bezug auf die Bevölkerung erreicht? ... Wer ehrlich zu sich selbst ist, sollte keine Prophezeiungen machen über das, was in 15 Jahren sein wird, ... die Gegner der Teilung hatten völlig recht mit ihrem Einwand, dass uns dieses Land nicht zur Teilung gegeben wurde – denn es bildet eine Einheit, nicht nur historisch, sondern auch vom natürlichen und vom wirtschaftlichen Standpunkt aus."[9]

Die Arbeiterzionisten hatten begriffen, dass, wenn es ihnen je gelingen würde, einen zionistischen Staat zu errichten, dies unvermeidlich nur gegen den massiven Widerstand des palästinensischen Volkes geschehen könnte. Obwohl sie im Grunde schon immer jüdische Nationalisten gewesen waren, hatten sie sich inzwischen von ihrer früheren sozialistischen Rhetorik abgewandt, ebenso wie von ihren früheren unbedeutenden Versuchen, die arabischen Arbeiter zu organisieren und begonnen, diese aus ihren traditionellen Saisonjobs in den jüdischen Orangenhainen zu vertreiben. Ihr ganzes Denken war geradezu krankhaft, sie versuchten nun bewusst, ihren eigenen Erfolg durch die Zerstörung des europäischen jüdischen Mittelstandes zu erreichen. Deren Fluchtkapital sollte das neue Zion aufbauen. Enzo Sereni, inzwischen Emissär in den USA, hatte mit seiner Einschätzung der Attraktivität des Zionismus für einen Teil der jüdischen Mittelklasse in Mittel- und Osteuropa völlig recht: „Zwei Seelen wohnen in der Brust der jüdischen Bourgeoisie: eine strebt nach Profit, die andere nach politischer Macht ... Als politische Gruppe kann die jüdische Bourgeoisie nicht ohne die jüdischen Massen leben. Nur auf sie kann sie hoffen, ihre politische Vorherrschaft aufzubauen. Auch um eine mögliche Kontrolle über die arabischen Arbeiter auszuüben, braucht die jüdische Bourgeoisie das jüdische Proletariat, genau wie die europäischen Großmächte ihr nationales Proletariat brauchen, um ihre imperialistischen Pläne umsetzen zu können. Was die jüdische zionistische Bourgeoisie von den nichtzionistischen Angehörigen der gleichen Klasse unterscheidet, ist nur die Tatsache, [dass den Zionisten wohl bewusst ist, dass sie ihre Interessen als Klasse nur im Rahmen eines geeinten Volkes durchsetzen können und nicht länger als Individuen, wie die jüdischen Assimilationisten glaubten.]"[10]

---

9   *The Voices of Zionism* (Shahak Nachdruck), S.18.
10 Sereni, Enzo / Ashery, R. A.: *Jews and Arabs in Palestine: studies in a national and colonial problem*; New York; Hechalutz Press; 1936; S.282/283.

Antisemitismus galt nun als Hauptkraft des Zionismus, doch es gab außerdem noch andere, positive Beweggründe für die Errichtung eines zionistischen Mini-Staates. Moshe Beilenson, damals Herausgeber der Labour-Tageszeitung *Davar*, brachte einmal in naiver Weise diese Hoffnung auf ein Israel als Ort einer zukünftigen kapitalistischen Ausbeutung des Hinterlandes zum Ausdruck: „Große Perspektiven werden sich für den ‚Großen Zionismus' eröffnen, für den heute nur einige wenige von uns zu kämpfen bereit sind, einen jüdischen Staat in Palästina, der den Osten anführt ... Der auf dieser Basis errichtete jüdische Staat wird sowohl sozial als auch geistig mit Recht den Führertitel beanspruchen, den Titel, die Spitze der neuen Welt im Osten zu sein ..."

Er charakterisierte die Realitäten, die hinter seiner blühenden Rhetorik standen: „Welchen Wert hat unsere rassische Nähe zum arabischen Volk im Vergleich zum großen Unterschied zwischen uns in Ideen, im Leben und unserer Werteskala? In all diesen Dingen stehen wir den Europäern oder Amerikanern um viele Grade näher, trotz der vorhandenen ‚rassischen Unterschiede' ... Wir wollen Frieden mit den arabischen Bewohnern Palästinas ... ohne falsche Philanthropie und ohne den Vorwand von Missionierung. Nicht für irgendeinen revolutionären Ansatz zur Erweckung des Ostens, sei es nun ein ‚nationaler' Osten, ein ‚Klassen'-Osten oder ein ‚religiös spiritueller' Osten ... Nicht, um andere zu befreien, sind wir hierher gekommen, sondern um uns selbst zu befreien."[11]

Diese Theoretiker waren dabei, eine selbst erfüllende Prophezeiung zu schaffen. Durch ihr entschlossenes Reden von der unvermeidlichen Enteignung der europäischen Juden, der die Ausbeutung des jüdischen und des arabischen Proletariats folgen würde, haben diese selbsternannten Sozialisten nichts getan, um die Europäer zu mobilisieren und gleichzeitig alles, um den Zorn der Palästinenser auf sich zu ziehen.

---

11 Moshe Beilenson: *Problems of a Jewish-Arab Rapprochement*; In: Sereni, Enzo / Ashery, R. A.: *Jews and Arabs in Palestine*; S.193-195.

Die Bewunderung der Nazis für die Bemühungen der Zionisten in Palästina

Die Nazis hatten sich eigentlich mit der Teilung Palästinas abgefunden und ihre größte Sorge dabei galt dem Schicksal der 2.000 Deutschen, die zu diesem Zeitpunkt dort lebten. Unter ihnen waren einige katholische Mönche sowie einige Lutheraner, doch die meisten waren Templer, Angehörige einer Sekte von Pietisten aus dem 19. Jahrhundert. Sie lebten in sechs blühenden Kolonien, von denen vier in der zionistischen Enklave liegen würden. Egal wie sehr es die WZO vermeiden wollte, Berlin wegen der Templer, die inzwischen fast alle gute Nazis waren, zu verärgern, der Nazi-Partei vor Ort war klar, dass ein spontaner jüdischer Boykott nach der Teilung des Landes ihre Lage unmöglich machen würde. Das deutsche Außenministerium wollte die Kolonien lieber unter direkter britischer Kontrolle wissen oder, was weitaus realistischer war, die Templer in den arabischen Teil umsiedeln.

Die arabische öffentliche Meinung war zum überwiegenden Teil gegen eine Teilung, obwohl die Nashishibis – die Rivalen der dominanten Husseinis – einen kleineren jüdischen Staat durchaus akzeptiert hätten. Ihr halbherziger Widerstand gegen den britischen Vorschlag und ihre offensichtlich fehlende Bereitschaft, sich gegen die Teilung zu wehren, führte zusammen mit dem großen Hass auf die Husseinis zu einem heftigen Bürgerkrieg innerhalb der arabischen Gemeinschaft. Das einzige auswärtige Staatsoberhaupt, das es wagte, auch nur anzudeuten, die Teilung zu akzeptieren, war Abdullah von Transjordanien, dessen Emirat mit dem palästinensischen Teilstaat vereinigt werden sollte. Ibn Saud in Saudi-Arabien schwieg zu diesem Thema. Die regierenden Cliquen in Ägypten und dem Irak jammerten zwar öffentlich, doch eigentlich bestand ihre größte Sorge darin, dass eine Teilung ihr eigenes Volk zu einer allgemeinen Bewegung gegen sie selbst und gegen die Briten aufbringen könnte. Verständlicherweise waren die Deutschen durchaus nicht davon überzeugt, dass die Araber die Teilung würden verhindern können und als der Mufti am 15. Juli 1937 schließlich im deutschen Konsulat erschien, machte ihm Döhle keinerlei Angebot. Er informierte seine Vorgesetzten sofort über das Gespräch: „Der Großmufti unterstrich das arabische Verständnis für das neue Deutschland und verlieh der Hoffnung Ausdruck, dass Deutschland ebensoviel Verständnis für den Kampf der Araber gegen die Juden zeigen und diesen Kampf unterstützen würde." Döhles Reaktion auf dieses Angebot zur Zusammenarbeit war geradezu beleidigend. Er sagte dem Bittsteller, dass „es nie zur Debatte gestanden hätte, dass wir die Rolle des Vermittlers spielen. Ich fügte hinzu, dass es vielleicht im taktischen Interesse der Araber wäre, wenn das deutsche Verständnis für die arabischen Ziele in den deutschen Äußerungen nicht zu deutlich zum Ausdruck käme."[12]

Im Oktober wandten sich dann die Zionisten an die Nazis. Am 2. Oktober 1937 legte das Passagierschiff *Romania* in Haifa an mit zwei deutschen „Journalisten" an Bord. Herbert Hagen und sein jüngerer Kollege Eichmann gingen von Bord. (Die beiden SS-Männer waren nur als Journalisten getarnt, tatsächlich arbeiteten sie an einem Bericht für die SS über Palästina. Anm. d. Übers.) Sie trafen sich mit dem Gestapo-Agenten Reichert, der offiziell Korrespondent des *Deutschen Nachrichtenbüros* (DNB) in Jerusalem war, und später mit Feivel Polkes, der ihnen vom Berg Carmel aus Haifa zeigte und sie einlud, ein Kibbuz zu besuchen. Jahre später, während er sich in Argentinien versteckte, sprach Eichmann seine Geschichte auf Band und schwelgte dabei in Erinnerungen an die Erlebnisse während seines kurzen Besuchs in Palästina: „Ich habe genug gesehen, um sehr beeindruckt zu sein von der Art, wie die jüdischen Kolonisten ihr Land aufbauten. Ich bewunderte ihren verzweifelten Lebenswillen, und dies umso mehr, da ich selbst ein Idealist war. In den darauf folgenden Jahren habe ich oft zu den Juden, mit denen ich zu tun hatte, gesagt, dass, wäre ich selbst Jude gewesen, ich sicher ein fanatischer Zionist gewesen wäre. Etwas anderes hätte ich mir nicht vorstellen können. Tatsächlich wäre ich wohl der glühendste Zionist gewesen, den man sich vorstellen kann."[13]

Doch die beiden SS-Männer hatten einen Fehler gemacht, indem sie ihren Agenten vor Ort kontaktiert hatten. Der britische CID war auf Reicherts Ring aufmerksam geworden und wies die Besucher zwei Tage später kurzerhand nach Ägypten aus. Polkes folgte ihnen und es kam zu Gesprächen am 10. und 11. Oktober im Café Groppi in Kairo. In ihrem Bericht über ihre Expedition gaben Eichmann und Hagen die Worte Polkes' bei diesen Treffen sorgfältig wieder. Polkes sagte den beiden Nazis: „Man wolle auf jeden Fall den Judenstaat, und zwar so bald wie möglich, um den Strom der jüdischen Auswanderer nach Paläs-

---

12 *Documents on German Foreign Policy*, S.755/756.
13 Eichmann, Adolf: *Eichmann Tells His Own Damning Story*, *Life* (28. November 1960); S.22.

tina zu lenken. Wenn erst einmal der Judenstaat aufgrund der jetzigen Vorschläge des Peel-Berichtes mit den von England schon teilweise versprochenen Positionen errichtet worden sei, werde man schon die Grenzen nach Belieben verschieben können."[14] Er fuhr fort: „Über die radikale deutsche Judenpolitik zeige man sich in nationaljüdischen Kreisen sehr erfreut, weil damit der Bestand der jüdischen Bevölkerung in Palästina so vermehrt werde, dass in absehbarer Zeit mit einer Mehrheit der Juden gegenüber den Arabern in Palästina gerechnet werden könne."[15]

Während seines Besuches in Berlin im Februar hatte Polkes vorgeschlagen, dass die Mitglieder der *Haganah* als Spione für die Nazis arbeiten sollten und zeigte jetzt seinen guten Willen, indem er ihnen zwei interessante Geheiminformationen zukommen ließ. Er erzählte Hagen und Eichmann: „Der in Berlin sitzende Pan-Islamische Weltkongress e.V. soll laut Informationen Polkes in direkter Fühlungsnahme mit den beiden sowjetfreundlich eingestellten Araberführern Emir Shekib Arslan und Emir Adil Arslan stehen … Der in Deutschland besonders stark durchdringende illegale kommunistische Sender soll nach Polkes Angaben, auf einem Lastwagen montiert, längs der deutsch-luxemburgischen Grenze seine Sendetätigkeit ausüben."[16]

Als nächstes wandte sich der Mufti nochmals mit der Bitte um Unterstützung an die Deutschen. Diesmal schickte er seinen Vertreter Dr. Said Imam, der in Deutschland studiert hatte und lange im Kontakt mit dem deutschen Konsulat in Beirut stand, mit einem Angebot direkt nach Berlin. Wenn Deutschland bereit wäre, „die arabische Unabhängigkeitsbewegung ideologisch und materiell zu unterstützen", dann würde sich der Mufti erkenntlich zeigen, indem er „die nationalsozialistischen Ideen in der arabisch-islamischen Welt verbreiten und den Kommunismus bekämpfen würde, der sich unter Einsatz aller zur Verfügung stehenden Mittel langsam auszubreiten scheint". Außerdem schlug er vor, „die Terroranschläge in allen französischen Kolonien und Gebieten unter französischem Mandat, in denen Araber oder Mohammedaner leben, fortzusetzen". Für den Fall ihres Sieges schwor er, „nur deutsches Kapital und intellektuelle Ressourcen zu nutzen". All das

---

14 Polkehn, Klaus: *The Secret Contacts: Zionism and Nazi Germany 1933-41*; *Journal of Palestine Studies* (Frühjahr 1976); S.74.
15 Höhne: *Der Orden unter dem Totenkopf*; S.310.
16 Polkehn, Klaus: *The Secret Contacts*; *Journal of Palestine Studies* (1976); S.75.

war verbunden mit dem Versprechen, die semitischen und die arischen Rassen voneinander getrennt zu halten, eine Aufgabe, die vornehm mit „Erhaltung der und Respekt gegenüber den nationalen Überzeugungen beider Völker"[17] umschrieben wurde.

Palästina fand nun die intensive Beachtung praktisch jeder wichtigen Behörde des deutschen Staates oder der Partei-Bürokratie. Die Pro-Zionisten hatten immer noch schlagende Argumente, besonders die Wirtschaftsexperten, die in *Ha'avara* eine große Hilfe für die deutsche Industrie sahen. Die Kritiker der Beziehungen zwischen den Nazis und den Zionisten dagegen waren besorgt, dass der vorgesehene jüdische Teilstaat international anerkannt werden könnte und sahen darin eine Art jüdischen Vatikan, der den Deutschen wegen ihres Umgangs mit den Juden diplomatische Probleme verursachen könnte. Dies war auch das Hauptargument in Hagens und Eichmanns Bericht über ihre Reise nach Palästina. Schließlich lösten die Briten das Dilemma der Nazis. Sie hatten begonnen, über die Folgen der Errichtung eines zionistischen Teilstaates nachzudenken. Die Wahrscheinlichkeit eines Weltkrieges war hoch und die Schaffung eines zionistischen Staates würde die Araber mit absoluter Sicherheit in die Arme von Hitler treiben. Die Tatsache, dass auch ein Krieg mit den kampflustigen Japanern drohte, machte es enorm wichtig, die eigenen Truppen frei und ohne etwaigen Widerstand der Einheimischen durch den Nahen Osten bewegen zu können, sowohl auf dem Landweg, als auch über den Suez-Kanal. Deshalb wurde der Teilungsvorschlag der Peel-Kommission eilig begraben, und die Briten entschieden, dass der arabische Aufstand im Keim erstickt werden müsse, bevor die sich herausbildende Allianz der Achsenmächte davon profitieren könnte. So wurde der Aufstand von der britischen Armee gewaltsam niedergeschlagen und die zionistische Immigration, der Auslöser der Revolte, eingeschränkt.

Nun musste sich Hitler nicht länger um die mögliche Entstehung eines jüdischen Vatikans Sorgen machen, doch die Tatsache, dass die Briten die Errichtung eines solchen Staates vorgeschlagen hatten, führte dazu, dass man ernsthaft über eine derartige Möglichkeit in der Zukunft nachdenken musste. Die langfristigen militärischen Planungen der Deutschen führten dazu, dass die arabische Haltung ein Faktor in der deutschen Außenpolitik wurde. Viele deutsche Diplomaten verwiesen darauf, dass das *Ha'avara*-Abkommen letztlich zu der Errichtung eines

---

17 *Documents on German Foreign Policy*, S.779.

jüdischen Staates führen würde und die Meinung des Außenministeriums begann, sich gegen das Abkommen zu wenden; doch wurde es durch die Intervention von Otto von Hentig, eines Karrierediplomaten, der schon unter dem Kaiser und in der Weimarer Republik mit den Zionisten verhandelt hatte, letztlich gerettet. Nach Ansicht von Ernst Marcus, dem *Ha'avara*-Vertreter in Berlin, „schätzte" von Hentig „mit seiner tiefen Liebe zu seiner Nation und ihrem Geist ... die Triebkräfte des Zionismus als ein Element, das seinen eigenen Gefühlen sehr ähnlich war". Deshalb arbeitete er mit seinem zionistischen Partner zusammen und versuchte, „die bevorzugte Behandlung Palästinas" aufrechtzuerhalten. „Er wies mich an, geeignetes Material vorzubereiten, um zu beweisen, dass sowohl die Anzahl jüdischer Emigranten von Deutschland nach Palästina, als auch ihr finanzieller Beitrag zum Aufbau des jüdischen Staates viel zu klein wären, um einen entscheidenden Einfluss auf die Entwicklung des Landes auszuüben. Dementsprechend stellte ich ein Memorandum zusammen, das den Anteil polnischer Juden an der Aufbauarbeit in all ihren entscheidenden Phasen hervorhob, den finanziellen Beitrag der amerikanischen Juden beschrieb und es dem kleinen Anteil, der von den deutschen Juden geleistet wurde, gegenüberstellte."[18]

Von Hentig wusste, dass man Hitler persönlich davon überzeugen musste, den Zionismus zu unterstützen und dass man einen „günstigen Zeitpunkt" abpassen musste, einen Moment, in dem er lachte und gut gelaunt war. An einem Tag Anfang 1938 rief von Hentig mit guten Neuigkeiten an: „Der Führer hatte eine positive Entscheidung getroffen, und alle Hindernisse im Bezug auf die Emigration nach Palästina waren aus dem Weg geräumt."[19] Zunächst hatten die Nazis versucht, während des arabischen Aufstandes neutral zu bleiben. Am Coronation Day [Krönungstag von König George VI. in England] 1937 hissten alle Templer-Kolonien als Ausdruck der Verbundenheit mit Großbritannien die Hakenkreuzfahne, außerdem hatten die Templer strikte Anweisung, die britischen Truppen nicht mit der Nazi-Ideologie zu behelligen und sich nicht mit den Mosley-Anhängern einzulassen.[20]

---

18 Marcus, Ernst: *The German Foreign office and the Palestine Question in the Period 1933-39*; Yad Vashem Studies; Vol. XI; S.187/188, 191.
19 Ebenda; S.192/193.
20 Schmidt, H.D.: *The Nazi Party in Palestine and the Levant 1932-9*; International Affairs (London, Oktober 1952); S.466.

Doch Berlin erhielt den Druck aufrecht und während weiterhin jüdisches Kapital und jüdische Emigranten nach Palästina strömten, nahm Admiral Wilhelm Canaris, der Chef der militärischen Abwehr, 1938 den Mufti in seine Lohnliste auf. Der Mufti zeigte jedoch keinerlei Zeichen politischer und militärischer Kompetenz und so wurden die ohnehin nur unregelmäßigen Zahlungen schließlich eingestellt.[21] Militärische Nichteinmischung in den Arabischen Aufstand blieb bis zur Münchner Konferenz im September 1938 strikte Politik und Waffenlieferungen würden erst Ende 1938 vorbereitet. Um London nicht mit Drohungen gegen das Britische Empire zu verärgern, wurde die erste Lieferung über Saudi-Arabien kurzfristig gestoppt, weil die Deutschen herausfanden, dass der saudische Außenminister ein britischer Agent war.[22] Mit der abgesagten Waffenlieferung endete auch das deutsche Interesse am Arabischen Aufstand.

Das Scheitern der Zusammenarbeit zwischen dem Mufti und den Diktatoren

Der Mufti hatte durch seine Kollaboration mit Rom oder Berlin nichts gewonnen, weder damals noch zu einem späteren Zeitpunkt, und die beiden Diktatoren hätten auch eigentlich nichts für die palästinensischen Interessen tun können. Als sich der Mufti an die Nazis wandte, ermutigten diese gerade die deutschen Juden, nach Palästina auszuwandern; nicht einmal während all seiner Gespräche und Verhandlungen mit den Nazis in der Vorkriegszeit hat er vorgeschlagen, die Emigration als solche, die die Hauptquelle der neuen Stärke des Zionismus war, zu stoppen. Später, während des Zweiten Weltkriegs, brachten ihn sein Hass auf die Juden und sein Anti-Kommunismus dazu, nach Berlin zu fahren und sich dort gegen die Freilassung von Juden aus den Lagern auszusprechen, aus Furcht, sie kämen anschließend nach Palästina. Er unterstütze die Aufstellung muslimischer SS-Truppen gegen die Sowjets und die jugoslawischen Partisanen.

Der Mufti war ein unfähiger Reaktionär, der durch die Zionisten in den Antisemitismus getrieben worden war. Es war der Zionismus selbst, der durch seinen lautstarken Versuch, Palästina aus einem arabischen Land in einen jüdischen Staat zu verwandeln, um es später auch noch zur

---

21 Yisraeli: *The Third Reich and Palestine, Middle East Studies* (Mai 1971); S.349.
22 *Documents on German Foreign Policy*; S.811.

Ausbeutung des arabischen Volkes zu nutzen, palästinensische Judenfeindlichkeit erschuf. Rabbi Yitzhak Hutner von der *Aguda Yisrael* gab eine scharfsinnige Erklärung für die palästinensische Entwicklung: „Es sollte jedoch klar sein, dass, bis der große öffentliche Druck zur Errichtung eines jüdischen Staates einsetzte, der Mufti kein Interesse an den Juden von Warschau, Budapest oder Vilna hatte. Als die Juden wegen ihres bevorstehenden Einströmens ins Heilige Land für den Mufti zur Bedrohung wurden, wurde dieser dafür für sie zum *Malekh Hamoves* – der Inkarnation des Engels des Todes. Noch vor einigen Jahren war es ein Leichtes, alte Einwohner von *Yerushalayim* – Jerusalem – zu finden, die sich noch an die guten und freundschaftlichen Beziehungen erinnern konnten, die sie in den Jahren vor der drohenden Schaffung eines jüdischen Staates zum Mufti unterhalten hatten."[23]

Wenn die Kollaboration des Muftis mit den Diktatoren durch nichts zu rechtfertigen ist, so ist es erst recht völlig unmöglich, eine Entschuldigung für das Angebot der *Haganah* zu finden, als Spione für die Nazis zu arbeiten. Wenn man bedenkt, welchen Aufschrei der Entrüstung das Bekanntwerden des *Ha'avara*-Abkommens ausgelöst hat und welch servile Haltung die ZVfD stets einnahm, dann kann man mit einiger Wahrscheinlichkeit annehmen, dass ein nicht unbeträchtlicher Teil der Mitglieder die WZO verlassen hätte, wenn sie von diesem unglaublichen Verrat der *Haganah* erfahren hätten.

---

23 Hutner, Yitzhak: *Holocaust*; Jewish Observer (Oktober 1977); S.8.

9. Der Jüdische Weltkongress

Obwohl die WZO der ZVfD die Erlaubnis erteilt hatte, zu versuchen, die Nazis zu einer Zusammenarbeit zu überreden und die Führung der WZO nur zu gern bereit war, Hitlers Waren im Ausland zu verkaufen und sogar für ihn zu spionieren, wollten sie nicht, dass sich Bedrohung ausbreitete. Selbst der zionistischen Bewegung in Palästina war klar, dass es kaum dasselbe sein würde, Spenden von einem weltweit zerstörten Judentum zu erhalten, als nur für die Opfer in Deutschland allein zu sammeln. Da sie nicht bereit waren, Hitler selbst zu bekämpfen, aus Angst, er würde das *Ha'avara*-Abkommen aufkündigen und die ZVfD verbieten, wenn sie ihm Schwierigkeiten machte, träumten Sokolow und Weizmann von einer Großmacht-Koalition, die Hitler aufhalten würde, doch das war reine Phantasterei. Diejenigen in der von Goldmann und Wise geführten WZO, die kämpfen wollten, sahen sich stets zwei Präsidenten gegenüber, die entweder indifferent oder dagegen waren. Doch angesichts der wachsenden Macht Hitlers sah sich der militantere Teil veranlasst, einen Jüdischen Weltkongress (WJC) als jüdische Verteidigungsorganisation zu gründen.

Goldmann und Wise waren zutiefst überzeugte Zionisten. Goldmann war sogar dagegen gewesen, die Assimilationisten – und damit den größten Teil der Juden – überhaupt zu ihrer vorbereitenden Konferenz 1932 einzuladen.[1] Sie wollten auch nicht das Recht Weizmanns zur erneuten Übernahme der WZO-Präsidentschaft im Jahr 1935 in Frage stellen. Trotzdem war die WZO gegen die neue Initiative, da sie befürchtete, sie würde zu viele Kräfte von Palästina ablenken und zuviel Energie auf Belange des Weltjudentums verwenden. Im Februar 1934, ein Jahr nach Hitlers Machtübernahme, sprach sich Sokolow, damals noch Präsident der WZO, Berichten zufolge offen gegen den WJC aus: „Zweifel, ob es klug ist, den Jüdischen Weltkongress für Sommer diesen Jahres einzuberufen, äußerte Nahum Sokolow, Präsident der Zionistischen Weltorganisation ... Der Zionisten-Veteran betrachtet die Tatsache, dass auf der Jüdischen Konferenz in Genf letzten Sommer die Frage aufgeworfen wurde, ob Palästina Bestandteil des Programms des Jüdischen Weltkongresses sein soll oder nicht, als Hinweis auf Meinungsverschiedenheiten und Parteikämpfe, die bei der Konferenz auf-

---

1 Shafir, Shlomo: *American Jewish Leaders and the Emerging Nazi Threat (1928-1933)*; *American Jewish Archives* (November 1979); S.175.

tauchen könnten ... Sokolow legte einen Alternativplan vor, nach dem jüdische Institutionen aufgerufen wären, eine jüdische Verteidigungsorganisation zu gründen. Sokolow glaubt, die Ausführung wohldurchdachter und sorgfältig formulierter Pläne einer solchen Institution, die alle jüdischen Gruppen mit Ausnahme der bekennenden Assimilationisten umfassen würde, könnte sehr nützlich sein."[2]

Sokolow versuchte, Zeit zu schinden, weil er Angst davor hatte, dass ein großer Jüdischer Weltkongress sicher das *Ha'avara*-Abkommen angreifen würde. Stephen Wise erwiderte das Feuer: „Man hat uns gewarnt, dass es keine Unterstützung mehr geben würde, wenn die [Genfer] Konferenz eine Resolution gegen das Transfer-Abkommen zwischen Palästina und Deutschland verabschieden sollte. Ich fürchte diese Drohung nicht. Das jüdische Volk ist bereit, die Führung durch Eretz Israel zu akzeptieren, nicht aber Befehle oder Drohungen, wenn sie den Interessen aller Juden entgegenstehen."[3]

Der Konflikt war für Wise sehr schmerzlich, hatte er doch einst ähnlich gedacht wie Sokolow, doch obwohl er Palästina immer noch als positivste Seite jüdischen Lebens sah, konnte er doch den Zionismus nicht so weit über die Gefahr stellen, von der die europäischen Juden bedroht waren. „Ich weiß sehr wohl, dass einige Zionisten sagen werden: Mich interessiert nur Eretz Israel. Ich war einer der Ersten, die das Wort ‚Priorität' vor einigen Jahren benutzten. Doch ich musste das Wort ‚Priorität' zurücknehmen, als ich den Mut hatte zu sagen, dass obwohl Palästina den ersten Platz in den jüdischen Hoffnungen einnimmt, ich als Jude der *Galuth* nicht gleichgültig gegenüber stehen kann ... Wenn ich wählen müsste zwischen Eretz Israel und seinem Aufbau und der Verteidigung des *Galuth*, dann müsste meiner Ansicht nach die *Galuth* zurückstehen. Doch schließlich ist es ja so, dass, je mehr man die *Galuth* rettet, man umso mehr letztlich für Eretz Israel tut."[4]

Die Bewegung des WJC wurde trotz Sokolows Opposition immer stärker. Der Druck der Nazis war zu groß und die Basis wollte, dass ihre Bewegung etwas unternähme und als Wise auf dem Zionistischen Weltkongress 1935 schließlich – wenn auch nur widerwillig

---

2 *Doubt Wisdom of Convening World Congress*; Jewish Daily Bulletin (11. 2. 1934); S.1 u. 12.
3 *Jewish World Conference*; South African Ivri (September 1934); S.1.
4 *Rabbi Wise*; New Palestine (14. Februar 1934); S.5-7.

– das *Ha'avara*-Abkommen billigte, erhielt die Idee zur Gründung des Jüdischen Weltkongresses den formalen Segen der WZO. Trotzdem stieß der WJC nie auf große Begeisterung innerhalb der WZO. Der Chicagoer *Jewish Chronicle*, selbst ein Gegner der Bewegung des WJC, beschrieb sogar noch im Mai 1936, nachdem das Dritte Reich schon seit fast dreieinhalb Jahren bestand, akkurat das Fehlen eines ernsthaften Interesses an der Idee einer Verteidigungsorganisation: „Einzelne Führer der *Mizrachi* und der *Jewish State Party* glauben nicht an den Kongress und haben auch keinerlei Interesse daran ... Hadassah ist nicht begeistert davon, und eine Abstimmung der Mitglieder des Exekutivkomitees der Zionistischen Organisation von Amerika zeigte, ... dass die übergroße Mehrheit gegen den Kongress ist."[5]

Trotz der Feindseligkeiten des rechten Flügels musste der WJC gegründet werden. Es war die Zeit der Volksfront; die Sozialdemokraten und die Kommunisten hatten endlich die Notwendigkeit der Einheit gegen den Faschismus angesichts des Desasters begriffen und die Zionisten mussten eine „jüdische" Entsprechung schaffen, sonst würden sie ihre wenigen Anhänger unter den jüdischen Arbeitern, besonders in Polen, die stark von den Ideen der Volksfront beeinflusst waren, verlieren. Die Unterstützung der Arbeiterzionisten für Wise und Goldmann reichte aus, um den rechten Flügel zu bezwingen, doch paradoxerweise wurde der WJC genau in dem Moment zum Scheitern verurteilt, als er plötzlich drohte, zu einer echten Volksfront zu werden.

„Konzentrieren sich allein auf den antifaschistischen Widerstand"

Die *Kommunistische Partei der USA* (CPUSA) entschied sich dafür, den Jüdischen Weltkongress zu unterstützen, da ihre Führer der Ansicht waren, wenn sie erst einmal in der Bewegung wären, könnten sie die ehrlichen Zionisten unter den Mitgliedern schnell davon überzeugen, sich auf die Bedrohung durch die Nazis zu konzentrieren statt auf Palästina. Doch für Wise kam es gar nicht in Frage, die pro-arabische CPUSA aufzunehmen. Der Kampf gegen Hitler war zwar wichtig, aber Palästina und der Zionismus waren entschieden bedeutender. Sein *Congress Bulletin* sprach sich klar gegen eine Aufnahme der Kommunisten aus: „Obwohl der Kampf gegen den Antisemitismus

---

5 *Foredoomed to Fail*; *Chicago Jewish Chronicle* (1. Mai 1936); S.8.

und den Faschismus notwendigerweise einer der wichtigsten Punkte im Programm des Kongresses sein wird, ... werden die Probleme, mit denen sich der Kongress befassen wird, ... auch den Aufbau Palästinas und den Kampf um religiöse und kulturelle Freiheit der Juden in allen Ländern mit einschließen ... Die Anweisungen, denen folgend die amerikanischen jüdischen Kommunisten versuchen, ihren Weg in alle koordinierten jüdischen Bemühungen zu finden, konzentrieren sich allein auf den antifaschistischen Widerstand ... Die *Morning Freiheit* könnte sich leicht die Mühe sparen, auch nur über eine Teilnahme der jüdischen Kommunisten nachzudenken."[6]

Der Gründungskongress des Jüdischen Weltkongresses fand schließlich im August 1936 in Genf statt. In der Hoffnung, in letzter Minute doch noch aufgenommen zu werden, war auch eine pro-kommunistische amerikanische Delegation angereist, jedoch vergebens. Die Versammlung verabschiedete eine Boykott-Resolution gegen die Nazis, aber es gab nie ernsthafte Bemühungen, sie umzusetzen. Louis Lipsky, Weizmanns treuer Vertreter in den USA und Präsident der zionistischen Organisation von Amerika, hatte nur widerwillig dem Stattfinden des Kongresses zugestimmt, denn wirklich etwas gegen Hitler zu unternehmen, konnten er und seine Gefolgsleute sich nicht vorstellen. Ein Korrespondent der *World Jewry* beschrieb, wie Lipsky die eine konkrete Maßnahme, die der Kongress gegen Hitler plante, abschmetterte: „Die allgemeine Boykott-Resolution ... wurde einstimmig angenommen, ... doch als es um die Frage der praktischen Umsetzung der Resolution ging, machte sich die Opposition bemerkbar. Die Kommission hatte eine Resolution entworfen, die die Schaffung einer besonderen Abteilung für Boykottarbeit vorsah ... Dagegen sprachen sich gewisse amerikanische Delegierte unter Führung von Louis Lipsky deutlich aus ... Es ist klar, dass die Verantwortlichen nicht begeistert sind von dem Vorschlag und ich wage zu bezweifeln, ob sie ihn wirklich praktisch umsetzen wollen."

Der Beobachter beschrieb den Kongress weiter als „verwirrt in Bezug auf seine Möglichkeiten und ohne jene echte Führung, die ihn zu einem wahren Wendepunkt in der jüdischen Geschichte hätte machen können".[7]

---

6 *Communists Take Note*, *Congress Bulletin* (13. März 1936); S.2.
7 *Was the Congress Worthwhile?*, *World Jewry* (21. August 1936); S.67.

Diese düstere Darstellung der Zeitung war absolut berechtigt. Dies war hauptsächlich ein Konklave professioneller zionistischer Führer. Und sie waren kaum die Leute, die einen ernsthaften Boykott organisiert oder ernsthaft irgendetwas anderes gegen Hitler unternommen hätten. Ohne eine Vereinigung sowohl mit den assimilatorischen Juden, einschließlich der Kommunisten unter ihnen, als auch mit den nicht-jüdischen Gegnern der Nazis konnten sie nie etwas gegen die Nazis ausrichten, weder durch einen Boykott noch auf andere Art und Weise. Ihre Weigerung zur Zusammenarbeit mit den Kommunisten lag jedoch nicht in der Feindschaft zum Regime in der Sowjetunion begründet. Obwohl der Zionismus dort verboten war und die hebräische Sprache als dem echten Leben der jüdischen Massen fremd galt, betrachtete keiner von ihnen die Sowjetunion als antisemitisch, ganz im Gegenteil. Als Stephen Wise gebeten wurde, sich der John-Dewey-Kommission anzuschließen, die Stalins Vorwürfe untersuchte, Trotzki sei ein Spion der Nazis, lehnte er ab. Trotzki hatte Stalin einen Antisemiten genannt und dies war nach Ansicht von Wise so offensichtlich unwahr, dass es alles andere, was Trotzki gesagt hatte, ebenso unglaubwürdig machte. Es gibt keinen Zweifel daran, dass Wise und seine Leute davon überzeugt waren, dass es Krieg geben würde und sie wollten die USA, Großbritannien und die Sowjetunion im Kampf gegen Hitler als eine Front sehen. Sie glaubten nicht, dass die Massen Hitler aufhalten könnten und im Einklang mit ihrer Einstellung, dass die herrschenden Klassen die Judenfrage lösen würden, sahen sie eine Allianz der Großmächte als einzig wirksame Waffe gegen Hitler. Trotz ihres Enthusiasmus' für eine Allianz zwischen ihren Gönnern aus der herrschenden Klasse und Stalin, waren die Mitglieder des *American Jewish Congress* keine Radikalen in Wirtschaftsfragen und wollten auf keinen Fall etwas mit ihrer eigenen Kommunistischen Partei zu tun haben. Durch diese Tatsache und die pro-arabische Einstellung der Kommunisten war ein Zusammenschluss mit der CPUSA von Anfang an ausgeschlossen. Der fehlende politische Realitätssinn innerhalb des Jüdischen Weltkongresses rührte daher, dass auch der Zionismus nur am Rande am wirklichen Leben der Juden teilnahm. Je mehr sich die Zionisten für das ferne Palästina engagierten, desto weniger beschäftigten sie sich mit den wirklichen Problemen der jüdischen Massen. Als es nötig gewesen wäre, die Massen auf die Straße zu bringen, hatte der WJC weder das Bedürfnis noch die Erfahrung dazu und sie waren auch nicht bereit, es zu lernen.

Zwischen dem Jüdischen Weltkongress von 1936 und dem Hitler-Stalin-Pakt stieg die Anzahl der Mitglieder der CPUSA auf 90.000 an und die Partei hatte mehr als eine Million Anhänger in den Gewerkschaften. Sie wurde politisch bedeutender als Wises *American Jewish Congress* oder die Zionistische Bewegung von Amerika. Sicherlich gab es große Unterschiede zwischen den Kommunisten und den Zionisten. Jede der beiden Gruppen arbeitete innerhalb enger Grenzen und natürlich hätte es mehr als einen Boykott gebraucht, um Hitler zu besiegen. Doch es gibt keinen Zweifel, dass eine Allianz der beiden Kräfte die Juden in Amerika aufgerüttelt hätte und sicher hätten sich ihnen auch viele nicht-jüdische Gegner der Nazis angeschlossen. Ob eine solche Koalition etwas bewirkt hätte, sei dahingestellt, doch die Weigerung des WJC, die Kommunistische Partei aufzunehmen, hat den jüdischen Kampf gegen Hitler stark geschwächt. Und so wurde die dringend benötigte geeinte jüdische Front ein weiteres tragisches Opfer des Zionismus.

10. Der zionistische Revisionismus und der italienische Faschismus

Als Menachem Begin 1977, nachdem er sein ganzes Leben in der Opposition der zionistischen Bewegung verbracht hatte, plötzlich an die Macht kam, führte das natürlich zu einem erhöhten Interesse an seiner persönlichen Entwicklung und seiner Karriere. Doch trotz all des Ruhmes und der Macht sah Begin selbst sich immer noch als bloßen Schüler Wladimir Jabotinskys, des Gründers seiner politischen Strömung, und des Mannes, den er persönlich für den größten Juden seit Herzl hielt.

Als Schöpfer der Jüdischen Legion und der *Haganah* (Verteidigung) ist Jabotinsky der erklärte Held der Revisionisten[1]. Doch bei seinem Tod im August 1940 in den New Yorker Catskills war er der am meisten geschmähte Ideologe der jüdischen politischen Welt. Ein typisches Beispiel für seinen politischen Stil war der außerordentliche Ukrainische Pakt, den er im August 1921 in einem Hotelzimmer in Prag schloss. Er war aus Anlass des Zionistischen Weltkongresses nach Prag gereist, traf dort in seinem Hotelzimmer seinen alten Freund Maxim Slawinsky, Simon Petljuras Botschafter. Das Regime in der Ukraine war zusammengebrochen. Petljura[2], der zwischen dem polnischen Imperialismus und dem Bolschewismus wählen musste, hatte den Polen Teile der Ukraine zugesagt im Austausch für Waffen gegen die Rote Armee. Doch auch dies nützte nichts und so mussten die Überreste seiner Armee schließlich ins polnisch besetzte Galizien fliehen. Slawinsky erzählte Jabotinsky von dem neuesten Plan: Die übrig gebliebenen 15.000 Mann würden 1922 die sowjetische Ukraine angreifen. Der Botschafter der für ihre Pogrome berüchtigten Petljura-Regierung und der Schöpfer der *Haganah* arbeiteten dann ein geheimes Abkommen aus. Jabotinsky versprach eigenmächtig und ohne vorherige Rücksprache mit der WZO, innerhalb der Bewegung an der Gründung einer zionistischen Polizei zu arbeiten, die Petljuras Truppen bei ihrem

---

1 Der Revisionismus steht für einen starren ideologischen Fundamentalismus. Die Revisionisten wollten in kürzester Zeit eine maximale Anzahl an Juden nach Palästina bringen. Ihre Territorialforderungen beruhen auf einer radikalen, nationalistischen Konzeption. Die Revisionisten gelten als die ideologischen Urväter des heutigen *Likud-Partei*. Der Likud sieht den Anspruch des jüdischen Volkes auf das Land Israel als ewiges Recht an.

2 Simon Petljura ist ukrainischer Nationalist und gründete 1905 die *Arbeiterpartei der Ukraine*. Petljura war ein sozialistischer Militärdiktator, der einen „nationalen Sozialismus" anstrebte. Er veranstaltete in der gesamten Ukraine antisemitische Pogrome.

Überfall unterstützen würde. Sie sollte sich nicht direkt an den Kämpfen gegen die Rote Armee beteiligen, sondern die Juden in den Städten bewachen, die von den Soldaten eingenommen worden waren, mit denen sie in die Region kamen.

Der Pakt wurde von den Ukrainern öffentlich gemacht, um zu zeigen, dass sie ihre Taktik geändert hätten. Die WZO war schockiert und Jabotinsky musste sich vor den anderen Juden rechtfertigen, die die Vorstellung einer Verbindung mit diesem bekannten Mörder nicht ertragen konnten. Der Angriff der Truppen von Petljura fand letztlich nie statt. Frankreich zog seine Unterstützung zurück und die Nationalisten fielen auseinander. Die Juden teilten sich in jene, die Jabotinsky für einen Narren und jene, die ihn für einen Schurken hielten. Überall benutzten die Kommunisten den Pakt, um den Zionismus bei den Juden zu diskreditieren, doch Jabotinsky blieb uneinsichtig. Er hätte das gleiche für die Anhänger von Lenin getan, wenn sie ihn nur gefragt hätten: „Eine jüdische Polizei mit der Weißen Armee, eine jüdische Polizei mit der Roten Armee, eine jüdische Polizei mit der Lila oder Grünen Armee, wenn es sie gäbe; lasst sie ihre Streitigkeiten austragen, während wir die Städte schützen und dafür sorgen, dass die jüdische Bevölkerung nicht belästigt wird."[3]

Die Vertreter der *Poale Zion* forderten eine Untersuchung und behaupteten, das Abkommen habe die Legalität ihrer eigenen, in der Sowjetunion gerade eben tolerierten Organisation gefährdet, doch Jabotinsky war inzwischen zu einer siebenmonatigen Vortragsreise in die USA gereist und so konnte die Untersuchung frühestens für den 18. Januar 1923 anberaumt werden. Die Anhörung fand letztlich nie statt, da Jabotinsky am Vorabend der Anhörung plötzlich aus der WZO austrat. Er hat stets behauptet, sein Austritt hätte nichts mit der bevorstehenden Befragung zu tun gehabt und darauf bestanden, dass er wegen eines Streits bezüglich der Beziehungen zu Großbritannien ausgetreten sei. Aber das glaubte ihm kaum jemand. Er trat kurze Zeit später wieder ein, doch seine Gegner sahen keinen Sinn darin, die Sache weiterhin zu verfolgen, da er keine offizielle Funktion innerhalb der Bewegung mehr bekleidete. Als er anfing, seine neue Strömung innerhalb der Bewegung zu organisieren, begannen die Angriffe erneut und er musste sich sein Leben lang immer wieder für diese Eskapade

---

3 Schechtman, Joseph: *The Jabotinsky-Slawinsky Agreement*; Jewish Social Studies (Oktober 1955); S.297.

rechtfertigen. Doch während seiner gesamten Karriere war Jabotinsky immer für seine herrische und verächtliche Art gegenüber seinen Kritikern bekannt und so teilte er der feindseligen Welt mit: „Wenn ich einmal sterbe, können Sie in meinem Nachruf schreiben: Dies ist der Mann, der den Pakt mit Petljura geschlossen hat."[4]

„Wir wollen ein jüdisches Reich"

Jabotinsky kehrte 1923 als ultrarechter Gegner der Führung in die inzwischen sehr vorsichtig gewordene WZO zurück, entschlossen, ihre Haltung zu „revidieren". Er griff Weizmann an, weil dieser nicht gefordert hatte, die Jüdische Legion neu zu konstituieren. Er hatte auch zusehen müssen, wie Churchill Transjordanien von der jüdischen „Heimstätte" in Palästina abtrennte und als die WZO widerwillig Churchills Entscheidung zustimmte, hatte er nur aus einer Art Parteidisziplin heraus nichts gesagt. Doch nun wurde die Behauptung, dass Jordanien ewig jüdisch sei, zur fixen Idee seines neuen Programms. So heißt es in *Shtei Gadot*, dem Lied, das noch heute am meisten mit der revisionistischen Bewegung in Verbindung gebracht wird: „Eine Seite des Jordan gehört uns – und die andere auch."

Jabotinsky teilte nie die naive Vorstellung, die Palästinenser würden eines Tages eine Fremdherrschaft in ihrem Land akzeptieren. Zur einer Zeit, da Ben-Gurion und seine Freunde noch immer annahmen, sie könnten die palästinensischen Massen davon überzeugen, dass es in ihrem eigenen Interesse wäre, den Zionismus zu akzeptieren, stellte Jabotinsky in dem 1923 geschriebenen Artikel Die Eiserne Wand (Wir und die Araber) seine eigene knallharte These auf:
„Die zionistische Kolonisation muss man entweder einstellen oder sie gegen den Willen der einheimischen Bevölkerung weiterführen. Sie kann daher nur unter dem Schutze einer von der einheimischen Bevölkerung unabhängigen Macht - einer eisernen Wand -, die die einheimische Bevölkerung nicht durchbrechen kann, weiter geführt und entwickelt werden. Darin besteht unsere ganze arabische Politik. ... Von einer freiwilligen Versöhnung der palästinensischen Araber mit uns kann keine Rede sein: Weder jetzt noch in absehbarer Zukunft."[5]

---

4 Ebenda; S.306.
5 Liebenstein, Elieser: *Wo steht der Revisionismus*; herausgeg. von der ZVfD; Berlin; 1934; S. 4.

Für die Zionistenführer, die öffentlich den Frieden beschworen und trotzdem forderten, dass die britische Armee sie schütze, und für ihre Hoffnung auf einen arabischen Führer, der mit ihnen über die Köpfe der Palästinenser hinweg verhandeln und sie den Einheimischen mit dem arabischen Bajonett aufzwingen würde (der bevorzugte Kandidat damals war Faisal, der König des Irak), hatte Jabotinsky nur Spott und Hohn übrig. Er wiederholte immer wieder, dass es nur eine Möglichkeit zur Errichtung eines zionistischen Staates geben könne: „Wenn man ein Land kolonisieren will, das bereits bewohnt ist, muss man eine Garnison für das Land aufbauen oder einen ‚reichen Mann' oder Wohltäter finden, der die Garnison für einen zur Verfügung stellt. Sonst – ja, sonst muss man seine Kolonisationspläne aufgeben, denn ohne Streitkräfte, die jeden Versuch, diese Kolonisierung zu stören oder zu verhindern, undurchführbar machen, ist eine solche Kolonisierung unmöglich, nicht ‚schwierig', nicht ‚gefährlich', sondern UNMÖGLICH! ... Der Zionismus ist ein Kolonisierungsabenteuer und so steht und fällt er mit der Frage der Streitkräfte. Es ist wichtig, ... Hebräisch zu sprechen, doch leider ist es noch wichtiger, schießen zu können – sonst ist das Kolonisationsspiel schnell vorbei."[6]

Jabotinsky war klar, dass zu dieser Zeit die Zionisten noch zu schwach waren, um die Araber ohne die Hilfe der Briten in Schach zu halten und so bekräftigten die Revisionisten offen ihre Loyalität zum Empire. 1930 verkündete Abba Achimeir, der Ideologe des palästinensischen Zweigs der Revisionisten, ihr Interesse läge „in einer noch größeren Ausdehnung des britischen Empires als von den Briten selbst geplant"[7]. Jedoch hatten die Revisionisten nicht die Absicht, sich länger als unbedingt nötig hinter den Briten zu verstecken. 1935 traf ein jüdischer kommunistischer Journalist Jabotinsky auf einem Ozeandampfer auf dem Weg in die Vereinigten Staaten und überredete ihn, ihm ein Interview zu geben. Robert Gessners Artikel in der Zeitschrift *New Masses* wurde im jüdischen Amerika heiß diskutiert. Er erklärte, er würde offen reden, so dass die Ideen des Revisionismus klar würden ... „Revisionismus", begann er, „ist naiv, brutal und primitiv. Er ist wild. Gehen Sie auf die Straße und nehmen sie einen beliebigen Menschen – einen Chinesen – und fragen Sie ihn, was er will, und er wird sagen: ‚Einhundert Prozent von allem.' Genauso sind wir. Wir wollen

---

6 Jabotinsky, Vladimir: *The Iron Law*; *Selected Writings* (Südafrika, 1962); S.26.
7 Shavit, Yaacov: *The Attitudes of the Revisionists to the Arab Nationalist Movement*; Forum on the Jewish People, Zionism and Israel (Frühjahr 1978); S.102.

ein jüdisches Reich. Genauso, wie es das italienische oder das französische im Mittelmeer gibt, wollen wir ein jüdisches Reich."[8]

„Er hatte einen Blick auf das große Geheimnis der politisch orientierten Völker erhascht"

Trotz der Begeisterung seiner Anhänger für das Britische Empire musste sich der Revisionismus schließlich nach einem neuen imperialen Beschützer umsehen. Großbritannien war nicht bereit, mehr zu tun, als die Zionisten zu beschützen und auch das nicht besonders effektiv, und die Zionisten mussten Land kaufen, Zentimeter für Zentimeter. Auch konnte niemand ernsthaft glauben, dass die Briten den Zionisten jemals Transjordanien geben würden. Deshalb sahen sich die Revisionisten nach einer neuen Mandatsmacht um, die sich einer härteren Politik gegenüber den Arabern verpflichtet fühlte und deshalb bereit wäre, den Aufbau eines zionistischen Festungsstaates zu unterstützen. Italien schien die offensichtliche Antwort zu sein, nicht wegen einer besonderen Sympathie für den Faschismus, sondern wegen der eigenen imperialen Ziele Italiens. Jabotinsky hatte in Italien studiert, liebte die alte liberal-aristokratische Ordnung dort. Er betrachtete sich selbst als den jüdischen Mazzini, Cavour und Garibaldi in einem und er sah in den liberalen Traditionen, die Mussolini ausdrücklich zurückwies, nichts Falsches. Tatsächlich machte er sich über den Faschismus lustig. 1926 schrieb er: „Es gibt heute ein Land, in dem ‚Programme' durch das Wort eines einzigen Mannes ersetzt worden sind ... Italien; das System heißt Faschismus: Um ihrem Propheten einen Titel zu geben, mussten sie ein neues Wort prägen – ‚Duce' – eine Übersetzung des absurdesten aller englischen Wörter – ‚leader' (Führer). Büffel folgen einem Führer. Zivilisierte Menschen haben keine Führer."[9]

Doch trotz seiner Toleranz erinnerte Jabotinskys eigener Stil stark an den Militarismus von Mussolini und Hitler. Seine Erzählung *Samson*, die 1926 veröffentlicht wurde, ist bis heute einer der Klassiker totalitärer Literatur: „Eines Tages war er in Gaza bei einem Tempelfest zugegen. Auf dem Platz vor dem Tempel hatten sich zu festlichem Tanz Jünglinge und Mädchen versammelt ... Ein bartloser Priester leitete den Tanz; er stand auf der obersten Tempelstufe und hielt ein Stäbchen

---

8 Gessner, Robert: *Brown Shirts in Zion*; *New Masses* (19. Februar 1935); S.11.
9 Jabotinsky, Wladimir: *Jewish Fascism*; *The Zionist* (London, 25. Juni 1926); S.26.

aus Elfenbein in der Hand. Als die Musik begann, erstarrte alles ... auch die ungeheure Menge ringsum ... Der bartlose Priester erbleichte und versenkte seine Augen in die Augen der Tänzer und sie die ihren in die seinen; er wurde immer blasser – die ganze zurückgehaltene Inbrunst dieser Tausende schien sich in seiner Brust zu verdichten, bis sie ihn zu ersticken drohte. Simson fühlte selbst, wie das Blut zu seinem Herzen strömte, dass er hätte ersticken müssen, wenn dies noch einige Augenblicke andauerte. Plötzlich hob der Priester schnell, fast unauffällig, das Stäbchen, und alle die weißen Gestalten auf dem Platz sanken aufs linke Knie nieder und warfen den rechten Arm zum Himmel empor – mit einer einzigen Bewegung, mit einem einzigen abgerissenen, rauschenden Akkord. Der nach Zehntausenden zählenden Menge entrang sich ein Seufzen oder Stöhnen. Simson wankte und merkte, dass er Blut auf den Lippen hatte – so fest hatte er sie vorhin zusammengepresst. ... Aber Simson verließ das Fest in tiefer Nachdenklichkeit. Er hätte seinen Gedanken keinen Ausdruck zu verleihen vermocht, doch hatte er die unklare Empfindung, dass man ihm hier, in diesem Bilde eines einzigen Willens, dem Tausende gehorchten, das wichtigste Geheimnis der staatenbildenden Völker gezeigt hatte."[10]

Der Wunsch nach einem entschlosseneren Beschützer ließ Jabotinskys Abneigung gegen Italiens inneres Regime schnell in den Hintergrund treten und viele seiner Anhänger hatten nie irgendwelche Probleme mit dem internen Stil der Faschisten. Mitte der 20er Jahre hatte er einige ehemalige Arbeiterzionisten angelockt, die sich heftig gegen ihre ehemaligen Mitstreiter wandten und deren Held nun Mussolini war. Auf der Fünften Weltkonferenz der Revisionisten im August 1932 schlugen Abba Achimeir und Wolfgang von Weisl, die Führer der Revisionisten in Palästina, Jabotinsky als *Duce* ihrer eigenen Fraktion innerhalb der WZO vor. Er lehnte dies durchweg ab, doch jeder Widerspruch zwischen ihm und der zunehmend pro-faschistischen Basis wurde gelöst, indem er sich ihnen stärker annäherte. Ohne seine frühere liberale Rhetorik aufzugeben, verband er Mussolinis Konzepte mit seiner eigenen Ideologie und kritisierte seine Anhänger nur selten öffentlich für Übergriffe in faschistischem Stil, er verteidigte sie sogar gegen die Arbeiterzionisten und Briten. Es wurde behauptet, dass der Revisionismus als solcher nicht faschistisch war, da es unter den Mitgliedern deutliche Unterschiede gab und da Entscheidungen durch Abstimmungen

---

10 Jabotinsky, Wladimir: *Philister über Dir, Simson!*; Erich Lichtenstein Verlag; Weimar; 1930; S. 216ff.

auf Zusammenkünften getroffen wurden oder durch ein Plebiszit. In Wahrheit kann man sich kaum vorstellen, wie noch undemokratischer die Bewegung hätte sein können, es sei denn, ohne formell eine echte faschistische Gruppierung zu werden. 1932/1933 hatte Jabotinsky entschieden, dass es für die Revisionisten an der Zeit war, die WZO zu verlassen, doch die meisten Mitglieder der Exekutive ihrer Weltunion waren dagegen, da sie nicht sahen, welchen Vorteil eine Abspaltung bringen sollte. Er beendete die Debatte unvermittelt, indem er die Bewegung willkürlich unter seine persönliche Kontrolle brachte und die Mitglieder in einem Plebiszit vor die Wahl zwischen ihm und der von ihm abgesetzten Exekutive stellte. Ein Brief vom Dezember 1932 zeigt klar, dass er sehr wohl wusste, in welche Richtung er die Organisation führte: „Offenbar ist die Zeit gekommen, da die Bewegung einen einzelnen obersten Lenker, einen ‚Führer' braucht, obwohl ich das Wort immer noch hasse. Also gut, wenn sie einen braucht, dann wird es einen geben."[11]

Jabotinsky wusste, dass er die Abstimmung nicht verlieren konnte; für Zehntausende junger *Betar*-Braunhemden verkörperte er den Militarismus, wie sie ihn sich gegen eine Exekutive derselben vornehmen Bourgeoisie wie die Weizmann-Clique wünschten. Die *Betar*-Jugendgruppe war immer der zentrale Bestandteil des Revisionismus der Diaspora. Die halboffizielle *History of the Revisionist Movement* erklärt, dass nach einer Diskussion darüber, ob man eine demokratische Basis schaffen solle, die Entscheidung zugunsten einer „hierarchischen Struktur militärischen Typs"[12] fiel. In seiner klassischen Form wählten die *Betar* ihren *Rosh Betar* (Obersten *Betar*) – die Wahl fiel stets auf Jabotinsky – mit einer Dreiviertelmehrheit. Er wählte die Anführer der nationalen Einheiten aus, die ihrerseits die nächst niederen Führer wählten. Opposition war erlaubt, doch nachdem die Bewegung in den frühen 30er Jahren von allen gemäßigten Elementen gesäubert worden war, waren die einzigen ernsthaften internen Kritiker diverse „Maximalisten", Extremisten, die sich verschiedentlich darüber beklagten, Jabotinsky sei nicht faschistisch genug oder zu pro-britisch oder zu wenig anti-arabisch. Wenn also der Durchschnitts-*Betari* sein Braunhemd anzog, so muss man ihm nachsehen, dass er glaubte, er gehöre einer faschistischen Bewegung an und Jabotinsky sei sein *Duce*.

---

11 Schechtmann, Joseph: *The Vladimir Jabotinsky story; I: Rebel and statesman; The early years. – I: Fighter and prophet. The last years*; New York; 1956-1961; S.165.

12 Schechtmann, Joseph / Benari, Yehuda: *History of Revisionist Movement*; I: 1925-1930; Tel Aviv; Hadar; 1970; S.338.

Der jüdische Mittelstand – die einzige Quelle unseres konstruktiven Kapitals

Von Beginn an sahen die Revisionisten ihre Klientel im Mittelstand und diese hassten traditionell die Linken. 1933 schrieb ein junger Mann an Jabotinsky und fragte ihn, warum er ein so glühender Gegner des Marxismus geworden war. Jabotinsky schrieb daraufhin einen bemerkenswerten Artikel, *Zionism and Communism*, in dem er die absolute Unvereinbarkeit der beiden erklärte. Was das Judentum anging, so „strebt der Kommunismus danach, die einzige Quelle unseres konstruktiven Kapitals auszulöschen – den jüdischen Mittelstand –, weil ihre Basis unsere Wurzel ist, und sein Prinzip ist der Klassenkampf gegen die Bourgeoisie." In Palästina bedeutete der Marxismus per Definition das genaue Gegenteil des Zionismus: „Das Wesen des Kommunismus besteht darin, durch Agitation die Völker des Ostens gegen die europäische Vorherrschaft aufzuwiegeln. Diese Vorherrschaft ist in seinen Augen ‚imperialistisch' und ausbeuterisch. Ich denke da anders und glaube, dass die europäische Vorherrschaft sie zivilisiert, doch das ist eine nebensächliche Frage und gehört nicht zum Thema. Eines ist klar: Der Kommunismus wiegelt die Völker des Ostens auf und muss dies tun, und das kann er nur im Namen nationaler Freiheit vollbringen. Er sagt ihnen und muss ihnen sagen: Euer Land gehört Euch und nicht irgendwelchen Fremden. So muss er zu den Arabern und den Arabern Palästinas sprechen ... Für unsere zionistischen Lungen ist der Kommunismus ein erstickendes Gas, und so müsst ihr ihn auch behandeln."[13]

Es war typisch für ihn, dass er von einer richtigen Voraussetzung zu einer falschen Schlussfolgerung kam. Rein vom logischen Standpunkt aus sind Marxismus und Zionismus tatsächlich unvereinbar, doch in der Realität war es keineswegs so, dass diejenigen, die versuchten, die beiden miteinander zu vermischen, wirklich zum feindlichen Lager gehörten. In der Praxis opfert der Sozialist-Zionist den Sozialismus dem Zionismus, nie andersherum, doch Jabotinsky bestand darauf, dass es keinen wesentlichen Unterschied zwischen den Kommunisten und den Zionisten der *Poale Zion* gab: „Ich glaube nicht, dass es irgendeinen Unterschied gibt zwischen dem Kommunismus und anderen Formen des Sozialismus, die auf dem Klassengedanken fußen ... Der einzige Unterschied zwischen diesen beiden Lagern ist der des Temperaments

---

13 Jabotinsky, Wladimir: *Zionism and Communism*; *Hadar* (Februar 1941); S.33.

– der eine prescht vorwärts, der andere ist etwas langsamer: Ein solcher Unterschied ist die Tinte nicht wert, um ihn aufzuschreiben."[14]
Jabotinskys Denken war immer sehr linear. Die kapitalistische Klasse war die treibende Kraft des Zionismus, also folgte logisch, dass Streiks Investitionen in Palästina abschreckten. Sie könnten in weiter entwickelten Industrienationen akzeptabel sein, deren Wirtschaft könnte sie verkraften, doch nicht dort, wo die Grundlagen Zions noch Stein für Stein aufgebaut werden müssten. Genau wie ihre Vorbilder, die italienischen Faschisten, waren die Revisionisten sowohl gegen Streiks als auch gegen Aussperrungen, wobei ein Streik als das größte Verbrechen galt: „Und mit ‚obligatorischer' Schlichtung meinen wir folgendes: Nach der Wahl eines solchen permanenten Gremiums soll seine Anrufung zum einzig rechtmäßigen Weg erklärt werden, Konflikte in der Industrie beizulegen, seine Entscheidungen sollen endgültig sein und sowohl Streik als auch Aussperrung (ebenso wie der Boykott der jüdischen Arbeit) sollen zum Verrat an den Interessen des Zionismus erklärt werden und mit allen rechtlichen und moralischen Mitteln, die der Nation zur Verfügung stehen, unterdrückt werden."[15]

Die Revisionisten wollten nicht warten, bis sie die Macht im Staat übernehmen würden, um ihre Gegner, die Arbeiterzionisten, zu besiegen. Ihr Anführer in Palästina, Achimeir (Jabotinsky war vom Hochkommissar des Landes verwiesen worden, nachdem die Provokationen der Revisionisten 1929 die massiven Unruhen der Araber verursacht hatten) veröffentlichte ganz unverfroren sein *Yomen shel Fascisti* (Tagebuch eines Faschisten) in der Zeitung der Revisionisten. Er hatte seine Entsprechung der italienischen *squadristi*, die *Brith HaBiryonim* (Union der Terroristen), die dem Vorbild der *Sicarii* nachempfunden waren, jener Dolch tragenden Meuchelmörder unter den Zeloten, die in Judäa während des Aufstandes gegen Rom aktiv waren, und er peitschte die revisionistische Jugend zum letzten Showdown gegen die Arbeiterzionisten auf: „Wir müssen Aktionsgruppen bilden, um die *Histadrut*[16] physisch auszulöschen; sie sind schlimmer als die Araber ... Ihr seid keine Schüler, ihr seid nur Sirup ... Es gibt nicht einen einzigen unter Euch, der fähig wäre, einen Mord nach dem Vorbild jener deutschen Studenten zu begehen, die Rathenau ermordet haben. Ihr

---

14 Avineri, Shlomo: *Political Thought of Vladimir Jabotinsky*; Jerusalem Quarterly (Sommer 1980); S.17.
15 Jabotinsky, Wladimir: *State Zionism*; S.10.
16 Die *Histadrut* ist der Dachverband der Gewerkschaften Israels. David Ben-Gurion gründete sie 1920 in Haifa. Die jüdische Gewerkschaft war zionistisch-sozialistisch orientiert. Ihr

seid nicht besessen von dem nationalistischen Geist, der die Deutschen beherrscht ... Keiner von Euch ist fähig, einen Mord in der Art und Weise zu begehen, wie Karl Liebknecht und Rosa Luxemburg ermordet wurden."[17]

Palästina erlebte nun, wie die Zionisten durch die *Histadrut* Tausende von Arabern aus ihren angestammten Saisonjobs in den jüdischen Orangenhainen vertrieben und wie die faschistischen Revisionisten über die *Histadrut* herfielen. Doch während die arabischen Arbeiter immer noch keine Führung hatten, um sich zu verteidigen, war die *Histadrut* gut organisiert. Nach einer Serie von heftigen Zusammenstößen, darunter auch eine entscheidende Schlacht in Haifa am 17. Oktober 1934, bei der 1.500 Arbeiterzionisten das Hauptquartier der Revisionisten stürmten und Dutzende Faschisten verletzten, ebbte die Kampagne der Revisionisten ab. Die Mitglieder der *Histadrut* wären gern bereit gewesen, den faschistischen Angriff zu beantworten, indem man den Kampf im Lager des Feindes fortsetzte und ihn dort vernichtete, doch die Führung der Arbeiterzionisten war nicht willens, den Faschismus in Palästina zu bekämpfen, so wenig wie anderswo auch, und so ließ man die Faschisten davonkommen aus Angst, dass ein ernsthafter Kampf gegen sie die mittelständische Anhängerschaft des Zionismus in der Diaspora abschrecken könnte.

Die Beziehungen der Revisionisten zu den italienischen Faschisten

In den frühen 30er Jahren entschloss sich Jabotinsky, eine Parteischule in Italien zu gründen und die Revisionisten vor Ort, die sich selbst offen als Faschisten bezeichneten, versuchten, Rom zu beeinflussen. Jabotinsky wusste sehr wohl, dass die Wahl Italiens als Ort für eine Parteischule ihr faschistisches Image nur verstärken würde, doch war er inzwischen politisch soweit nach rechts gedriftet, dass er sich nicht im mindesten mehr dafür interessierte, was seine „Feinde" dachten und unterstrich gegenüber einem seiner italienischen Anhänger, dass sie natürlich ihre Schule auch anderswo gründen könnten, doch „wir ... ziehen es vor, sie in Italien zu gründen".[18] 1934 hatten die Italie-

---

17 Syrkin, Marie: *Labor Zionism Replies*; *Menorah Journal* (Frühjahr 1935); S.79.
18 Jabotinsky: *letter to Leone Carpi*, 7. Oktober 1931; in: D. Carpi; A. Milano and A. Rofe (Hrsg.): *Scritti in Memoria Di Leone Carpi*; S.42.

ner erkannt, dass trotz ihrer Freundlichkeit gegenüber Sokolow und Weizmann sowie der Führung der WZO, diese überhaupt nicht daran gedacht hatten, mit London zu brechen. Auch waren die Italiener nicht begeistert von der wachsenden Vormachtstellung der sozialdemokratischen Arbeiterzionisten innerhalb der WZO, die – egal wie entfernt – mit ihren eigenen sozialistischen Feinden im Untergrund verbunden waren. Deswegen waren die Italiener gern bereit, ihre Unterstützung für die Revisionisten zu zeigen, die offensichtlich die Faschisten Zions waren. Im November 1934 erlaubte Mussolini der *Betar*, ein Flotten-Geschwader in der Marineakademie von Civitavecchia zu gründen, die von den Schwarzhemden geführt wurde.

Selbst nach der Ermordung Arlosoroffs 1933 und der Kampagne zum Streik-Bruch, die Achimeir gegen die *Histadrut* organisiert hatte, arbeitete Ben-Gurion im Oktober 1934 immer noch ein Friedensabkommen mit Jabotinsky aus, doch die Mitglieder der *Histadrut* lehnten es ab und die Revisionisten gründeten schließlich ihre eigene *Neue Zionistische Organisation* (NZO). Jabotinsky bat seine italienischen Anhänger, dafür zu sorgen, dass der erste NZO-Weltkongress 1935 in Triest stattfinden könne und zeigte damit offen, dass er sich nicht darum scherte, was die Weltöffentlichkeit dazu sagen würde, dass seine Bewegung ihren Gründungskongress im faschistischen Italien abhielte.[19] Schließlich fand der NZO-Kongress in Wien statt, aber Jabotinsky besuchte danach die Akademie Civitavecchia. Interessanterweise traf er nie mit Mussolini zusammen – vielleicht wollte er beweisen, dass er immer noch mehr war als nur ein weiterer „Leithammel".

Obwohl es keine einzige Aussage von Jabotinsky gibt, in der er sich selbst als Faschisten bezeichnet, dafür aber unzählige Proklamationen seiner Gladstonschen Referenzen, betrachtete jede andere große politische Strömung die Revisionisten als die Faschisten des Zionismus. Weizmann schrieb Arlosoroffs Ermordung ihrem faschistischen Stil zu, Ben-Gurion sprach immer wieder von „Wladimir Hitler" und ging manchmal sogar soweit, die Nazis als „die deutschen Revisionisten" zu bezeichnen.[20] Von Mildenstein berichtete seinen Lesern davon, wie ihm auf einem Schiff „ein jüdischer Faschist", ein Betari, begegnet war und beschrieb diese Jugendlichen als „die faschistische Gruppe inner-

---

19 Ebenda; 21. Mai 1935; S.54/55.
20 Bar-Zohar, Michael: *Ben-Gurion – the armed prophet*; Englewood Cliffs, NJ; Prentice-Hall; 1968; S.67.

halb der Juden ... Radikale Nationalisten, jedem Kompromiss in Fragen des jüdischen Nationalheims abgeneigt. Ihre politische Partei sind die 'Revisionisten'."[21]

Das höchste Lob in dieser Hinsicht kam von Mussolini, der 1935 zu David Prato, der später Chef-Rabbiner von Rom werden sollte, sagte: „Damit der Zionismus erfolgreich sein kann, braucht ihr einen jüdischen Staat mit einer jüdischen Flagge und einer jüdischen Sprache. Derjenige, der das wirklich versteht, ist ihr Faschist, Jabotinsky."[22]

Die Mehrheit der Bewegung sah sich als Gegner der Demokratie und als Faschisten oder deren Sympathisanten. Jacob de Haas, ein enger Vertrauter Herzls, war Mitte der 30er Jahre zu den Revisionisten konvertiert und da man zeigen wollte, dass die Revisionisten mehr waren als „nur Jabotinsky", führte er den Vorsitz auf dem NZO-Kongress in Wien. Nach seiner Rückkehr nach Amerika gab er in seiner Kolumne im Chicagoer *Jewish Chronicle* seine Eindrücke von der Versammlung wieder. Zunächst beeilte er sich, seinen Lesern zu versichern, er wolle wirklich nicht den Faschismus verteidigen, um ihnen danach mitzuteilen, sie müssten „verstehen, dass die Demokratie in den meisten Teilen Europas tot ist. Ihr häufigster Ausdruck in den Köpfen der Menschen sind das laute Geschrei und die Erfindung ewig neuer Parteien und Unterparteien ... Die Delegierten waren keine Faschisten, doch nachdem sie jeden Glauben an die Demokratie verloren hatten, waren sie eben keine Anti-Faschisten. Sie waren jedoch sehr anti-kommunistisch."[23]

Während de Haas in Amerika seinen skeptischen Lesern noch vorsichtig beibringen musste, dass die Mehrheit seiner Bewegung für die Demokratie nichts als Verachtung empfand, scheute sich Wolfgang von Weisl, der Schatzmeister der Revisionisten, nicht, einer diplomatischen Zeitung aus Bukarest gegenüber zu sagen, dass „obwohl die Meinungen innerhalb der Revisionisten auseinander gingen, sie grundsätzlich mit den Faschisten sympathisierten". Er war geradezu darauf erpicht, der Welt seine Einstellung mitzuteilen: „Er persönlich war ein Befürworter des Faschismus, und er feierte den Sieg des faschistischen

---

21 Mildenstein, Leopold von: *Ein Nazi fährt nach Palästina*; *Der Angriff* (Berlin, 27. September 1934); S.3/4.
22 Bar-Zohar: *Ben-Gurion – The Armed Prophet*; S.46.
23 de Haas, Jacob: *New Struggles in an Old World*; *Chicago Jewish Chronicle* (18. Oktober 1935); S.9.

Italien in Abessinien als Triumph der weißen Rassen über die Schwarzen."[24] 1980 beschrieb Shmuel Merlin seine eigenen Gefühle gegenüber Mussolini Mitte der 30er Jahre, als er selbst noch Generalsekretär der Neuen Zionistischen Organisation gewesen war. „Ich bewunderte ihn, doch war ich kein Faschist. Er idealisierte den Krieg. Ich war der Ansicht, der Krieg sei notwendig, doch für mich war er immer eine Tragödie ... Ich bedauerte es, dass Achimeir seiner Kolumne den Titel *Tagebuch eines Faschisten* gegeben hatte, das gab unseren Gegnern einen weiteren Anlass, uns anzugreifen, doch es hat sicher nicht zum Bruch unserer Freundschaft geführt."[25]

Egal, was Jabotinsky darüber dachte, welche Art von Bewegung er anführte, es konnte keinen Zweifel geben, dass diese drei prominenten Mitglieder der Revisionistischen Bewegung von einer faschistischen Gruppierung sprachen. Von Weisls Einschätzung erscheint durchaus verständlich; die faschistische Komponente in der Führung der Bewegung war sehr stark und sie waren es, nicht Jabotinsky, die die Bewegung in Palästina, Polen, Italien, Deutschland, Österreich, Lettland und der Mandschurei, um nur einige zu nennen, führten. Bestenfalls kann man Jabotinsky als den liberal-imperialistischen Kopf eines faschistischen Körpers sehen. Heutige Revisionisten leugnen gar nicht, dass es Mitte der 30er Jahre in ihrer Bewegung erklärte Faschisten gegeben hat, sie unterstreichen stattdessen übertrieben die Unterschiede zwischen Jabotinsky und den Faschisten. So behaupten sie, die Akademie in Civitavecchia sei ein durch den Zweck geheiligtes Mittel gewesen. Weiter behaupten sie, es sei legitim, dass die Nationalisten Hilfe bei dem imperialistischen Rivalen ihres eigenen Unterdrückers suchten; dies hieße ja nicht automatisch, dass sie die interne Politik ihres Patrons billigten. Dann weisen sie auf Jabotinskys Warnung an die *Betarim* in Civitavecchia hin: „Mischt Euch nicht in irgendwelche parteipolitischen Diskussionen bezüglich Italiens ein. Äußert Euch nicht zur italienischen Politik. Kritisiert das derzeitige Regime Italiens nicht – und auch nicht das vorherige. Wenn man Euch nach Euren politischen und sozialen Ansichten fragt, so antwortet: Ich bin Zionist. Mein größter Wunsch ist ein jüdischer Staat und in unserem Land bin ich gegen Klassenkämpfe. Das ist mein ganzes Credo."[26]

---

24 *Dr. von Weisl Believes in Fascism*; World Jewry (London, 12. Juni 1936); S.12.
25 Interview des Autors mit Shmuel Merlin am 16. September 1980.
26 Jabotinsky, Vladimir: *Letter to Plugat Civitavecchia*; Selected Writings (USA).

Diese höchst diplomatische Formulierung war darauf ausgerichtet, die italienischen Faschisten zu befriedigen, ohne die konservativen Befürworter des alten Regimes zu verärgern, wenn ein *Betar* auf einen solchen träfe. Die Opposition gegen Klassenkämpfe war der Lackmustest für Mussolini, den es nie besonders interessiert hat, ob seine ausländischen Bewunderer sich selbst nun als reine Faschisten sahen oder nicht. Doch Jabotinskys Brief an die *Betarim* war nicht das Ende der Geschichte. Diejenigen, die ihn heute noch verteidigen, übersehen gern die tatsächliche Situation in der Schule, in der seine strikten Anweisungen einfach ignoriert wurden. In der März-Ausgabe der *L'Idea Sionistica*, der Zeitschrift der italienischen Revisionisten, wurden die Feierlichkeiten zur Einweihung des neuen Hauptquartiers der *Betar*-Schwadron beschrieben: „Der Befehl - ‚Achtung!' Auf Anweisung des kommandierenden Offiziers der Schwadron erschallte ein dreifaches Hoch – ‚Viva L'Italia! Viva Il Re! Viva Il Duce!' gefolgt vom Segenswunsch des Rabbi Aldo Lattes in Italienisch und in Hebräisch für Gott, für den König und für den Duce ... Die *Betarim* sangen voller Enthusiasmus die *Giovinezza* [die Hymne der faschistischen Partei]."[27]

Man kann sicher sein, dass die gleichen Hoch-Rufe erschallten, als Mussolini selbst 1936 die *Betarim* besuchte.[28] Jabotinsky wusste, dass seine italienischen Anhänger Mussolini bewunderten, doch als man ihm eine Kopie von Mussolinis *Dottrina del fascismo* zusandte, sprach er nur einen milden Tadel aus: „Ich darf doch hoffen, dass wir in der Lage sind, unsere *eigene* Doktrin zu schaffen, ohne die anderer zu kopieren."[29] Und trotz all seiner persönlichen Vorbehalte gegen den Faschismus wollte er unbedingt Mussolini als Mandatshalter für Palästina. 1936 schrieb er einem Freund, dass seine Wahl hinauslaufen würde auf „Italien oder ein Kondominium weniger antisemitischer Staaten, die an einer Immigration der Juden interessiert sind, oder ein direktes Genfer Mandat [des Völkerbundes] ... Vor dem Zeitraum zwischen dem 30. Juni und dem 15. Juli habe ich Alternative Nr. 1 verlauten lassen. Ergebnis: Noch nicht reif, selbst auf längere Zeit nicht."[30]

Jabotinsky wurde Mussolinis Verteidiger in der jüdischen Welt. Während einer Vortragsreise durch Amerika im Jahr 1935 schrieb er eine

---

27 *Supplemento al no. 8 di*; *L'Idea Sionistica* (März 1936); S.2.
28 *Mussolini: My Husband* (italienische Filmdokumentation).
29 Jabotinsky; 29. Januar 1934, *Scritti*; S.52.
30 Schechtman: *Fighter and Prophet*; S.304.

Reihe von Artikeln für das New Yorker *Jewish Daily Bulletin*, eine kurzlebige englischsprachige zionistische Zeitung, die sich ausschließlich mit jüdischen Themen befasste. Mitte der 30er Jahre passten sich die meisten Juden dem allgemeinen Sprachgebrauch an und bezeichneten den Kampf gegen Hitler als Teil des „antifaschistischen Kampfes". Jabotinsky war entschlossen, dem eine Ende zu bereiten, da er nur zu gut wusste, dass die Juden niemals die Hinwendung der Revisionisten zu Mussolini billigen würden, solange sie Hitler als einen weiteren Faschisten sahen. Sein Plädoyer für den italienischen Faschismus zeigt deutlich, dass er seine persönlichen Vorbehalte bezüglich einer „Büffelherden"-Politik zugunsten seines großen Wunsches nach einem italienischen Mandat für Palästina zurückstellte: „Was auch immer einige über die anderen Punkte des Faschismus denken mögen, es kann keinen Zweifel daran geben, dass die Ideologie der italienischen Faschisten zumindest eine Ideologie der Rassengleichheit ist. Lasst uns nicht so bescheiden sein und so tun, als täte das nichts zur Sache – als sei die Rassengleichheit eine zu unwichtige Idee, als dass sie fehlende bürgerliche Freiheit ausgleichen könnte. Denn das ist nicht wahr. Ich bin Journalist, und ich würde ohne Pressefreiheit eingehen, doch ich sage noch einmal, es ist blasphemisch zu behaupten, dass auf der Skala der bürgerlichen Rechte die Freiheit und sei es die Pressefreiheit, vor der Gleichheit aller Menschen kommt. Die Gleichheit kommt immer zuerst, zu allererst, und die Juden sollten daran denken und verstehen, dass ein Regime, das dieses Prinzip in einer Welt, die langsam kannibalisch wird, beibehält, damit teilweise, aber deutlich, seine anderen Mängel wettmacht: Man kann es kritisieren, aber man sollte nicht danach treten. Es gibt genug andere Worte, die man als Schimpfworte benutzen könnte – Nazitum, Hitlertum, Polizeistaat etc. – doch das Wort ‚fascismo' ist Italiens Markenzeichen und sollte deshalb ausschließlich der richtigen Art von Diskussion vorbehalten sein und nicht als Schimpfwort gebraucht werden. Besonders da sich dies noch als sehr gefährlich herausstellen kann. Die Regierung dieses Copyrights ist ein sehr mächtiger Faktor, dessen Sympathie noch einige Schläge abhalten kann, beispielsweise im Völkerbund. Zufällig hat die Ständige Mandatskommission, die die Palästinafragen überwacht, einen italienischen Vorsitzenden. Kurz gesagt – obwohl ich nicht erwarte, dass Straßenjungen (egal welchen Alters) diese Warnung beherzigen werden – sollten verantwortungsvolle Führer vorsichtiger sein."[31]

---

31 Jabotinsky: *Jews and Fascism – Some Remarks – and a Warning*; Jewish Daily Bulletin (11. April 1935); S.3.

Die Revisionisten rationalisieren ihre Verbindungen mit den Faschisten

Die Hinwendung zu Mussolini endete mit einem absoluten Debakel. In ihrer blinden Suche nach einem Hammer, mit dem sie auf ihre arabischen, britischen und jüdischen Feinde einschlagen könnten, waren die Revisionisten die einzigen, die nicht vorhersahen, was kommen würde. Die Kopie eines Briefes von Emir Shekib Arslan an den Mufti über die Verbreitung pro-italienischer Propaganda war 1935 in der palästinensischen Presse erschienen und ab 1936 beschallte *Radio Bari* die Araber mit anti-britischen Radiosendungen. Zu dieser Zeit hatten sich die Revisionisten bereits so daran gewöhnt, Mussolini immer und überall zu verteidigen, dass sie dessen Kollaboration mit dem Mufti und der palästinensischen Sache einfach nicht wahrhaben wollten. Noch 1938 versuchte William Ziff, ein Werbefachmann, der an der Spitze der amerikanischen Revisionisten stand, in seinem Buch *The Rape of Palestine* die Beziehungen zwischen den Italienern und dem Mufti herunterzuspielen, indem er meinte: „In wohl gewählten Worten, mit denen er ein sowohl anti-jüdisches als auch anti-britisches Komplott unterstellte, hat der britische Außenminister den Italienern die Schuld in die Schuhe geschoben. Die gesamte liberale Presse schluckte den Köder, der so verlockend an der Wasseroberfläche tanzte. Wie eine Meute Hunde, die vom Spiel noch ganz erhitzt sind, nahm die marxistische Presse den Schrei auf."[32]

Obwohl die Revisionisten ganz klar aufs falsche Pferd gesetzt hatten, fuhr er fort: „Es kann keinen Zweifel daran geben, dass Mussolini, ein knallharter Realist, es als gutes Geschäft betrachtet hätte, wenn er die Juden aus dem britischen Einflussbereich hätte herausholen können. Ein mächtiges unabhängiges Zion, mit dem er auf gutem Fuß stand, hätte ihm sehr gepasst. Die Juden selbst haben sich diese Chance durch ihre anhaltende Liebe zu den Engländern verbaut, und so konnte Mussolini nicht anders, als den Zionismus als nichts weiteres als eine zusätzliche Tarnung zum Aufbau einer neuen Zone britischen, politischen und wirtschaftlichen Einflusses im Mittelmeerraum zu sehen. So gilt der Zionismus den Italienern als anti-italienische Kraft. Trotzdem gab es nie den Hauch eines echten Beweises dafür, dass die Intervention Italiens bei dem kürzlich stattgefundenen arabischen Aufstand

---

32 Ziff, William: *The Rape of Palestine;* New York; Longmans; 1938; S.428.

in Palästina eine Rolle gespielt hat."[33] Schließlich war es Spanien, nicht Palästina, das Mussolini veranlasste, Hitler zu unterstützen. Mussolini nahm an, Hitler und er müssten auch weiterhin zusammenstehen, um Revolutionen anderswo abzuwehren und nur in einer Allianz mit der deutschen Macht könne er hoffen, sein Reich auszubauen. Er wusste aber auch, dass es unmöglich wäre, eine Allianz mit Hitler einzugehen und gleichzeitig Juden in der eigenen Partei zu haben. Deshalb erfand er eine Art latinisiertes Ariertum, schloss die Juden aus Partei und Wirtschaft aus und bereitete sich auf den Krieg vor. Die Revisionisten erklärten daraufhin, sie hätten zwar die falsche Entscheidung getroffen, aber aus den richtigen Gründen.

„Jahrelang haben wir die Juden davor gewarnt, das faschistische Regime in Italien zu verärgern. Bevor wir andere für die neuesten anti-jüdischen Gesetze in Italien verantwortlich machen, lasst uns ehrlich sein und uns zuerst gegen unsere eigenen radikalen Gruppierungen wenden, die für das, was geschehen ist, verantwortlich sind."[34] Mit Mussolinis Hinwendung zu Hitler wurde der Faschismus der Revisionisten zu einer absoluten Unmöglichkeit in der jüdischen Welt und als Jabotinsky im August 1940 in New York starb, strichen sie schnellstens den Titel *Rosh Betar*, dem zu stark der Geruch des Faschismus anhaftete. Sie wollten auf diese Weise nicht etwa zugeben, dass sie selbst Faschisten gewesen waren, es sollte nur zeigen, dass niemand je wieder Jabotinskys Größe erreichen würde. Neuere revisionistische Chronisten versuchen natürlich – ebenso wie Achimeir –, die Rolle ihrer internen Faschisten entweder gar nicht zu thematisieren oder zumindest herunterzuspielen, und zu Civitavecchia heißt es meist entschuldigend: „Die Gründer der israelischen Marine wurden dort ausgebildet."

„Eines der beunruhigendsten politischen Phänomene unserer Zeit"

Man kann eine Untersuchung der Beziehung zwischen Revisionismus und Faschismus nicht abschließen, ohne wenigstens kurz auf die Rolle Begins in diesen Ereignissen einzugehen. In den beiden Büchern, die er nach dem Krieg veröffentlicht hat, *The Revolt* und *White Nights*,

---

33 Ebenda; S.429.
34 Novick, Paul: *Solution for Palestine*; New York; National Council of Jewish Communists; 1939; S.18.

erwähnt er seine eigenen Aktivitäten Mitte der 30er Jahre nicht weiter und stellt Jabotinsky als missverstandenen Vertreter einer militärischen Verteidigung dar. Doch im Alter von 22 Jahren war Begin innerhalb der polnischen *Betar* bereits so bekannt, dass er bei der polnischen Revisionistenkonferenz 1935 in Warschau mit Jabotinsky im Präsidium sitzen durfte. 1938 war er bereits die herausragende Figur auf der Weltkonferenz der *Betar* in Warschau und 1939 wurde er zum Chef der polnischen *Betar* ernannt. Doch obwohl er von unzähligen Gegnern als Faschist bezeichnet wurde, wurden nie irgendwelche Pro-Mussolini-Schriften von ihm erwähnt, und inzwischen ist anzunehmen, dass es solche auch nicht gibt. Doch auch wenn er sich nie offen zum Faschismus bekannte, so stellt Yehuda Benari, Direktor des Jabotinsky-Instituts und Autor des Artikels über Begin in der *Encyclopedia of Zionism and Israel*, kategorisch fest, dass er sich 1939 „dem radikalen Flügel der revisionistischen Bewegung anschloss, der ideologisch in Verbindung mit den *B'rit HaBiryonim* stand".[35] Begin war ein persönlicher Freund sowohl Achimeirs, der 1935 nach Polen deportiert worden war, als auch von Weisls, der regelmäßig nach Warschau reiste, um mit der polnischen Regierung über die *Neue Zionistische Organisation* (NZO) zu verhandeln. Er war auch ein enger Freund von Nathan Yalin-Mor und zu jener Zeit auch ein Bewunderer von Abraham Stern, beides überzeugte Anhänger des Totalitarismus. Selbst nach dem Zweiten Weltkrieg ließ Begin als Führer der *Herut*-Partei im neuen Staat Israel sowohl Achimeir als auch von Weisl für die Tageszeitung der Partei schreiben.

Im Dezember 1948, bei seinem ersten Besuch in Amerika, wandten sich Albert Einstein, Hannah Arendt, Sidney Hook und andere in einem Brief an die *New York Times* und machten Begins Politik öffentlich. Angesichts der Geschichte seiner Bewegung und seiner engen Beziehungen zu offen faschistischen Elementen im Vorkriegs-Revisionismus verdient es ihre Bewertung von Begins ideologischer Zugehörigkeit, zitiert zu werden: „Eines der beunruhigendsten politischen Phänomene unserer Zeit ist die Entstehung der ‚Freiheitspartei' (*Tnuat HaHerut*) im neu gegründeten Staat Israel, einer politischen Partei, die in ihrer Organisation, ihren Vorgehensweisen, ihrer politischen Philosophie und ihrem sozialen Anspruch den Parteien der Nazis und der Faschisten sehr ähnlich ist ... Sie haben eine Mischung aus Ultranationalismus, religiösem Mystizismus und rassischer Vorherrschaft gepre-

---

35 Benari, Yehuda: *M'Nahum Begin*; *Encyclopedia of Zionism and Israel*, Vol. 1; S.116.

digt, ... sie haben Berufsverbände nach dem Vorbild der italienischen Faschisten vorgeschlagen, in denen faktisch die Kapitalisten das Sagen haben ... Im Lichte der vorangegangenen Darlegungen ist es unbedingt notwendig, dass die Wahrheit über Mr. Begin und seine Bewegung in diesem Land publik gemacht wird. Es ist umso tragischer, als dass die oberste Führung des amerikanischen Zionismus sich geweigert hat, gegen Begins Unternehmungen vorzugehen."[36]

---

36 *New Palestine Party*, *New York Times* (4. Dezember 1948) (Briefe); S.12.

11. Der Revisionismus und die Nazis

Anfang 1932 wurde Norman Bentwich, der ehemalige Generalstaatsanwalt von Palästina und Zionist, von der Hebräischen Universität in Jerusalem mit einem Lehrstuhl für Internationales Recht und Frieden geehrt. Als er seine Antrittsvorlesung begann, rief plötzlich jemand aus dem Publikum: „Geh und erzähl dem Mufti was vom Frieden, nicht uns." Er setzte nochmals an, doch diesmal regnete es Stinkbomben und Flugblätter, auf denen stand, die revisionistischen Studenten seien Gegner seiner Person und seines Anliegens. Schließlich musste der Saal von der Polizei geräumt werden.[1] Zur gleichen Zeit störten Hitlers Braunhemden immer wieder Versammlungen und so war es unvermeidlich, dass die jüdische Öffentlichkeit in Jerusalem in den *Betarim* mit ihren braunen Hemden ihre eigenen Nazis sah. Bereits 1926 hatte Achimeir Schriften über die Notwendigkeit, politische Gegner zu ermorden, verfasst und als die Studenten vor Gericht standen, übernahm ihr Verteidiger, ein bekannter Revisionist, vergnügt ihre Charakterisierung des jüdischen Nazitums.

„Ja, wir Revisionisten hegen für Hitler eine große Achtung. Hitler hat Deutschland gerettet. Sonst wäre es schon vor vier Jahren zugrunde gegangen. Und hätte Hitler seinen Antisemitismus abgelegt – wir würden mit ihm gehen."[2]

Sicher waren viele Mitglieder der revisionistischen Bewegung überall auf der Welt ursprünglich der Meinung, die Nazis seien ähnlich wie sie: Nationalisten und Faschisten. 1931 erklärte ihre Zeitschrift in den USA, *Betar Monthly*, offen die Verachtung für diejenigen, die sie Nazis nannten. „Wenn provinzielle Führer des linken Flügels des unbedeutenden Teils des Zionismus wie Berl Locker uns Revisionisten und Betarim Hitleristen nennen, dann stört uns das überhaupt nicht ... Die Lockers und ihre Freunde wollen in Palästina eine Kolonie Moskaus mit einer arabischen statt einer jüdischen Mehrheit errichten, mit einer roten Fahne statt der weiß-blauen, mit der Internationale statt der *Hatikvah* ... Wenn Herzl ein Faschist und ein Anhänger Hitlers war, wenn eine jüdische Mehrheit auf beiden Seiten des Jordans und

---

1 Bentwich, Norman & Helen: *Mandate Memories, 1918-1948*; New York; Schocken Books; 1965; S.150.
2 Lubrany, Elis: *Hitler in Jerusalem*; *Die Weltbühne* (31.Mai.1932).

ein jüdischer Staat in Palästina, der die wirtschaftlichen, politischen und kulturellen Probleme des jüdischen Volkes löst, Hitlerismus sind, dann sind wir Hitleristen."[3]

Die Revisionisten waren Zionisten und als solche stimmten sie, genau wie der Rest der Bewegung, mit den Nazis darin überein, dass die Juden niemals echte Deutsche sein könnten. Der Nazismus war unvermeidlich und verständlich. Ben Frommer, ein amerikanischer Revisionist, drückte es 1935 so aus: Der Jude, „egal, in welchem Land er lebt, ... stammt nicht von den dort beheimateten Stämmen ab ... In der Konsequenz ist der Versuch des Juden zur absoluten Identifizierung mit seinem Land nicht echt, sein Patriotismus, obwohl lautstark vorgetragen, hohl sogar für ihn selbst; und deshalb erzeugt seine Forderung nach absoluter Gleichheit mit denen, die die Essenz dieser Nation bilden, natürlich Spannungen. Dies erklärt die Intoleranz der Deutschen, Österreicher, Polen und den zunehmenden Antagonismus in den meisten europäischen Ländern ... Es ist dreist, von dem Juden zu erwarten, dass er ebenso liebevoll behandelt wird wie zum Beispiel ein Teutone in einem teutonischen Land oder ein Pole in Polen. Er muss sein Leben und seine Freiheit eifersüchtig schützen, doch er muss auch ehrlich erkennen, dass er nicht ‚dazu gehört'. Die liberale Fiktion absoluter Gleichheit ist von Anfang an zum Scheitern verurteilt, weil sie eben unnatürlich ist."[4]

Der Flirt der Revisionisten mit den Nazis

Ebenso wie die anderen deutschen Zionisten waren die Revisionisten ausschließlich mit Palästina beschäftigt und während der Zeit der Weimarer Republik machten auch sie keinerlei Anstalten, einen jüdischen Widerstand gegen Hitler zu organisieren. Als die Nazis schließlich an die Macht kamen, interpretierten die Revisionisten diesen Sieg als Niederlage ihrer eigenen jüdischen ideologischen Gegner und als Rechtfertigung ihrer eigenen Ideen, sowohl der faschistischen als auch der zionistischen. Sie gingen einen Schritt weiter als der Rest der ZVfD und die *Rundschau* und imitierten den Stil der Nazis. Als der Bankier Georg Kareski sah, wie seine wohlhabenden katholischen Freunde

---

3 *Jerusalem or Moscow – Herzl or Lenin*; Betar Monthly (15. August 1931); S.2/5/6.
4 Frommer, Ben: *The Significance of a Jewish State*; Jewish Call (Shanghai, Mai 1935); S.10/11.

von der *Zentrumspartei* mit den siegreichen Nazis zusammenarbeiteten oder sich ihnen sogar anschlossen, beschloss er, Hitler zu zeigen, dass es auch Zionisten gab, die die Gesinnung der Nazis teilten. Er schloss sich den Revisionisten an und wurde schnell zum Führer des deutschen Ablegers der Bewegung, bis er im Mai schließlich sogar einen Putschversuch gegen die Berliner Jüdische Gemeinde unternahm. Richard Lichtheim hat dies in seiner „Geschichte des deutschen Zionismus" beschrieben: „Der von Natur aus rücksichtslose und zur Demagogie neigende Georg Kareski war der Ansicht, die Zionisten hätten die Gelegenheit verpaßt, sich durch einen revolutionären Akt an die Spitze des deutschen Judentums zu stellen. Mit Hilfe einer Anzahl junger Leute vom ‚*Betar*' ... ‚besetzte' Kareski im Jahre 1933 das Gebäude der Jüdischen Gemeinde in Berlin, mußte sich aber bald wieder entschließen, es zu räumen, da Gemeindemitglieder nicht mitspielen wollten. Die Folge dieses törichten Streichs war sein Ausschluß aus der Z.V.f.D. Anfangs hatte Kareski wohl geglaubt, daß der Zeitgeist solches Vorgehen verlange und daß die überlebten Vorstellungen des bürgerlich-liberalen Judentums auf so gewaltsame Weise zugunsten der zionistisch-nationalen Auffassung korrigiert werden müßten. In den folgenden Jahren geriet er in ein bedenkliches Abhängigkeitsverhältnis zur Gestapo, der er sich mitsamt seiner *Betar*-Gruppe als den wahren Repräsentanten der dem Nationalsozialismus entsprechenden radikalzionistischen Auffassung zu empfehlen suchte ..."[5]

Das war zuviel für Jabotinsky. Er hatte sich in den letzten Jahren der Weimarer Republik nicht sonderlich für Deutschland interessiert. In der Zeit zwischen 1929 und 1933 hatte seine Hauptsorge den Vorschlägen der Briten zu Palästina gegolten, die die Reaktion auf die kurzen, aber blutigen Massaker von 1929 gewesen waren, größtenteils verursacht durch die Provokationen der Revisionisten an der Klagemauer. Wie viele Vertreter des rechten Flügels dachte auch Jabotinsky nicht, dass Hitler, wenn er an die Macht käme, genauso antisemitisch wäre wie in der Opposition. Shmuel Merlin, Generalsekretär der NZO, erklärte: „Er war nicht überängstlich, er glaubte, Hitler würde sich entweder ändern oder sich dem Druck der Junker und der Wirtschaftsgrößen beugen."[6] Im März 1933 begriff Jabotinsky schließlich, dass Deutschland zum unversöhnlichen Feind des Judentums gewor-

---

5 Lichtheim, Richard: *Die Geschichte des deutschen Zionismus*; Jerusalem; Verlag Rubin Mass; 1954.
6 Interview des Autors mit Shmuel Merlin am 16. September 1980.

den war und war entsetzt von Kareskis Possen.⁷ So schrieb er hastig an Hans Block, Kareskis Vorgänger als Vorsitzender der deutschen Revisionisten: „Ich weiß nicht genau, was passiert ist, doch jeden Flirt mit der Regierung oder ihren Vertretern und Ideen halte ich einfach für kriminell. Ich verstehe, dass man Schweinereien still erdulden kann, doch selbst solche Schweinereien zu begehen ist verboten, und der Hitlerismus ist und bleibt eine Schweinerei, ungeachtet des Enthusiasmus von Millionen, der unsere Jugend ähnlich stark beeindruckt, wie der Kommunismus andere Juden beeindruckt."⁸

„Die Dreier-Allianz Stalin – Ben-Gurion – Hitler"

Außerdem musste sich Jabotinsky mit dem Problem des Achimeirschen Faschismus in Palästina beschäftigen. Der Flirt mit Mussolini war hinnehmbar gewesen, doch eine Pro-Nazi-Linie war ein Skandal. Und so schrieb er 1933 einen scharfen Brief an Achimeir: „Die Artikel und Aussagen zu Hitler und seiner Bewegung, die in *Hazit Ha'am* erscheinen, sind für mich sowie für uns alle wie ein Messer, das uns in den Rücken gestoßen wird. Ich will, dass dieser Skandal sofort und ohne Bedingungen beendet wird. Im Hitlerismus ein Stück ‚nationaler Befreiung' sehen zu wollen ist pure Ignoranz. Außerdem wird unter den gegebenen Umständen durch dieses Gerede meine Arbeit diskreditiert und gebremst ... Ich will, dass die Zeitung sich bedingungslos und absolut nicht nur unserer Kampagne gegen Hitler-Deutschland anschließt, sondern auch unserer Jagd gegen den Hitlerismus – im vollen Wortsinn."⁹

Jabotinsky hatte den Boykott gegen die Nazis von Anfang an unterstützt und durch seine Angriffe gegen seine Anhänger in Palästina brachte er sie wieder auf Kurs. Sie, die vorher Hitler als Retter Deutschlands gepriesen hatten, gingen nun auf die WZO los, weil diese sich geweigert hatte, den Boykott mit zu tragen. Das Hauptziel ihrer Angriffe war Chaim Arlosoroff, der politische Sekretär der *Jewish Agency*, von dem bekannt war, dass er mit den Nazis verhandelte. Am 14. Juni 1933 kam Arlosoroff aus Europa zurück und am 15. Juni veröffentlichte die *Hazit Ha'am* einen wütenden Artikel von Yochanan Pogrebinski mit

---

7 Ebenda.
8 Schechtman: *Fighter and Prophet*; S.217.
9 Ebenda; S.216.

dem Titel *Die Allianz Stalin – Ben-Gurion – Hitler*, in dem er Arlosoroff scharf angriff. Der seltsame Titel verband zwei zentrale Themen der revisionistischen Politik: Die Arbeiterzionisten wollten angeblich ein pro-kommunistisches arabisches Regime aufbauen und gleichzeitig die Juden an die Nazis verkaufen. An dieser Stelle ist es nötig, aus Pogrebinskis Artikel zu zitieren, da er alle folgenden Ereignisse erhellt: „Wir haben ... ein Interview mit Arlosoroff ... gelesen ... Neben anderen bedeutungslosen Worten und Dummheiten, in denen sich dieser rote Quacksalber ergeht, lesen wir, dass die Judenfrage in Deutschland nur durch einen Kompromiss mit Hitler und seinem Regime gelöst werden kann. Diese Menschen ... haben sich nun entschlossen, die Ehre des jüdischen Volkes, seine Rechte, seine Sicherheit und seine Stellung in der ganzen Welt für Geld an Hitler und die Nazis zu verkaufen. Offensichtlich wurden diese roten Scharlatane durch den Erfolg des Boykotts deutscher Waren gestört, der von dem großen Führer der Juden unserer Generation, W. Jabotinsky, ausgerufen und von den Juden in der ganzen Welt unterstützt wurde ...
Die Feigheit, mit der sich die Arbeiterpartei in Palästina soweit erniedrigt hat, sich selbst an den größten Juden-Hasser zu verkaufen, hat nun ihren Tiefpunkt erreicht, und es gibt in der gesamten jüdischen Geschichte nichts Vergleichbares ... Das Judentum wird der Dreier-Allianz Stalin – Ben-Gurion – Hitler nur mit Widerwillen und Abscheu begegnen ... Das jüdische Volk hat immer mit jenen umzugehen gewusst, die die Ehre ihres Volkes und seiner Torah verkauft haben, und es wird auch jetzt wissen, wie es auf diese schamlose Tat reagieren soll, die am helllichten Tage und vor den Augen der ganzen Welt begangen wurde."[10]

Am Abend des 16. Juni machten Arlosoroff und seine Frau einen Spaziergang am Strand von Tel Aviv. Zwei junge Männer kamen zweimal an ihnen vorbei. Dies beunruhigte die Frau von Arlosoroff und ihr Mann versuchte, sie zu beruhigen: „,Es sind Juden, seit wann hast Du Angst vor Juden?' Kurze Zeit später tauchten die beiden Männer wieder auf. Einer von ihnen fragte: ,Wie spät ist es?' Eine Taschenlampe blendete uns, und ich sah, dass eine Pistole auf uns gerichtet war."[11] Ein Schuss krachte, und Arlosoroff sank tot zu Boden.

---

10 Liebenstein, Eliazer: *The Truth about Revisionism*; New York; The Zionist Socialist Party (Poale Zion – Zeire Zion); 1935; S.51-53.
11 Shapiro, Sraya: *Arlosoroff Planned Revolt in 1932*; *Jerusalem Post* (11. Juni 1958); S.4.

Die britische Polizei hatte keine Schwierigkeiten, das Verbrechen aufzuklären. Der Mord war am Strand geschehen, beduinische Spurenleser wurden hinzugezogen. Zwei Tage später wurden Avraham Stavsky und Zvi Rosenblatt, beides Revisionisten zu einer Gegenüberstellung gebracht. Arlosoroffs Frau fiel beinahe in Ohnmacht, als sie Stavsky erkannte, der ihren Angaben nach die Taschenlampe gehalten hatte. Die Polizei führte eine Razzia bei Abba Achimeir durch und fand sein Tagebuch. In einer der Eintragungen berichtete er von einer Party in seinem Haus direkt nach dem Mord, bei der ein „großer Sieg" gefeiert wurde. Dies veranlasste die Polizei, ihn als geistigen Urheber dieses Mordes festzunehmen.[12]

Die Anklage der Staatsanwaltschaft stand auf so sicheren Füßen, dass die Verteidigung gezwungen war, auf verzweifelte Maßnahmen zurückzugreifen. Während das Trio im Gefängnis auf den Prozess wartete, gestand plötzlich der Araber Abdul Majid, der wegen eines anderen Mordes im Gefängnis saß, die Tötung und behauptete, er und ein Freund hätten die Frau von Arlosoroff vergewaltigen wollen. Er widerrief sein Geständnis sehr schnell, gestand dann nochmals, um es dann ein zweites Mal zu widerrufen und behauptete, Stavsky und Rosenblatt hätten ihn bezahlt, damit er den Mord gestehe. Der Fall kam am 23. April 1934 vor Gericht. Achimeir wurde, ohne sich verteidigen zu müssen, freigesprochen, da das Tagebuch angeblich kein ausreichender Beweis für eine vorherige Verschwörung war. Nachdem sich Rosenblatt verteidigt hatte, sprach das Gericht auch ihn frei. Stavsky wurde mit zwei zu eins Stimmen für schuldig befunden und am 8. Juni zum Tode durch Erhängen verurteilt. Am 19. Juli sprach ihn das Berufungsgericht von Palästina wegen einer Reihe von Formfehlern frei. Es hatte einige Verfahrensfehler die Spurensuche betreffend gegeben. Nachdem diese Beweise ausgeschlossen worden waren, gab es keine materiellen Belege mehr, die die Anschuldigung von Arlosoroffs Frau hätten stützen können. Im Gegensatz zum britischen Recht forderte das palästinensische Recht aber eine solche Verifizierung der Aussage eines einzelnen Zeugen in einem Kapitalverbrechen. Der oberste Richter verlieh seinem Missfallen deutlichen Ausdruck mit den Worten: „in England … hätte die Verurteilung Bestand behalten" und er prangerte den Winkelzug der Verteidigung mit dem gekauften Geständnis an: „Das ganze Zwischenspiel mit Abdul Majid in diesem Fall hinter-

---

12 *Revisionists in Palestine seek to explain away incriminating Testimony*, Jewish Daily Bulletin (29. August 1933); S.4.

lässt bei mir das ungute Gefühl, dass es hier eine Verschwörung gegeben hat, um den Sieg der Gerechtigkeit dadurch zu verhindern, dass man Abdul Majid beeinflusst hat, im Interesse der Verteidigung einen Meineid zu leisten."[13]

1944 kamen schließlich neue Beweise ans Licht, welche jedoch erst 1973 bekannt wurden. Als Lord Moyne, der britische High Commissioner für den Nahen Osten, 1944 in Kairo von zwei Mitgliedern der *Stern-Bande*, einer Splittergruppe der Revisionisten, ermordet wurde, untersuchte der in Palästina tätige englische Ballistik-Experte F.W. Bird die Mordwaffe und fand heraus, dass sie bereits bei mindestens sieben anderen politisch motivierten Morden benutzt worden war. Die Opfer waren zwei Araber, vier britische Polizisten sowie Chaim Arlosoroff. Bird erklärte 1973, er habe „bei der Gerichtsverhandlung zum Mord an Lord Moyne nichts über die Verbindung zu dem Mord an Arlosoroff gesagt, da die Beweiskette im Fall Arlosoroff durch die inzwischen vergangenen elf Jahre unterbrochen worden war".[14]

Die gesamte revisionistische Bewegung, inklusive Jabotinsky, leugnete jedwede Beteiligung der Revisionisten an diesem Mord, doch die Arbeiterzionisten hatten nie den leisesten Zweifel an ihrer Schuld und als das Berufungsgericht Stavsky auf freien Fuß setzte, kam es zu Auseinandersetzungen zwischen den beiden Parteien in der Großen Synagoge von Tel Aviv, die Stavsky besuchte. Während des Holocaust war der Mord an Arlosoroff einer der Hauptgründe, warum die Arbeiterzionisten die Revisionisten immer wieder öffentlich angriffen. Da Arlosoroff eine der treibenden Kräfte beim zu Stande kommen des *Ha'avara*-Abkommens gewesen war, das die Grundlage der Politik der WZO in Bezug auf die Nazis bildete, hat die Frage, wer für diesen Mord verantwortlich ist, eine große Bedeutung hinsichtlich der Beziehungen zwischen den Nazis und den Zionisten. Nach der Beweislage in diesem Fall zu urteilen, gibt es kaum einen Zweifel daran, dass Stavsky und Rosenblatt Arlosoroff ermordet haben, obwohl Yehuda Arazi-Tennenbaum, ein ehemaliger Arbeiterzionist und Polizist der Mandatsregierung, der an dem Fall mitgearbeitet hatte, 1955 verkündete, Stavsky sei unschuldig gewesen und es sei Druck auf den Araber ausgeübt worden, sein Geständnis zurückzuziehen. Diese Aussage war jedoch ausgesprochen unglaubwürdig, unter anderem deshalb, weil es

---

13 *Stavsky Appeal Allowed*; Palestine Post (22. Juli 1934); S.8.
14 *Trace 1933 Murder Weapon to Stern Group Death Squad*; Jewish Journal (10. August 1973).

22 Jahre gedauert hatte, bis Arazi-Tennenbaum damit an die Öffentlichkeit ging.[15] Nicht so sicher ist dagegen, ob Achimeir den Mord tatsächlich geplant hat. Ganz sicher gibt es nicht den kleinsten Beweis dafür, dass Jabotinsky vorher von der Sache wusste. Er behauptete, er glaube das absolut unwahrscheinliche Geständnis von Abdul Majid, doch ist hierbei höchst interessant, dass er 1935 darauf bestand, dass ein bestimmter Satz Eingang in die Grundprinzipien der *Betar* fand: „Ich werde meine Waffe bereithalten, um mein Volk zu verteidigen, und ich werde meine Waffe nur zu seiner Verteidigung tragen."

Jabotinskys Bemühungen um den Boykott

Als direkte Folge des Mordes machte man auf dem Weltkongress der Zionisten im August in Prag Jabotinskys Bemühungen um einen Boykott zu einer Farce. Während des Kongresses berichtete die *Jüdische Telegraphen-Agentur*, dass die Polizei seinen Brief an Achimeir gefunden hätte, in dem er diesem mit Ausschluss drohte, sollte er Hitler weiterhin loben.[16] Diese Episode und die Tatsache, dass er in Begleitung einiger *Betarim* in Braunhemden auf dem Kongress erschien, diskreditierten Jabotinsky als eine Art jüdischen Nazi. Die Entscheidung des Kongresses, den Boykott abzulehnen, wurde durch verschiedene Faktoren beeinflusst, doch allgemein waren die Delegierten der Meinung, dass – bei allen Fehlern, die Weizmann haben mochte – die Opposition der Revisionisten gegen die Deutschlandpolitik der WZO höchst verdächtig war und im Übrigen durch ihre Phantasterei über eine „Stalin – Ben-Gurion – Hitler"-Intrige, die Palästina in einen kommunistischen arabischen Staat verwandeln sollte, zusätzlich geschwächt wurde. Doch Jabotinsky sprach für viele, nicht nur für seine eigenen wenigen Anhänger, als er zum Kampf gegen Hitler aufrief. Er wusste, dass die Juden nie den Hauch einer Chance hätten, einen *modus vivendi* mit Hitler zu erreichen. Jabotinsky verstand auch, dass die deutschen Juden Hitlers Gefangene in seinem Krieg gegen das Weltjudentum waren. „Wenn es Hitlers Regime vom Schicksal vergönnt sein sollte anzudauern, wird das Judentum untergehen." „Das deutsche Judentum", so schrieb er, sei „nur ein unbedeutendes Detail."[17]

---

15 *Stavsky was Framed*; *Jewish Herald* (Südafrika, 24. Februar 1955); S.3.
16 *Jewish Daily Bulletin* (24. August 1933); S.1.
17 Schechtman: *Fighter and Prophet*; S.214.

Nachdem der Kongress seine Resolution mit 240 zu 48 Stimmen abgelehnt hatte, gab Jabotinsky eine Pressekonferenz, auf der er das *Ha'avara*-Abkommen anprangerte und ankündigte, dass die Revisionistische Partei als zeitweilig zentrales Organ eine weltweite Kampagne gegen die Nazis organisieren würde. Es bekundete auch seine Bereitschaft, mit der *Non-Sectarian Anti-Nazi League* und anderen Boykottkräften zusammenzuarbeiten, doch er zog nie in Erwägung, die Massen zu mobilisieren. Er war gegen einen, wie er es nannte, „negativen" Boykott. Seine Art des Boykotts sollte eine positive sein, bei der es stärker um „das Kaufen ... aus akzeptableren Quellen" gehen sollte. Sein Büro gäbe „genaue Beschreibungen aller empfohlenen Artikel ...[und] Adressen und Telefonnummern der Läden, in denen diese Artikel zu finden waren" heraus.[18] Die Revisionisten richteten in ihrem Pariser Hauptquartier pflichtbewusst eine „Abteilung für wirtschaftliche Verteidigung" ein, doch am 6. Februar 1934 beschwerte sich Jabotinsky bereits, dass er die ganze Arbeit selber machen müsse, da: „die Mitglieder des Exekutivkomitees davor zurückschrecken, sich einen Job aufzuhalsen, der nicht ohne fettes Budget zu bewerkstelligen ist ... Die ganze Arbeit wurde von einem unbezahlten Sekretär und einer nur halbtags beschäftigten Schreibkraft erledigt." Bevor er nicht etwas Geld bekäme, gäbe es keine „großen öffentlichen Gesten (was einfach wäre): Die jüdische Welt hat schon genug dieser großen Appelle gesehen, denen nie systematisches Handeln folgte."[19] Am 13. September 1935, auf dem Gründungskongress der Neuen Zionistischen Organisation, sprach Jabotinsky zwar immer noch über den Boykott, allerdings im Futur: „Eine jüdische Boykottorganisation, die von ihm selbst geführt würde, muss erst noch geschaffen werden."[20] Jabotinskys „Kommerzielle Werbeagentur" konnte niemals irgendjemanden inspirieren, weil sie – bestenfalls – einen großen Berg Papier hervorbringen würde. Die Revisionisten leisteten in der ganzen Welt Boykottarbeit, doch als klassische Sektierer veranstalteten sie ihre eigenen Versammlungen gegen die Nazis in Osteuropa, wo sie ihre meisten Anhänger hatten. Da sie jedoch allein nichts erreichen konnten, wandten sie sich bald angenehmeren Aufgaben zu, die im direkten Zusammenhang mit Palästina standen.

---

18 Ebenda; S.218/219.
19 Ebenda; S.219/220.
20 *New Zionists' Vigorous Policy; World Jewry* (London, 13. September 1935); S.13.

„Es wird keinen Krieg geben"

Ungeachtet seiner subjektiven Abneigung gegen die Nazis stand Deutschland nie im Zentrum des Interesses von Jabotinsky. Shmuel Merlin sagt dazu: „Jabotinsky sah das Hitler-Regime nicht als etwas Dauerhaftes oder Stabiles an."[21] Es geht das Gerücht um, er habe die Juden vor dem kommenden Holocaust gewarnt und einige seiner Aussagen klingen wie eine Prophezeiung, bis man sie näher unter die Lupe nimmt. Wie zum Beispiel die Aussage: „Wenn es Hitlers Regime vom Schicksal vergönnt sein sollte anzudauern, wird das Judentum untergehen." Doch er hielt das Regime ja für instabil und nahm an, es würde schnell zusammenbrechen, sollte es zum Krieg kommen.[22] Seine Bewunderer zitieren gern sein Lieblingsthema: „Liquidiert die Diaspora oder die Diaspora wird Euch liquidieren." Obwohl es wie ein Orakel klingt, meinte Jabotinsky damit nicht, dass Deutschland ganz Europa erobern oder versuchen würde, die Juden auszurotten. Merlin ist an dieser Stelle sehr genau: „‚Liquidiert die Diaspora' bezog sich nicht auf Hitler. Unser Hauptaugenmerk lag stets auf Polen und Osteuropa."[23] Der Ausspruch bezog sich auf die systematische Schwächung der wirtschaftlichen Stellung des jüdischen Mittelstandes in Polen, wo die Juden durch die sich immer mehr ausbreitenden Kooperativen der Bauern verdrängt und durch Pogrome, die vom christlichen nationalistischen Mittelstand organisiert wurden, vertrieben wurden.

In den 30er Jahren begriff Jabotinsky nicht, dass das Nazitum aus einem Zeitalter des Krieges und der Revolutionen heraus geboren war und dass es in Krieg und Revolution würde untergehen müssen. Er redete sich ein, die Kapitalisten würden sich nicht dazu zwingen lassen, sich durch einen neuen Krieg selbst zu zerstören und 1939 schrieb er an seine Schwester: „Es wird keinen Krieg geben; die deutsche Unverschämtheit wird bald vergehen; Italien wird sich mit den Briten vertragen ... und in fünf Jahren werden wir einen jüdischen Staat haben."[24] Im Sommer 1939 lebte er in Frankreich, in Pont d'Avon, und in der letzten Augustwoche jenes Jahres behauptete er immer noch: „Es gibt nicht den Hauch einer Chance für einen Krieg ... Für Pont d'Avon sieht die Welt absolut friedlich aus, und ich denke, Pont d'Avon hat

---

21 Interview des Autors mit Merlin.
22 Katz, Jacob: *Was the Holocaust Predictable?*; *Commentary* (Mai 1975); S.42.
23 Interview des Autors mit Merlin.
24 Schechtman: *Fighter and Prophet*; S.366.

Recht."[25] Die Revisionisten reagierten heftig auf die Nazi-Besetzung Österreichs und der Tschechoslowakei. Auf dem Weltkongress der *Betar* im September 1938 in Warschau forderte der damals 25 Jahre alte Menachem Begin die sofortige Eroberung Palästinas. Jabotinsky wusste, dass dies unmöglich war, man konnte niemals die Briten, die Araber oder auch nur die Arbeiterzionisten bezwingen, und er stellte seinen übereifrigen Schüler bloß, indem er seine Worte mit dem „sinnlosen Quietschen einer Tür"[26] verglich. Doch im August 1939, da er ebenso verzweifelt war wie seine Anhänger, kam Jabotinsky zu dem Schluss, dass, wenn die Revisionisten die Juden in Europa nicht unmittelbar retten konnten, sie zumindest mit wehenden Fahnen untergehen und die Juden durch ihre Geste inspirieren konnten. Und so entschloss er sich, Palästina zu besetzen und mit einer Bootsladung bewaffneter *Betarim* am Strand von Tel Aviv zu landen. Seine dortige Untergrundtruppe, die *Irgun* (*Die Organisation*, kurz für *Irgun Zewai Leumi, Nationale Militärorganisation*) würde sich erheben, das Regierungsgebäude in Jerusalem einnehmen und es für 24 Stunden halten, während in Europa und New York eine jüdische Übergangsregierung ausgerufen würde. Nach seiner Verhaftung oder seinem Tod würde diese Regierung als Exilregierung weiterarbeiten.[27]

Als Vorbild für dieses Abenteuer diente der irische Oster-Aufstand von 1916. Damals waren die Anführer nach ihrer Festnahme hingerichtet worden, doch der Aufstand führte letztlich dazu, dass die Briten sich aus dem südlichen Teil Irlands zurückzogen. Es ist jedoch unmöglich sich vorzustellen, wie Jabotinskys Invasion die jüdische Bevölkerung, die mehrheitlich seinen Gegnern zu zurechnen war, hätte überzeugen sollen, sich nach seiner Niederlage zu erheben. Wie phantastisch dieser Plan war, zeigte sich in der Nacht vom 31. August auf den 1. September 1939. Der britische CID [Criminal Investigation Department, britische Kriminalpolizei] verhaftete die gesamte Führung der *Irgun*, als diese gerade darüber diskutierte, ob sie sich an dem Plan beteiligen sollten; wenige Stunden später marschierten Hitlers Truppen in Polen ein und begannen damit den Krieg, von dem Jabotinsky gerade noch behauptet habe, es könne ihn nicht geben.[28]

---

25 Ebenda.
26 Levine, Daniel: *David Raziel, The Man and his Times*; PhD Thesis; Yeshiva University; 1969; S.80 und S.24-51.
27 Schechtman: *Fighter and Prophet*; S.482/483.
28 Nathan Yalin-Mor: *Memories of Yair and Etzel*; *Jewish Spectator* (Sommer 1980); S.36.

12. Georg Kareski, Hitlers zionistischer Quisling (lange) vor Quisling

Die Tatsache, dass Jabotinsky ein Gegner Hitlers war und Abba Achimeir davon überzeugen konnte, diesen nicht weiter zu loben, bedeutete nicht, dass alle Revisionisten diese Ansicht teilten. Einige von ihnen waren noch immer überzeugt davon, dass eine Kollaboration mit den Nazis für den Zionismus der richtige Weg war. Der bekannteste Vertreter dieser Position war Georg Kareski, den Jabotinsky – wie bereits angedeutet – im Jahre 1933 versucht hatte aufzuhalten.

In den Jahren 1919/1920 hatte sich Kareski bereits gegen die Politik der ZVfD, sich ausschließlich mit Palästina zu beschäftigen, entschieden und begonnen, sich mit der Politik der jüdischen Gemeinde zu befassen. In einer Zeit, in der die Religion zunehmend in den Hintergrund trat, in der sich immer mehr deutsche Juden für Mischehen aussprachen und der Atheismus um sich griff, konzentrierten sich jene, die sich zum konfessionellen Judentum zählten, noch stärker auf das, was innerhalb Deutschlands passierte. 1926 gelang es Kareskis nach innen orientierter zionistischer *Jüdischer Volkspartei*, gemeinsam mit anderen religiösen Isolationisten, die reformierte „liberale" deutschnationale Führung der Jüdischen Gemeinde abzulösen, und im Januar 1929 wurde er Vorsitzender der Berliner Jüdischen Gemeinde. Sein Erfolg war jedoch nur von kurzer Dauer, die Liberalen besiegten ihn im November 1930. Kareski betrat die politische Bühne Deutschlands erstmals als Kandidat für die katholische *Zentrumspartei* bei den Reichstagswahlen im September 1930. Die Partei war für ihn deshalb attraktiv, weil auch sie sich um religiöse Bildung bemühte und weil sie sozial konservativ eingestellt war. Als Hitler an die Macht kam, schloss sich Kareski den Revisionisten an, die er als potentielles jüdisches Äquivalent zu den erfolgreichen Nazis sah. Innerhalb der ZVfD waren die Revisionisten eine unbedeutende Fraktion gewesen und hatten bei der Delegiertenwahl zum Zionistischen Weltkongress 1931 nur 1.189 von 8.494 Stimmen erhalten. 1933 war die Bedeutung der Revisionisten noch weiter zurückgegangen, nachdem sie sich in verschiedene rivalisierende Cliquen aufgespalten hatten. Kareski mit seinem Ruf als bedeutendes Mitglied der Gemeinde hatte keinerlei Schwierigkeiten gehabt, die Führung dieser entmutigten Kräfte zu übernehmen und aus ihnen die neue Staatszionistische Organisation zu machen.

Im Mai 1933 unternahm er seinen lächerlichen Putschversuch gegen die Berliner Jüdische Gemeinde und wurde aus der ZVfD ausgeschlossen. Seine Karriere und seine Verbindungen zu den Nazis entwickelten sich erst weiter, nachdem sich die Revisionisten nach der Ablehnung des Boykotts gegen die Nazis auf dem Zionistenkongress in Prag von der WZO abgespaltet hatten. Da die Revisionisten nun de facto nicht länger Teil der WZO waren, erhielt das Palästina-Amt[1] in Berlin die Anweisung, *Betarim* von der Erteilung eines Einreisezertifikats für Palästina auszuschließen. Die Revisionisten reagierten darauf, indem sie bei Treffen der ZVfD Schlägereien anzettelten und riefen: „Ihr marxistischen Schweine! Ihr seid alle Sympathisanten der *Histadrut*, die zur Zweiten Internationale gehört!"[2] Im Ergebnis wurde das ZVfD-Hauptquartier im Juni 1934 zeitweilig geschlossen. Am 6. August schickte einer der Führer der Staatszionisten, Dr. Friedrich Stern, den Nazis einen Brief, in dem er erklärte, das Wachstum ihrer antimarxistischen Jugendgruppe, der Nationalen Jugend *Herzlia*, würde durch ihren Ausschluss von der Emigration durch das Palästina-Amt gehemmt, dessen Personal angeblich aus pro-marxistischen *Histadrut*-Anhängern aus den Reihen der ZVfD bestünde. Die ZVfD erfuhr durch *Hechalutz*-Spione in der *Herzlia* sowie durch ihre eigenen Kontakte zum Hitler-Regime davon und so scheiterte das Komplott.[3] Die Nazis begriffen schnell, dass, wenn sie den Staatszionisten das Palästina-Amt übergaben, die WZO keine Einreisezertifikate mehr nach Deutschland vergeben würde. Und solange die Nazis die WZO und die jüdischen Wohltätigkeitsorganisationen brauchten, um die Emigration zu organisieren, konnten sie der Jüdischen Gemeinde keinen Kollaborateur aufzwingen. Kareskis Kampagne brachte Jabotinsky in eine unmögliche Situation: Während er die WZO wegen des *Ha'avara*-Abkommens angriff, arbeitete seine eigene Bewegung in Deutschland auch für die Nazis, und so sah er sich gezwungen zu erklären, dass von nun an „diejenigen, die unsere Herzl'schen Ansichten teilen, auch wissen müssen, dass ‚Marxist' ein Wort ist, dass nicht zur bloßen Polemik verwendet werden darf."[4]

---

1   Das Palästina-Amt war das Auswanderungsbüro der *Jewish Agency* mit Sitz in der Meineckestraße in Berlin-Charlottenburg (daher auch der Begriff „Meineckestraßen-Zionismus"). Es betreute alle Emigranten nach Palästina. 1941 wurde das Amt geschlossen, bis dahin hatte es ca. 50.000 Menschen zur Auswanderung verholfen.
2   *Revisionists Cause Crisis in German Zionism*; *Palestine Post* (25. Juni 1934); S.1.
3   Levine, Herbert: *A Jewish Collaborator in Nazi Germany: The Strange Career of Georg Kareski, 1933-37*; *Central European History* (September 1975); S.262.
4   Jabotinsky, Wladimir: *Jews and Fascism*; *Jewish Daily Bulletin* (11. April 1935); S.2.

Die Nazis hatten sich für eine Politik entschieden, die allgemein die zionistischen den nicht-zionistischen Juden vorzog und im Rahmen dieser Politik bevorzugten sie eine offene Ermutigung der Staatszionisten vor einer Unterdrückung der „Marxisten" von der ZVfD. Am 13. April 1935 informierte daher die Gestapo die normale Polizei, die Staatszionisten erhielten von nun an „ausnahmsweise und stets widerrufbar, die Erlaubnis, ihre Mitglieder, die zur ‚Nationalen Jugend *Herzlia*' oder ‚*Brith Hashomrim*' gehörten, innerhalb ihrer Räumlichkeiten Uniformen tragen zu lassen, ... da die Staatszionisten sich als diejenige Organisation erwiesen haben, die versuchte, ihre Mitglieder auf jede mögliche Art und Weise, selbst illegal, nach Palästina zu bringen und die durch ihre ehrliche Arbeit für die Emigration den Interessen der Reichsregierung an einer Entfernung der Juden aus Deutschland auf halbem Weg entgegenkommt. Die Erlaubnis zum Tragen von Uniformen soll die Mitglieder der deutsch-jüdischen Organisationen anspornen, sich den staatszionistischen Jugendgruppen anzuschließen, in denen sie stärker dazu gedrängt würden, nach Palästina zu emigrieren."[5]

Trotz der Beziehungen zwischen den Staatszionisten und der Gestapo war Kareski auf dem NZO-Kongress in Wien 1935 immer noch ein gern gesehener Gast. Als die Revisionisten sich entschieden hatten, den Boykott gegen die Nazis zu unterstützen, hatten sie ihren deutschen Ableger formal aus der Bewegung ausgeschlossen, um ihn zu schützen und so war es offensichtlich, dass Kareski dort war, um im Auftrag der Gestapo gegen den Boykott zu intervenieren. Die besorgte Mitgliedschaft wollte sich von den Staatszionisten distanzieren und erzwang eine Resolution, dass es unter den gegebenen Umständen keine revisionistische Bewegung in Deutschland gab und geben konnte.[6] Kareski beging den Fehler, zu dem darauf folgenden *Betar*-Kongress in Krakau in Begleitung eines bekannten jüdischen Gestapo-Agenten anzureisen und einige deutsche *Betarim* unterrichteten Jabotinsky davon.[7] Man forderte Kareski auf, den Kongress zu verlassen und Jabotinsky war gezwungen, ihn aufzufordern, sich öffentlich zu rechtfertigen und jede Verbindung zu den Nazis zu dementieren.[8] Später jedoch, im Jahre

---

5 Grossmann, Kurt: *Zionists and non-Zionists under Nazi Rule in the 1930s*; *Herzl Yearbook*, Vol. 4 (1961/1962); S.341/342.
6 Interview des Autors mit Shmuel Merlin am 16. September 1980.
7 Interview des Autors mit Paul Riebenfeld am 17. Januar 1978.
8 *See Kareski's Hand in Leader's Ousting*; *Congress Bulletin* (24. Januar 1936); S.4.

1936, benutzte Jabotinsky Kareski als Vermittler gegenüber einem deutschen Verlagshaus, das die Rechte an einem seiner Bücher hielt. Jabotinsky übernahm nach den Ereignissen in Krakau keine weitere Verantwortung für Kareski, doch solange er in Deutschland war, hielt Kareski Kontakt zu der Minderheit in der weltweiten revisionistischen Bewegung, die sich weiterhin mit seiner pro-nazistischen Linie einverstanden erklärte, besonders aber mit jenen von Weisl in Wien.

„Die Zionisten als die ‚rassischen Juden' haben uns zumindest formal die Garantie gegeben"

Auch die Tatsache, dass es Kareski auch nach mehreren Anläufen nicht gelungen war, die deutschen Juden dazu zu bringen, seinen Ansatz zu akzeptieren, hielt die Nazis nicht davon ab zu versuchen, ihn der Jüdischen Gemeinde aufzuzwingen. Sie begannen Ende 1935 mit dem Reichsverband der jüdischen Kulturbünde. Die Kulturbünde waren gegründet worden, um Arbeitsmöglichkeiten für jüdische Musiker, Schriftsteller und Künstler zu schaffen, die entlassen worden waren, und die Gestapo war der Ansicht, dass ein wenig echter zionistischer Geist den Bünden gut tun würde.[9] Benno Cohen von der ZVfD war zum Assistenten des Dirigenten Kurt Singer, des Direktors des Reichsverbandes, ernannt worden, doch das war nicht genug: Die Künstler waren immer noch echte kulturelle Assimilationisten und im Oktober 1935 wurde Kareski, der keinerlei Beziehung zu Kunst und Kultur hatte, in einer Singer übergeordneten Position eingesetzt und Cohen entlassen. Der Dirigent sagte den Nazis, er würde eher zurücktreten als mit Kareski zusammen zu arbeiten und so wurden die Bünde aufgelöst, um sie so dazu zu bringen, Kareski zu akzeptieren. Die Weigerung der Juden, sich der Politik der Nazis zu beugen, erregte einige Aufmerksamkeit in der Nazi-Presse und so begründete der für die Kulturbünde zuständige Bürokrat, Hans Hinkel, öffentlich seine Wahl des neuen Direktors folgendermaßen: „Ich habe der zionistischen Bewegung bewusst erlaubt, den stärksten Einfluss auf die kulturellen und geistigen Aktivitäten des Kulturbundes auszuüben, weil die Zionisten als ‚rassische Juden' uns zumindest formal die Garantie für eine Zusammenarbeit in einer akzeptablen Form gegeben haben."[10]

---

9 Levine, Herbert: *A Jewish Collaborator in Nazi Germany*; Atlanta; Central European History; 1975; S.266/267.
10 *Kareski Again*: *American Hebrew* (21. Februar 1936); S.406.

Die Zionisten, von denen Hinkel sprach, waren die Staatszionisten, die zur damaligen Zeit noch unbeliebter waren als 1931. Realistisch betrachtet handelte es sich um einige Dutzend erwachsene Parteimitglieder und etwa 500 Jugendliche.[11] Doch die Nazis machten in ihrer Propaganda mehr aus Kareski. Als ehemaliger Vorsitzender der Berliner Jüdischen Gemeinde, Anführer der Staatszionisten und jetziger Vorsitzender der Kulturbünde schien er eine imposante Persönlichkeit zu sein. Im Oktober 1935 interviewte ihn ein Redakteur der Goebbels-Zeitung *Der Angriff*: „Seit vielen Jahren schon halte ich eine klare Trennung des kulturellen Lebens zweier Völker, die in einer Gesellschaft leben, für ein friedliches Nebeneinander für unabdingbar. Ich habe eine solche Trennung, die auf der Grundlage der Achtung der fremden Kultur beruht, lange unterstützt. Die Nürnberger Gesetze vom 15. September 1935 scheinen mir, unabhängig von ihren Verfassungsbestimmungen, ganz und gar auf dem Weg für eine gegenseitige Achtung der Selbstständigkeit und Getrenntheit jedes Volkes zu liegen. Die Unterbindung des Vorgangs der Auflösung in viele jüdische Gemeinschaften, welche durch Mischehen gefördert worden war, ist vom jüdischen Standpunkt aus durchaus willkommen. Für die Errichtung einer jüdischen Heimstatt in Palästina haben die Faktoren Religion und Familie eine entscheidende Bedeutung."[12]

Doch die Kulturbünde waren für die Nazis zu wichtig als Beispiel für die kulturelle Trennung, als dass man sie wegen Kareski hätte aufgeben können, und so erlaubten ihnen die Nazis, sich ohne ihn neu zu organisieren. Im Jahr 1937 waren Kareski und die Gestapo dann bereit für ein anderes Manöver. Ihr Ziel war diesmal die Reichsvertretung der deutschen Juden. Kareski bildete eine Allianz mit den unzufriedenen konservativen Assimilationisten innerhalb der Berliner Gemeinde und gemeinsam legten sie ein Programm vor, dem zufolge die Staatszionisten die politische Arbeit der Organisation sowie die religiösen Gemeinden die wohltätigen Arbeiten übernehmen würden. Max Nussbaum, der Rabbi der *Great Jewish Congregation* von Berlin, berichtete später von dem Druck, mit dem die Nazis versucht hatten, die revisionistische Linie durchzusetzen. Kuchmann, der Judenkommissar der Gestapo, hatte es sich in den Kopf gesetzt, Experte zum Thema Judenfrage zu werden und las jedes verfügbare Buch über das moderne Judentum. Da

---

11 Colodner: *Jewish Education under the Nazis*; S.111.

12 Unterredung eines deutschen Schriftleiters mit dem Präsidenten der Staatszionistischen Organisation, Georg Kareski, Berlin. Central Archives for the History of the Jewish People; Hebrew University Jerusalem. CAHJP P/82-17 (Kareski-Akten).

er unbedingt das Richtige tun wollte, ließ er Nussbaum zu sich rufen. „Als Folge seines Eifers entwickelte er plötzlich eine große Zuneigung zum Revisionismus und ließ jeden von uns Unglücklichen, die er in sein Büro zitiert hatte, wissen, dies sei die einzige Lösung für das Palästinaproblem und machte dem offiziellen Zionismus permanent den Vorwurf, er sei ‚rot' und ‚links'. Eines Tages im Frühjahr 1937 rief er mich in sein Büro und ließ mich ganz offen wissen, ich müsse die Führung der revisionistischen Gruppe übernehmen, den Revisionismus in Deutschland populärer machen, meine Propaganda für den ‚Meineckestraßen-Zionismus'[13] [ZVfD] unterlassen ... Als ich mich weigerte ... ‚bestrafte' er mich mit einem Schreib- und Redeverbot für ein Jahr."[14]

Auch dieser Versuch schlug fehl; die Juden im Ausland konnten nicht dazu bewegt werden, eine Zentralorganisation der deutschen Juden zu finanzieren, die von einem Verräter geführt wurde, und so gaben die Nazis nach. Als Trostpreis machten die Nazis die Staatszionistische Organisation im Frühjahr zur einzigen autorisierten jüdischen Vertretung im Umgang mit den deutschen Behörden.[15]

Kareskis Nützlichkeit für die Nazis endete, als ein Skandal in Kareskis *Iwria*-Bank aufgedeckt wurde. Er hatte illegale Darlehen an Mitglieder des Vorstandes der Bank und persönliche Freunde vergeben und versuchte, das durch einen Scheck der Berliner Jüdischen Gemeinde zu vertuschen, indem er einen seiner Angestellten anwies, den Scheck anzunehmen, obwohl er nur seine Unterschrift trug und damit die Regelung verletzte, nach der der Scheck hätte gegengezeichnet werden müssen. Der Kassierer nahm den Scheck unter Protest an und informierte die Berliner Gemeinde. Es gibt keinen Beweis dafür, dass Kareski persönlich von seinen Manipulationen profitiert hat – er benutzte die Darlehen dazu, sich Verbündete innerhalb der Gemeinde zu schaffen – doch letztlich brach die Bank zusammen und Kareski entschloss sich, Palästina zu besuchen.[16]

Seine Reise war kein Erfolg. Als die deutschen Juden in Haifa am 6. Oktober 1937 herausfanden, dass er dort war, machte sich eine große

---

13 *Georg Kareski Approves of Ghetto Laws – Interview in Dr. Goebbel's Angriff*; Jewish Chroncicle (London, 3.January 1936); S.16.
14 Nussbaum, Max: *Zionism under Hitler*; Congress Weekly (11. September 1942); S.13.
15 A.M.H.: *The Jewish Year in the Diaspora*; Palestine Post (5. September 1937); S.5.
16 Baker, Leonard: *Hirt der Verfolgten*; S.286.

Menge auf, um ihn „gebührend" zu empfangen und jagte ihn durch die Straßen der Stadt. Schließlich musste er sich in einem Haus verbarrikadieren, bis er von der Polizei gerettet wurde.[17] Die Vereinigung der deutschen Einwanderer (HOG, *Hitachduth Olej Germania*) beschuldigte ihn öffentlich des Versuchs, sich von den Nazis als Führer der deutschen Juden einsetzen zu lassen, des Aufhetzens zum Mord am Vorsitzenden der ZVfD, des Versuchs, die zionistische Organisation zu zerstören und der Korruption in seiner Bank. Kareski beging den Fehler, all das abzustreiten und auf einem Gerichtsverfahren vor einem Rabbinergericht zu bestehen. Im Juni 1938 entschied das Gericht unter Vorsitz des Obersten Rabbiners, dass die Anklagen der HOG durch die Beweise voll bestätigt worden waren.[18] Diese Entscheidung beendete letztlich die aktive politische Karriere von Kareski.

„Eine jüdische Legion zum Schutz der Juden in Palästina vor Angriffen"

Obwohl Jabotinsky Kareski verstoßen hatte, gab es immer noch einige in der revisionistischen Bewegung, die ihn verteidigten. Es hatte immer Elemente innerhalb der Bewegung gegeben, die mit Jabotinskys Anti-Nazi-Politik nicht einverstanden gewesen waren. Wieso war der Deal, den Jabotinsky mit Simon Petljura gemacht hatte, nachdem die ukrainische Armee bereits 30.000 Juden abgeschlachtet hatte, akzeptabel, ein Deal mit Hitler aber nicht? Vor der Reichskristallnacht hatte Hitler keinen einzigen Juden töten lassen, nur weil er Jude war. Diese Revisionisten waren überzeugt, dass Hitlers Sieg der Anfang eines faschistischen Zeitalters war und dass die Juden das einfach begreifen und sich darauf einstellen mussten. Der Kreis um von Weisl, der Jabotinskys Verhandlungsführer mit den anderen autoritären Diktatoren Europas war, stimmte Kareski in seinem Ansatz voll zu. 1936 nahm von Weisl, offensichtlich auf eigene Faust, Kontakt zu den britischen Faschisten auf und unterbreitete ihnen den fantastischen Vorschlag einer Kriegsallianz zwischen Großbritannien, Japan, Polen und Deutschland, um gemeinsam mit einem zukünftigen revisionistischen Staat gegen die Sowjets, die Araber und die asiatischen Kolonialrevolten vorzugehen.[19]

---

17 *Mr. Kareski Abused by Haifa Crowd*; Palestine Post (7. Oktober 1937).
18 *Kareski's Charge Dismissed*; Palestine Post (10. Juni 1938); S.8.
19 Levine: *Jewish Collaboration in Nazi Germany*; S.272.

Es wäre schön, wenn man behaupten könnte, die Entscheidung des Rabbinergerichts habe Kareskis Karriere endgültig beendet und er sei als einsamer und von allen gehasster Mann gestorben, doch am 2. August 1947 war der damals 68 Jahre alte Kareski Vorsitzender eines revisionistischen Gesundheitsfonds in Palästina. Einige seiner Freunde wollten sogar eine Straße in Ramat Gan nach ihm benennen lassen.[20] Selbst jetzt gibt es noch Menschen, die ihn verteidigen und behaupten, dass nach allem, was man heute weiß, der Rest der Welt die Juden im Stich gelassen hatte und dass deshalb nach Hitlers Machtübernahme eine schnelle Emigration die einzige Lösung war.

Kareski, ein klassischer Revisionist, wenngleich einer der extremsten Sorte, hat die deutschen Juden verraten. Seine Vision hatte nichts Prophetischeres zu bieten als einen revisionistischen Staat vom Mittelmeer bis zum Euphrat unter dem Mandat von Mussolini.[21] Er hat den Holocaust sicher nicht vorhergesehen. Noch 1935 legte er einen 25-Jahresplan für die Evakuierung von 20.000 Emigranten pro Jahr aus Deutschland vor. Er wollte die Jugend *Herzlia* als „eine jüdische Legion zum Schutz der Juden in Palästina vor Angriffen" [Hervorhebung des Autors] benutzen.[22]

Es überrascht nicht, dass die Nazis sich Kareski für eine Zusammenarbeit aussuchten. Sein Gegner unter den Assimilationisten, Max Naumann, war absolut inakzeptabel, da er hartnäckig auf einer vollen Beteiligung der Juden am Dritten Reich bestand. Kareski erschien den Nazis, als sei er bei einem großen Casting eigens ausgewählt worden: Die Karikatur des Bühnenjuden, ein unehrlicher Wucherer, der ebenso eifrig wie ein Rabbi im Mittelalter versuchte, die Juden vom ungläubigen Teil der Menschheit fernzuhalten, der aber an der Spitze einer Emigrationsbewegung stand, die braune Hemden trug.

---

20 Ebenda; S.253.
21 Ebenda; S.272.
22 de Haas, Jacob: *The Sharp End of the Axe*; *Chicago Jewish Chronicle* (15. November 1935); S.9.

13. Die Auswahl des erwählten Volkes – Die Doktrin der „Zionistischen Grausamkeit"

Die Statistiken zur jüdischen Emigration aus Deutschland unterscheiden sich in einigen Details, je nachdem, wer sie verfasst hat, doch in den wichtigen Punkten stimmen sie überein. Herbert Strauss zum Beispiel schätzt, dass es insgesamt 27.000 bis 300.000 Emigranten gegeben hat, von denen 30.000 in den Ländern starben, in denen sie vermutlich Zuflucht fanden.[1] Yehuda Bauer nimmt an, zwischen 1933 und 1938 seien 44.537 legale Emigranten aus Deutschland und Österreich nach Palästina eingewandert – „etwa 20 Prozent" aller jüdischen Immigranten.[2] Laut *Encyclopedia Judaica* kamen bis 1939 etwa 55.000 Menschen nach Palästina.[3] Fawzi Abu-Diab zählt nur 39.131 deutsche Einwanderer zwischen 1919 und 1945, doch diese niedrige Zahl ist dadurch zu erklären, dass die Kategorien der Mandatsträger und der *Jewish Agency* „nicht autorisierte Reisende", „Staatenlose" und „nicht näher spezifiziert" nicht mitgezählt wurden, jedoch viele dieser Menschen damals in Deutschland beheimatet waren.[4] Im Vergleich dazu schätzt die *Encyclopedia Judaica*, dass 63.0000 Menschen in die Vereinigten Staaten auswanderten, 40.000 nach Großbritannien, 30.000 nach Frankreich, 25.000 nach Belgien und 25.000 nach Argentinien.[5] Die Internationale Siedlung in Shanghai nahm zwischen 1938 und 1941 etwa 16.000 Menschen auf, in Südafrika waren es 5.000.[6]

Die Briten, nicht die Zionisten, bestimmten die Einwanderungspolitik für Palästina, wobei sie eine Reihe politischer Faktoren miteinbezogen, beispielsweise eine Einschätzung der zu erwartenden Reaktion der Araber und die relativ objektiven Kalkulationen bezüglich der Aufnahmefähigkeit der jüdischen Wirtschaft in Palästina. Jedes Jahr wurde eine Quote festgelegt und die begehrten Einreisezertifikate wurden an die

---

1 Strauss, Herbert: *Jewish Emigration from Germany – Nazi Policies and Jewish Responses*; Leo Baeck Institute Year Book, Vol. 25; S.327.
2 Bauer: *My Brother's Keeper*; S.156-163.
3 *Germany*; Encyclopedia Judaica; Vol. VII; Absatz 491.
4 Abu-Diab, Fawzi: *Immigration to Israel; A threat to peace in the Middle East*; New York; Arav Information Center; May 1960; S.6.
5 *Encyclopedia Judaica*, Vol. VII; Absatz 491.
6 Kranzler, David: *The Jewish Refugee Community of Shanghai, 1938-45*; Wiener Library Bulletin, Vol. XXVI, Nr. 34 (1972-1973); S.28.

WZO weitergeleitet. Es gab immer auch politische Kriterien für die zukünftigen Einwanderer. Kommunisten waren von der Einwanderung ausgeschlossen und sechs Prozent der Zertifikate mussten an die anti-zionistischen Vertreter der *Aguda* vergeben werden, doch andererseits durften diejenigen, die 1.000 Pfund und mehr mit ins Land brachten, jederzeit außerhalb der Quote einwandern. Bis der arabische Aufstand von 1936 die Briten zwang, die Quoten drastisch zu senken, hatte es nie ernsthafte Meinungsverschiedenheiten zwischen der *Jewish Agency* und London wegen der Quoten oder der zugrunde liegenden Einschätzung der wirtschaftlichen Lage gegeben.

Die Immigrationspolitik der WZO selbst hatte sich langsam entwickelt. Vor dem Ersten Weltkrieg kamen die meisten Immigranten aus Russland, doch die Revolution der Bolschewiki ließ diese Quelle versiegen; in der Zeit nach dem Ersten Weltkrieg nahm Polen die Spitzenposition bei den Immigranten ein. Die antisemitische Politik der *Endek*-Regierung brachte Tausende jüdischer Handwerker und Vertreter aus dem unteren Bereich des Mittelstandes dazu, eine Emigration ernsthaft in Erwägung zu ziehen. Nachdem ihnen eine Einwanderung in die Vereinigten Staaten wegen der neuen Einwanderungsbestimmungen versagt blieb, wandten sie sich Palästina zu und das von ihnen ins Land gebrachte Kapital führte schnell zu einem Bodenboom, bei dem Grundstücke in und um Tel Aviv auf den Märkten in Warschau angeboten wurden. Auch der *Jüdische Nationalfonds* (JNF), dem die Organisation der landwirtschaftlichen Kolonien der WZO oblag, musste nun exorbitante Preise für die von ihm selbst benötigten Grundstücke zahlen. Tel Aviv wuchs infolge der Immigration schnell, vor allem aber dank der Zuwanderung selbstständiger polnischer Handwerker: der alte Patriarch, der mit seiner Großfamilie einige Webstühle betrieb. Die Polen lösten zwar ihre eigenen Probleme, doch ihre kleinen Betriebe konnten nie die Basis einer zionistischen Wirtschaft werden, die jedoch unbedingt notwendig war, wenn es ihnen jemals gelingen sollte, den Arabern das Land zu entreißen. Schließlich endete der Bodenboom, was viele kleine Ladenbesitzer in den Ruin trieb und zu einer hohen Arbeitslosigkeit im Baugewerbe führte; und obwohl der Preisverfall dem JNF sehr gelegen kam, musste er sich jetzt mit den Nöten der Arbeitslosen auseinandersetzen.

Diese Erfahrungen führten zu drastischen politischen Veränderungen, und man entschied, dass man sich die sozialen Kosten einer Einwanderung des Kleinbürgertums nicht leisten könne. Bereits 1924 begann

Weizmann, die neuen Siedler zu beschuldigen, sie brächten „die Atmosphäre des Ghettos" mit und er warnte sie: „Wir dürfen unter keinen Umständen vergessen, dass wir unsere Nationale Heimat nicht nach dem Muster von Djika und Nalewki aufbauen wollen ... Nun sind wir wieder in unserer Heimat und wollen für die Ewigkeit bauen."[7]

Die „Kein Nalewki"-Politik – Nalewki war das große Ghetto in Warschau –, führte letztlich dazu, dass die Zionisten sich von den jüdischen Massen abwandten, die größtenteils keine Zionisten waren und auch von den Mitgliedern der zionistischen Bewegung in der Diaspora. Diesen Menschen fehlten die Fähigkeiten und die Ressourcen, die in Palästina gebraucht wurden, und deshalb waren sie für die Zionisten nicht interessant. Ab sofort würden Einwanderer danach ausgewählt werden, inwieweit sie nützlich für Zion waren. In Palästina selbst entschied die WZO, dass die Arbeitslosen ermutigt werden sollten zu re-emigrieren, um so die Kosten für ihren Unterhalt zu senken.[8] Als sich eine Allianz zwischen dem Kreis um Weizmann, der, obwohl die meisten Mitglieder selbst aus dem Mittelstand kamen, verzweifelt versuchte, die Kosten der Kolonisierung zu senken und den Linken, die die Vision eines „gesunden" Juden hatten, der nicht länger in der Diaspora gefangen war und eine sozialistische Nation in seinem eigenen Land aufbaute, herauszubilden begann, entwickelte sich ein starkes Interesse an den kollektivistischen *Kibbuzim* der Arbeiterzionisten. Die jungen Pioniere kehrten den Werten ihrer mittelständischen Familien den Rücken und waren bereit, für den guten Zweck große wirtschaftliche Entbehrungen auf sich zu nehmen. Der Zionismus wurde zu einer harten Utopie, die zur Verbesserung des Bildes des Juden beitrug, ohne jedoch den Versuch zu unternehmen, die Probleme der jüdischen Massen in Europa zu lösen.

„Die grausamen Kriterien des Zionismus"

Die Woche des Terrors gegen die Juden, die durch den Sieg der Nazis bei den Wahlen im März 1933 ausgelöst wurde, hatte Tausende von Menschen auf die Straße und vor das Palästina-Amt in Berlin getrieben, doch es bestand noch immer nicht der Wunsch, Palästina zu einer echten Zufluchtsstätte zu machen. Und so musste die Emigration wei-

---

7 Weizmann: *Memoiren* ; S.443.
8 Laqueur: *Der Weg zum Staat Israel*; S.334f.

ter den Zwecken des Zionismus dienen. Und der wollte nur junge, gesunde, qualifizierte Juden, die zudem noch überzeugte Zionisten sein mussten. Die deutschen *HaChalutz*-Pioniere erklärten die unbegrenzte Einwanderung nach Palästina sogar zu einem „Verbrechen am Zionismus".[9] Enzo Sereni, damals Emissär der Arbeiterzionisten in Deutschland, erklärte die Kriterien: „Selbst in dieser schwierigen Stunde müssen wir die meisten der 1.000 Einreisezertifikate an Pioniere vergeben. Dies mag grausam erscheinen, doch selbst wenn die Briten 10.000 Zertifikate ausgeben würden anstelle der 1.000, die sie uns jetzt geben, würden wir immer noch sagen: Lasst die jungen Leute gehen, denn selbst wenn sie weniger leiden als die älteren, sind sie besser für die Aufgaben in Palästina geeignet. Kinder können später ihre Eltern nachholen, aber nicht andersherum."[10]

Weizmann hatte die uneingeschränkte Kontrolle über die Emigration aus Deutschland zwischen 1933 und seiner Wiederwahl als Präsident der WZO 1935. Sein Bericht vom Januar 1934 zählt einige der Kriterien auf, nach denen mögliche Immigranten ausgewählt wurden: Diejenigen, die „älter als 30 waren und weder über Kapital, noch über besondere Qualifikationen verfügten, können nicht in Palästina aufgenommen werden, es sei denn, es finden sich offene Stellen für die Arbeit, die sie auch in Deutschland verrichtet haben".[11] Am 26. April schloss er einige wichtige Gruppen ausdrücklich von der Einwanderung aus: „Ehemalige Geschäftsleute, Handlungsreisende, Künstler und Musiker werden diesmal wohl kaum für Zertifikate in Frage kommen."[12] Die meisten deutschen Juden waren in Palästina einfach deswegen unerwünscht, weil sie entweder zu alt waren oder ihr Beruf in Palästina nicht gebraucht wurde, weil sie kein Hebräisch sprachen oder ideologisch nicht ins Profil passten. Innerhalb der zionistischen Führung ging man sehr offen mit dem Thema um. 1933 sagte Berl Katznelson, der damalige Herausgeber der Tageszeitung der *Histadrut*, *Davar*, folgendes über ihre Mentalität: „Wir wissen, dass wir nicht alle deutschen Juden hierher bringen können und dass wir eine Auswahl

---

9 Margaliot, Abraham: *The Problem of the Rescue of German Jewry during the Years 1933-1939; the Reasons for the delay in the Emigration from the Third Reich;* Rescue Attempts During the Holocaust (Israel); S.249.

10 Bondy: *The Emissary*; S.116.

11 *Weizmann makes first Report on German-Jewish Settlement in Palestine*; New Palestine (31. Januar 1934); S.6.

12 Weizmann, Chaim: *The Letters and Papers of Chaim Weizmann, Letters*; in: Litvinoff, Barnett (Hrsg.); Vol. 16; S.279.

treffen müssen auf der Grundlage der grausamen Kriterien des Zionismus." 1935 erklärte Moshe Sharett (Shertok) abermals, die Umstände hätten sie gezwungen, die Juden in der Diaspora mit „einem gewissen Maß an Grausamkeit" [13] zu behandeln. Der israelische Holocaustforscher Abraham Margaliot berichtet über eine Rede Weizmanns vor der Zionistischen Exekutive im Jahr 1935, in der „er erklärte, die zionistische Bewegung würde sich entscheiden müssen zwischen der sofortigen Rettung der Juden und der Gründung eines nationalen Projektes, das die dauerhafte Erlösung des jüdischen Volkes garantieren würde. Unter diesen Umständen, so Weizmann, müsse sich die Bewegung für letzteres entscheiden." [14]

Als Reaktion auf den arabischen Widerstand gegen jede Form der Einwanderung und auf die diplomatische Intervention Polens, Rumäniens und anderer antisemitischer Staaten in Osteuropa, die für höhere Einwanderungsquoten waren, aber auch als Antwort auf die wirtschaftlichen Bedürfnisse des Landes, legten die Briten in jedem Jahr neu fest, wie viele Juden einwandern durften und welchen wirtschaftlichen Kategorien sie angehören mussten. Doch die Briten forderten nie, dass die Immigranten Hebräisch können mussten und es war ihnen auch ganz egal, ob es sich um Zionisten handelte oder nicht. Ebenso wenig interessierten sie sich dafür, aus welchen Ländern die Einwanderer kamen, es wäre London sogar lieber gewesen, wenn die WZO weniger amerikanische und dafür mehr deutsche Juden ins Land geholt hätte. Bei den politischen Realitäten des Mandats hätte die zionistische Emigration niemals der Ausweg für alle deutschen Juden sein können, doch unabhängig von den Grenzen, die die Briten setzten, wollte Zion auch nie die Rettung für die deutschen Juden sein.

Wem also erteilten die vierzehn Palästina-Ämter in der ganzen Welt die begehrten Einreisezertifikate? Nach der Statistik von Abu-Diab kamen 1933 27.289 Juden legal nach Palästina, 1934 waren es 36.619 und 1935 55.407, insgesamt also 119.315 Juden in drei Jahren. 18.206 von ihnen waren Deutsche.[15] Außerdem wanderten weitere Juden, die in Deutschland lebten, als Polen oder als Vertreter anderer Nationalitäten ein. 1935 waren das 1.979 Menschen.[16] Während dieser drei Jahre war

---

13 Margaliot: *Problem of the Rescue of German Jewry*, S.255.
14 Ebenda.
15 Abu-Diab: *Immigration to Israel*, S.6.
16 *American Jewish Yearbook*, 1936-37; S.585.

der Anteil der Polen an der Gesamtzahl der Immigranten am höchsten: 42,56 Prozent 1934 und 44,12 Prozent 1935.[17] Der Antisemitismus in Polen war während dieser drei Jahre sehr stark und die Entscheidung, den polnischen Juden mehr Zertifikate zu geben als den deutschen, ist vertretbar; doch in der gleichen Zeit kamen nicht weniger als 3.743 Einwanderer aus den Vereinigten Staaten nach Palästina und weitere 579 aus anderen westlichen Ländern. Das Kontingent der britischen Juden betrug 513, und aus Afrika kamen 213 Einwanderer.[18] In den Jahren 1934 und 1935 zogen 1.259 Emigranten aus der Türkei nach Palästina. Die Gesamtanzahl aller Einwanderer aus Großbritannien, den westlichen Ländern, Afrika und der Türkei für diesen Zeitraum beträgt 6.307. Selbst wenn also die hohe Anzahl an polnischen Einwanderern vertretbar ist, diese Zahlen sind es nicht. Nicht ein einziger dieser Juden hätte eine Zufluchtsstätte gebraucht und tatsächlich gab auch niemand vor, dies habe irgendeine Rolle bei ihrer Auswahl gespielt. Sie wurden ausgewählt, weil sie Zionisten waren und häufig auch, weil sie jung waren und den richtigen Beruf hatten. In diesen drei Jahren wurden zwei Drittel aller deutschen Juden, die ein Einreisezertifikat beantragt hatten, abgelehnt.[19]

„Keine jüdische Organisation würde ... einen Gesetzesentwurf unterstützen"

Da man den Großteil der deutschen Juden in Palästina nicht wollte, hätte man annehmen können, dass die zionistische Bewegung, zumindest in Amerika, nach anderen Zufluchtsstätten für ihre Glaubensbrüder gesucht hätte. Doch dem ist nicht so. In der ganzen Welt verhielt sich der jüdische Mittelstand ruhig, aus Angst, dass „zu viele" Flüchtlinge in jedem Land zu einem Ausbruch des Antisemitismus führen würden. Die Flüchtlinge nach Palästina zu schicken erschien vielen als die optimale Lösung und die amerikanische jüdische Presse fiel zwar über die britischen Einwanderungsquoten für Palästina her, verlor aber kein Wort über die strikten Einwanderungsbeschränkungen im eigenen Land. Mit dem Anschluss Österreichs im März 1938 begann die offene Gewalt der Nazis gegen die Juden. Zwei demokratische Kongressabgeordnete, Dickstein und Celler für New York, legten jeweils

---

17 Ebenda.
18 Abu-Diab: *Immigration to Israel*; S.6.
19 Margaliot: *Problem of the Rescue of German Jewry*; S.253.

Gesetzesentwürfe vor, die die Einwanderungsbestimmungen für die USA etwas liberalisieren sollten, doch beide wurden im April 1938 ohne Anhörung abgelehnt, nachdem die jüdischen, christlichen und nichtkonfessionellen Flüchtlingsorganisationen entschieden hatten, dass der rechte Flügel diese Gelegenheit nutzen würde, um noch härtere Beschränkungen vorzuschlagen. Und so ließ man die Politiker wissen: Sollte es eine Anhörung geben, könnten wir uns gezwungen sehen, uns gegen die Reformen auszusprechen.[20]

Das *Jewish People's Committee*, eine Gruppe der kommunistischen Partei, erhielt vom Büro des Brooklyner Demokraten Donald O'Toole eine Kopie eines der Briefe von Stephen Wise im Namen der jüdischen Flüchtlingsgruppen. Die Kommunisten veröffentlichten ihn in einem Pamphlet mit dem Titel *Jews in Action*, um ihre pro-britischen zionistischen Gegner angesichts des Hitler-Stalin-Pakts bloßzustellen. Es gibt jedoch keinen Zweifel an der Echtheit des Briefes, der die Einstellung der zionistischen Bewegung zu dieser Zeit sehr gut beleuchtet. „Ich wünschte, ich könnte daran glauben, dass es möglich ist, diese Maßnahme ohne Auswirkungen auf die Juden in diesem Land umzusetzen. Ich habe leider guten Grund zu der Annahme, dass alles, was in dieser Zeit unternommen wird, um die Einwanderungsbestimmungen abzuschwächen oder darauf zu verzichten, egal welcher humanitäre Gedanke dem zugrunde liegt, zu einer starken Betonung dessen, was wir als wachsende Welle antisemitischer Gefühle in diesem Land kennen, führen würde ... Es wird Sie interessieren zu erfahren, dass sich vor einigen Wochen die Vertreter der führenden jüdischen Organisationen zu einer Konferenz getroffen haben, um über den Vorschlag des Präsidenten und andere Empfehlungen zum Verzicht auf die Einwanderungsbestimmungen zu diskutieren. Es gab einen allgemeinen Konsens, dass derartige Vorschläge momentan angesichts der derzeitigen Arbeitslosigkeit und der Propaganda gegen das jüdische Volk im ganzen Land für die Zwecke, denen wir alle dienen wollen, schädlich wären. Aus diesem Grunde haben wir entschieden, dass keine jüdische Organisation momentan einen Gesetzesentwurf unterstützen würde, der in irgendeiner Form die bestehenden Einwanderungsgesetze ändern würde.[21] Hätten die amerikanischen Zionisten mehr tun können, um den deutschen Juden eine Zufluchtsstätte zu bieten? Die Antwort lau-

---

20 Wyman; David S.: *Paper Walls: America and the Refugee Crises*; New York; Pantheon Books; 1968; S.67/68.
21 *Jews in Action – Five Years of the Jewish People's Committee*; (ohne Datum); S.7.

tet ganz klar: Ja. Die Einwanderungsgesetze waren zwischen 1921 und 1924 verabschiedet worden, als es eine Welle der Fremdenangst gab, und waren darauf ausgelegt, praktisch jeden draußen zu halten bis auf Vertreter der Nationen, die als erste die USA besiedelt hatten: die Briten, die Iren und die Deutschen. Dies führte im Grunde zu recht hohen Einwanderungsquoten für Deutsche, doch reaktionäre Elemente im Außenministerium und in der demokratischen Partei haben die Bestimmungen bewusst falsch ausgelegt, um zusätzliche Hindernisse für Juden zu schaffen, die eigentlich die Bedingungen für die Quoten voll erfüllten. Und hätte es irgendwelche ernst zu nehmenden Bemühungen gegeben, die jüdischen Massen und die noch größere Gruppe der Liberalen dagegen zu mobilisieren, dann hätte Roosevelt dem Druck zweifellos nachgeben müssen. Die Juden und die Liberalen waren für seine Partei einfach zu wichtig, als dass er sich ihnen hätte widersetzen können, wenn sie eine ordnungsgemäße Umsetzung der Bestimmungen gefordert hätten. Doch es gab nie eine von den Zionisten initiierte landesweite Kampagne, sie beschäftigten sich lediglich mit Einzelschicksalen; alles, was die Zionisten taten, war, minimale Veränderungen an den Einwanderungsgesetzen zu fordern. Nur die Linken, besonders die Trotzkisten und die Stalinisten, forderten, die Tore weit aufzumachen, um die Juden einzulassen.

Es gab verschiedene Gründe, warum die amerikanischen Zionisten auf diese Weise auf das Flüchtlingsproblem reagierten. In den frühen 20er Jahren wollten sie nicht dazu beitragen, dass die Juden und die anderen durch die Bestimmungen diskriminierten ethnischen Gruppen organisiert gegen diese Quoten vorgehen, denn sie wussten, dass, solange Amerika allen Einwanderern offen stand, die Juden sich weiterhin nicht für das verarmte Palästina interessieren würden. In den 30er Jahren waren immer noch viele amerikanische Zionisten der Meinung, jeder andere Zufluchtsort als Palästina sei nicht mehr als ein Nachtasyl – bestenfalls eine Linderung, schlimmstenfalls eine Gefahr, denn sie glaubten, dass die jüdischen Immigranten immer auch den Antisemitismus im Gepäck hätten und fürchteten um ihr eigenes Leben. Der Antisemitismus war in Amerika damals weit verbreitet, obwohl die zionistische Bewegung natürlich nie versuchte, irgendeine Verteidigung gegen körperliche Übergriffe zu organisieren. Es muss jedoch betont werden, dass sich der amerikanische Antisemitismus stets in Grenzen hielt und die jüdische Gemeinschaft als solche nie in Gefahr war. Es kam nie auch nur ein einziger Jude bei antisemitischen Übergriffen zu Tode und das zu einer Zeit, da das Lynchen von Schwarzen im Süden

der USA an der Tagesordnung war. Außerdem unterstützten die allermeisten Zionisten, ebenso wie die meisten anderen Juden, Roosevelts innenpolitische Reformen und sie befürchteten, dass ein Anschneiden der Flüchtlings- und Quotenfrage für die Demokratische Partei negative Folgen haben könnte. Und so wurde es ein bequemer Ersatz für ernsthafte Bemühungen im Kampf gegen den Antisemitismus innerhalb des amerikanischen Establishments, einfach einigen deutschen Juden dabei zu helfen, eine neue Heimat in Palästina zu finden.

„Wir riskieren die Existenz des Zionismus"

Konnte Palästina je die Lösung für das Flüchtlingsproblem sein? Die Briten hatten mit dem Bericht der Peel-Kommission vom Juli 1937 bewiesen, dass sie die Gründung eines jüdischen Staates ernsthaft in Erwägung gezogen hatten, doch selbst wenn sie den Plan ausgeführt hätten, hätte das die angespannte Lage nicht entspannt. Und die WZO hat auch nie so getan, als wäre das so. Weizmann sprach vor der Kommission und sagte, er sei Wissenschaftler und er wisse, dass Palästina mit seiner rückständigen Wirtschaft keinesfalls alle Juden Ost- und Mitteleuropas aufnehmen könne. Was er wollte, waren zwei Millionen junger Menschen und später auf dem Zionistenkongress von 1937 berichtete er von seiner Rede vor der Kommission: „Die Alten werden sterben; sie werden ihr Schicksal ertragen oder auch nicht. Sie waren Staub, wirtschaftlicher und moralischer Staub, in einer grausamen Welt ... Zwei Millionen, vielleicht auch weniger; ‚*Scheerith Hapleta*' – nur ein Teil wird überleben. Sie mussten es akzeptieren. Den Rest müssen sie der Zukunft überlassen – der Jugend. Wenn sie fühlen und leiden, werden sie den Weg finden, ‚*Beacharith Hajamin*' [am Ende der Zeiten]."[22]

Nach der Ablehnung der Vorschläge der Peel-Kommission verlor der Zionismus jede Bedeutung für die europäischen Juden. Die Briten hatten die Einwanderungsquoten gesenkt, um die Araber zu besänftigen und so durften zwischen 1936 und 1939 insgesamt nur 61.302 Juden nach Palästina einwandern; die WZO hatte nur 17.421 deutschen Juden ein Einreisezertifikat erteilt. Doch weder die große Gefahr, in der die Juden in Mitteleuropa schwebten, noch die Tatsache, dass ihr

---

22 Dr. Weizmann's Political Address – 20th Zionist Congress; *New Judaea* (London, August 1937); S.215.

eigener imperialistischer Patron sie hatte fallen lassen, konnte die Entschlossenheit der WZO-Führung bremsen, die unter allen Umständen verhindern wollte, dass der Zionismus von der inzwischen fieberhaften Suche nach Zufluchtsstätten für die verzweifelten Juden verdrängt würde. Als die Briten, die auf diese Weise versuchen wollten, die massiven Forderungen nach höheren Einwanderungsquoten zu umgehen, nach der Reichskristallnacht vorschlugen, Tausende Kinder direkt nach Großbritannien einwandern zu lassen, war Ben-Gurion strikt gegen diesen Plan. Er sagte dazu auf einem Treffen der führenden Arbeiterzionisten am 7. Dezember 1938: „Wenn ich wüsste, dass es durch die Transporte nach England möglich ist, alle [jüdischen] Kinder aus Deutschland zu retten, durch Transporte nach Palästina allerdings nur die Hälfte von ihnen gerettet werden könnte, würde ich mich für Letzteres entscheiden – denn wir werden nicht nur von diesen Kindern zur Rechenschaft gezogen, sondern müssen dem ganzen jüdischen Volk historische Rechenschaft ablegen."[23]

Die Briten hatten eine klare und feste Linie, es bestand nicht der Hauch einer Chance, dass London plötzlich einer Massenimmigration nach Palästina zustimmen würde, doch Ben-Gurion beharrte darauf und weigerte sich hartnäckig, andere Länder als Zufluchtsstätten auch nur in Betracht zu ziehen. Am 17. Dezember 1938 warnte er die Zionistische Exekutive: „Wenn die Juden sich entscheiden müssen zwischen der Rettung der Juden vor den Konzentrationslagern und der Hilfe beim Aufbau eines nationalen Museums in Palästina, wird das Mitleid immer die Oberhand haben und die ganze Energie der Menschen wird in die Rettung der Juden aus verschiedenen Ländern fließen. Der Zionismus wird von der Tagesordnung gestrichen werden, nicht nur in der Meinung der Weltöffentlichkeit, bei den Menschen in Großbritannien und den Vereinigten Staaten, sondern auch bei den Juden anderswo. Wenn wir zulassen, dass das Flüchtlingsproblem und das Palästinaproblem voneinander getrennt werden, riskieren wir die Existenz des Zionismus."[24]

Weizmanns sofortige Reaktion auf die Reichskristallnacht bestand in dem Vorschlag an den britischen Kolonialsekretär, der Irak solle im Tausch gegen 20 oder 30 Millionen Pfund 300.000 Juden aufnehmen

---

23 Gelber, Yoav: *Zionist Policy and the Fate of European Jewry (1939-42); Yad Vashem Studies*, Vol. XII; S.199.
24 Bober (Hrsg.): *The Other Israel*; S.171.

oder besser noch 100.000 (arabische) Palästinenser, „deren Land dann an jüdische Einwanderer vergeben würde".[25] Um es einmal mit Weizmanns eigenen Worten zu sagen, mit denen er damals die Verhandlungen Herzls mit von Plehwe im Jahre 1903 beschrieben hatte: „Ein größerer Mangel an realem Sinn ist nicht gut denkbar": Der Irak sollte auf Geheiß der Zionisten und der Briten 300.000 Juden aufnehmen oder eben Palästinenser, die dann durch Juden ersetzt würden! Großbritannien hatte wegen seiner imperialistischen Interessen den Zionismus durch die Balfour-Deklaration sanktioniert; die Interessen hatten sich inzwischen verlagert und der Zionismus war zu schwach und auch nicht willens, sich in der Stunde der Not nach neuen Alternativen für die jüdischen Massen umzusehen.

Es liegt in der Natur der Dinge, dass die Zionisten heute versuchen, den Briten – und damit den Arabern – die Schuld dafür in die Schuhe zu schieben, dass während der 30er Jahre nur eine geringe Zahl von Flüchtlingen nach Palästina einwandern durfte. Doch mit diesem Argument versuchen sie nur, sich selbst zu schützen: Wenn nicht einmal die Zionisten selbst daran interessiert waren, Palästina zu einer echten Zufluchtsstätte für die Flüchtlinge zu machen, warum hätten sich dann die Briten oder die Araber dafür einsetzen sollen? Die Einstellung der palästinensischen Bevölkerung zur Einwanderung der Juden in ihr Land ist leicht nachzuvollziehen. Und obwohl der Vorwurf an Großbritannien, die Juden Europas im Stich gelassen zu haben, berechtigt ist, sind die Zionisten die Letzten, die diesen Vorwurf erheben dürfen. Sie wussten ganz genau, dass von Anfang an imperialistische Interessen der Grund dafür waren, dass die Briten ihre Bewegung unterstützten. Die Linken hatten sie mehrfach davor gewarnt, dass die Interessen der jüdischen Massen und die des britischen Empires nicht miteinander zu vereinbaren wären. Und so muss die WZO für ihren Verrat an den deutschen Juden zur Verantwortung gezogen werden; sie hat sie verlassen für das, was so passend als ihr „Schaufenster bei Tiffany's für herausragende Juden"[26] beschrieben wurde.

---

25 Gilbert, Martin: *British Government Policy toward Jewish Refugees (November 1938-September 1939)*; Yad Vashem Studies, Vol. XIII; S.130.
26 Hecht, Ben: *Perfidy*; New York; Julian Messner, Inc.; 1961; S.19.

14. Die Zionistische Weltorganisation und der italienische Faschismus zwischen 1933 und 1937

1933 war Mussolini bei den Konservativen hoch angesehen. Man dachte, er sei der einzige, auf den sein wilder Schüler in Berlin noch hören würde und die Zionisten hofften, er würde Hitler klarmachen, dass er sich nur Scherereien einhandeln würde, wenn er die Juden unnötig verärgerte. Sie glaubten auch, Mussolini dazu bewegen zu können, sich London und Paris anzuschließen, um Wien vor einer Übernahme durch die Nazis zu schützen. Am 16. Februar 1933 traf sich Nahum Sokolow, der damalige Präsident der WZO, mit Mussolini. Seine Position war noch nicht besonders gefestigt, da er gerade erst zum Präsidenten der WZO gewählt worden war, nachdem Weizmann nach einem verlorenen Misstrauensvotum wegen seiner Politik der Anpassung an die Briten zurückgetreten war, und so stellte er gegenüber Mussolini keinerlei Forderungen. Doch Mussolini sprach davon, dass er für die Juden „herzliches Mitgefühl" empfinde. Als die Nazis ihren anti-jüdischen Boykott für den 1. April 1933 ankündigten, sandte Mussolini seinen Botschafter zu einem Treffen mit Hitler am 31. März, bei dem er Hitler überreden sollte, den Boykott abzusagen. Bei diesem Treffen war Hitler voll des Lobes über den Duce, doch schließlich war er – Adolf Hitler – der größte Experte zum Thema Juden und brauchte keine guten Ratschläge, wie man mit ihnen umzugehen habe. Und war es etwa seine Schuld, dass alle führenden Marxisten Juden waren? Und welche Verbrechen hatte er denn angeblich an den Juden begangen, dass sein Name im Ausland derartig beschmutzt wurde, so seine scharfe Antwort. Nein, seine Bewunderer wären ihm vielleicht dankbar, wenn er den Boykott abgesagt hätte, doch seine Feinde würden darin nur ein Zeichen der Schwäche sehen. Hitler bat den Botschafter für sein nächstes Treffen mit Signor Mussolini: „Sagen Sie ihm noch Folgendes: dass ich nicht weiß, ob in zwei- oder dreihundert Jahren mein Name in Deutschland verehrt werden wird für das, was ich so glühend hoffe, für mein Volk tun zu können, doch einer Sache bin ich mir absolut sicher: dass in fünf- oder sechshundert Jahren der Name Hitler überall sonst als Name des Mannes gepriesen werden wird, der die Welt ein für allemal von der Plage des Judentums befreit hat."[1]

---

1 Carpi, Daniel: *Weizmann's Political Activity in Italy from 1923 to 1934*; *Zionism* (Tel Aviv, 1975); S.239.

Die Italiener, die die deutschen Pläne bezüglich Österreichs mit großer Sorge betrachteten, standen auf ziemlich gutem Fuß mit den Briten und ließen London deshalb einen Bericht über das Gespräch mit Hitler zukommen. Es gibt jedoch keinen Grund zu der Annahme, dass Mussolini je die Zionisten über diesen seltsamen Ausspruch Hitlers informiert hätte, ebenso wenig wie zu der Vermutung, dass die WZO je von den Italienern gefordert hätte, dass sie ihnen derartige Informationen über Hitlers Absichten zukommen lassen. Die WZO war vor allem daran interessiert, Mussolini dazu zu bringen, sie in der Palästinafrage zu unterstützen, sich mit den Briten zum Schutz Österreichs zu verbünden und sich bei den Nazis für die deutschen Juden einzusetzen. Bei den Juden in Osteuropa gab es traditionell einen *shtadlin* (Vermittler), dabei handelte es sich um einen reichen Juden, der zum örtlichen Haman ging und ihn bestach, damit er den Mob zurückhielt. Doch Hitler war kein gewöhnlicher Herrscher, der die Juden hasste und auch kein Petljura. Dort, wo er war, durfte es keine Juden geben. Obwohl die Zionisten im ständigen Kampf mit den traditionellen *Shtadlinim* um die Macht innerhalb der jüdischen Gemeinschaft standen und viel Trubel um die Ängstlichkeit dieser Menschen machten, sah die WZO doch in Mussolini den idealen Vermittler zwischen sich und Hitler. Mussolini dazu zu bringen, sich bei Hitler für sie zu verwenden, war eben die neueste Form von *Shtadlinut*.

„Mein drittes und letztes Interview mit Mussolini"

Trotz seiner furchtbaren Prophezeiung gegenüber dem italienischen Botschafter war sich Hitler der eigenen Schwäche Anfang 1933 wohl bewusst. Die Opposition gegen eine stärkere Verfolgung der Juden, die in Mussolinis Intervention, aber auch in den Appellen des deutschen Mittelstandes, der sich Sorgen um seinen Exportmarkt USA machte, zum Ausdruck kam, zwang ihn schließlich, den Boykott auf einen Tag zu beschränken, der den Juden eine Warnung sein sollte. Mussolini jedoch wertete diese Vorsicht als Zeichen, dass ein *Modus Vivendi* möglich war. Er hatte versucht, den Juden zu helfen, nun galt es, Hitler den gleichen Dienst zu erweisen. Er bat also Angelo Sacerdoti, den obersten Rabbi von Rom, für ihn den Kontakt zu den Führern der Juden herzustellen und ließ durchblicken, dass man kaum erwarten könne, dass Hitler seine Aktionen stoppen würde, ohne vorher gewisse Garantien seitens der Juden erhalten zu haben, dass sie ihre eigenen Demonstrationen gegen ihn ebenfalls absagen würden. Weizmann wurde ohnehin am 26. April 1933 zu einem Besuch in Rom erwartet, weshalb es der Rabbi als logisch ansah, ihn als Kontaktperson vorzuschlagen und so wurde das dritte Treffen zwischen Weizmann und Mussolini sehr schnell arrangiert.

Ihre Unterhaltung liegt weitestgehend im Dunkeln. Nahum Goldmann, Weizmanns langjähriger Partner, bemerkte ihm gegenüber einmal: „Sie ... vergessen das, was Ihnen unangenehm ist ..."[2] Der Bericht in Weizmanns Memoiren ist sehr widersprüchlich. Er schreibt über „mein drittes und letztes Interview mit Mussolini" und berichtet später über ihr viertes Zusammentreffen.[3] War es denn möglich, ein Treffen in Mussolinis berühmtem Büro zu vergessen? Der Empfang im Palazzo Venezia sollte sich eigentlich eingeprägt haben: Auf ein Klingeln hin öffnete sich ein Fenster und ein Offizier verkündete, dass *Dottore* Weizmann gekommen sei, um den *Duce* zu sprechen; eine Reihe von Soldaten geleitete ihn ins nächste Stockwerk, wo er erneut angekündigt wurde, was sich insgesamt viermal wiederholte. Nachdem er kurz in einem wundervollen Renaissance-Wohnzimmer gewartet hatte, wurde Weizmann schließlich von einem letzten Lakaien angekündigt und betrat anschließend das berühmte Zimmer. Es war riesig, mindestens 40 bis 50 Schritte lang, am äußersten Ende des fast leeren Raumes saß Mussolini, allein, das einzige Licht in dem Zimmer kam von einer Lampe auf seinem kleinen Schreibtisch.

In einigen anderen zionistischen und italienischen Quellen findet man Aufzeichnungen über den Inhalt ihres Gesprächs. Mussolini unterbreitete Weizmann seinen Vorschlag, die Führer der Juden sollten ihre Bereitschaft erklären, ihre Demonstrationen abzusagen und mit Hitler in Verhandlungen zu treten. Er hatte zwar seine eigenen antisemitischen Vorstellungen von den Juden als geschlossene Gruppe und Weizmann musste ihm erklären, dass er keinen Einfluss auf die Nicht-Zionisten und die Anti-Zionisten hatte und eigentlich nicht einmal auf seine eigene Bewegung, die ihn gezwungen hatte, sich aus dem aktiven Dienst zurückzuziehen. Im Moment arbeitete er daran, die Emigration der deutschen Juden nach Palästina zu organisieren und wollte keine

---

2 Goldmann, Nahum: *Mein Leben als deutscher Jude*; Ullstein; Frankfurt/M., Berlin, Wien, 1983; S.214.
3 Weizmann: *Memoiren*; S.544.

weiteren Verpflichtungen übernehmen; später, so behauptete er, habe er Mussolini gesagt, er verhandle nicht mit „wilden Tieren".[4]

Die Geheimniskrämerei um das Gespräch verhindert, dass wir mehr erfahren, doch zumindest weiß man, dass es am 26. April stattfand, also noch vor dem Deal zwischen Sam Cohen und den Nazis im Mai; und selbst wenn Weizmann von den diesbezüglichen Gesprächen in Berlin Kenntnis gehabt hätte, hätte er dieses noch sehr vage Projekt sicher nicht angesprochen. Doch als er Mussolini am 17. Juni schrieb und um ein erneutes Treffen im Juli bat, war Arlosoroff bereits von seinen Verhandlungen mit den Nazis über die Konditionen des erweiterten *Ha'avara*-Abkommens zurückgekehrt, und es ist anzunehmen, dass Weizmann mit Mussolini über eine mögliche Beteiligung der Faschisten an der vom Politsekretär vorgeschlagenen Liquidationsbank reden wollte. Jetzt endlich konnte Weizmann den Italienern beweisen, dass die WZO bereit war, sich mit Hitler zu einigen, auch wenn sie nicht die Macht hatte, allen Juden der Welt zu befehlen, ihre Demonstrationen zu beenden. Obwohl es keine Anhaltspunkte dafür gibt, dass Weizmann nach dem Gespräch im April versucht hat, den Führern der Juden das geforderte Versprechen abzuringen, versuchte Rabbi Sacerdoti, Mussolinis Forderungen umzusetzen. Am 10. Juli berichtete er dem Duce, er habe fünf der jüdischen Führer getroffen: den obersten Rabbi von Frankreich, den Präsidenten der Alliance Israélite Universelle, Neville Laski, den Vorsitzenden des Board of Deputies of British Jews sowie Norman Bentwich und Victor Jacobson von der WZO. Sie alle hatten sich bereit erklärt, die Demonstrationen abzusagen, wenn Hitler den Juden ihre Rechte zurückgäbe.[5]

„Ich wäre in der Lage, Ihnen ein ganzes Team von Chemikern zur Verfügung zu stellen"

Obwohl Weizmann sich ein schnelleres Treffen gewünscht hätte, konnte sein viertes Treffen mit Mussolini erst am 17. Februar 1934 stattfinden. Durch die Berichte über dieses Treffen, die Weizmann den Briten zukommen ließ, sowie den Bericht von Victor Jacobson von der Zionistischen Exekutive und durch weitere italienische Quellen, ist die Überlieferung von diesem vierten Gespräch ziemlich vollständig.

---

4 Carpi: *Weizmann's Political Activity in Italy*; S.217.
5 Michaelis: *Mussolini and the Jews*; S.64.

Mussolini fragte, ob Weizmann versucht hätte, mit Hitler zu verhandeln; Weizmann, der über seinen Freund Sam Cohen gerade um eine Einladung nach Berlin ersucht hatte, um den Vorschlag der Liquidationsbank zu erörtern, sagte ihm einmal mehr, dass er nicht mit wilden Tieren verhandle.[6] Sie wechselten das Thema und kamen direkt auf die Palästinafrage zu sprechen; Mussolini befürwortete Weizmanns Idee einer Teilung und eines unabhängigen zionistischen Kleinstaates, allerdings unter der Bedingung, dass dieser von den Briten unabhängig wäre. Mussolini sagte ihm auch, dass er den Zionisten beim Aufbau ihrer neuen Handelsmarine helfen würde, obwohl es zweifelhaft ist, ob Weizmann irgendetwas über die von den Revisionisten geplante Schule in Civitavecchia wusste.

Weizmann war Politiker und wusste, dass das Geschäft aus Geben und Nehmen bestand. In seiner eher weniger verlässlichen Autobiographie heißt es, Mussolini „sprach offen über eine Verbindung Rom-Paris-London, die, wie er sagte, für Italien die logisch gegebene sei. Er sprach auch von der chemischen Industrie und dem Mangel Italiens an pharmazeutischen Mitteln, die wir in Palästina produzierten".[7]

All diese Zeilen schrieb er 1947, denn nach dem Krieg konnte der Präsident der WZO ja kaum zugeben, dass er dem faschistischen Italien angeboten hatte, eine pharmazeutische Industrie dort aufzubauen, doch es ist klar, dass er genau das getan hatte. Victor Jacobson, der Vertreter der WZO im Völkerbund, hatte Weizmann nach Italien begleitet und einen detaillierten Bericht über das Gespräch für die Zionistische Exekutive angefertigt. Darin heißt es, Weizmann habe Mussolini gesagt: „Ich wäre in der Lage, Ihnen ein ganzes Team von Chemikern allerhöchsten wissenschaftlichen Ranges zur Verfügung zu stellen; Experten, vertrauensvolle und loyale Männer, die nur einen Wunsch haben – Italien zu helfen und Deutschland zu schaden. Wenn nötig, wären wir auch in der Lage, das notwendige Kapital zu beschaffen."[8]

Am nächsten Tag schickten die Italiener Nicola Paravano zu Weizmann. Marquis Theodoli, der Vorsitzende der Mandatskommission des Völkerbundes, war ebenfalls anwesend und er erinnerte sich später, dass Weizmann und die Faschisten bezüglich dieses Plans zu einer vollstän-

---

6 Carpi: *Weizmann's Political Activity in Italy*; S.217.
7 Weizmann: *Memoiren*; S. 544.
8 Carpi: *Weizmann's Political Activity in Italy*; S.220.

digen Einigung kamen. Letztlich wurde aus dem Arrangement nichts, in seinen Memoiren macht Weizmann die Briten dafür verantwortlich: „Ich wiederholte das Wesentliche dieser Unterhaltung meinen englischen Freunden in London, doch man zog keine Schlussfolgerungen daraus ... Ich weiß nicht, ob der Krieg hätte vermieden werden können, wenn es gelungen wäre, Rom Berlin abspenstig zu machen; doch der Krieg im Mittelmeer hätte bestimmt einen ganz anderen Verlauf genommen, viele Menschenleben wären gerettet und die Agonie um viele Monate verkürzt worden."[9]

Natürlich waren die Briten nicht an seinem Plan interessiert und außerdem ist es sehr unwahrscheinlich, dass er das Kapital für sein Angebot einer direkten wirtschaftlichen Zusammenarbeit mit den Faschisten hätte aufbringen können. Er war immer schon ein diplomatischer Spekulant, zu einem späteren Zeitpunkt machte er den Türken ein ähnlich phantastisches Angebot über ein jüdisches Darlehen in Höhe von 50 Millionen Dollar, wenn auch sie sich London anschließen würden. Er arbeitete nach dem Prinzip, dass, wenn es ihm gelänge, das Interesse einer Seite einer Allianz zu wecken, dadurch bei einer anderen Seite derselben Allianz eine Reaktion hervorgerufen werden könnte. Es ist äußerst zweifelhaft, ob seine Verhandlungspartner jemals einen seiner diplomatischen Köder aus der Vorkriegszeit geschluckt haben, die einerseits immer auf die Interessen der Gegenseite zugeschnitten, andererseits aber so konzipiert waren, dass der Zionismus in Palästina ein zentraler Bestandteil der britischen Verteidigung im Mittelmeerraum blieb.

Goldmanns Geheimdiplomatie

Die Diplomatie der Zionisten setzte bei der Abwehr kommender Katastrophen auch weiterhin auf Mussolini und der nächste Besucher im Palazzo Venezia war Nahum Goldmann. Goldmann liebte die Geheimdiplomatie, in seiner Autobiographie beschrieb er das Treffen mit Mussolini am 13. November 1934 in lebhaften Worten. Ihn interessierten dabei drei Dinge: Hitler stand kurz davor, das Saarland zu übernehmen, die Polen wollten die Klauseln über die Rechte der Minderheiten aus ihrer Verfassung streichen, die ihnen in Versailles aufgezwungen worden waren und die Österreicher diskriminierten

---

9 Weizmann: *Memoiren*; S. 544.

ganz offen die Juden im öffentlichen Dienst. Da zu der Zeit ein Italiener den Vorsitz der Saarland-Kommission des Völkerbundes innehatte, bereitete es Goldmann keine Schwierigkeiten, Mussolini davon zu überzeugen, Druck auf die Deutschen auszuüben, damit die Juden all ihren Reichtum in Francs mitnehmen konnten. Er konnte ihn auch überreden, dass, wenn die Polen zu ihm kämen, er sagen würde: „Nein, nein, nein".[10] Auf die Situation in Österreich hatte Mussolini den größten Einfluss, da die christlich-soziale Regierung von Italien abhängig war, weil italienische Truppen den Brenner-Pass gegen eine Invasion der Deutschen schützten. Goldmann erklärte Mussolini, dass die amerikanischen Juden sich für öffentliche Proteste aussprachen, er sie aber für den Moment davon abgehalten hätte.

Mussolini antwortete: „Es war sehr klug von Ihnen, das zu tun. Diese amerikanischen Juden und Nichtjuden sind immer bereit zu protestieren, zu schreien und sich in europäische Angelegenheiten zu mischen, von denen sie nichts verstehen."

Goldmann schreibt weiter: „Ich sagte darauf, dass auch ich öffentliche Protestaktionen gegen die österreichische Regierung gegenwärtig noch für inopportun halte, dass wir jedoch eine Änderung in der Haltung gegenüber den Juden verlangen müssten und dabei besondere Hoffnung auf Mussolini setzten."

Darauf Mussolini: „Nächste Woche wird Herr Schuschnigg hier sein, er wird auf demselben Stuhl sitzen, auf welchem Sie jetzt sitzen, und ich werde ihm erklären, dass ich nicht wünsche, dass in Österreich eine Judenfrage geschaffen wird."[11]

Ende 1934 befand sich Mussolini in einer anti-deutschen Phase. Vielleicht konnte ja die WZO jetzt als Brücke zwischen ihm und den Briten fungieren; er sprach nicht länger von einem deutsch-jüdischen Kompromiss. Er sagte Goldmann: „Sie sind viel stärker als Herr Hitler; von Herrn Hitler wird es keine Spur mehr geben, wenn die Juden noch ein großes Volk sein werden. Sie und wir ... Die Hauptsache ist, dass die Juden keine Angst vor ihm haben. Wir werden alle sein Ende erleben. Aber Sie müssen einen jüdischen Staat schaffen. Ich bin ein Zionist; ich habe es Dr. Weizmann gesagt. Sie müssen einen richtigen

---

10 Goldmann: *Mein Leben als deutscher Jude*; S.274.
11 Ebenda; S.271.

Staat haben, nicht das lächerliche Nationalheim, das die Engländer Ihnen angeboten haben. Ich werde Ihnen helfen, einen jüdischen Staat zu schaffen ..."[12]

Der faschistische Führer überlistete den Zionisten in jeder Hinsicht. Schon im Juli 1933 hatte er jede Hoffnung aufgegeben, Hitler zu einem Kompromiss in der Judenfrage zu bewegen und er sagte den Deutschen, sie sollten nicht nachgeben, da jegliches Zugeständnis gefährlich wäre: „Sicher hatte es am Anfang viel Unbeholfenheit und Übertreibung gegeben, doch es darf in keiner Hinsicht Schwäche gezeigt werden."[13] Mussolini war auch mitverantwortlich für die Diskriminierungen in Österreich, da er dem Ministerpräsidenten geraten hatte, seine Politik mit einer „Prise Antisemitismus" zu würzen, um die christlich-soziale Anhängerschaft davon abzuhalten, Hitler zu verfallen.[14] Außerdem hat er Goldmann sicher nicht erzählt, dass er gerade damit begonnen hatte, den Mufti finanziell zu unterstützen. Doch Goldmann war die perfekte Kontrastfigur für einen Intriganten wie Mussolini. 1969, nachdem er nach zwölf Jahren als Präsident der WZO zurückgetreten war, schrieb er in seiner Autobiographie: „Nichts ist vernichtender als Enge, daher die Maxime, dass nichts die Außenpolitik so sehr ruiniert wie ihr Beherrschtsein von Gesichtspunkten der Innenpolitik. Das macht sie besonders im Zeitalter der Demokratie und der Abhängigkeit der Regierungen von Volksabstimmungen so plump. Im Prinzip der Geheimdiplomatie liegt etwas unabweisbar Richtiges, auch wenn sie heute kaum noch durchführbar ist."[15]

„Das Judentum gedenkt mit Dankbarkeit der Loyalität der faschistischen Regierung"

Beim Krieg in Äthiopien wollte Mussolini seinen Gefallen von der WZO einfordern. Im Herbst 1935 wollte der Völkerbund Sanktionen gegen Italien verhängen und das italienische Außenministerium beauftragte eiligst Dante Lattes, den Vertreter der italienischen Zionisten in den Verhandlungen mit dem Regime, sowie Angelo Orvieto, einen

---

12 Ebenda; S.273.
13 Michaelis: *Mussolini and the Jews*; S.72.
14 Ebenda; S.67.
15 Goldmann: *Mein Leben als deutscher Jude*; S.204.

bekannten zionistischen Literaten, damit, die europäische jüdische Bourgeoisie davon zu überzeugen, sich gegen ein Embargo auszusprechen. Sie sollten diesbezüglich zwei Hauptargumente vorlegen: Erstens würden Sanktionen Mussolini Hitler in die Arme treiben und zweitens hatte sich Mussolini offen für die sofortige Schaffung eines jüdischen Staates ausgesprochen, und er war ein praktischer Freund der zionistischen Bewegung. Die beiden trafen sich mit Weizmann und den offiziellen Führern der englischen Juden, jedoch umsonst. Die jüdischen Führer mussten sich hinter Großbritannien stellen und sei es nur, weil Italien sich mit Großbritannien in der Levante nicht messen konnte.[16]

Rom schickte einen nicht-zionistischen faschistischen Juden, den Journalisten Corrado Tedeschi, nach Palästina, um dort Kontakt zum großen rechten Flügel der Zionisten aufzunehmen. Nachdem er dieselben Argumente vorgebracht hatte, fügte er hinzu, die Zionisten würden ihre Position gegenüber Großbritannien deutlich verbessern, wenn sie sich auf die Seite Italiens stellten, da London dann gezwungen wäre, ihnen ein besseres Angebot zu machen. Außerhalb der revisionistischen Kreise fand er kaum Gehör. Ittamar Ben-Avi, das berühmte „Zionistenbaby", das erste Kind seit Jahrhunderten, das seine ersten Worte vollständig auf Hebräisch gesprochen hatte, veröffentlichte am 21. Februar 1936 in seiner reißerisch aufgemachten Tageszeitung *Doar Ha'Yom* einen positiven Artikel über den Krieg in Äthiopien.[17] Doch aus praktischer Sicht hatte Ben-Avis bereitwillige Kooperation für die Italiener keinerlei Bedeutung. Seine Zeitung war ein Organ der Revisionisten gewesen, dann hatte er sich von ihnen abgewandt und inzwischen hatte er selbst keine Anhänger mehr. Andere Vertreter des rechten Flügels hörten sich an, was Tedeschi zu sagen hatte, doch es war so deutlich, dass der Krieg in Äthiopien ein weiterer Hinweis auf einen kommenden Weltkrieg war, in dem sich die beiden faschistischen Regimes mit Sicherheit verbünden würden, dass es nicht den Hauch einer Chance gab, dass die nicht-revisionistischen Vertreter des rechten Flügels Italien unterstützen würden.

Hitler schätzte Mussolini stets weitaus realistischer ein als irgendein Teil der zionistischen Bewegung. Sie alle hatten angenommen, die österreichische Frage würde die beiden Diktatoren dauerhaft vonein-

---

16 Michaelis, Meir: *Mussolini and the Jews*; S.84. Sowie: Michael Ledeen: *The Evolution of Italian Fascist Anti-Semitism*; *Jewish Social Studies* (Winter 1976); S.13.
17 Michaelis: *Mussolini and the Jews*; S.86/87.

ander fernhalten, doch Hitler hatte längst begriffen, dass ihr gemeinsamer Hass auf den Marxismus sie unausweichlich zueinander führen würde. Die Eroberung Äthiopiens bot Hitler schließlich die Möglichkeit zu zeigen, dass er fest an der Seite Mussolinis stand, doch erst der Spanische Bürgerkrieg überzeugte diesen endgültig von der Notwendigkeit, sich mit Hitler zu verbünden. Die Machtübernahme der Arbeiter in Madrid und Barcelona angesichts des Militäraufstandes waren Vorboten eines großen Sieges der Linken, sollten Francos Armeen nicht massive Unterstützung aus dem Ausland erhalten. Mussolini begann zu begreifen, dass er es sich nicht leisten konnte, dass Hitler den nächsten Krieg verlor oder ihn ohne ihn gewann. Und so konnte der Zionismus den Faschisten nicht länger nutzen. Wenn Italien sich mit Deutschland verbündete, würden die Juden zu Feinden Mussolinis werden, unabhängig davon, was er zum Thema Judenstaat sagen oder tun würde. Trotzdem versuchten die Zionisten, die vormals guten Beziehungen wieder zu beleben. Im März 1937 entschied sich Goldmanns Büro in Genf, öffentlich zu „unterstreichen, dass das Weltjudentum als Ganzes oder vertreten durch seine verschiedenen Organisationen, nie ein Gegner der italienischen Regierung war. Im Gegenteil, das Judentum gedenkt mit Dankbarkeit der Loyalität der faschistischen Regierung."[18]

Goldmann fuhr am 4. Mai 1937 zu einem letzten Gespräch mit Conte Ciano, dem Schwiegersohn und Außenminister des Duce, nach Rom. Ciano versicherte ihm, Italien sei weder antisemitisch noch antizionistisch eingestellt und schlug einen weiteren Besuch Weizmanns vor.[19] Doch das Spiel war aus und Weizmann machte sich nicht die Mühe, nochmals nach Rom zu reisen.

„Und? Ist es gut für die Juden?"

Niemand in der zionistischen Bewegung, weder die Linken noch die Rechten, verstand das Phänomen des Faschismus. Von Anfang hatten sie sich nicht für den Kampf des italienischen Volkes, einschließlich der progressiven Juden unter ihnen, gegen die Schwarzhemden und die größeren Auswirkungen des Faschismus auf die Demokratie in Europa interessiert. Die italienischen Zionisten hatten sich nie gegen den

---

18 Harris, Leon: *Mussolini in Hitler's Footsteps*; *Jewish Life* (September 1938); S.17.
19 Michaelis Meir: Mussolini and the Jews; S.136.

Faschismus gewehrt; sie hatten ihn schließlich sogar gelobt und hatten in seinem Namen diplomatische Verhandlungen geführt. Der Großteil der Revisionisten und einige andere Vertreter des rechten Flügels wurden zu begeisterten Anhängern des Faschismus. Die gemäßigten bourgeoisen Führer der Zionisten – Weizmann, Sokolow und Goldmann – hatten keinerlei Interesse am Faschismus selbst. Als jüdische Separatisten stellten sie sich nur eine Frage, nämlich die zynische Klassiker-Frage: „Und? Ist es gut für die Juden?", die impliziert, dass etwas, obwohl es schlecht für den Rest der Welt ist, doch gut für die Juden sein kann. Sie sahen es so, dass Rom entweder ihr Freund oder ihr Feind im Völkerbund sein konnte, und so gaben sie Mussolini die Möglichkeit, ihr Freund und Beschützer zu werden. Wenn man seine Bedeutung für sie vor dem Sieg der Nazis bedenkt, dann ist es kein Wunder, dass sie ihn auch nach 1933 weiter hofierten.

15. Österreich und die „Nicht-jüdischen Freunde des Zionismus"

Vier große Reiche wurden durch den Ersten Weltkrieg zerstört und eine Reihe neuer Staaten entstand in Mitteleuropa. Die unsinnigste „Neugründung" unter ihnen war Österreich. Die Bevölkerung bestand praktisch nur aus Deutschen und 1919 entschied sich das österreichische Parlament mit nur einer Gegenstimme für einen Anschluss an Deutschland. Die Entente verweigerte dem jedoch ihre Zustimmung und so „musste" die von den Sozialdemokraten dominierte Koalition weiter das Land regieren. Im Sommer 1920 übernahmen die antisemitischen Christlichsozialen die Führung in der Regierung, obwohl es den Sozialdemokraten immerhin gelang, die Wiener Stadtverwaltung unter ihrer Kontrolle zu halten. Drei ideologische Strömungen kämpften zu dieser Zeit miteinander um die Vormachtsstellung in der territorial beschnittenen Republik. Die Kommunistische Partei war eine der schwächsten in Europa, und so sahen die Sozialdemokraten ihre Feinde in erster Linie im rechten Spektrum: in den katholischen Christlichsozialen – der Partei der Bauern und des unteren Mittelstandes – und den antisemitischen Deutschnationalen, deren Basis vor allem aus Vertretern der gehobenen Berufe und Büroangestellten bestand. Obwohl beide bürgerlichen Gruppen der Demokratie eher feindselig gegenüber standen, sorgten die enorme Stärke der Sozialisten in Wien und die finanzielle Abhängigkeit Österreichs von Frankreich und Großbritannien dafür, dass ein Coup d'État unmöglich war. Doch sowohl die Sozialdemokraten als auch die Christlichsozialen verfügten stets über eigene Parteimilizen von erheblicher Stärke.

„Dieser große Patriot und Führer seines Landes"

Der erste große Führer der Sozialdemokraten, Victor Adler, war Jude, ebenso wie sein führender Theoretiker Otto Bauer – fast die Hälfte der Parteiführung bestand aus Juden. So ist es nicht verwunderlich, dass die Partei Angriffe auf die Juden stets auch als Bedrohung für sich selbst sah und entsprechend handelte. Die Mitglieder aus der Arbeiterklasse waren ihren jüdischen Genossen gegenüber stets loyal und scheuten sich nicht, die Antisemiten auch körperlich zu bekämpfen, wie Hitler selbst es beschreibt, als er in *Mein Kampf* über seine Erfahrungen in seinem ersten Job auf einer Baustelle in Wien vor dem Krieg berichtet: „Man lehnte da alles ab: die Nation, als eine Erfindung der „kapitalistischen" – wie oft musste ich nur allein dieses Wort hören – Klassen; das Vaterland, als Instrument der Bourgeoisie zur Ausbeutung der Arbeiterschaft; die Autorität des Gesetzes, als Mittel zur Unterdrückung des Proletariats ... Es gab da aber rein gar nichts, was so nicht in den Kot einer entsetzlichen Tiefe gezogen wurde. Anfangs versuchte ich zu schweigen. Endlich ging es aber nicht mehr. Ich begann, Stellung zu nehmen ... bis eines Tages jenes Mittel zur Anwendung kam, das freilich die Vernunft am leichtesten besiegt ... Einige der Wortführer der Gegenseite zwangen mich, entweder den Bau sofort zu verlassen oder vom Gerüst hinunter zu fliegen."[1]

Von Anfang an, seit die ersten Zeichen der neuen Partei 1923 in Wien auftauchten, bekämpften die sozialdemokratischen Arbeiter die Nazis. Banden von Rowdys hatten angefangen, mit der Hakenkreuz-Flagge umherzulaufen und Juden zusammenzuschlagen, einmal töteten sie sogar einen Arbeiter. Tausende Sozialdemokraten nahmen diese Kampfansage an. Einer der Autoren für das amerikanische *Menorah Journal*, das zu der Zeit eine der führenden jüdischen Zeitschriften war, schreibt dazu: „Kein Pogrom-Treffen kann jetzt ungestört verlaufen. Die organisierten Arbeiter, Sozialdemokraten und Kommunisten stürmen immer wieder die Versammlungen der Antisemiten, nicht wegen ihrer Freundschaft mit den Juden, sondern weil sie glauben, das Überleben der Republik stünde auf dem Spiel."[2]

Der übergroße Teil der österreichischen Juden identifizierte sich mit den Sozialdemokraten. Unter den wenigen, die dies nicht taten, waren auch die Zionisten von der *Jüdisch Nationalen Partei* (JNP). Doch der Anteil der Juden an der österreichischen Gesamtbevölkerung betrug nur 2,8 Prozent, außerdem machten sie nur zehn Prozent der Wiener Wähler aus; und nur ein einziges Mal gelang es der kleinen JNP, einen Kandidaten ins österreichische Parlament zu entsenden. Sein Name war Robert Stricker und seine Stimme war die einzige Gegenstimme bei der Abstimmung zum Zusammenschluss mit Deutschland im Jahre 1919. Mit dieser Entscheidung besiegelte er seine Niederlage 1920. In den frühen 20er Jahren wurden drei weitere Zionisten in den

---

1 Hitler: *Mein Kampf*, S.41f.
2 Hoeflich, Eugen: *Morale in Austria*; *Menorah Journal* (August 1923).

Stadtrat gewählt, bei den Wahlen im Jahr 1920 erhielten die Zionisten 21 Prozent der jüdischen Wählerstimmen, 1923 stieg der Prozentsatz sogar auf 26, sank danach jedoch rapide ab, bis er 1930 nur noch bei mageren 0,2 Prozent aller Wählerstimmen lag.[3] Obwohl die JNP letztlich keine große Rolle in der österreichischen Politik spielte, lassen sich anhand der Entwicklung, die sie in dieser kurzen Zeit genommen hat, doch die Engstirnigkeit und der kleinbürgerliche Charakter des europäischen Zionismus gut veranschaulichen. Die meisten Anhänger der JNP haben nie auch nur darüber nachgedacht, nach Palästina auszuwandern. Viele der damals in Wien lebenden Juden waren gerade erst aus Galizien hier angekommen. Der Zionismus der JNP stellte für sie das letzte Überbleibsel ihrer Ghetto-Mentalität dar. Es handelte sich nicht um einen Protest gegen die Antisemiten; diesen Kampf fochten die sozialdemokratischen Milizen auf den Straßen aus. Der österreichische Zionismus war ein Protest des Kleinbürgertums gegen den Sozialismus und die Christlichsozialen waren stets erfreut, wenn es der JNP gelang, ihren radikalen Gegnern ein paar Wähler abspenstig zu machen. Die Zionisten sahen die Christlichsozialen ebenfalls nicht als ihre Feinde an. 1934, während seines Aufenthalts in Durban in Südafrika, erfuhr Sokolow, dass der österreichische Bundeskanzler Engelbert Dollfuß bei dem erfolglosen Putschversuch der Nazis vom 25. Juli zu Tode gekommen war und bat sein Publikum im *Jewish Club*, sich im Gedenken an den Toten von ihren Plätzen zu erheben. „[D]ieser große Patriot und Führer seines Landes, den ich sehr gut kannte und mit dem ich oft zusammentraf ... war einer der Freunde unserer Sache. Er war einer derjenigen, die, mit meiner Hilfe, in der österreichischen Hauptstadt die Organisation der Nicht-Jüdischen Freunde des Zionismus gegründet haben."[4]

Die Nicht-Jüdischen Freunde waren 1927 ins Leben gerufen worden. 1929 warnte Fritz Löhner Beda, der ehemalige Präsident des zionistischen Hakoah Sportclubs, die Juden, sie würden für ihre Unterstützung der Sozialdemokraten bestraft werden, wenn die Reaktionäre die Sozialisten erst besiegt hätten. Er fuhr fort mit dem Versprechen, die Juden würden die faschistischen *Heimwehr*-Milizen unterstützen, wenn die Vertreter des rechten Spektrums ihren Antisemitismus aufgäben. Außerdem behauptete er, tatsächlich seien die Sozialisten, da

---

3 Simon, Walter: *The Jewish vote in Austria*; Leo Baeck Institute Year Book; Vol. XVI (1961); S.114.
4 Sokolow Honours: *Memory of Dollfuß*; *PalestinePost* (13. August 1934); S.4.

sie Atheisten, Antinationalisten und Antikapitalisten seien, die größten Feinde der Juden.[5]

„Wir verurteilen die Verbreitung von Schauergeschichten von Österreich aus im Ausland"

Während die Christlichsozialen die Nazis als Bedrohung für ihre eigene Macht ansahen, brachte Hitlers Erfolg Dollfuß zu der Überzeugung, dass die Zukunft, zumindest in Mitteleuropa, der Diktatur gehörte und so befolgte er schließlich Mussolinis schon mehrfach geäußerten Rat und provozierte die Sozialdemokraten zu einem Aufstand, den er in drei Tage andauernden blutigen Schlachten niederschlug. Mehr als 1.000 Arbeiter wurden getötet, als die Heimwehr den berühmten Karl-Marx-Hof zerstörte. Die Reaktion der Zionisten auf dieses Massaker war ganz eindeutig. In einer Rede zu den Ereignissen vor Parteigenossen verurteilte Robert Stricker die Berichte, die im Ausland über die Verfolgung der Juden kursierten. Er bestand darauf, dass diese Berichte falsch waren und sagte, Österreich habe in diesen schicksalhaften Tagen ein Maß an Kultiviertheit erreicht, das seinesgleichen sucht.[6] Tatsächlich verfolgte Dollfuß' Regime von nun an eine Politik der massiven Diskriminierung gegenüber Juden, besonders im Staatsdienst und zahlreiche Angestellte in gehobenen Berufen wurden entlassen. Doch der Antagonismus der Zionisten gegen die assimilatorischen sozialistischen Juden machte sie zum idealen Anwalt für die Christlichsozialen sowohl im In- als auch im Ausland. 1935 bekundete die Regierung ihre Absicht, in Fällen von „überfüllten" Schulen die jüdischen Schüler von den anderen Schülern zu trennen. Und während die Führer der assimilierten Juden dies natürlich als ersten Schritt zur vollständigen Trennung der Schulen für Juden und Nicht-Juden ablehnten, begrüßte Robert Stricker die neuen Ghetto-Schulen.[7] In dem gleichen Jahr, in dem der österreichische Außenminister gegen „Schauergeschichten" in der Weltpresse wetterte, beeilte sich *Die Stimme*, das Organ der österreichischen Zionisten, zu erklären: „Es ist heutzutage unmöglich, irgendein Land hermetisch abzuriegeln und dortige Ereignisse, einschließlich antijüdischer Agitation, zu verheimlichen. Wir verurteilen die Verbreitung von Schauergeschichten von Österreich aus im Aus-

---

5 Solow, Herbert: *Unrest in Austria*; *Menorah Journal* (Februar 1930).
6 *Austria – the Key to Jewish Politics*; *South African Ivri* (März 1934); S.1.
7 *Austria*; *American Jewish Year Book* (1935/1936); S.189.

land. Dies ist jedoch nie durch jüdische, sondern stets durch österreichische Zeitungen, die im Ausland gelesen werden, geschehen."[8]

Die Christlichsozialen wussten natürlich, dass sie ohne Unterstützung aus dem Ausland kein Gegner für Hitler wären. Einerseits hofften sie auf militärische Unterstützung durch Mussolini, andererseits brauchten sie Kredite von den Banken in London und Paris und so mussten sie potentielle ausländische Investoren davon überzeugen, dass sie nicht bloß eine Kopie der Nazis waren. Im Mai 1934 berief Dollfuß Desider Friedmann in den Stadtrat, einen alten Zionisten und Präsident der Israelitischen Kultusgemeinde Wien. Es gab noch andere derartige Gesten des Regimes gegenüber den Zionisten. Die Revisionisten erhielten die Erlaubnis, ein Grundstück, das ihnen ein reiches Mitglied ihrer Bewegung zur Verfügung gestellt hatte, als Ausbildungszentrum zu nutzen. Ein revisionistischer Autor beschreibt später, dass der riesige Landsitz mehr und mehr „das Aussehen eines wohlgeordneten Militärlagers" annahm und im September 1935 erlaubte die Regierung den Revisionisten sogar, den Gründungskongress ihrer Neuen Zionistischen Organisation in Wien abzuhalten.[9]

Aus außenpolitischen Gründen hatte das Regime die Diskriminierung der Juden stets bestritten und sich die absurdesten Ausreden, wie die schon erwähnte „Überfüllung" der Schulen, einfallen lassen, um ihren Antisemitismus zu rechtfertigen. Rein juristisch hatten Juden sogar das Recht, der *Vaterlandsfront* beizutreten, die nach 1934 an die Stelle aller anderen politischen Parteien getreten war, was rein technisch auch die Christlichsozialen mit einschloss. Doch nachdem sich Mussolini entschlossen hatte, sich mit Hitler zu verbünden und damit klar war, dass er nicht länger bereit sein würde, Österreich zu schützen, kämpfte das Regime verzweifelt, eine Übernahme durch die Nazis zu verhindern. Im Januar 1938 versuchten die Österreicher, Hitler zu beweisen, dass sie, obwohl sie die feste Absicht hatten, ihre Unabhängigkeit zu bewahren, trotzdem immer noch ein „deutsch-christlicher" Staat waren und richteten in der *Vaterlandsfront* eine eigene Abteilung für jüdische Jugendliche ein. Die *Encyclopedia Judaica* bemerkt dazu lakonisch, dass „die Zionisten bereitwillig zustimmten, aber es ... jene [verärgerte], die die Assimilation bevorzugten"[10]. Doch obwohl das Regime immer stärker

---

8 *Vienna Papers take Issue on Press Threats*; Jewish Daily Bulletin (11. Januar 1935); S.1.
9 Seidmann, Otto: *Saga of Aliyah Beth*; *Tagar* (Shanghai, 1. Januar 1947); S. 7.
10 *Austria*; *Encyclopedia Judaica*; Vol. III; Absatz 898.

antisemitische Züge trug und so versuchte, die deutschen Nazis fernzuhalten, scheute es sich nicht, die Zionisten zu benutzen, um finanzielle Unterstützung aus dem Ausland zu erhalten. Desider Friedmann wurde Anfang 1938, in den letzten Wochen vor dem „Anschluss", in eiliger Mission ins Ausland geschickt.[11] Dollfuß' Nachfolger, Kurt von Schuschnigg, versuchte einen letzten Trick und setzte am 9. März für den 13. des gleichen Monats eine Volksabstimmung zur Unabhängigkeit an und die zionistisch-dominierte Israelitische Kultusgemeinde stellte eilig eine Liste aller Wiener Juden zusammen, die einen Beitrag zu dem Fonds zur Finanzierung von Schuschniggs Kampagne leisten sollten. Hitler schätzte Schuschnigg weit realistischer ein und forderte ihn einfach auf zurückzutreten, was er dann am 11. März auch tat, am 12. März marschierte schließlich die deutsche Armee in Österreich ein.

„Es war Wahnsinn, dass die Zionisten sich auf die Christlichsozialen verlassen haben"

War die Unterstützung der Zionisten für die Rechten in Österreich je gerechtfertigt? Man könnte behaupten, die Christlichsozialen waren die einzige Barriere zwischen den Juden und der Übernahme durch die Nazis, doch die Allianz mit ihnen hatte bereits in den 20er Jahren begonnen, als Hitler noch gar keine Bedrohung darstellte. Die Gründung der Nicht-Jüdischen Freunde kann nicht als Widerstand gegen die Nazis gewertet werden. Tatsächlich waren die Vertreter der österreichischen Rechten, Dollfuß und Schuschnigg, nie ein Hindernis für eine Übernahme Österreichs durch Hitler gewesen, sondern im Gegenteil Garanten für einen letztendlichen Sieg der Nazis. Joseph Buttinger, der in den 30er Jahren der Führer des sozialdemokratischen Untergrunds gewesen war, beschreibt in seinem Buch *Am Beispiel Österreichs*, wie es wirklich war und zitiert dabei Gustav Richter, Obmann des ZK der *Revolutionären Sozialisten*: Es gebe in Österreich eine große Mehrheit gegen den Nationalsozialismus, aber Schuschnigg könne „von den politischen Möglichkeiten, die in dieser Tatsache liegen, keinen Gebrauch machen". Er müsse die „Massenmobilisierung gegen den braunen Faschismus" verhindern, „weil er in einem wahren Freiheitskampf selbst unvermeidlich unter die Räder kommt". Auf diese Massenmobilisierung käme es an, „soweit es überhaupt auf Österreich

---

11 *Desider Friedmann*; *Encyclopedia Judaica*; Vol. VII; Absatz 191.

ankommt"; denn „letzten Endes werden internationale Kräfte über das Schicksal Österreichs entscheiden". Hitler werde Österreich in einem günstigen Augenblick überfallen. Er warte auf diesen Augenblick, „um so leichteren Herzens, als ihm das autoritäre Regime garantiert, dass in der Zwischenzeit die Organisierung der Abwehr unterbleibt".[12]

Für die österreichischen Juden gab es nur noch eine Hoffnung: eine starke Allianz, vor Ort und im Ausland, mit den Sozialdemokraten. Im Gegensatz zu den diskreditierten deutschen Sozialisten waren die österreichischen Sozialdemokraten auch nach ihrem heroischen, wenn auch schlecht organisierten Widerstand im Jahre 1934 im Wesentlichen noch eine Einheit. Das Regime von Dollfuß war das schwächste der faschistischen Regimes und dass sich die Regierung nach dem Massaker an den Sozialisten vom 12. Februar noch halten konnte, verdankte sie weniger ihren eigenen Polizeikräften, als vielmehr der übergroßen Präsenz italienischer und ungarischer Truppen an den Grenzen, die für Dollfuß kämpften sowie der ebenso großen Sicherheit, dass die deutsche Armee eher auf seiner Seite eingreifen würde, um zu verhindern, dass die Sozialdemokraten an die Macht kommen. Natürlich dürfen weder die schwierige internationale Lage noch die Stärke des österreichischen Regimes unterschätzt werden, doch es gab gigantische Demonstrationen der Sozialisten in Amerika und Europa wegen der Vorkommnisse in Österreich. Statt sich jedoch auf der Suche nach Unterstützung an die Sozialisten im In- und Ausland zu wenden, haben sich die österreichischen Zionisten lieber auf ein Regime verlassen, das offensichtlich vorhatte, sich Hitler zu ergeben, ohne auch nur einen einzigen Schuss abzufeuern. Nahum Goldmann, der Vertreter der WZO, riet den Juden im Ausland sogar bewusst von Demonstrationen gegen den österreichischen Antisemitismus ab und riet ihnen stattdessen, sich darauf zu verlassen, dass Benito Mussolini die Sache hinter den Kulissen regeln würde.

---

12 Buttinger, Joseph: *Am Beispiel Österreichs*; Köln; Verlag für Politik und Wirtschaft; 1953; S.474f.

16. Die jüdischen Parteien in Osteuropa

Die Tschechoslowakei – 2,4 Prozent eines Imperiums

Nach dem Untergang der drei großen Imperien in Osteuropa nach dem Ersten Weltkrieg fand unter Führung der Franzosen und der Briten eine Neuordnung der Machtverhältnisse statt. Ihr Hauptziel bestand darin, Deutschland und die Sowjetunion zu isolieren. Da sie entschlossen waren, Deutschland einzugrenzen, ermutigten die Alliierten die Litauer, die Polen und die Tschechen, sich jeweils einen Teil von ethnisch deutschen Territorien einzuverleiben. Als Verbündete Deutschlands mussten auch Ungarn und Bulgarien Gebietsverluste hinnehmen. Das Ergebnis war die Schaffung einer Gruppe von Staaten mit starken nationalen Spannungen. In dieser Atmosphäre des Hasses war Antisemitismus unvermeidbar.

Es gelang den Zionisten, in den jüdischen Gemeinden Osteuropas genug Stärke zu entwickeln, um Vertreter in die Parlamente Lettlands, Litauens, Polens, der Tschechoslowakei, Rumäniens und Österreichs zu entsenden; selbst in Jugoslawien, wo die jüdische Gesamtbevölkerung aus nicht mehr als 70.000 Menschen bestand, gab es Bemühungen um eine jüdische Liste bei den Kommunalwahlen in Zagreb. Doch der Zionismus – als die separatistische Ideologie der schwächsten der ethnischen Gruppen in der Region – war niemals in der Lage, die Krise des osteuropäischen Nationalismus zu meistern. In den 30er Jahren genoss die Tschechoslowakei einen guten Ruf als Oase der Demokratie inmitten all der Diktaturen in der Region, doch handelte es sich dabei nur um eine tschechische Version des Habsburger Imperiums. Die tschechische Bourgeoisie beherrschte die Slowaken und verleibte ihrem Mini-Imperium rücksichtslos deutsche, ungarische, polnische und ukrainische Territorien ein. Die tschechischen Führer waren auch sui generis Antisemiten; die Juden galten als deutsche und ungarische Kulturagenten, und die ersten Tage der jungen tschechischen Republik waren überschattet von antisemitischen Ausschreitungen.[1] In der Armee dominierten ehemalige tschechische Legionäre, die im Ersten

---

1 Rabinowicz, Aharon: *The Jewish Minority*; in: *The Jews of Czechoslovakia*, Vol I; S.247; sowie: Fleischmann, Gustav: *The Religious Congregation*, 1918-1938; Ebenda; S. 273.

Weltkrieg von den Habsburgern zu den Russen übergelaufen waren und sich dann zusammen mit der Weißen Garde ihren Weg aus Russland nach Hause freigekämpft hatten; die Generäle waren erklärte Antisemiten. Die chassidische Jugend aus den ukrainischen Karpaten, wo Juden etwa 15 Prozent der Gesamtbevölkerung ausmachten, waren stets die Zielscheibe des Spotts ihrer Vorgesetzten. Ein Jude aus der Slowakei wurde sogar beschuldigt, sich aus reinem Opportunismus für Ungarisch als Sprache entschieden zu haben, um sich so bei den Ungarn anzubiedern.[2] Es war undenkbar, dass ein Jude einen höheren Offiziersrang hätte bekleiden können. Außer den Tschechen und denjenigen Slowaken, die die Vormachtstellung der Tschechen akzeptierten, hatte niemand irgendwelche Rechte in der tschechoslowakischen Armee.[3]

Das tschechische Bürgertum wollte zwar nicht, dass sich die Juden mit den Deutschen oder den Magyaren verbündeten, doch nur die tschechischen Sozialdemokraten ermutigten die Juden, sich in die tschechische Gesellschaft einzubringen.[4] Die bourgeoise Formel lautete Schutz des „nationalen Judentums" und Genehmigung der Juden, sich bei der Volkszählung als eigene Nationalität eintragen zu lassen. 1930 gab es 356.820 Juden in der Tschechoslowakei, das waren 2,4 Prozent der Gesamtbevölkerung; davon ließen sich 58 Prozent als Juden eintragen, 24,5 Prozent als Tschechen, 12,8 Prozent als Deutsche und 4,7 Prozent als Ungarn.

Die tschechoslowakischen Zionisten beteiligten sich mit der Jüdischen Partei, der *Zidovska Strana,* an der Lokalpolitik. Von 1919 an konnten sie immer wieder Mitglieder in den Stadtrat von Prag und anderen Städten entsenden, doch es gelang nie, Juden dazu zu bringen, eines ihrer Mitglieder direkt ins Parlament des Landes zu wählen. Bei den Wahlen 1920 erhielt eine gemeinsame Liste der jüdischen Parteien nur 79.714 Stimmen, als die *Jüdische Partei* bei den Wahlen 1925 einzeln antrat, erhielt sie 98.845 Stimmen. 1928 hatten selbst die überzeugtesten jüdischen Separatisten begriffen, dass sie sich mit einigen Nicht-Juden verbünden mussten, wenn sie ins Parlament wollten und in der

---

2 Die Slowakei gehörte zum ungarischen Teil des österreichisch-ungarischen Reiches. Die dort lebenden Juden konnten sich entweder für das Slowakische oder das Ungarische entscheiden und damit ausdrücken, in welcher der beiden Gruppen sie sich assimilieren wollten.

3 Jelinek, Yeshayahu: *The Swoboda Army Legend: Concealed Realities*; *Soviet Jewish Affairs* (Mai 1980); S.76f.

4 Brugel, J.W.: *Jews in Political Life*; in: *The Jews of Czechoslovakia*, Vol. II; S.244 .

polnischen Mittelstandspartei und den polnischen Sozialdemokraten des Gebietes Cieszyn (Teschen) fanden sie geeignete Partner. 1929 erhielten sie gemeinsam 104.539 Stimmen, das war genug, um zwei Zionisten und zwei Polen ins Parlament zu entsenden. Doch die Allianz bestand nur für die Wahlen: Die Zionisten blieben der tschechischen Regierung gegenüber loyal, während sich die Polen ihrem Heimatland zuwandten. Im Parlament standen die Zionisten plötzlich vor einem ganz anderen Problem, da das Rederecht in Debatten danach bemessen wurde, wie viele Stimmen die Partei bei den Wahlen erhalten hatte. So waren sie gezwungen, als „Gäste" Zuflucht bei der tschechischen sozialdemokratischen Fraktion zu suchen. Bei den Sozialdemokratien gab es bereits Juden als „gute Tschechen" und sie nahmen die beiden Zionisten ganz einfach deshalb auf, um sich zwei weitere Stimmen für die von ihnen unterstützte Regierung zu sichern. Die extrem beschränkten Interessen der *Jüdischen Partei*, wie ihr Kampf gegen das gesetzliche Verbot, Läden am Sonntag zu öffnen[5] und ihre Bemühungen, die Regierung davon zu überzeugen, Hebräisch-Schulen in der Karpatho-Ukraine zu subventionieren, standen nicht im Widerspruch zur Dominanz der Tschechen im Staate. Die Zionisten erwarteten immer, dass die Tschechen ihnen bei der Umsetzung ihrer Pläne helfen würden und sahen sich selbst nie als mögliche Verbündete der untergeordneten ethnischen Gruppen, nicht einmal der Polen, mit denen sie ihr Wahlbündnis geschlossen hatten. Bei allem jüdischen Nationalismus waren sie einfach ein Anhängsel des tschechischen Supremats. In ihrem eigenen Kampf gegen die sprachliche Assimilation hatten sie begonnen, den Kampf für die Rechte anderer Nationalitäten als eine Form von radikalem Assimilationismus anzusehen. Ihr oberstes Ziel bestand darin, die Zentralregierung dazu zu bringen, ihr gerade entstehendes Schulsystem zu unterstützen und um dieses Ziel zu erreichen, blieben sie dem tschechoslowakischen Staat sowie Thomas Masaryk und Edvard Beneš gegenüber loyal.

Nach dem deutschen Einmarsch ins Sudentenland 1938, und dem damit einhergehenden Sturz der Beneš-Regierung, verflüchtigte sich der Schutz des tschechischen Rumpfstaates für das „nationale" Judentum. Die neuen tschechischen Führer, im Wesentlichen der rechte Flügel der vorherigen Regierung, waren fest entschlossen, sich der neuen Situation der Nazi-Dominanz in Zentraleuropa anzupassen und sie

---

5 Da der jüdische Ruhetag der Samstag ist, wollten die jüdischen Ladenbesitzer durchsetzen, dass sie ihre Läden am Sonntag öffnen dürfen.

wussten, dass Hitler keinen Gedanken daran verschwenden würde, sich mit ihnen in irgendeiner Form zu arrangieren, solange sie die Juden in ihrer neuen „Tschecho-Slowakei" an der langen Leine laufen ließen. So informierte der neue Ministerpräsident Rudolf Beran, der Führer der Bauernpartei, die die stärkste Kraft im Kabinett in der Beneš-Republik gewesen war, nach der Münchener Konferenz das Parlament, dass der Antisemitismus von nun an zur offiziellen Politik seiner Regierung gehören würde. Es sei notwendig, „die Aufgaben der Juden im Leben der Nationen, die die Staatsidee in sich tragen, zu beschränken". Seine Erklärung wurde mit nur einer Gegenstimme angenommen. Einzig ein Vertreter des rechten tschechischen Spektrums stand auf, um die Juden zu verteidigen, während der Vertreter der Jüdischen Partei, der sich noch nie für die von Beneš Unterdrückten eingesetzt hatte, seine Stimme auch jetzt nicht erhob, um sein eigenes Volk zu verteidigen.[6]

Rumänien – Juden nach Palästina!

Vor 1914 war Rumänien ganz entschieden antisemitisch. Die meisten der dort lebenden Juden waren als Flüchtlinge aus Russland hierher gekommen und die rumänische Regierung verweigerte ihnen und ihren Nachkommen einfach das Recht auf Staatsbürgerschaft. Als Verbündeter der Entente-Mächte im Ersten Weltkrieg erhielt Rumänien durch die Versailler Verträge nicht unerhebliche neue Territorien, mit ihnen allerdings auch viele Tausend Juden. Da die Mächte von Versailles darauf bestanden, dass Bukarest seinen Millionen an neuen nicht-rumänischen Einwohnern zumindest minimale Rechte zugestand, erhielten auch die Juden das Recht auf Staatsbürgerschaft. Die Diskriminierung der Juden setzte sich natürlich fort und begann zugleich auch für die anderen Nicht-Rumänen, doch ethnische Spannungen bildeten nur eines der vielen Probleme dieses Landes. Ein anderes war – neben grundlegenden wirtschaftlichen Problemen – die offensichtliche Korruptheit der Regierung. Ein berühmtes jüdisches Sprichwort jener Tage lautete: „Rumänien ist kein Land, das ist ein Beruf."

Im Verlauf der 20er und der frühen 30er Jahre verbesserte sich die Stellung der Juden etwas. Sie machten 5,46 Prozent der Gesamtbevölke-

---

[6] Goldelmann Solomon: *The Jews in the new Czecho-Slovakia*; Contemporary Jewish Record (Januar 1939); S.13.

rung aus und die Politiker begannen, um ihre Stimmen zu werben; der rumänische König Carol II. nahm sich sogar eine jüdische Mätresse, die berühmte Magda Lupescu. Alle progressiven Kräfte sahen im Antisemitismus ein Zeichen für die allgemeine Rückständigkeit, die es in jedem Falle zu überwinden galt. Obwohl sich die Sozialdemokraten sehr zurückhielten, waren die *Nationale Bauern-Partei* (NBP) und die *Radikale Bauern-Partei* engagierter gegen den Antisemitismus. Sie forderten eine Bodenreform sowie mehr Demokratie und sie begriffen, dass diejenigen, die den Juden ihre Rechte verweigerten, auch ganz allgemein Gegner der Demokratie waren.

Die Juden in Rumänien unterstützten praktisch alle Parteien mit Ausnahme der radikalen Antisemiten. Viele der reichen, rumänisch sprechenden Juden stimmten sogar für die gemäßigten antisemitischen Parteien, solange diese die Polizei gegen Randalierer einsetzten. Andere Juden, beispielsweise in Transsylvanien, waren leidenschaftliche ungarische Nationalisten. Eine Minderheit stimmte für die Sozialdemokraten oder unterstützte die verbotenen Kommunisten. Die Zionisten, deren Anhängerschaft zum großen Teil kein Rumänisch sprach, bauten langsam eine *Jüdische Partei* auf, die – nachdem sie einige Erfahrungen bei Kommunalwahlen gesammelt hatte – bei den Parlamentswahlen 1931 erstmals eigene Kandidaten ins Rennen schickte. Sie waren, nach eigenen Einschätzungen, durchaus erfolgreich und erhielten 64.175 Stimmen – das waren mehr als 50 Prozent der jüdischen Stimmen – und vier Sitze im Parlament, obwohl ihre Stimmenanzahl nur 2,19 Prozent der gesamten Wählerschaft ausmachte. Bei den Wahlen im Juli 1932 verbesserten sie ihr Wahlergebnis sogar noch und erhielten nun 67.582 Stimmen – oder 2,48 Prozent der gesamten Stimmen – und behielten ihre vier Sitze im Parlament.

Die Führer der *Jüdischen Partei* kamen aus dem kleinstädtischen Mittelstand. Sie waren dankbar dafür, dass sich die NBP gegen den Antisemitismus stellte und verbündeten sich im Parlament lose mit den Bauern, doch sie waren – bestenfalls – nur mit halbem Herzen dabei, wenn es um die Sache der Bauern ging. Ihre mittelständische Basis fühlte sich wirtschaftlich durch die Bewegung der Kooperativen bedroht, die in der Regel eine Folge des Erwachens der Bauernschaft war. Statt sich mit den wirklichen politischen Problemen auseinander zu setzen, mit denen Rumänien in der Zeit zwischen den beiden Weltkriegen konfrontiert war, beschäftigten sich die zionistischen Führer lieber mit den Angelegenheiten innerhalb der jüdischen Gemeinden und sahen dabei nicht, dass sie die Position der Juden schwächten, wenn sie sich nicht an dem Kampf für demokratische Veränderungen beteiligten.

Schon in den 20er Jahren waren die extremen Antisemiten durch gewalttätige Übergriffe aufgefallen. Corneliu Codreanu, Gründer der Legion des Erzengels Michael und der terroristischen Eisernen Garde, war 1924 von der Anklage wegen Mordes am Polizeichef von Jassy freigesprochen worden. 1926 war ein jüdischer Student ermordet worden, die Mörder waren freigesprochen worden. Zudem gab es 1929 und 1932 große Krawalle, doch es existierte nie eine Chance für die extrem Rechte, an die Macht zu kommen – bis der Sieg Hitlers 1933 sich auszuwirken begann. Nach dem Triumph der Nazis kehrte sich der langsame Trend weg vom Antisemitismus wieder um. Die faschistischen Kräfte hatten nun eine Reihe psychologischer Vorteile. Wenn der Antisemitismus in einem so hoch zivilisierten Land wie Deutschland plötzlich politisch salonfähig war, konnte man die rumänischen Antisemiten nicht länger als rückständige Fanatiker abschreiben; außerdem war die Eiserne Garde nicht in die allgemeine Korruption verwickelt.

Obwohl die Erosion der parlamentarischen Demokratie sehr schnell vonstatten ging, gab es doch einen fühlbaren Widerstand. Die *Nationale Bauern-Partei* sprach sich bis zu den Wahlen 1937 immer wieder gegen den Antisemitismus aus, dann schwenkte sie plötzlich um und verbündete sich mit den Antisemiten. Die *Radikale Bauern-Partei* wandte sich auch weiterhin gegen den Antisemitismus und verteidigte die Juden in einigen Fällen sogar physisch, doch gegen die extreme Rechte hatten sie keine Chance.

„Eigene Kandidaten ... aufstellen und unter sich wählen"

Das Unheil hatte die *Jüdische Partei* bereits bei den Wahlen im Dezember 1933 getroffen. Hitlers Triumph in Berlin machte die Wahl von Codreanu in Bukarest wahrscheinlicher und viele Anhänger der Jüdischen Partei sahen, dass sie, wenn sie in Zukunft in Rumänien einigermaßen sicher leben wollten, den Schutz rumänischer Verbündeter brauchen würden. Die Anzahl der Stimmen für die *Jüdische Partei* sank auf 38.565 (1,3 Prozent aller Stimmen), und sie verloren alle vier Sitze im Parlament. 1935 riefen die Sozialdemokraten zu einer Volksfront aller liberalen Kräfte auf, allerdings unter Ausschluss der

Kommunisten. Die Kommunisten ihrerseits befürworteten eine Allianz mit den Sozialisten und der NBP. Beide Parteien wollten mit der NBP zusammenarbeiten, aber nicht mit der jeweils anderen. Die NBP dagegen wollte mit keiner der beiden Parteien zusammenarbeiten und unterzeichnete einen „Nicht-Angriffspakt" mit den Faschisten für die Wahlen 1937 (in dem die beiden Parteien einander zusicherten, nicht gegeneinander vorzugehen; Anm. d. Übers.).

Die Sozialisten, die Radikalen Bauern und die *Jüdische Partei* traten jeweils einzeln an, während die Kommunisten, die überzeugt waren, dass die NBP für eine antifaschistische Regierung unbedingt gebraucht wurde, ihre Anhänger aufforderten, für die NBP zu stimmen.[7] Die zersplitterten antifaschistischen Kräfte mussten eine empfindliche Schlappe bei den Wahlen hinnehmen; der Stimmenanteil der Sozialdemokraten sank von ohnehin schon schwachen 3,25 Prozent auf 1,3 Prozent, damit waren sie nicht länger im Parlament vertreten. Die *Jüdische Partei* hoffte, dank der Stimmen der Juden, die diesmal nicht für die NBP stimmen konnten, wieder ins Parlament einzuziehen. Doch die Rechnung ging nicht auf und sie erhielten nur 1,4 Prozent aller Wählerstimmen.

Hätte sich die *Jüdische Partei* mit den Sozialdemokraten verbündet, hätten sie zumindest die zwei Prozent erringen können, die sie benötigten, um wenigstens einen Sitz im Parlament zu erhalten. Eine solche gemeinsame Front hätte außerdem sicher noch andere politische Kräfte angezogen. Sich als jüdische Partei allein zur Wahl zu stellen, war glatter politischer Selbstmord. Es war genau das, was die Antisemiten wollten; Octavian Goga, der nach der Wahl Ministerpräsident wurde, hatte den Juden in seinem Wahlkampf geraten, „in ihren Häusern zu bleiben oder ihre eigenen Kandidatenlisten aufzustellen und unter sich zu wählen".[8]

---

7 Vago, Bela: *Popular Front in the Balkans: Failure in Hungary and Rumania;* Journal of Contemporary History; Vol. V; Nr. 3 (1970); S.115.

8 Vago, Bela: *The Jewish Vote in Rumania between the two World Wars;* Jewish Journal of Sociology (Dezember 1972); S.241.

„Emigrationsvereinbarungen sind in Ordnung"

Niemand in der zionistischen Bewegung hatte sich auch nur ansatzweise für den Kampf gegen den Antisemitismus in Rumänien interessiert. Der amerikanische *Labor Zionist Newsletter*, in dem die ideologische Linie der damaligen Emissäre der *Poale Zion* in den USA Enzo Sereni und Golda Myerson (Meir) zum Ausdruck kam, legte im November 1936 die strategische Position der vorherrschenden Strömung innerhalb der WZO dar: „Wenn die Bauern-Partei nicht sofort die Macht übernimmt, wird das Land von den Nazis eingenommen und zum Satelliten Deutschlands gemacht. Emigrationsvereinbarungen sind in Ordnung."[9] Man dachte dabei an einen Pakt mit dem derzeitigen Regime oder seinem Nachfolger – seien es nun die NBP oder die Faschisten –, durch den die Juden dazu ermutigt werden sollten, nach Palästina auszuwandern, um so den „Druck" zu mindern, den das Vorhandensein „zu vieler Juden" im Land verursachte. Doch eine solche Vereinbarung hätten die Antisemiten so gedeutet, dass es ihnen, wenn sie sich noch mehr bemühten, gelingen würde, noch mehr Juden los zu werden und es hätte wahrscheinlich dazu geführt, dass auch die Antisemiten in anderen Ländern die Juden aufgefordert hätten, Europa endlich „freiwillig" zu verlassen. Statt sich an der Organisation des Kampfes gegen den erstarkenden Faschismus zu beteiligen, dehnte die WZO die Unglücksstrategie von *Ha'avara* auch auf Osteuropa aus.

Itzichs nach Palästina! war lange der Schlachtruf der Eisernen Garde und anderer Antisemiten gewesen. Die einzig vernünftige Reaktion seitens der Juden auf diese Bedrohung wäre eine Allianz mit all jenen gewesen, die bereit waren, sich gemeinsam mit ihnen für die Freiheit einzusetzen; doch die Zionisten, die, als der Aufstieg der Rechten begann, noch die Mehrheit der jüdischen Wähler hinter sich hatten, haben nie auch nur einen Schritt in diese Richtung gemacht. Die Faschisten kamen an die Macht und das Land erfuhr die Schrecken des Holocaust.

Im Januar 1941 brach die Eiserne Garde mit ihren Verbündeten in der Regierung und löste damit einen kurzen, aber heftigen Bürgerkrieg in der Hauptstadt aus. Die Eiserne Garde nutzte die Gelegenheit, mindestens 2.000 Juden auf barbarische Weise zu ermorden. Etwa 200 Juden wurden in ein Schlachthaus geführt, wo ihnen dann die Kehlen durchgeschnitten wurden, wie es nach jüdischem Ritus

---

9 *Diaspora; Labor Zionist Newsletter* (15.11.1935); S.12.

bei der Tötung von Tieren üblich war. Doch es gab auch eine andere Seite dieser Geschichte. Die Milchbauern von Dudesti Cioplea, einem kleinen Dorf bei Bukarest, schickten Boten in das jüdische Viertel der Hauptstadt: Alle Juden, denen es gelingen würde, ihren kleinen Ort zu erreichen, würden dort Schutz finden. Mehr als 1.000 Juden folgten dieser „Einladung" und die Bauern von Dudesti Cioplea verteidigten sie tatsächlich mit ihren Jagdgewehren. Die Eiserne Garde versuchte zwar, in den Ort einzudringen, wurde aber mit aller Macht zurückgeschlagen.[10] Dass es nicht mehr Dudesti Ciopleas gab, lag daran, dass die antifaschistischen Kräfte, einschließlich der Zionisten, es versäumt hatten, sich in den 30er Jahren gegen die Mörder von Codreanu zu verbünden.

---

10 Perl, William R.: *The four-front war: from the Holocaust to the Promised Land*; New York; Crown Publishers; 1979; S.349.

17. Spanien – Die Nazis kämpfen, die Zionisten nicht

Sowohl Hitler als auch Mussolini hatten längst die volle Bedeutung des spanischen Bürgerkriegs erkannt; ein Sieg für die Linken hätte ihren Feinden neuen Auftrieb gegeben, besonders den Arbeitern in Deutschland und Italien. Sie handelten ohne zu zögern und Hitler brüstete sich später damit, das Eingreifen der 14.000 Männer seiner Legion Condor sei für den Kampf entscheidend gewesen. Weitere 25.000 Deutsche dienten in Francos Panzerdivisionen und in der Artillerie, Italien schickte weitere 100.000 „Freiwillige".

Die loyalistische Linke erhielt ebenfalls massive Unterstützung aus dem Ausland; einzelne Radikale überqueren auf eigene Faust die Pyrenäen, um sich den Arbeitermilizen anzuschließen; die Kommunistische Internationale organisierte 40.000 Freiwillige für die Internationalen Brigaden (obwohl keineswegs alle von ihnen Kommunisten waren); und schließlich sandte die Sowjetunion sowohl Truppen als auch Material, wenn auch nicht in dem Umfang wie die faschistischen Staaten.

Es gibt keine genauen Zahlen, wie viele Juden in Spanien gekämpft haben. Sie bezeichneten sich eher als Radikale denn als Juden und so kam kaum jemand auf die Idee, sie als Juden zu zählen. Professor Albert Prago, der selbst auch an diesem Krieg teilgenommen hatte, schätzt, dass die Juden etwa 16 Prozent der Internationalen Brigaden stellten, im Verhältnis die höchste Zahl aller ethnischen Gruppen.[1] Es wird angenommen, dass von den etwa 2.000 Briten mindestens 214 oder 10,7 Prozent Juden waren, die Zahlen für die amerikanischen Juden liegen zwischen 900 und 1.250 – etwa 30 Prozent der Abraham-Lincoln-Brigaden. Die größte geschlossene jüdische Gruppe bildeten die im Exil lebenden Polen, die vor dem extrem antikommunistischen Regime in Warschau geflohen waren. Von den 5.000 in Spanien kämpfenden Polen waren 2.250 oder 45 Prozent Juden. 1937 gründeten die Brigaden aus Propagandagründen die *Naftali Botwin* Kompanie, fast 200 jiddisch sprechende Mitglieder der polnischen Dombrowski-Brigade. Eigenartigerweise gibt es keine Schätzungen darüber, wie viele Juden in den deutschen Thälmann-Brigaden gekämpft haben, dem

---

1 Prago, Albert: *Jews in the International Brigade in Spain*; New York; Jewish Currents; 1979; S.6.

immerhin zweitgrößten nationalen Kontingent, doch es waren verhältnismäßig viele.[2] Auch unter den Italienern gab es einige Juden, der bemerkenswerteste unter ihnen war Carlo Rosselli, den Mussolini als seinen schärfsten Gegner unter den Exilitalienern ansah. Der liberale Einzelgänger ging noch vor den Kommunisten nach Spanien, er organisierte die erste italienische Kolonne, 130 Mann stark, die meisten von ihnen Anarchisten, einige wenige Liberale und Trotzkisten, die die Milizen der katalanischen Anarcho-Syndikalisten verstärken sollten. Am 9. Juli 1937 ließ Mussolini schließlich Carlo und seinen Bruder Nello von Schlägern der *Cagoulards*, einer französischen Faschistengruppe, ermorden.[3]

„Die Frage ist nicht, warum sie gegangen sind, sondern eher, warum wir nicht auch gegangen sind?"

Zum Zeitpunkt des Ausbruchs des Bürgerkriegs waren 22 Zionisten aus Palästina in Spanien. Es handelte sich um Mitglieder des Sportverbandes der Arbeiterzionisten *HaPoel*. Der Anlass ihres Besuches war eine Arbeiterolympiade, die als Protest gegen die bevorstehenden Olympischen Spiele in Berlin geplant war und am 19. Juli 1936 beginnen sollte.[4] Fast alle von ihnen beteiligten sich an den Kämpfen der Arbeiter in Barcelona zur Niederschlagung des Aufstandes der dortigen Garnison.[5]

Albert Prago erwähnt noch zwei weitere Zionisten, die nach Spanien gekommen waren, um dort zu kämpfen. Zweifellos gab es davon noch mehr, doch sie kamen als Einzelpersonen. Die zionistische Bewegung war nicht nur grundsätzlich dagegen, dass ihre Mitglieder aus Palästina in Spanien kämpften, am 24. Dezember 1937 griff die zionistische Tageszeitung *Ha'aretz* aus Palästina die amerikanischen Juden in den Abraham-Lincoln-Brigaden sogar dafür an, dass sie lieber nach Spanien gingen, um zu kämpfen, statt in Palästina mit anzupacken.[6]

---

2   Vergleiche zu diesem Thema auch die weiterführende Literatur von Lustiger, Arno: *Schalom Libertad! Juden im spanischen Bürgerkrieg*; Frankfurt/Main; Athenäum; 1989.
3   Delzell, Charles F.: *Mussolini's Enemies, The Italian Anti-Fascist Resistance*; Princeton; Princeton UP; 1961; S.147-61.
4   *Anti-Nazi World Olympic Games in Spain on July 19*; *Palestine Post* (13.7.1936); S.1.
5   Prago: *Jews in the International Brigade in Spain*; S.6f.
6   Schappes, Morris: *An Appeal to Zionists: Keep War out of Palestine*; *Jewish Life* (April 1938); S.11.

Es gab allerdings Juden in Palästina, die die Anweisungen der zionistischen Bewegung einfach ignorierten und doch nach Spanien gingen, aber niemand kennt ihre genaue Zahl. Die Schätzungen reichen von 267 bis 500, im Verhältnis die höchste Zahl eines einzelnen Landes.[7] Die *Encyclopedia of Zionism and Israel* spricht von ihnen als von „etwa 400 Kommunisten"[8]. Es ist bekannt, dass es unter ihnen auch einige Zionisten gab, die als Einzelpersonen dort waren, doch fast alle waren tatsächlich Mitglieder der Kommunistischen Partei Palästinas.

1973 gab es ein Treffen der israelischen Veteranen dieses Krieges, zu dem auch Veteranen anderer Länder eingeladen worden waren. Einer von ihnen, der amerikanische Jude Saul Wellmann, beschrieb später den wohl dramatischsten Vorfall dieses Treffens, der sich ereignete, als sie im Zuge ihres Besichtigungsprogramms den Bürgermeister von Jerusalem, Teddy Kollek, trafen. Sie haben darüber diskutiert, ob es richtig gewesen sei, dass sie mitten im arabischen Aufstand nach Spanien gegangen waren. Kollek hatte darauf seine ganz eigene Antwort: „Die Frage ist nicht, warum sie gegangen sind, sondern eher, warum wir nicht auch gegangen sind."[9]

Es gab verschiedene Gründe, warum sie nicht ebenfalls gegangen waren, als klar war, dass die Nazis ganz eindeutig auf Francos Seite kämpften. All diese Gründe haben ihre Wurzeln tief im Zionismus – und dabei besonders im Arbeiterzionismus. Alle Zionisten sahen ihre wichtigste Aufgabe darin, die Judenfrage zu lösen, und ihr jüdischer Nationalismus stand im scharfen Gegensatz zu jeglicher Form internationaler Solidarität; niemand verachtete die „rote Assimilation" mehr als die Arbeiterzionisten. 1937, während des Bürgerkrieges in Spanien, schrieb Berl Katznelson, Herausgeber der *Davar*, der Tageszeitung der *Histadrut* und eine der wichtigsten Persönlichkeiten der Bewegung, ein Pamphlet mit dem Titel *Revolutionary Constructivism*. In diesem Pamphlet griff er die eigene Jugend scharf an wegen ihrer wachsenden Kritik an der Partei, für deren gleichgültige Haltung bezüglich des revisionistischen Faschismus und ihren zunehmenden Rassismus gegenüber den Arabern. Katznelsons Polemik war ebenfalls ein Angriff auf das Herz des Marxismus – seinen Internationalismus. Er beschimpfte die Jugend ganz offen: „Sie sind nicht fähig, ihr eigenes Leben zu leben.

---

7   Prago: *Jews in the International Brigade in Spain*; S.5.
8   Communism in Israel; *Encyclopedia of Zionism and Israel*; Vol. II; S.204.
9   Wellmann, Saul: *Jewish Vets of the Spanish Civil War*; Jewish Currents (Juni 1973); S.10.

Sie können nur ein fremdes Leben leben und fremde Gedanken denken. Was für ein seltsamer Altruismus! Unsere zionistischen Ideologen haben diesen Typ des Juden stets verachtet – den revolutionären Mittelsmann, der tut, als sei er ein Internationalist, ein Rebell, ein Krieger, ein Held und doch so erbärmlich, so feige und rückratlos, wenn die Existenz seiner eigenen Nation bedroht ist ... Der revolutionäre Spekulant bettelt ständig: ‚Seht her, wie bescheiden ich bin, wie fromm, wie ich alle wichtigen und unwichtigen revolutionären Prinzipien beachte.' Wie verbreitet ist diese Haltung unter uns und wie gefährlich in dieser Stunde, da es unabdingbar ist, dass wir ehrlich zu uns selbst sind und offen gegenüber unseren Nachbarn."[10]

Eigentlich gehörten die Arbeiterzionisten zur Sozialistischen Internationale, doch für sie bedeutete internationale Solidarität unter den Arbeitern nur, dass die Arbeiter sie und ihre Arbeit in Palästina unterstützten. Es gelang ihnen, kleinere Spenden für Spanien aufzubringen, doch keiner von ihnen ging offiziell nach Spanien, um dort „fremde Schlachten zu schlagen". Beim Treffen der Veteranen 1973 diskutierte man auch die Frage, ob sie berechtigt gewesen waren, nach Spanien zu gehen „angesichts der Kritik der Führer der Zionisten und der *Histadrut* im Jahre 1936 ... in einer Zeit anti-jüdischer Aufstände".[11] Doch wenn man sich die Aussagen von Enzo Sereni und Moshe Beilenson in dem Buch *Jews and Arabs in Palestine* anschaut, das im Juli 1936 veröffentlicht wurde – in dem Monat, in dem der faschistische Aufstand in Spanien begann – dann wird klar, dass das Hauptaugenmerk der Arbeiterzionisten damals nicht auf der Verteidigung lag. Sie wollten Palästina vollständig erobern und den gesamten Nahen Osten beherrschen. Die „Aufstände" waren die natürliche Abwehrreaktion auf diese Pläne und nicht andersherum. Und obwohl die Basis der *Histadrut* mit den Linken in Spanien sympathisierte, waren die zionistischen Führer mit ihren Eroberungsplänen weiter als je zuvor von einem Kampf gegen den internationalen Faschismus entfernt. Und während in Spanien noch gekämpft wurde, erreichten die Bemühungen der Arbeiterzionisten um eine Annäherung an die Nazis ihren Höhepunkt, als sie im Dezember 1936 die Nazis baten, vor der Peel-Kommission für sie auszusagen und ihnen 1937 sogar anboten, die von den Arbeiterzionisten dominierte *Haganah* könnte für die SS spionieren.

---

10 Katznelson, Berl: *Revolutionary Constructivism: Essays on the Jewish Labor Movement in Palestine*; New York; Young Poale Zion Alliance; 1937; S.22.
11 Wellmann, Saul: *Jewish Vets of the Spanish Civil War*; *Jewish Currents* (Juni 1973).

Nur eine einzige zionistische Strömung, die *Hashomer Hatzair*, versuchte jemals, die tiefere Bedeutung der spanischen Revolution zu begreifen. Ihre Mitglieder hatten sich sehr bemüht, die britische *Independent Labour Party* (ILP) zu einer pro-zionistischen Haltung zu bewegen und sie verfolgten aufmerksam das Schicksal der spanischen Schwesterpartei der ILP, der *Partido Obrero de Unificacion Marxista* (POUM). Die Stalinisten und die Sozialdemokraten in Spanien gerieten stark in die Kritik wegen des politischen Scheiterns der Strategie einer gemeinsamen Volksfront. Es gibt jedoch keinen Hinweis darauf, dass auch nur eines der Mitglieder der *Hashomer Hatzair* nach Spanien gegangen wäre, schon gar nicht in offizieller Funktion, oder dass sie – bis auf das Sammeln kleinerer Spenden in Palästina für die POUM – den Kampf dort in irgendeiner Form unterstützt hätten. Während der 30er Jahre haben die Mitglieder der *Hashomer* überhaupt nicht am politischen Leben außerhalb Palästinas teilgenommen, noch nicht einmal, wenn es um jüdische Probleme ging, und so waren sie in dieser Hinsicht diejenige zionistische Gruppierung, die den engsten Fokus hatte. Sie waren weit davon entfernt, eine klare Vorstellung von den Schwierigkeiten in Spanien zu haben oder von den noch weitaus größeren Problemen des Faschismus und des Nazismus – und hatten demzufolge auch keine Strategie diesbezüglich. Und so verloren sie viele Anhänger an sowohl die Stalinisten als auch die Trotzkisten, denn sie selbst boten angesichts einer Katastrophe, die die ganze Welt bedrohte, nichts als eine Rhetorik der Isolation und Utopien.[12]

Später benutzte man den Heldenmut der jüdischen Vertreter des linken Flügels, die in Spanien gekämpft und dabei zum Teil ihr Leben gelassen hatten, als Beweis dafür, dass „die Juden" sich während des Holocaust nicht wie Schafe hatten zur Schlachtbank führen lassen. Am eifrigsten dabei waren jene ehemaligen jüdischen Stalinisten, die seit dieser Zeit versuchen, ihren Frieden mit dem Zionismus zu schließen. Sie können sich nicht dazu durchringen, ihre Taten im Nachhinein zu verurteilen oder zu behaupten, die Zionisten hätten recht damit gehabt, sie dafür zu verurteilen, dass sie in Spanien gekämpft hatten, doch im Nachhinein haben sie stets versucht, den „nationalen" jüdischen Aspekt ihrer Beteiligung an dem Konflikt in Spanien zu unterstreichen und sorgfältig jeden Juden in den langen Listen derer, die in Spanien gekämpft hatten, gezählt. Die Mehrheit jener, die nach Spanien gegangen waren,

---

12 Zvi Loker: *Balkan Jewish Volunteers in the Spanish Civil War*; Soviet Jewish Affairs; Vol. VI; Nr. 2 (1976); S.75.

tat dies hauptsächlich deshalb, weil sie überzeugte Kommunisten waren und inzwischen aus verschiedenen Gründen zu Radikalen wurden. Die Nazis waren nur einer davon. Ihr Heldenmut sagt nichts darüber aus, wie „die Juden" auf den Holocaust reagiert haben, genauso wenig, wie ihre Beziehungen zur kommunistischen Bewegung ein Hinweis darauf sind, dass „die Juden" an der systematischen Ermordung der POUM-Führer durch die sowjetische Geheimpolizei beteiligt waren.

Stalins Verbrechen in Spanien waren Teil des Bürgerkriegs und dürfen nicht klein geredet werden. Doch diese Linken haben an vorderster Front gekämpft im Krieg der Welt gegen den internationalen Faschismus und zum Teil ihr Leben dafür gelassen, während die Arbeiterzionisten Adolf Eichmann als Gast in Palästina empfingen und ihm anboten, als Spione für die SS zu arbeiten.

18. Das Versagen der Zionisten im Kampf gegen die Nazis in den liberalen Demokratien

Der Zionismus und die British Union of Fascists

Es gab kein westliches Land, in dem nach 1933 nicht ein deutlicher Aufschwung der pro-nazistischen Bewegungen zu verzeichnen gewesen wäre, doch das Ausmaß ihres Einflusses war von Land zu Land verschieden. Obwohl die westlichen Kapitalisten natürlich lieber die Nazis in Deutschland an der Macht sahen als die Kommunisten, erhielt Hitler nie soviel Unterstützung aus der Wirtschaft wie Mussolini. In Hitlers Haltung spiegelte sich zu stark der Wunsch nach Rache für Versailles und Deutschland war potentiell zu mächtig, als dass es nicht eine sehr starke Ambivalenz in der Haltung zu diesem neuesten Retter vor dem Kommunismus gegeben hätte. Außerdem erfreute sich Hitlers Antisemitismus unter den Kapitalisten nie besonderer Beliebtheit. Solange die Juden nur einen kleinen Teil der Gesellschaft des jeweiligen Landes ausmachten, nahm man an, sie würden letztlich assimiliert werden. Nun hatte die Massenemigration der osteuropäischen Juden zwar den Antisemitismus in den westlichen Ländern neu entfacht, doch auch wenn es in den herrschenden Kreisen in Großbritannien und Amerika 1933 mehr Vorurteile gegen Juden gab als beispielsweise noch 1883, so wäre doch niemand so weit gegangen wie Hitler. Trotzdem gab es während der Depression in Großbritannien und Amerika massive antisemitische Bewegungen, die die Juden auch körperlich bedrohten.

In Großbritannien ging diese Bedrohung hauptsächlich von Sir Oswald Mosley und der *British Union of Fascists* (BUF) aus. Das *Board of Deputies of British Jews* versuchte, das Problem zu lösen, indem es es ignorierte. Von Anfang an gab man hier den Juden den Rat, nicht zu Mosleys Versammlungen zu gehen und dort durch Zwischenrufe zu stören. Die Führer bestanden darauf, dass die Juden als solche keinen Grund zum Widerstand gegen den Faschismus hatten und Neville Laski, Präsident des Boards und Vorsitzender des Verwaltungskomitees der *Jewish Agency*, unterstrich: „50.000 Juden leben in Italien unter dem Faschismus in freundschaftlicher Atmosphäre und in Sicherheit ... die jüdische Gemeinschaft, die als solche kein politisches Organ ist, sollte nicht in den Kampf gegen den Faschismus hineingezogen werden."[1] In einem Artikel zu diesem Thema, der in der Septemberausgabe des *Young Zionist* von 1934 erschien, unterstützte die *British Zionist Federation* diese Position. Die Kommunisten und die *Independent Labour Party* waren den Anhängern von Mosley bei der Versammlung der BUF im Olympia-Stadion am 7. Juni mit mindestens 12.000 feindlichen Demonstranten aktiv entgegengetreten und am 9. Juni mussten nicht weniger als 6.937 Polizisten im Hyde Park 3.000 britische Faschisten vor 20.000 ihrer Gegner schützen. Die Juden aus dem East End sahen in der Kommunistischen Partei ihren Beschützer vor den Anhängern der BUF und unter der zionistischen Jugend wuchs die Bereitschaft, sich der Kampagne gegen Mosley anzuschließen. Doch die zionistische Führung war entschlossen, es nicht dazu kommen zu lassen. Denn was wäre, wenn die Juden gegen Mosley kämpften und die BUF schließlich gewänne? „Wenn unter einem faschistischen Regime Repressalien gegen Antifaschisten angewendet werden, müssen alle Juden leiden ... Und so stellt sich einmal mehr die Frage: *Sollten* wir? ... In der Zwischenzeit gibt es drei Ideale, die laut nach der Unterstützung aller Juden rufen ... 1. die Einheit des jüdischen Volkes, 2. die Notwendigkeit eines stärkeren jüdischen Stolzes und 3. der Aufbau von Eretz Israel. Und wir verschwenden unsere Zeit damit, darüber nachzudenken, ob wir uns antifaschistischen Gesellschaften anschließen sollten!"[2]

In der nächsten Ausgabe wurde ihre Position nochmals dargelegt, allerdings „deutlicher und unmissverständlicher": „Nachdem wir einmal begriffen hatten, dass wir das Übel nicht ausrotten können, dass unsere bisherigen Bemühungen umsonst gewesen waren, müssen wir nun alles tun, um uns vor dem Ausbruch dieser schrecklichen Krankheit zu schützen. Das Problem des Antisemitismus wird zum Problem unserer eigenen Erziehung. Unsere beste Verteidigung liegt in der Stärkung unserer jüdischen Persönlichkeit."[3]

Der Großteil der jüdischen Massen ignorierte allerdings den Rat der Zionisten zur Passivität und unterstützte die Kommunisten. Schließlich verkehrte sich die zionistische Position ins Gegenteil und einige

---

1 Lebzelter, Gisela C.: *Political Anti-Semitism in England 1918-1939*; London [u.a.]; Macmillan; 1978; S.142.
2 Powell, Raphael: *Should Jews join Anti-Fascist Societies?*; Young Zionist (London, August 1934); S.6.
3 C.C.A.: *Should Jews join Anti-Fascist Societies?*; Young Zionist (London, September 1934); S.12, 19.

Zionisten schlossen sich dem *Jewish People's Council (JPC)*, einer Verteidigungsgruppe, an, doch der Antifaschismus wurde nie zum Hauptziel der zionistischen Bewegung.

Die berühmte Schlacht in der Cable Street am 4. Oktober 1936, bei der es 5.000 Polizisten nicht gelang, 100.000 Juden und Linke dazu zu bringen, dem Demonstrationszug der BUF den Weg freizugeben, bildete den Wendepunkt im Kampf gegen Mosley. William Zukerman, einer der berühmtesten jüdischen Journalisten jener Zeit und damals selbst noch Zionist, war selbst dabei und schrieb in einem Bericht für die New Yorker *Jewish Frontier*: „Noch in keiner Stadt in der englisch sprechenden Welt hat es je Szenen wie die bei dieser versuchten Demonstration gegeben ... Diejenigen, die wie ich selbst, die Ehre hatten, an diesem Ereignis teilnehmen zu dürfen, werden es nie vergessen. Denn dies war eine der großen kommunalen Aktionen einer riesigen Menschenmenge, die von einer tiefen Emotion oder dem Gefühl der Empörung über herrschende Ungerechtigkeit aufgerüttelt worden war, die Geschichte schreiben ... Tatsächlich war dies das große Epos des jüdischen East Ends."[4]

Er berichtete, dass der JPC, zu dem „Synagogen, gemeinnützige Vereine und Landsmannschaften" gehörten, zu dieser Demonstration aufgerufen hatte. Er schrieb weiter, dass auch ehemalige jüdische Militärangehörige daran teilgenommen hatten. Schließlich sagte er: „Die Ehre der aktivsten Kämpfer gegen Mosleys faschistischen Antisemitismus gebührt den Kommunisten und der *Independent Labour Party*."[5] Sicher waren auch andere britische Zionisten seiner Meinung und sicher waren auch noch andere Zionisten bei der Demonstration dabei, aber es ist doch bezeichnend, dass ein zionistischer Journalist, der für eine zionistische Zeitschrift schreibt, eine Anwesenheit der Zionisten nicht einmal erwähnt. Gisela Lebzelter erwähnt in ihrem Buch *Political Anti-Semitism in England, 1918–1939* lediglich, dass „zionistische Organisationen" bei der Gründungskonferenz des JPC am 26. Juli 1936 anwesend waren.[6] Sie sagt allerdings nichts über eine weitere Beteiligung an der Kampagne, die immerhin noch mehrere Jahre dauerte. Auch bestätigt sie die Einschätzung Zukermans und erkennt die führende Rolle der Kommunisten an. Die britische zio-

---

4 Zukerman, William: *Blackshirts in London*; *Jewish Frontier* (November 1936); S.41.
5 Ebenda; S.42f.
6 Lebzelter: *Political Anti-Semitism in England 1918-1939*; S.140.

nistische Bewegung war damals schon ziemlich groß. Zwischen 1933 und 1936 schickte sie 643 Siedler nach Palästina. Sie wäre auch stark genug gewesen, eine führende Rolle im Straßenkampf zu übernehmen, doch tatsächlich hat sie kaum etwas zum Schutz der Juden getan, selbst nach dem Richtungswechsel 1934 nicht. Erst die Schlacht in der Cable Street – also der illegale Widerstand der Juden unter Führung der Kommunisten und der ILP – zwang die Regierung dazu, die „Rechte" der BUF nicht länger zu schützen und die uniformierten Privatmilizen endlich zu verbieten.

Der Zionismus und der German-American Bund

In den USA waren die faschistischen Strömungen in den 30er Jahren zunehmend mächtiger geworden. Der traditionelle Ku-Klux-Klan war im Süden der USA immer noch sehr stark und viele der irischen Einwanderer in Nordamerika hatten sich von Father Coughlans klerikalem Faschismus infizieren lassen, als Francos Armeen in Barcelona einmarschierten. In den italienischen Vierteln gab es organisierte Paraden der Faschisten und viele deutsche Einwanderer standen unter dem Einfluss des nazistischen *German-American* Bund. Der Antisemitismus wurde immer mächtiger. Der Bund wollte seine neu gewonnene Stärke demonstrieren und rief für den 20. Februar 1939 zu einer Versammlung im New Yorker Madison Square Garden auf, weitere Großversammlungen in San Fransisco und Philadelphia sollten folgen. Würden die Juden reagieren?

Es gab zu dieser Zeit in New York mindestens 1.765.000 Juden (29,56 Prozent der Gesamtbevölkerung) und mehrere 100.000 zusätzlich in den Vororten; doch nicht eine einzige jüdische Organisation kam auch nur auf die Idee, eine Gegendemonstration zu organisieren. Eine Gruppe von ihnen, das rechte *American Jewish Committee*, schrieb sogar einen Brief an das Management des Madison Square Garden, in dem sie das Recht der Nazis darauf, ihre Versammlung dort abzuhalten, sogar unterstützten.[7] Nur eine Organisation, die Trotzkisten von der *Socialist Workers Party* (SWP) nämlich, rief zu einer Gegendemonstration auf. Die SWP war eine kleine Gruppe mit nur wenigen hundert Mitgliedern, doch wie Max Shachtmann, der Organisator der Demonstration, erklärte, verstand sie genug, um dafür zu sorgen, dass

---

7 *Review of the Year 5699 – United States*, American Jewish Year Book, 1939-40; S.215.

„das kleine Zahnrad, das sie darstellte, in das große Zahnrad der militanten Arbeiter von New York griff und so letzteres in Gang setzte".[8] Die Öffentlichkeit erfuhr von der geplanten Aktion der SWP, als die Stadt bekannt gab, die Polizei würde die Nazis vor Angriffen schützen und die Presse propagierte, dass es zu gewalttätigen Auseinandersetzungen kommen würde.

Es gab damals zwei auf Jiddisch erscheinende Tageszeitungen, die als zionistisch galten: *Der Tog*, deren Herausgeber Abraham Coralnik einer der Hauptorganisatoren des Boykotts gegen die Nazis gewesen war, sowie *Der Zhournal*, deren Manager Jacob Fishman einer der Mitbegründer der amerikanischen zionistischen Bewegung gewesen war. Beide Zeitungen sprachen sich gegen einen Protest gegen die Versammlung der Nazis aus. *Der Tog* bat seine Leser: „Juden von New York, lasst Euch nicht von Euren Sorgen leiten! Meidet heute Abend den Madison Square Garden. Geht nicht in die Nähe der Halle! Gebt den Nazis keine Gelegenheit, die Publicity zu erhalten, die sie sich so sehr wünschen."[9] *Socialist Appeal*, die Wochenzeitung der SWP, schrieb, *Der Zhournal* hätte die gleiche Sprache benutzt und sie mit „einem zusätzlichen Ekel erregenden Hauch rabbinischer Frömmigkeit"[10] versetzt. Auch die Reaktion der zionistischen Organisationen war nicht militanter. Während der Vorbereitungen zur Gegendemonstration wandte sich eine Gruppe junger Trotzkisten an das Hauptquartier der *Hashomer Hatzair* an der Lower East Side, doch dort sagte man ihnen: „Es tut uns leid, wir können uns Ihnen nicht anschließen, es ist unsere Politik als Zionisten, dass wir uns nicht an der Politik außerhalb Palästinas beteiligen."[11]

Damals wie heute behaupteten die *Hashomer*, der linke Flügel der Zionisten zu sein, doch nur zehn Monate zuvor hatte die Zeitschrift der *Hashomer* ihre strikte Politik der politischen „Enthaltsamkeit" verteidigt: „Wir können unsere Haltung als Juden nicht von unserer Haltung als Sozialisten trennen; tatsächlich betrachten wir die Stabilisierung und Normalisierung der ersteren als notwendiges Vorspiel für unsere Arbeit an der zweiten ... so nehmen wir nicht an den sozialistischen Aktivitäten teil, an denen wir nur als ein bourgeoises, instabiles,

---

8 Shachtmann, Max: *In This Corner*, Socialist Appeal (28.2.1939); S.4.
9 *The Craven Jewish Press*, Socialist Appeal (24.2.1939); S.4.
10 Ebenda.
11 *An End to Zionist Illusions!*, Socialist Appeal (7.3.1939); S.4.

nicht grundlegend wichtiges Element, nicht eingebettet in das echte Proletariat und „von oben herab" sprechend teilnehmen könnten ... Das verlangt nicht nach dem Programm der üblichen ‚radikalen' Organisationen, in denen nur Phrasen gedroschen, große Demonstrationen veranstaltet und Luftschlösser gebaut werden ... Wir sind grundsätzlich unpolitisch und müssen es sein."[12]

Mehr als 50.000 Menschen kamen zum Madison Square Garden. Die meisten von ihnen waren Juden, doch keineswegs alle. Aus Harlem kam ein Kontingent von der Universal Negro Improvement Association, den nationalistischen Anhängern von Marcus Gravey. Die Kommunistische Partei der USA weigerte sich, die Demonstration zu unterstützen, weil sie Feinde des Trotzkismus waren und die Trotzkisten den republikanischen Bürgermeister Fiorello La Guardia unterstützten, dessen Polizei den Bund schützte. Trotzdem nahmen viele der einfachen Mitglieder der CPUSA, die den unterschiedlichsten Nationalitäten angehörten, an der Demonstration teil. Das Gebiet wurde zum Schauplatz einer erbitterten 5-stündigen Schlacht, nachdem die Polizei, Teil eines 1.780 Mann starken Polizeikontingents, mehrfach in die Menge der Gegendemonstranten geritten war. Obwohl es den Teilnehmern der Gegendemonstration nicht gelang, die Polizeilinien zu durchbrechen, trugen sie letztlich den Sieg davon. Ohne die Anwesenheit der Polizei wären die 20.000 Nazis und Coughlan-Anhänger im Madison Square Garden übel zugerichtet worden.

Nach ihrem Erfolg in New York rief die SWP für den 23. Februar gleich zur nächsten großen Demonstration gegen eine Versammlung des Bundes im Deutschen Haus in Los Angeles auf. Über 5.000 Menschen erschienen und setzten die Faschisten in dem Gebäude fest, bis die Polizei ihnen zu Hilfe kam. Die Offensive des Bundes kam bald zum Erliegen und zutiefst gedemütigt mussten sie ihre bereits geplanten Versammlungen in San Francisco und Philadelphia absagen.

Die Tatsache, dass die SWP selbst im Februar 1939 noch die einzige war, die zu einer Demonstration gegen die Versammlung der „Sturmtruppen" in New York City aufrief, ist ein klarer Beweis für eine Realität der Nazi-Epoche: Einzelne Zionisten nahmen sicher an der Schlacht im Madison Square Garden teil, doch keine der jüdischen Organisationen, ob nun politische oder religiöse, war bereit, ihre Feinde zu bekämpfen.

---

12 Bernstein, Naomi: *We and the American Student Union*; *Hashomer Hatzair* (April 1938); S.16.

19. Der Zionismus und Japans Großasiatische Wohlstandssphäre

1935 gab es in China 19.850 Juden: eine Gemeinde in Shanghai und eine weitere in der Mandschurei. Die Gemeinde in Shanghai wurde von *Sephardim* irakischer Herkunft dominiert, den Nachfahren von Elias Sassoon und seinen Angestellten, die nach dem Opium-Krieg ihr Geschäft aufgebaut hatten und durch die Entwicklung Shanghais unglaublich reich geworden waren. Die Juden der Gemeinde in Harbin in der Mandschurei waren russischer Herkunft und im Zuge des Baus der Chinesischen Osteisenbahn des Zaren hierher gekommen. Später kamen noch die Flüchtlinge vor dem Bürgerkrieg in Russland dazu. Unter den „arabischen" Juden der Gemeinde in Shanghai, die eine der reichsten ethnischen Gruppen der Welt war, war der Einfluss des Zionismus nur sehr schwach, da sie kein Interesse daran hatten, ihr bequemes Leben dort aufzugeben. Die meisten der Zionisten in China waren Russen. Auch sie waren Teil der imperialistischen Gegenwart und hatten kein Interesse daran, sich in China zu assimilieren. Als Angehörige der kapitalistischen Oberschicht und des Mittelstandes zog es sie auch nicht zurück in die Sowjetunion und ihre jüdische Identität wurde durch die Anwesenheit Tausender Flüchtlinge der Weißen Garde, allesamt Antisemiten, in ganz Nordchina noch verstärkt. Der zionistische Separatismus war deshalb für sie natürlich sehr attraktiv und innerhalb der Bewegung übten die Revisionisten die größte Anziehungskraft aus. Die russischen Juden lebten als Händler in einer durch Imperialismus und Militarismus geprägten Umgebung. Die *Betar* standen für eine Kombination aus einer enthusiastischen kapitalistischen sowie imperialistischen Orientierung und einem Militarismus, der angesichts der Tatsache, dass die Weiße Garde inzwischen zu einem Haufen Banditen geworden war, enorm praktisch erschien. Und so schien der Revisionismus der ideale Schutz gegen die raue Welt um sie herum zu sein.

„Aktiv im Aufbau der Neuen Ordnung von Ostasien"

Bis zur Eroberung der Mandschurei durch die Japaner im Jahr 1931 war Harbin eine blühende Gemeinde. Viele der älteren japanischen Offiziere hatten von 1918 bis 1922 gemeinsam mit der Armee von

Admiral Alexander Koltschak in Sibirien gegen die Bolschewiken gekämpft und dabei die Besessenheit der Weißen Garde bezüglich der Juden übernommen. Sehr schnell wurden die „Weißen Russen" zu einer wichtigen Stütze für den japanischen Marionettstaat *Mandschuko* und viele von ihnen wurden direkt in die japanische Armee übernommen. Beschützt von der japanischen Polizei begannen Banden solcher „weißer Russen", Geld von den Juden zu erpressen und Mitte der 30er Jahre waren die meisten der Juden von Harbin bereits nach Süden in den von Nationalisten beherrschten Teil Chinas geflohen, um dem massiven Antisemitismus zu entgehen.

Die Flucht der Juden hatte schwere Auswirkungen auf die Wirtschaft in der Mandschurei und spätestens 1935 mussten die Japaner ihren Kurs ändern. Das Militär hatte seine eigene unverwechselbare Form von Antisemitismus: Es gab eine jüdische Weltverschwörung und sie war sehr mächtig, doch es war möglich, sie für die japanischen Interessen zu nutzen. Die Japaner wollten den Juden Mandschuko als potentielle Zufluchtsstätte für die deutschen Juden anbieten und eine pro-zionistische Politik verfolgen. Wenn man dies täte, so glaubten die Japaner, würden die amerikanischen Juden in Mandschuko investieren und es würde die Amerikaner bezüglich der japanischen Invasion in China und einer wachsenden Verbundenheit der Japaner mit den Nazis beschwichtigen. Dies war jedoch eine schwache Hoffnung, da die Juden kaum einen Einfluss auf die amerikanische Politik hatten; außerdem waren Stephen Wise und die anderen Führer der amerikanischen Juden entschieden gegen eine Zusammenarbeit mit den Japanern, die in ihren Augen selbstverständlich Verbündete der Nazis waren.

Weit mehr Erfolg hatten die Japaner bei den Juden in Mandschuko selbst. Nicht zuletzt dadurch, dass sie den „weißen Russen" Einhalt geboten und *Nasch Put* (Unser Weg), das Organ der russischen Faschisten, verboten, konnten sie sie davon überzeugen, dass es in ihrem eigenen Interesse lag, mit den Japanern zusammenzuarbeiten. Der Führer der Juden von Harbin war der fromme Dr. Abraham Kaufman, der sich sehr für die Gemeinde engagierte. Der Kurswechsel in der japanischen Politik war in seinen Augen ein sehr ermutigendes Zeichen und laut einem Bericht des japanischen Außenministeriums baten er und seine Freunde 1936/37 um die Erlaubnis, einen Fernöstlichen Judenrat gründen zu dürfen. Dieser sollte die gemeinsame Organisation aller Juden im Orient sein und Propaganda für die Japaner machen, vor allem dadurch, dass man sich gemeinsam mit Japan gegen den Kommunismus aussprach.[1] Die erste von insgesamt drei Konferenzen der Juden im Fernen Osten fand im Dezember 1937 in Harbin statt. In der Januarausgabe des Jahres 1940 des *Ha Dagel* (Das Banner), trotz seines hebräischen Titels das russischsprachige Magazin der Revisionisten von Mandschuko, wurden Fotos von diesen Konferenzen veröffentlicht. Die Bühnen waren stets mit Flaggen Japans und Mandschukos sowie zionistischen Fahnen geschmückt und die *Betarim* fungierten als Ehrengarde.[2] Redner waren beispielsweise General Higuchi vom japanischen Militärgeheimdienst, General Wratschewski von der Weißen Garde sowie verschiedene Vertreter von Mandschuko.[3]

Auf der Konferenz 1937 wurde eine Resolution verabschiedet, die man an jede größere jüdische Organisation der Welt schickte und die die Bitte enthielt, „mit Japan und Mandschuko beim Aufbau einer Neuen Ordnung in Ostasien zusammenzuarbeiten".[4] Im Gegenzug erkannten die Japaner den Zionismus als jüdische Nationalbewegung an.[5] Der Zionismus wurde ein Teil des Establishments von Mandschuko und die *Betar* erhielten offizielle Fahnen und Uniformen. Natürlich gab es in der neuen Beziehung auch manchmal peinliche Momente, wie beispielsweise, als die *Betar* sich weigerten, an der Parade zur Feier der Anerkennung Mandschukos durch Deutschland teilzunehmen.[6] Doch im Großen und Ganzen waren die Zionisten sehr zufrieden mit ihrer doch recht freundschaftlichen Beziehung zum japanischen Regime. Noch am 23. Dezember 1939 berichtete ein Beobachter der dritten Konferenz über „Freude in der ganzen Stadt".[7] Bei diesem Treffen wurden mehrere Resolutionen verabschiedet: „Diese Konferenz beglückwünscht hiermit das Japanische (Kaiser-) Reich zu seiner großen Unternehmung, Frieden in Ostasien zu schaffen, und sie ist überzeugt, dass, wenn die Kampfhandlungen beendet sind, die Völ-

---

1 Dicker, Herman: *Wanderers and Settlers in the Far East; A Century of Jewish Life in China and Japan*; New York; Twayne Publishers; 1962; S.45ff.
2 *Otkrytiye Tryetyevo Syezda Yevryeiskikh Obshchin Dalnego Vostoka*; Ha Dagel (Harbin; 1.1.1940); S.21-28.
3 Dicker: *Wanderers and Settlers in the Far East; A Century of Jewish Life in China and Japan*.
4 Tokayer, Marvin / Swartz, Mary: *The Fugu Plan, The Untold Story of the Japanese and the Jews During World War Two*; New York; Weatherhill; 1996; S.56.
5 Kranzler, David: *Japanese Policy towards the Jews, 1938-1941*; Forum on the Jewish People, Zionism and Israel (Winter 1979); S.71.
6 Dicker: *Wanderers and Settlers in the Far East; A Century of Jewish Life in China and Japan*; S.56.
7 Kranzler, David: *Japanese, Nazis and Jews, Th Jewish Refugee Community of Shanghai 1938-1945*; Hoboken; KTAV Publishing House; 1983; S.220.

ker Ostasiens unter der Führung Japans mit dem Aufbau ihrer Nationen beginnen werden."[8] Weiter heißt es: „Die dritte Konferenz der jüdischen Gemeinden ruft das jüdische Volk auf, sich aktiv am Aufbau der Neuen Ordnung von Ostasien zu beteiligen und führen zu lassen von den fundamentalen Idealen zum Kampf gegen die Kommintern, die in enger Zusammenarbeit mit allen Nationen erarbeitet wurden."[9]

Urteil: Die Zionisten kollaborierten mit dem Feind des chinesischen Volkes

Haben die Zionisten durch ihre Kollaboration mit den Japanern irgendetwas für die Juden erreicht? Herman Dicker, einer der führenden Experten für die Juden im Fernen Osten, kam zu folgendem Schluss: „Zurückblickend kann man nicht sagen, dass die Fernost-Konferenz es besonders vielen Flüchtlingen leichter gemacht hätte, sich in der Mandschurei anzusiedeln. Bestenfalls einigen Hundert von ihnen wurde die Einreise gestattet."[10] In den letzten Tagen des Zweiten Weltkriegs marschierten die Sowjets in der Mandschurei ein und verhafteten Kaufman; man verurteilte ihn letztlich zu elf Jahren in Sibirien wegen Kollaboration. Ganz sicher war der Zionismus in Mandschuko eng mit den japanischen Strukturen in Mandschuko verquickt. Die Zionisten hatten die Eroberung der Mandschurei durch die Japaner nicht unterstützt, aber nachdem die Japaner die „weißen Russen" in die Schranken gewiesen hatten, hatten sie nichts mehr gegen ihre Anwesenheit einzuwenden. Sie hätten durch eine Rückkehr der Kuomintang nichts gewonnen und fürchteten eine kommunistische Revolution. Sie waren zwar nie besonders begeistert von der Verbindung zwischen Tokio und Berlin, doch sie hofften, diese dadurch abzuschwächen, dass sie ihren Einfluss auf die amerikanischen Juden geltend machten, um so einen Kompromiss mit Washington im Pazifik zu fördern. Es kann keinen Zweifel daran geben, dass die Japaner in den Zionisten der Mandschurei trotz ihrer Ablehnung der japanischen Deutschlandpolitik willige Kollaborateure sahen.

---

8 Kranzler: *Japanese Policy towards the Jews*; *Forum 34* (Winter 1979); S.77.
9 *Ha Dagel* (Harbin; 1.1.1940); S.26.
10 Dicker: *Wanderers and Settlers in the Far East*; *A Century of Jewish Life in China and Japan*; S.51.

20. Polen zwischen 1918 und 1938

Durch den Zusammenbruch der drei großen Reiche, die bis dahin Polen unter sich aufgeteilt hatten, erhielten die polnischen Kapitalisten einen unabhängigen Staat, an den sie längst nicht mehr geglaubt hatten. Nach dem gescheiterten Aufstand gegen den russischen Zaren von 1863 hatten sie angefangen, das Zarenreich als riesigen Markt zu betrachten und sahen keine Veranlassung, sich selbst die Chance zu verbauen, davon zu profitieren. Sie waren der Meinung, nicht die Russen seien der Feind, sondern die Juden und die deutschen Protestanten, die ihren eigenen Markt beherrschten. Der Nationalismus wurde zum Terrain der Arbeiterklasse und ihrer Partei, der *Polska Partia Socjalistyczna* (PPS). Während sich die kapitalistischen Nationaldemokraten, die sogenannten *Endeks* (nach der Partei *Narodowa Demokracja*, Abkürzung ND, gesprochen En De – Anm. d. Übers.) im Ersten Weltkrieg auf die Seite des Zaren stellten, entschied sich der rechte Flügel der PPS unter Führung von Jozef Pilsudski zunächst für das kleinere Übel und stellte eine polnische Legion auf, die die Deutschen unterstützen sollte, man plante allerdings, sich später gegen die Deutschen zu wenden.

Doch der Zusammenbruch des Imperialismus zwang die beiden Fraktionen sich zusammenzutun, um einen ganz neuen polnischen Staat zu schaffen. Pilsudski hatte die PPS während des Krieges verlassen und sich sehr weit ins rechte Spektrum bewegt, sodass es den beiden Seiten leicht fiel, sich auf ein gemeinsames Programm gegen den Bolschewismus und für die Schaffung eines polnischen Reiches zu einigen. „Marschall" Pilsudski hatte die Juden in seinen Legionen mit offenen Armen empfangen und verachtete den Antisemitismus, der für ihn ein Relikt zaristischer Rückständigkeit war, doch er hatte keinen Einfluss auf diejenigen Generäle, die aus den ehemaligen zaristischen Einheiten der *Endeks* gekommen waren, und er unterstützte den „Pogromisten" Petljura. Die Verfolgung und Tötung von Juden nahm derartige Ausmaße an, dass die Siegermächte des Ersten Weltkrieges eingreifen mussten und die Polen zwangen, eine Klausel über die Rechte von Minderheiten in ihre Verfassung aufzunehmen, da sie ansonsten damit drohten, ihnen die Anerkennung zu verweigern. Die Pogrome hörten erst auf, als die *Endeks* begriffen, dass die Juden die Macht besaßen, Druck auf die ausländischen Bankiers auszuüben, damit diese keine Kredite mehr an Warschau vergaben. Doch mit dem Ende der Pogrome nahm der Antisemitismus lediglich eine neue Form an. Die Regierung war entschlossen, die Wirtschaft zu „polonisieren" und so verloren bei der Übernahme der Bahn, der Zigaretten- und Streichholzfabriken und der Schnapsbrennereien durch die Regierung Tausende Juden ihre Arbeit.

In den frühen 20er Jahren zählte die jüdische Gemeinde in Polen 2.846.000 Mitglieder – das waren 10,5 Prozent der Gesamtbevölkerung Polens. Und es handelte sich hier keineswegs um eine politisch homogene Gruppe. Ganz links stand die *Kommunistische Partei Polens* (KPP). Obwohl der Anteil der Juden in der KPP stets bei mehr als 10,5 Prozent lag, war der Anteil der Kommunisten in der jüdischen Gesamtbevölkerung nie besonders groß. Und obwohl jüdische Mitglieder in der PPS stets gern gesehen waren, war die Partei stark von polnischem Nationalismus geprägt und stand dem Jiddischen sehr ablehnend gegenüber, weshalb sie kaum jüdische Anhänger hatte. Die stärkste Kraft im linken Spektrum war deshalb der jiddischfreundliche Bund, dessen polnischer Teil die Niederlage des Bundes in der Sowjetunion überlebt hatte. Doch auch sie machten nur einen kleinen Teil der jüdischen Bevölkerung aus. In den Wahlen zum polnischen Parlament, dem Sejm, im Jahr 1922 errangen sie nur etwas mehr als 87.000 Stimmen, was nicht einmal für einen einzigen Sitz im Parlament reichte. Etwa ein Drittel der Juden in Polen stand damals mehr oder weniger fest hinter der *Agudas Yisrael*, die traditionell die Partei der Orthodoxen war und zum rechten Spektrum gehörte. Ihre Mitglieder vertraten den Standpunkt, der Talmud enthielte die Vorschrift, jedem nichtjüdischen Regime gegenüber Loyalität zu wahren, solange es nicht im Widerspruch zur jüdischen Religion stand. Mit ihrem passiven Konservatismus hatten sie allerdings keinerlei Erfolg bei den gebildeteren Juden, die nach einer aktiven Lösung für das Problem des Antisemitismus suchten. Eine kleine Gruppe, vornehmlich Intellektuelle, unterstützte die Folkisten, eine Gemeinschaft von Diaspora-Nationalisten, die für eine Anerkennung der Juden als eigenständiges Volk und des Jiddischen als offizielle Sprache kämpften. All diese Gruppen waren, wenn auch aus unterschiedlichen Gründen, Gegner der Zionisten.

Doch die stärkste politische Kraft unter den polnischen Juden waren die Zionisten. Sie hatten bei den Wahlen 1919 sechs der dreizehn jüdischen Sitze im Sejm errungen und bei den Wahlen 1922 konnten sie zeigen, dass sie über die nötige Kraft verfügten, um dem immer noch starken Antisemitismus etwas entgegen zu setzen. Die größte Fraktion innerhalb der Bewegung, die von Yitzhak Gruenbaum von den Radikalen Zionisten angeführt wurde, organisierte einen „Minderheitenblock". Fast ein Drittel der Gesamtbevölkerung Polens bestand aus Nichtpolen und Gruenbaum war der Ansicht, dass sie das Zünglein an der Waage im Sejm werden könnten, wenn sie sich zusammenschlössen. 66 Kandidaten des Blocks, der aus Gruenbaums zionistischer Fraktion sowie deutschen, weißrussischen und ukrainischen Gruppierungen bestand, wurden ins Parlament gewählt, darunter 17 Zionisten.

Oberflächlich betrachtet schien der Pakt sich ausgezahlt zu haben, doch tatsächlich zeigte sich schon nach kurzer Zeit, wie tief gespalten nicht nur die zionistische Bewegung in sich war, sondern welche großen Diskrepanzen es auch zwischen den verschiedenen Nationalitäten gab. Die ukrainische Mehrheit in Galizien weigerte sich, den polnischen Staat anzuerkennen und boykottierte die Wahlen. Keiner der anderen nationalistischen Politiker wollte den Kampf der Ukrainer unterstützen, und so traten die galizischen Zionisten, die ängstlich darauf bedacht waren, die Polen nicht zu verärgern, bei den Wahlen gegen den Minderheitenblock an. Sie gewannen 15 Sitze, doch da ihr Erfolg vor allem darauf zurückzuführen war, dass die Ukrainer nicht an den Wahlen teilgenommen hatten, konnten sie nicht behaupten, die Region Galizien als solche zu repräsentieren. Und auch innerhalb des Minderheitenblocks hatte man kein echtes Interesse an einer langfristigen Verbindung und so zerbrach er direkt nach den Wahlen. Es gab jetzt 47 Juden in beiden Häusern des Sejm, 32 von ihnen Zionisten, doch ihr Opportunismus bei den Wahlen hatte ihrem Ansehen stark geschadet.

Das Scheitern des Minderheitenblocks ebnete den Weg für ein weiteres Abenteuer der Führer der galizischen Allgemeinen Zionisten, Leon Reich und Osias Thon. 1925 handelten sie mit Wladyslaw Grabski, dem antisemitischen Ministerpräsidenten, einen Pakt, den *Ugoda* (Kompromiss), aus. Grabski war an einem amerikanischen Darlehen interessiert und musste dafür beweisen, dass er kein unverbesserlicher Fanatiker war. Durch diesen Pakt mit den beiden Zionisten entstand der Eindruck, zumindest im Ausland, sein Regime sei in der Lage, sich zu ändern. Tatsächlich machte die Regierung nur kleinere Konzessionen: Jüdische Wehrpflichtige erhielten koschere Küchen und jüdische Studenten waren von schriftlichen Prüfungen an Samstagen befreit. (Im orthodoxen Judentum gilt das Schreiben als Arbeit, was am Samstag, dem Sabbath der Juden, verboten ist. – Anm. d. Übers.) Selbst innerhalb der zionistischen Bewegung galt das, was Reich und Thon getan hatten, als Verrat an den polnischen Juden.[1]

Der Antisemitismus war nur ein Teil der reaktionären Politik der Regierung, die nach den Wahlen 1922 an die Macht kam, und der Großteil der Menschen in Polen, einschließlich der Juden, unterstützte Pilsudskis *Coup d'État* vom Mai 1926, weil sie alle hofften, die Dinge würden sich dann zum Besseren wenden. Und so stimmten am 31. Mai alle jüdischen Abgeordneten im Sejm für ihn als neuen Präsidenten.[2] Die Stellung der Juden verbesserte sich dadurch zwar keineswegs, doch zumindest unternahm Pilsudski nichts, um die Diskriminierung noch zu verschärfen, und bis zu seinem Tod 1935 unterdrückte seine Polizei auch antisemitische Krawalle. Die Wahlen zum Sejm 1928 waren die letzten mehr oder weniger freien nationalen Wahlen in Polen. Die Allgemeinen Zionisten waren einmal mehr gespalten: Gruenbaums Fraktion trat einem neuen Minderheitenblock bei, während die Galizier ihre eigenen Kandidaten aufstellten. Pilsudski genoss großes Ansehen bei den konservativen Juden, weil er die Übergriffe auf Juden endlich unterbunden hatte und so stimmten viele von ihnen aus Dankbarkeit für seine Partei. Zusammen mit der Tatsache, dass die galizischen Ukrainer diesmal an der Wahl teilnahmen, führte dies dazu, dass es nun nur 22 jüdische Abgeordnete gab, von denen 16 Zionisten waren.[3] Im Jahr 1930 war Polen unter Pilsudski zu einem Polizeistaat verkommen, in dem massive Brutalität gegen politische Gefangene eingesetzt wurde. Pilsudski löste den Sejm zwar nicht auf, doch er manipulierte die Wahlen und setzte sich über das Parlament hinweg und die Wahlergebnisse von 1930 hatten im Grunde keinerlei Bedeutung. Die Anzahl jüdischer Abgeordneter sank weiter, jetzt waren es nur noch elf, darunter sechs Zionisten.

Als sich die Diktatur mehr und mehr verschärfte, begannen die zionistischen Abgeordneten, sich stärker für die Opposition gegen Pilsudski zu interessieren, doch dies endete abrupt mit dem Sieg Hitlers im benachbarten Deutschland. Die polnischen Zionisten hatten Hitler zunächst unterschätzt. Vor seiner Machtübernahme hatten die zionistischen Tageszeitungen *Haint, Der Moment* und *Nowy Dziennik*

---

1   Mendelsohn, Ezra: *The Dilemma of Jewish Politics in Poland: Four Responses.* In: Vago; B. / Mosse, G.: *Jews and Non-Jews in Eastern Europe*; New York; Joh N Wiley and Sons; 1974; S.208.
2   Rothschild, Joseph: *Pilsudski's Coup D'Etat*; Columbia; University Press; 1966; S.207.
3   *Zionism in Poland; Encyclopedia of Zionisms and Israel*; Vol. II; S.899.

ihren Lesern noch versichert, dass, sollte Hitler an die Macht kommen, die Konservativen in seinem Koalitionskabinett, wie von Papen und Hugenburg, seinen Antisemitismus schon besänftigen würden. Sie waren der Meinung, dass die Forderungen aus der deutschen Wirtschaft Hitler schon sehr bald zwingen würden, eine gemäßigtere Politik zu verfolgen.[4] Doch schon nach wenigen Wochen des Bestehens der Neuen Ordnung zerplatzten diese Seifenblasen und die größte Sorge der polnischen Zionisten bestand nun darin, dass der Sieg der Nazis eine Welle des Extremismus in Polen auslösen könnte. Man hatte keinerlei Interesse mehr an einem Oppositionsblock und Pilsudski wurde einmal mehr zum Mann der Stunde, indem er sich offen gegen das Regime in Berlin aussprach.[5] Der abrupte Meinungswechsel der Zionisten in Bezug auf den Diktator rief lautstarke Proteste der Parteien hervor, die in Opposition zu Pilsudski standen. Die Jüdische Telegraphen-Agentur berichtete über eine Debatte zur Judenfrage am 4. November 1933 im Sejm: „Der Abgeordnete Rog, Führer der Bauernpartei, ... kritisierte die antijüdische Einstellung Hitlerdeutschlands. Er sagte, das Verbrechen, das an den deutschen Juden begangen wird, sei ein weltweites Verbrechen. Er erklärte, Polen würde sich nie ein Beispiel an Hitlerdeutschland nehmen. Er fuhr fort, er könne jedoch nicht verstehen, wie jüdische Politiker, die gegen die deutsche Diktatur kämpfen, es mit ihrem Gewissen vereinbaren könnten, dass sie die polnische Diktatur in Polen unterstützten. Er sagte, es sei nicht gut, wenn die polnischen Massen stets im Hinterkopf hätten, wie die Juden ihre eigenen Unterdrücker unterstützten.[6]

Am 26. Januar 1934 unterzeichnete Pilsudski einen Friedenspakt auf zehn Jahre mit Hitler. Als Warschau sah, dass der Völkerbund im Umgang mit dem deutschen Problem völlig unfähig war, entschied man sich, noch im selben Jahr aus den Minderheitenverträgen auszusteigen, die man in Versailles ohnehin nur unter Zwang unterzeichnet hatte. Am 13. September 1934 traf sich Nahum Goldmann in Genf mit dem polnischen Außenminister Jozef Beck und versuchte, ihn davon zu überzeugen, seine Meinung zu ändern, blieb jedoch erfolglos. Wie immer weigerte sich die WZO, Massenproteste im Ausland zu organisieren und verließ sich stattdessen auf eine diplomatische

---

4 Sagi, Nana und Lowe, Malcolm: *Research Report: PrE-War Reactions to Nazi anti-Jewish Policies in the Jewish Press*; Yad Vashem studies; Vol. XII; S.401.
5 Korzec, Pawel: *Anti-Semitism in Poland as an Intellectual, Social and Political Movement*; Studies on Polish Jewry, 1919-1939; S.79.
6 *Jewish Debate in Polish Parliament*; Jewish Weekly News (Melbourne, 29.12.1933); S.5.

Intervention Londons und Roms.[7] Die polnischen Zionisten blieben Pilsudski bis zu seinem Tode am 12. Mai 1935 treu; und nach seinem Tode schlugen Osias Thon und Apolinary Hartglas, der Präsident der polnischen zionistischen Organisation, vor, im Andenken an den Verstorbenen einen „Pilsudski Wald" in Palästina anzulegen.[8] Die Revisionisten in Palästina ließen verlauten, sie würden eine Herberge für Immigranten bauen und sie nach ihm benennen.[9]

„Die Arbeiter sind nicht verseucht"

Die Extremisten unter den polnischen Antisemiten waren von Hitlers Sieg begeistert, doch solange der „Marschall" noch am Leben war, hatte die Polizei strikte Anweisungen, jede Form von Agitation auf den Straßen zu unterbinden. Doch seine Nachfolger, die „Oberste", konnten es sich nicht länger leisten, diese Politik weiter zu verfolgen. Ihnen war klar, dass sie sich, da sie nicht sein Prestige hatten, für eine populärere Politik entscheiden mussten, wenn sie nicht gestürzt werden wollten. Hierbei bot sich der Antisemitismus geradezu an, da Vorurteile gegen Juden unter dem polnischen Mittelstand traditionell weit verbreitet waren.

Man versuchte jedoch immer noch, die Ordnung zu wahren, die Beschränkungen gegen Juden mussten streng nach dem Gesetz umgesetzt werden. Die ganz harten Antisemiten der *Endeks* und ihres Ablegers, der pronazistischen Nationalen Radikalen oder *Naras*, begriffen schnell, dass die Tatsache, dass die Oberste vor der antisemitischen Stimmung kapituliert hatten, ein Ausdruck ihrer Schwäche war, und es geschah immer wieder, dass sie die Polizei besiegten. Schon sehr bald kam es zu Pogromen im ganzen Land. Häufig begannen die Ausschreitungen in Universitäten, wo die *Endeks* und die *Naras* versuchten, „Ghettobänke" sowie einen Numerus Clausus für Juden einzuführen. Sehr bald wurde ein Boykott jüdischer Geschäfte ausgerufen und umherziehende Banden von Judenhassern terrorisierten Polen, die die jüdischen Geschäfte schützen wollten. Angriffe auf Juden auf offener Straße waren an der Tagesordnung.

---

7 Szajkowski, Zosa: *Western Jewish Aid and Intercession for Polish Jewry, 1919 - 1939; Studies on Polish Jewry*; S.231.
8 Mendelsohn: *The Dilemma of Jewish Politics in Poland: Four Responses;* S.26.
9 *Pilsudski Wood; Palestine Post* (16.5.1935); S.1.

Den größten Anteil am jüdischen Widerstand gegen den Antisemitismus hatte der *Bund*. Obwohl bis Mitte der 30er Jahre zahlenmäßig weitaus schwächer besetzt als die zionistische Bewegung, waren sie doch stets die stärkste Kraft in der jüdischen Arbeiterbewegung gewesen. In ihrer Zentrale in Warschau organisierten sie eine 24-Stunden-Einsatztruppe. Wann immer sie von einem Übergriff auf einen Juden hörten, rückte ihre Ordnergruppe mit Rohren und Stöcken aus, um in die Auseinandersetzung einzugreifen. Manchmal lieferten sich mehrere Hundert Mitglieder des *Bundes*, jüdische Gewerkschaftsmitglieder und ihre Freunde von der *Akcja Socjalistyczna*, der Parteimiliz der PPS, erbitterte Straßenschlachten mit den *Endeks* und *Naras*.[10] Die vielleicht bedeutendste dieser Auseinandersetzungen war die Schlacht im Sächsischen Garten, dem berühmten Park in Warschau, im Jahr 1938, als die *Bundisten* herausfanden, dass die *Endeks* und *Naras* ein Pogrom in dem Park und den umliegenden Straßenzügen planten. Bernard Goldstein, der Führer der Ordnergruppe, beschreibt diese Auseinandersetzung später in seinen Memoiren folgendermaßen: „Wir organisierten eine große Gruppe von Widerstandskämpfern, die wir rund um den großen Platz in der Nähe des Eisernen Tores zusammenzogen. Unser Plan war es, die Randalierer zu diesem Platz zu locken, der von drei Seiten abgesperrt war und dann den vierten Ausgang zu blockieren; so säßen sie in der Falle und wir könnten den Kampf eröffnen und ihnen eine Lektion erteilen ... Als eine ordentliche Anzahl von *Nara*-Rowdys auf dem Platz war ... kamen wir aus unseren Verstecken gestürzt und schlossen sie von allen Seiten ein ... es mussten Krankenwagen gerufen werden."[11]

Schon vorher, am 26. September 1937, hatten die *Naras* die Zentrale des *Bundes* bombardiert. Der *Bund* reagierte sofort und stellte eine Truppe aus 30 Leuten zusammen: zehn *Bundisten*, zehn Mitglieder der Linken *Poale Zion*, einer zionistischen Splittergruppe und zehn Polen von der PPS. Sie zogen zur Zentrale der *Naras*. Die Polen gelangten als erste ins Gebäude, indem sie behaupteten, Handwerker zu sein und durchtrennten dort die Telefonkabel. Dann stürmte der Rest der Angreifer das Gebäude. Hyman Freeman, einer der *Bundisten*, berichtete später darüber: „Es kam zum Kampf, doch eigentlich hatten sie nicht den Hauch einer Chance, sich zu wehren. Wir haben blitzartig angegriffen. Wir haben das Gebäude wirklich in eine Ruine verwandelt und

---

10 Rowe, Leonard: *Jewish Self Defense: A Response to Violence*; Studies on Polish Jewry; S.121.
11 Ebenda; S.123.

haben sie ziemlich übel zugerichtet ... Eine wirklich außerordentliche Arbeit."[12] Obwohl oft fälschlicherweise angenommen wird, der Antisemitismus sei ein gesamtgesellschaftliches Problem in Polen gewesen, zeigen die Beweise, dass der Antisemitismus hauptsächlich charakteristisch war für den Mittelstand und, in weit geringerem Umfang, für die Bauernschaft. Der Großteil der polnischen Arbeiterklasse bestand aus Anhängern der PPS und ihnen war von Anfang an klar, dass der Kampf des *Bundes* auch ihr Kampf war und ihre Unterstützung, wie bei den Vergeltungsschlägen gegen die *Naras*, war für die bedrängten Juden von größter Wichtigkeit. 1936 berichtete die *Palestine Post* ihren Lesern, dass, wann immer faschistische Studentenbanden ihre Zufluchtsstätten in den Universitäten verließen, um ein Pogrom anzuzetteln, „die nichtjüdischen polnischen Arbeiter und Studenten den Juden zu Hilfe eilten. Vor kurzem hat die Polnische Sozialistische Partei (PPS) einige große Propaganda-Treffen organisiert ... einige nichtjüdische Polen, die auf pathetische Weise bemüht schienen, sich vom Rowdytum der *Endeks* abzusetzen, hielten sehr bewegende Ansprachen."[13]

Jakob Lestschinski, einer der führenden zionistischen Wissenschaftler jener Zeit, versuchte in einem Artikel für *Jewish Frontier* im Juli 1936, den Lesern die Mentalität der polnischen Arbeiterbewegung zu erklären: „Die polnische Arbeiterpartei kann mit Fug und Recht behaupten, die Arbeiter gegen den antijüdischen Virus immunisiert zu haben, selbst in der vergifteten Atmosphäre in Polen. Ihre Haltung zu dem Thema ist fast zu einer Tradition geworden. Selbst in den Städten und Gebieten, die mit einer besonders widerlichen Form von Antisemitismus infiziert zu sein scheinen, sind die Arbeiter nicht damit verseucht worden."[14]

Es gab auch andere, die auf der Seite der Juden standen. In der ukrainischen Bevölkerung hatte der Antisemitismus dramatische Ausmaße angenommen, da viele Nationalisten Anhänger der Nazis geworden waren. Sie gaben sich der Illusion hin, Deutschland würde ihnen aufgrund seiner Feindschaft gegenüber den polnischen „Obersten" einerseits und Stalin andererseits irgendwann dabei helfen, ihre Unabhängigkeit zu erringen. Doch die kleine Gruppe ukrainischer Studenten, die in den Universitäten täglich mit dem Chauvinismus des

---

12 Ebenda; S. 124.
13 *The Anti-Jewish Excesses in Poland; Palestine Post* (29.1.1936); S.3.
14 Lestchinsky, Jacob: *Night over Poland; Jewish Frontier* (Juli 1936); S.11f.

dort stark vertretenen polnischen Mittelstandes konfrontiert wurden, hat sich nie mit dem Virus des völkischen Antisemitismus infiziert. Ihnen war klar, was aus ihren Karriereaussichten würde, sollten die *Endeks* und *Naras* letztlich triumphieren. Im Dezember 1937 berichtete die *Palestine Post*: „An den Universitäten in Wilno und Lemberg sind die weißrussischen und ukrainischen Studenten fast geschlossen der Anti-Ghetto-Front beigetreten und unterstützen die Juden in ihrem Kampf gegen die mittelalterlichen Maßnahmen."[15]

Die Bauernschaft war bezüglich der Judenfrage gespalten. Die reicheren Bauern, besonders in Westpolen, tendierten stärker zum Antisemitismus. Die Bauern im Süden des Landes und, in geringerem Ausmaß, in Mittelpolen waren zumeist Anhänger der Bauernpartei. 1935 hatten die Bauern eine sehr widersprüchliche Position vertreten: Sie bestanden einerseits auf dem Prinzip der demokratischen Rechte für alle Juden des Landes, forderten aber gleichzeitig eine Polonisierung der Wirtschaft und eine Emigration der Juden nach Palästina und in andere Länder.[16] 1937 schließlich bestand die Partei darauf, dass die antisemitische Kampagne nichts anderes war als eine List, um die Aufmerksamkeit von den wirklichen politischen Problemen abzulenken, besonders von der dringend notwendigen Landreform. Im August 1937 dann trat ein Großteil der Bauern in einen 10-tägigen Generalstreik. Und obwohl die Polizei sogar 50 Demonstranten tötete, wurden viele Gebiete komplett bestreikt. Alexander Erlich von der Columbia University, und damals selbst Jugendführer beim *Bund,* berichtet darüber: „Während des Streiks konnte man bärtige Chassiden Seite an Seite mit Bauern in der Streikpostenkette stehen sehen."[17] Die Regierung konnte nur deshalb überleben, weil die alte Garde der Bauernführer nicht bereit war, mit den Sozialisten zusammenzuarbeiten.

Der *Bund* und die PPS mobilisierten die Massen zum Kampf gegen den Antisemitismus. Nachdem am 9. März 1936 in Przytyk zwei Juden ermordet und mehrere Dutzend weitere schwer verletzt worden waren, musste man reagieren und so rief der *Bund* für den 17. März zu einem halbtägigen Generalstreik auf, eine Aktion, die auch von der PPS unterstützt wurde. Alle jüdischen Geschäfte und Firmen –

---

15 Zukerman, William: *Jews in Poland*; Palestine Post (1.12.1937); S.4.
16 Joel Cang: *The Opposition Parties in Poland and their Attitudes towards the Jews and the Jewish Problem*; Jewish Social Studies (April 1939); S.248.
17 Alexander Erlich et al.: *Solidarnosc; Polish Society and the Jews*; S.13.

und damit ein großer Teil der polnischen Wirtschaft – lagen lahm. Die Gewerkschaften der PPS in Warschau und den meisten anderen großen Städten unterstützten den Streik und so standen die Räder in den meisten Teilen Polens still. Es war wirklich der „Sabbath der Sabbathe!", als der er in der jüdischen Presse beschrieben wurde.

Im März 1938 rief der *Bund* zu einem 2-tägigen Proteststreik gegen die so genannten Ghettobänke und den andauernden Terror an den Universitäten auf. Trotz faschistischer Angriffe, die aber abgewehrt werden konnten, schlossen sich viele der hervorragendsten Akademiker Polens den Juden und den Gewerkschaften der PPS auf ihren Protestmärschen an – eine großartige Errungenschaft in einem Land, in dem Mütter ihren Kindern damit drohten, ein Jude würde kommen und sie in einem Sack wegschleppen, wenn sie nicht still wären.

Wahlsiege, die zu nichts führen

Bei den Wahlen in der jüdischen Gemeinde Polens im Jahr 1936 begannen die Massen, sich zum *Bund* hin zu orientieren und sowohl der *Bund* als auch die PPS verzeichneten einen starken Zuwachs an Wählerstimmen bei den Wahlen zu den städtischen Gremien. Hier jedoch zeigte sich klar, wie stark beschränkt die PPS letztlich war. In Lodz, der Stadt in Polen, in der die Industrie am stärksten war, weigerte sich die PPS, mit dem *Bund* ein Wahlbündnis einzugehen, weil die Führung Angst hatte, die Partei würde Stimmen verlieren, wenn sie sich mit den Juden identifizierte. Trotzdem sah die Praxis so aus, dass die beiden Parteien im Arbeitsalltag sehr wohl zusammenarbeiteten und die Unterstützung aus der Bevölkerung wuchs weiter. Die sozialdemokratischen Reformer von der PPS konnten jedoch ihren Wahlopportunismus nicht ablegen und weigerten sich auch bei den Wahlen zum Stadtrat im Dezember 1938 und Januar 1939, eine gemeinsame Kandidatenliste mit dem Bund aufzustellen. Der Bund musste einzeln antreten, doch in Gegenden, in denen beide eine Minderheit darstellten, unterstützten sie sich gegenseitig. Durch diese de-facto-Allianz errangen sie die Mehrheit in Lodz, Krakau, Lwow, Vilna und anderen Städten und verhinderten, dass die Regierung die Mehrheit in Warschau erlangen konnte. Die PPS erhielt 26,8 Prozent der Stimmen, der *Bund* weitere 9,5 Prozent und obwohl sie nur lose zusammenarbeiteten, galten ihre zusammengenommenen 36,3 Prozent als sozial einflussreicher als die 29 Prozent für die Kandidatenliste der Oberste oder die 18,8 Prozent der *Endeks*. Die *New York Times* schrieb von einem „eindrucksvollen Sieg" der Linken und davon, dass die tief gespaltenen Antisemiten an Boden verloren hätten.[18] In den jüdischen Gegenden schlug der *Bund* die Zionisten vernichtend - mit 70 Prozent der Stimmen. Dies brachte ihnen 17 der 20 jüdischen Sitze in Warschau, während die Zionisten nur einen hatten.[19]

„Ich wünschte, eine Million polnischer Juden würden abgeschlachtet"

Mitte der 30er Jahre begannen die jüdischen Massen, sich von den Zionisten abzuwenden. Als die Briten nach dem Arabischen Aufstand die Einwanderungsquoten senkten, erschien Palästina den polnischen Juden nicht mehr als geeignete Lösung für ihre Probleme. Die Zahl polnischer Juden, die nach Palästina auswanderten, sank von 29.407 im Jahr 1935 auf 12.929 im Jahr 1936, dann auf 3.578 im Jahr 1937 und schließlich auf 3.346 im Jahr 1938. Doch es gab noch einen anderen wichtigen Grund für die Abwendung vom Zionismus. Die Bewegung wurde dadurch diskreditiert, dass alle Antisemiten, von der Regierung bis zu den *Naras*, für eine Emigration der Juden nach Palästina waren. Das Wort „Palästina" klang in politischen Zusammenhängen plötzlich makaber. Wenn jüdische Abgeordnete im Sejm sprachen, störten die Regierung und die *Endeks* mit Zwischenrufen wie „Geht nach Palästina!".[20] Überall gab es Demonstrationen mit Aufrufen zum Boykott jüdischer Geschäfte und auf den Transparenten stand jedes Mal: *„Moszku idz do Palestyny!"* (*Itzichs* nach Palästina!)[21]. 1936 machten die *Endek*-Abgeordneten im Stadtrat von Piotrkow oft eine symbolische Geste, als wollten sie einen Zloty spenden, „um eine weitere Massenemigration der Juden von Piotrkow nach Palästina zu fördern"[22]. Am 31. August 1937 erklärte *ABC*, das Organ der *Naras*: „Palästina allein wird das Problem nicht lösen, doch es könnte der

---

18 *Democrats win in Polish Elections*; *New York Times* (20.12.1938) und *The Times* (20.12.1938).

19 Johnpoll, Bernard K.: *The Politics of Futility, The General Jewish Workers Bund of Poland, 1917-1943;* Ithaca/New York; Cornell University Press; 1967; S. 224 und Wynot, Edward: *Polish politics in transition: The camp of national unity and the struggle for power, 1935-1939*; University of Georgia Press; 1974; S.234f.

20 *American Jewish Year Book* 1937-1938; S.392.

21 Andreski, S.: *Poland*. In: Woolf, S. F.: *European Fascism*; London; Weidenfeld & Nicolson; 1968; S.179.

22 *Endeks propose mass emigration of Jews*; *World Jewry* (London, 13.3.1936); S.5.

Anfang einer Massenemigration der Juden aus Polen sein. Also darf es von der polnischen Außenpolitik nicht vernachlässigt werden. Die freiwillige Emigration von Juden nach Palästina könnte die Spannungen in den polnisch-jüdischen Beziehungen verringern."[23] Es war wohl kaum nötig, dass die *Naras* den Obersten soufflierten, diese waren schon immer enthusiastische Philozionisten gewesen und befürworteten die von der Peel-Kommission vorgeschlagene Teilung Palästinas voll und ganz. Im September 1937 traf Weizmann sich mit Jozef Beck, wobei dieser ihm versicherte, dass, wenn die Grenzen des neuen Staates festgelegt würden, Warschau sein Möglichstes tun würde, um dafür zu sorgen, dass die Zionisten das größtmögliche Territorium erhielten.[24] Die zionistische Bewegung hatte nie daran geglaubt, dass es den polnischen Juden möglich sein würde, ihre Probleme auf polnischem Grund und Boden zu lösen. Gruenbaum war schon in den 20er Jahren, noch während seiner gemeinsamen Manöver mit den anderen nationalen Minderheiten, berüchtigt für Aussagen wie: Die Juden stellten ein „Übergewicht" im Land dar und „Polen hat eine Million mehr Juden als es irgendwie unterbringen kann".[25] Abba Achimeir war der gleichen Ansicht und äußerte sie in noch viel deutlicherer Art und Weise, wie eine Eintragung in seinem Tagebuch, das die Briten nach dem Mord an Arlosoroff fanden, beweist: „Ich wünschte, eine Million polnischer Juden würden abgeschlachtet. Vielleicht würden sie dann begreifen, dass sie in einem Ghetto leben."[26] Die Zionisten redeten die Bemühungen der PPS, den Juden zu helfen, ständig klein. Im Januar 1936 schreibt die *Palestine Post* im selben Artikel, in dem sie über die Straßenkämpfe der Arbeiter gegen die Antisemiten berichtet, dass „es entschieden wert ist, über diese hoffnungsvolle Manifestation zu berichten, so klein sie zugegebenermaßen auch ist"[27]. Im Juni 1937 schlug der *Labor Zionist Newsletter* ähnlich skeptische Töne an: „Es ist wahr, dass die PPS derzeit sehr mutig und energisch ihre Solidarität mit den jüdischen Massen in Polen bekundet. Doch es ist sehr zweifelhaft, ob die Sozialisten und die wirklich liberalen Kräfte in Polen in der Lage sind, einen Widerstand zu organisieren, der ausreichend stark ist, um den Vormarsch der polnischen Variante des Faschismus

---

23 *The Jewish Situation in Poland during August and September 1937*; Information Bulletin (American Jewish Committee); Nr. 8-9 (1937); S.3.
24 *Agreement Outside Mandate Sought*; Palestine Post (15.9.1937); S.8.
25 Szajkowski: *Reconstruction versus Palliative Relief in American Jewish Overseas Work (1919-1939)*; Jewish Social Studies (Januar 1970); S.24.
26 *Jewish Daily Bulletin* (8.9.1933); S.1.
27 *Palestine Post* (29.1.1936); S.3.

aufzuhalten."²⁸ Obwohl sie eigentlich ein Teil derselben Sozialistischen Internationale hätten sein sollen wie die PPS, hofften die Zionisten, sie könnten die PPS einfach ignorieren und direkt mit den Feinden der polnischen Sozialisten verhandeln. In einem Leitartikel im *Newsletter* vom 20. September 1936 heißt es: „Die Aussage, die polnische Regierung wolle ihre Forderung nach Kolonien verstärken, hat in der internationalen Politik große Aufmerksamkeit erregt ... Realistische Beobachter sind der Meinung, die Frage der Umverteilung der Kolonien sei auf dem besten Weg, zu einer Kernfrage zu werden. Deshalb sollte die Führung des Weltjudentum derartige Pläne und Vorschläge von Seiten der Länder mit großen jüdischen Bevölkerungsanteilen mit entsprechender Aufmerksamkeit bedenken."²⁹

Tatsächlich hatte Polen nie eine Chance auf „einen Platz an der Sonne", doch die Zionisten hofften, dass sie, indem sie die Verrückten von der polnischen Rechten unterstützten, die Welt davon überzeugen würden, dass die Antwort auf den Antisemitismus in Polen außerhalb des Landes lag. Obwohl die WZO dem Regime in Warschau offensichtlich entgegenkommen wollte, gab es für ihre Anhänger nichts mehr, das sie den polnischen „Obersten" anbieten konnten, nachdem die Briten den Teilungsplan der Peel-Kommission aufgegeben und die Einwanderungsquoten gesenkt hatten, und so wurden die Revisionisten zu den engsten Kollaborateuren mit dem Regime. Im Oktober 1936 beschrieb Jacob de Haas die Einstellung der Revisionisten zu den polnischen Juden folgendermaßen: „Natürlich ist es unangenehm zu hören, die Juden seien überall ‚überflüssig'. Andererseits setzt man sich selbst unnötigen Qualen aus, wenn man allzu dünnhäutig ist bei dem, was gesagt wird und noch gesagt werden wird. Wir sollten in der Lage sein, sehr viel mehr zu schlucken, wenn etwas Gesundes dabei herauskommen soll."³⁰ Jabotinsky hatte vorgeschlagen, über einen Zeitraum von zehn Jahren 1,5 Millionen Juden aus Osteuropa zu „evakuieren", die meisten davon aus Polen. Er wollte seine Kapitulation vor dem Antisemitismus mit einer Art Zuckerguss überziehen, doch 1937 musste er dann zugeben, dass er Schwierigkeiten damit hatte, einen passenden Namen für seinen Vorschlag zu finden: „Zunächst hatte ich an „Exodus" gedacht, einen zweiten „Auszug aus Ägypten". Aber das geht nicht. Wir sind in der Politik, wir müssen in der Lage sein, an

---

28 *Poland*; *Labor Zionist Newsletter* (4.6.1937); S.1f.
29 *The Diaspora*; *Labor Zionist Newsletter* (20.9.1936); S.10.
30 de Haas, Jacob: *They are willing to go*; *Chicago Jewish Chronicle* (2.10.1936); S.1.

andere Nationen heranzutreten und die Unterstützung anderer Staaten zu fordern. Und da das so ist, können wir ihnen keinen Namen vorsetzen, der so offensiv ist, der an den Pharao und seine zehn Plagen erinnert. Außerdem beschwört das Wort „Exodus" ein furchtbares Bild des Horrors herauf, das Bild einer völlig desorganisierten, von Panik ergriffenen Horde Volk auf der Flucht."[31]

1939 schickten die Revisionisten Robert Briscoe, damals für die Fianna Fáil im irischen Parlament und später berühmt geworden als Bürgermeister von Dublin, mit einem Vorschlag zu Oberst Beck: „Im Namen der Neuen Zionistischen Bewegung ... schlage ich vor, Sie bitten Großbritannien, das Mandat für Palästina an Sie abzutreten und das Land damit faktisch zu einer polnischen Kolonie zu machen. Sie könnten dann all die in Polen unerwünschten Juden nach Palästina schicken. Das würde eine große Erleichterung für Ihr Land bedeuten, und Sie hätten eine reiche und weiter wachsende Kolonie, die Ihre Wirtschaft unterstützen würde."[32] Die Polen verschwendeten ihre Zeit nicht damit, um das Mandat zu bitten. Wie bereits gesagt, wollte Jabotinsky 1939 in Palästina einmarschieren. Die ersten Pläne für diese Operation entstanden bereits 1937, als die Polen sich bereit erklärten, die *Irgun* auszubilden und mit Waffen für einen Einmarsch in Palästina im Jahr 1940 auszurüsten.[33] Im Frühjahr 1939 gründeten die Polen in Zakopane in der Hohen Tatra ein Guerilla-Ausbildungslager für ihre revisionistischen „Kunden".[34] 25 Mitglieder der *Irgun* aus Palästina wurden dort von polnischen Offizieren in die jeweilige Kunst der Sabotage, Verschwörung und des Anzettelns von Aufständen eingeführt.[35] Man gab ihnen Waffen für 10.000 Mann, und die Revisionisten wollten diese Waffen gerade nach Palästina schmuggeln, als der Zweite Weltkrieg ausbrach. Abraham Stern, einer der Hauptinitiatoren des Ausbildungslagers in Zakopane, sagte den dort Ausgebildeten, der Weg über Italien und die Türkei sei „eine Frage diplomatischer Verhandlungen, die Aussicht auf Erfolg hätten", doch es gibt keine Beweise dafür, dass Italien involviert war – und die Türkei schon gar nicht.[36] Stern war einer der überzeugten Faschis-

---

31 Jabotinsky, Wladimir: *Evacuation – Humanitarian Zionism* (1937). Veröffentlicht in: *Selected Writing of Vladimir Jabotinsky* (Südafrika; 1962); S.75.
32 Briscoe, Robert: *For the life of me*; Boston; Little, Brown; 1958; S.28.
33 Bell, J. Bower: *Terror Out of Zion: Irgun Zvai Leumi, LEHI, and the Palestine Underground, 1929-1949*; New York; St. Martin's Press; 1976; S.28.
34 Levine, Daniel: *David Raziel, The Man and His Times*; S.259f.
35 Yalin-Mor, Nathan: *Memories of Yair and Etzel*; *Jewish Spectator* (Sommer 1980); S.33.
36 Levine: *David Raziel, The Man and His Times*; S.260.

ten unter den Revisionisten und er glaubte, wenn Mussolini sähe, dass sie die Briten wirklich herausforderten, könnte man ihn dazu bringen, seine pro-zionistische Politik wieder aufzunehmen. Der Einmarsch war ursprünglich als ernst gemeinter Versuch zur Machtergreifung geplant und als Jabotinsky vorschlug, ihn in eine symbolische Geste umzuwandeln, mit der eine Exilregierung geschaffen werden sollte, entbrannte in der *Irgun*-Führung eine heiße Debatte. Die Diskussion wurde allerdings durch die Verhaftung der Führung durch die Briten kurz vor Ausbruch des Krieges beendet.

Es ist kaum zu glauben, dass irgendeine jüdische Gruppierung ernsthaft einen solch utopischen Plan ausgeheckt und die Polen dazu gebracht haben sollte, sie dabei zu unterstützen. Doch der Plan hatte für das Regime den Vorteil, dass durch ihn Tausende *Betarim* davon abgehalten wurden, sich ernsthaft an den Kämpfen gegen die Antisemiten zu beteiligen. Es gab natürlich kleinere Schlägereien, manchmal auch Schießereien, doch solange sie nicht direkt angegriffen wurden, unternahmen sie nichts gegen die polnischen Faschisten. Shmuel Merlin, der damals als NZO-Generalsekretär in Warschau war, sagte dazu: „Es ist völlig richtig, wenn gesagt wird, dass nur der *Bund* einen organisierten Kampf gegen die Antisemiten führte. Wir dachten nicht, dass wir in Polen kämpfen müssen. Wir glaubten, wenn wir die Juden aus Polen raus brächten, würde das die Situation besänftigen. Wir hegten keine Feindseligkeiten."[37]

Das Versagen der Sozialisten und der Verrat der Zionisten

Man darf nun nicht annehmen, alle polnischen Arbeiter seien große Judenfreunde gewesen. Die PPS war gegen das Jiddische und blickte mit gutmütiger Verachtung auf die fanatischen Chassiden. Doch die Partei hatte die jüdischen Führer stets assimiliert, wie beispielsweise Herman Liebermann, ihren wohl berühmtesten Parlamentarier, und viele Mitglieder der Parteiführung waren mit Juden verheiratet. 1931 machte die PPS dem *Bund* ein Angebot von großer Tragweite: Die PPS-Milizen, die *Akcja Socjalistyczna*, würden die Abteilungen des

---

37 Interview des Autors mit Shmuel Merlin vom 16.9.1980.

Bundes bei ihrer gemeinsamen Demonstration am 1. Mai schützen und die Ordnergruppe des *Bundes* wiederum die Teilnehmer der PPS. Der *Bund* lehnte dieses großartige Angebot ab. Man wusste den Geist, der hinter dieser Geste stand, zu schätzen, lehnte sie jedoch ab, weil es die Pflicht jedes Juden war zu lernen, sich selbst zu schützen.[38] Der Grund dafür, dass die Führung der PPS nicht bereit war, bei den letzten wichtigen Wahlen zu städtischen Gremien ein Wahlbündnis mit dem *Bund* einzugehen, lag nicht in einer antisemitischen Einstellung, sondern darin, dass die polnischen, genau wie alle anderen Sozialdemokraten, verhängnisvoller Weise ihr Hauptinteresse stets ausschließlich darauf richteten, möglichst viele Stimmen zu erhalten. Statt zu versuchen, die Stimmen der rückständigsten Arbeiter zu erringen, hätten sie lieber die fortschrittlichsten Arbeiter sowie die Bauern aufrufen sollen, sich zu einem Kampf gegen das Regime zu vereinen. Der *Bund* selbst hatte dadurch, dass er das enorme Potential des Angebotes der Sozialisten von 1931 nicht erkannt hatte und auch allgemein nicht begriff, dass die Juden ohne die polnische Arbeiterklasse niemals einen endgültigen Sieg über ihre Feinde würden erringen können – geschweige denn mit ihrer Partei allein den Sozialismus durchzusetzen –, mit zur nationalistischen Spaltung der Arbeiterklasse beigetragen. Beide Parteien waren im Grunde Reformparteien, doch nachdem die Obersten bei den Wahlen zu den städtischen Gremien eine empfindliche Niederlage hatten hinnehmen müssen, wurden sie nicht aktiv, sondern warteten darauf, dass das Regime von allein zu Fall käme. Im Interesse der „nationalen Einheit" sagten sie im Jahr 1939 ihre Demonstrationen zum 1. Mai ab, obwohl Polens einzige Rettung darin bestanden hätte, die Massen zusammenzutrommeln und sie vor dem Regime aufmarschieren zu lassen mit der Forderung, das ganze Volk zu bewaffnen.

Doch auch wenn der *Bund* und die PPS die Prüfung letztlich nicht bestanden haben, so haben sie doch zumindest gegen die Antisemiten gekämpft. Die Zionisten nicht. Im Gegenteil, sie haben um die Gunst der Feinde der Juden gebuhlt.

---

38 Rowe: *Jewish Self Defense: A Response to Violence*; *Studies on Polish Jewry*; S.113f.

21. Der Zionismus in Polen während des Holocaust

Als die Nazis in Polen einmarschierten, war das Schicksal der Juden besiegelt. Hitlers Plan sah vor, dass durch die Eroberung Polens neuer Lebensraum für deutsche Kolonisten geschaffen werden sollte. Der rassisch höherwertige Teil der Polen sollte zwangsassimiliert werden, der Rest würde gnadenlos ausgebeutet und als Arbeitssklaven benutzt werden. Wenn man also sieht, welche radikalen Pläne Hitler schon für die slawische Bevölkerung hatte, dann war klar, dass es im erweiterten Reich keinen Platz geben würde für Juden. Bis Ende 1941 gestatteten die Nazis den Juden die Emigration aus Deutschland und Österreich, sie forcierten sie sogar, doch die Auswanderung aus Polen wurde von Anfang an gering gehalten, damit die Emigration aus Großdeutschland nicht behindert würde. Anfangs erlaubten die Besatzer noch, dass die amerikanischen Juden Lebensmittelpäckchen nach Polen schickten, allerdings nur, weil Hitler Zeit für die Organisation der neuen Gebiete und für die Kriegsführung brauchte.

Die Arbeiterklasse kapituliert nicht

Innerhalb weniger Tage nach dem Einmarsch deutscher Truppen in Polen erklärte die polnische Regierung Warschau zur „offenen Stadt" und befahl allen wehrfähigen Männern, sich hinter eine Linie am Bug zurückzuziehen. Das Zentralkomitee des *Bundes* überlegte, ob es für die Juden nicht besser wäre, bis zum bitteren Ende in Warschau zu kämpfen, als zuzusehen, wie ihre Familien Hitler zum Opfer fallen, doch man bezweifelte, dass die Juden ihnen folgen und tatsächlich Widerstand leisten würden. Außerdem würden die Polen nicht dulden, dass die Juden die Stadt ins Verderben stürzten und so entschied man sich dafür, sich gemeinsam mit der Armee zurückzuziehen.

Es wurde ein Notkomitee benannt, das in der Stadt bleiben sollte und dieses befahl allen anderen Mitgliedern, dem Militär nach Osten zu folgen. Alexander Erlich erklärt ihre Haltung: „Es muss naiv klingen, weil wir heute wissen, dass Stalin kurz davor stand, von Osten anzugreifen, doch wir dachten, die Linien würden sich stabilisieren. Wir waren sicher, dass wir selbst mit einer belagerten Armee stärker wären, als wir es je auf von Deutschen besetztem Gebiet sein könnten."[1] Als das *Bund*-Komitee in die Nähe des Bugs kam, hieß es, der Evakuierungsbefehl sei aufgehoben worden. Mieczyslaw Niedzialkowski und Zygmunt Zaremba von der PPS hatten den Oberkommandierenden General Tschuma davon überzeugt, dass es für die Widerstandsbewegung psychologisch wichtig war, dass Polens Hauptstadt nicht kampflos an die Deutschen fiel. Der *Bund* wies zwei seiner erfahreneren Führer – Victor Alter und Bernard Goldstein – an, nach Warschau zurückzukehren. Die Straßen zurück nach Warschau waren hoffnungslos verstopft und so entschieden sich die beiden, sich zunächst nach Süden zu wenden und dann von dort aus weiter nach Warschau zu reisen. Sie kamen bis Lublin, dort trennten sie sich. Alter kam nie in Warschau an, Goldstein erreichte die Stadt am 3. Oktober. Zu diesem Zeitpunkt war Warschau bereits an die Deutschen gefallen, doch vorher hatten die Truppen der Umgebung und die Arbeiterbataillone, die von der PPS und vom *Bund* organisiert worden waren, erbitterten Widerstand geleistet.

Die Führung der Zionisten löst sich auf

Viele der großen Führer der Zionisten verließen Warschau, als die Armee die Stadt evakuierte, doch anders als die *Bundisten* kehrte keiner von ihnen zurück, als sie hörten, dass die Stadt gehalten werden müsse. Nachdem die Sowjets die Grenzen überschritten hatten, flohen sie entweder nach Rumänien oder in nördlicher Richtung nach Vilna, da es hieß, die Sowjets hätten die Stadt an Litauen übergeben. Unter den Flüchtlingen waren auch der Präsident der polnischen zionistischen Vereinigung, Moshe Sneh, der damalige Führer der polnischen *Betar*, Menachem Begin sowie dessen Freunde Nathan Yalin-Mor und Israel Scheib (Eldad).[2] Sneh ging nach Palästina und hatte zwischen 1941 und 1946 das Kommando über die *Haganah*. Begin wurde schließlich in Litauen von den Russen verhaftet und kam nach einem Martyrium in einem von Stalins Arbeitslagern in Sibirien frei, als die Deutschen in die Sowjetunion einmarschierten. Er verließ die UdSSR als Soldat der polnischen Exilarmee und kam 1942 nach Palästina, wo er später die *Irgun* im Aufstand 1944 gegen die Briten anführte. Nathan Yalin-Mor

---

1 Interview des Autors mit Alexander Erlich am 3. Oktober 1979.
2 Arad, Yitzhak: *The Concentration of Refugees in Vilna on the Eve of the Holocaust*, Yad Vashem Studies; Vol. IX, S. 210.

und Israel Scheib (Eldad) stiegen auf und wurden zwei der drei Kommandeure der *Stern-Bande*, einer Splittergruppe der *Irgun*. Von den Zionisten schickten einzig die Jugendorganisationen *Hechalutz* und *Hashomer* Vertreter zurück nach Polen. Die anderen beantragten Einreisezertifikate für Palästina, von denen einige sie auch erhielten und so dem Gemetzel in Europa den Rücken kehrten. Haben sie ihr Volk verlassen, um nach Palästina zu kommen? Was Begin angeht, so ist der Fall klar. Er erzählte 1977 in einem Interview: „Bei unserem verzweifelten und vergeblichen Versuch, die Grenze zu überqueren und nach Eretz Yisroel zu gelangen, was uns letztlich aber nicht gelang, erreichten wir mit einer Gruppe von Freunden Lemberg/Lwow. Da erfuhren wir, dass die Russen Vilna zur Hauptstadt der unabhängigen Republik Litauen machen wollten."[3] Als Begin 1940 verhaftet wurde, wollte er gerade seine Reise nach Palästina fortsetzen und hatte nicht die Absicht, nach Polen zurückzukehren. In seinem Buch *White Nights* beschreibt er, was er seinen russischen Aufsehern im Lukiszki-Gefängnis in Vilna erzählt hatte: „Ich hatte ein *laissez-passer* aus Kovno für meine Frau und mich sowie Visa für Palästina. Wir wollten Vilna gerade verlassen und nur meine Verhaftung hat dies verhindert." Einige Seiten später fügt er hinzu: „Wir wollten gerade weg ... doch wir mussten unsere Plätze an einen Freund abtreten."[4] Lester Eckman und Gertrude Hirschler, beide ebenfalls Revisionisten, berichten in ihrer Biographie über Begin, seine Bewegung habe ihn wegen seiner Flucht verurteilt, doch sie behaupten, er hätte geplant zurückzukehren: „Er erklärte, dass er einen Brief aus Palästina erhalten habe, in dem er wegen seiner Flucht aus der polnischen Hauptstadt kritisiert worden sei, da andere Juden immer noch dort festsäßen. Als Kapitän der *Betar*, hieß es in dem Brief, hätte er als letzter das sinkende Schiff verlassen sollen. Begin wurde von Schuldgefühlen hin und her gerissen; seine Kameraden mussten sich größte Mühe geben, um ihn an diesem impulsiven Schritt zu hindern, der ihn wahrscheinlich das Leben gekostet hätte."[5] In *White Nights* sagt Begin selbst nichts darüber, erklärt jedoch: „Es kann keinen Zweifel geben, dass ich einer der ersten gewesen wäre, den die Deutschen hingerichtet hätten, wenn sie mich in Warschau gefangen genommen hätten."[6] In Wirklichkeit wurden die Zionisten im Allgemeinen und die Revisio-

---

3 Hyman Frank, *The World of Menachem Begin*; *Jewish Press* (2. Dezember 1977).
4 Begin, Menachem: *White Nights the Story of a Prisoner in Russia*; New York; Harper & Row Publishers; 197; S.84/85, 87.
5 Eckmann, Lester S. / Hirschler, Gertrude; *Menachem Begin*; Bergisch Gladbach; Bastei-Lübbe; 1979; S.55.
6 Begin: *White Nights*; S.79.

nisten im Besonderen weder in Warschau noch anderswo stärker verfolgt als andere. Im Gegenteil, noch 1941, nach dem Einmarsch der Sowjetunion, ernannten die Deutschen Josef Glazman, den Führer der litauischen *Betar*, zum Inspektor der jüdischen Polizei im Ghetto von Vilna. Begin wollte nach Palästina, weil er derjenige gewesen war, der auf dem Kongress der *Betar* 1938 am lautesten nach einer sofortigen Eroberung des Landes geschrieen hatte. Ein interessanter Nachtrag dazu stammt aus einer Debatte im israelischen Parlament am 2. März 1982, als Begin ernsthaft fragte: „Wie viele hier im Parlament haben den Davidstern tragen müssen? Ich bin einer von ihnen."[7] Als die Nazis kamen, floh Begin aus Polen, und als er dann als Flüchtling in Litauen ankam, gab es dort keine gelben Sterne.

Die Judenräte

Bei ihrer Ankunft in Warschau trafen die Deutschen auf Adam Czerniakow, Zionist sowie Präsident des Verbandes jüdischer Handwerker und jetzt Leiter des jüdischen Bürgerkomitees. Sie beauftragten ihn mit der Bildung eines Judenrates.[8] In Polens zweitgrößter Stadt Lodz erhielt Chaim Rumkowski, ebenfalls ein zionistischer Politiker, einen ähnlichen Auftrag. Sie waren in keiner Weise autorisiert, die zionistische Bewegung zu repräsentieren und beide waren vor dem Krieg eher Randfiguren. Nicht alle diese Judenräte wurden von Zionisten geleitet, bei einigen hatten assimilierte Intellektuelle, Rabbis und in einer Stadt (Piotrkow) sogar ein *Bundist* den Vorsitz. Doch es wurden insgesamt mehr Zionisten als Vorsitzende solcher Marionetten-Räte ausgewählt als *Agudisten*, *Bundisten* und Kommunisten zusammengenommen. Die größte Verachtung empfanden die Nazis für die frommen Chassiden der *Aguda* und sie wussten, dass sich die *Bundisten* und Kommunisten nicht zu ihrem Werkzeug machen lassen würden. Da die Nazis 1939 bereits eine Reihe von Übereinkünften mit den Zionisten in Deutschland sowie in Österreich und der Tschechoslowakei getroffen hatten, wussten sie, dass sie auch hier nicht auf großen Widerstand stoßen würden.

---

7 Shipler, David: *Israel Hardening Its Stand on Visits*; New York Times (3. März 1982); S.7.
8 Goldstein, Bernard: *Die Sterne sind Zeugen*; München; Deutscher Taschenbuch Verlag; 1965; S.35. Und: *Im Warschauer Ghetto: Das Tagebuch des Adam Czerniaków*; München; Verlag C.H. Beck; 1986; S.2.

Es gab ohnehin nur noch wenige erfahrene Zionisten in Polen und die Situation wurde zudem dadurch verschärft, dass die Nazis in den ersten Monaten den Besitzern von Einreisezertifikaten für Palästina die Ausreise aus Polen gestatteten. Die WZO nutzte diese Gelegenheit, um noch mehr Angehörige der polnischen Führung der Zionisten außer Landes zu bringen, unter ihnen auch Apolinary Hartglas, den Vorgänger Snehs im Amt des Präsidenten der zionistischen Organisation Polens. In seinem Tagebuch beschreibt Czerniakow, dass ihm ein solches Zertifikat angeboten wurde, er sich aber geweigert hatte, seinen Posten zu verlassen.[9] Im Februar 1940 berichtete er, wie er einen Mann anging, der das Land verlassen wollte und gekommen war, um sich endgültig zu verabschieden: „Sie mieser Kerl, und ich werde nicht vergessen, dass Sie sich als Führer aufgespielt haben und jetzt mit Ihresgleichen Reißaus nehmen und die breite Masse in einer schrecklichen Lage zurücklassen."[10]

Yisrael Gutman, einer der Wissenschaftler am Holocaust-Institut in Yad Vashem in Israel, schreibt zu diesem Thema: „Es stimmt, einige Führer hatten guten Grund, in einem Land, dass von den Nazis erobert worden war, um ihre persönliche Sicherheit zu fürchten. Gleichzeitig lag in der Abreise dieser Führer ein Stück Panik, die nicht dadurch ausgeglichen wurde, dass sie sich um Ersatz für sich und die Fortsetzung ihrer vorherigen Aktivitäten durch andere gekümmert hätten ... Diejenigen, die zurückgelassen wurden, waren meist Führer zweiten oder dritten Ranges, die oft nicht in der Lage waren, die akuten Probleme jener Zeit anzugehen, außerdem fehlten ihnen auch die wichtigen Kontakte zur polnischen Öffentlichkeit und deren Führung. Unter den Führern, die geblieben waren, waren auch einige, die sich nicht an der Untergrundarbeit beteiligten und versuchten, die Spuren ihrer Vergangenheit zu verwischen."[11]

Einige Wissenschaftler haben aufgezeigt, dass nicht alle Führer oder Mitglieder der Judenräte kollaboriert haben, doch es herrschte eine moralisch verdorbene Atmosphäre in diesen Räten. In seinen Memoiren *Die Sterne sind Zeugen* beschreibt Bernard Goldstein den Warschauer Judenrat einige Monate vor der Errichtung des Ghettos; um

---

9 Czerniaków: Im Warschauer Ghetto; S.41.
10 Ebenda; S.43f.
11 Gutman, Yisrael: *The Genesis of the Resistance in the Warsaw Ghetto*, Yad Vashem Studies; Vol. IX; S.43.

den Terror der Rollkommandos zu mildern, stellte der Rat Arbeitskolonnen für die Deutschen auf. Man entwickelte ein Vorladungssystem. Nacheinander sollte jeder einmal an der Reihe sein. Doch man erlebte bald, dass die praktische Durchführung korrupt gehandhabt wurde ... Reiche Juden zahlten nämlich Gebühren, die in die Tausende von Zlotys gingen, um von der Zwangsarbeit befreit zu werden. Der Judenrat zog solche Lösegelder in großen Mengen ein und sandte arme Leute an Stelle der wohlhabenden Bürger in die Arbeitsbataillone.[12]

Natürlich war nicht der gesamte Apparat der Judenräte korrupt. Sie widmeten sich mit viel Elan der Bildung und der sozialen Fürsorge, doch nur wenige taten etwas, um den Widerstandsgeist der Menschen zu wecken. Isaiah Trunk, der sich vielleicht am intensivsten mit den Judenräten beschäftigt hat, fasst sie kurz und bündig zusammen: „Ich habe explizit gesagt, dass die meisten Judenräte der Frage des Widerstandes eher negativ gegenüber standen ... In den östlichen Regionen bot die geographische Nähe zu Stützpunkten der Partisanen die Möglichkeit zur Rettung, was auch einen gewissen Einfluss auf die Einstellung der Judenräte hatte ... dort, wo es keine Möglichkeit zur Rettung durch die Partisanen gab, waren die allermeisten Judenräte gegenüber dem Widerstand absolut negativ eingestellt."[13]

Einige, wie beispielsweise Avraham Gancwajch in Warschau, kollaborierten direkt mit den Nazis. Er, der einst zu den „rechten" Arbeiterzionisten gehört hatte, führte die „13" an, die nach ihrem Sitz in der Lesznostraße 13 so genannt wurde. Ihre Aufgabe bestand darin, Schmuggler zu fangen, die Judenräte auszuspionieren und allgemein geheime Informationen für die Gestapo zu sammeln.[14] Auch Jacob Gens, Revisionist, Chef der Ghettopolizei und *de facto* Chef des Ghettos in Vilna, war mit Sicherheit ein Kollaborateur. Als die Nazis von einer Widerstandsbewegung im Ghetto erfuhren, brachte Gens den Anführer dieser Bewegung, den Kommunisten Itzik Wittenberg, durch einen Trick dazu, in sein Büro zu kommen, wo er ihn von der litauischen Polizei verhaften ließ.[15] Chaim Rumkowski von den Allgemeinen Zionisten führte sein Ghetto in Lodz autokratisch und „König Chaim", wie er von seinen Untergebenen genannt wurde, ließ sein Bild

---

12 Goldstein: *Die Sterne sind Zeugen*; S.36.
13 Trunk (als Teil einer Debatte): *Jewish Resistance During the Holocaust*; S.257.
14 Ringelblum, Emmanuel: *Ghetto Warschau*; Stuttgart; Seewald Verlag; 1967; S.68.
15 Eckman / Lazar: *The Jewish Resistance*; S.31.

sogar auf die Ghettomarken drucken. Doch nicht alle haben sich so weit erniedrigt wie diese Männer. Czerniakow beispielsweise arbeitete auch mit den Nazis zusammen und war gegen den Widerstand, doch als die Deutschen bei der großen „Aktion" im Juli 1942 300.000 Juden mitnahmen, beging er lieber Selbstmord, als noch weiter zu kollaborieren. Selbst Rumkowski bestand darauf, zusammen mit seinem Ghetto in den Tod gehen zu wollen, als die Nazis ihm sagten, dass auch seine Kollaboration nicht dazu führen würde, dass auch nur ein Teil seiner Schützlinge überlebte. Ihrer Meinung nach war ihr Handeln dadurch gerechtfertigt, dass sie annahmen, die einzige Chance, dass wenigstens einige Juden überleben, bestünde in einer demütigen Zusammenarbeit mit den Nazis. Doch das war ein Trugschluss; das Schicksal der einzelnen Ghettos und der einzelnen Judenräte wurde letztlich fast immer durch eine Laune der Nazis oder die regionale Politik entschieden, es machte praktisch keinen Unterschied, ob das jeweilige Ghetto vorher kooperiert hatte oder nicht.

„Die Parteien haben kein Recht, uns Anweisungen zu erteilen"

Man muss den gesamten jüdischen Widerstand im Zusammenhang mit der Politik der Nazis gegenüber den Polen betrachten. Hitler wollte keinen polnischen Quisling (norwegischer Politiker, der mit den Nazis kollaborierte; Anm. d. Übers.), das Land sollte durch Terror regiert werden. Von Anfang an ahndeten die Nazis jede Aktion des Widerstandes mit Massenbestrafungen, bei denen die Menschen zu Tausenden hingerichtet wurden. Mitglieder der PPS, ehemalige Offiziere, Priester und Akademiker – bei vielen von ihnen war es sehr wahrscheinlich, dass sie sich mit den Juden solidarisierten – wurden ermordet oder in Konzentrationslager geschickt. Gleichzeitig versuchten die Nazis, die polnischen Massen durch materielle Belohnungen dazu zu bringen, sich an der Verfolgung der Juden zu beteiligen, doch es gab auch immer Menschen, die bereit waren, den Juden zu helfen. Am wichtigsten war hierbei sicher die PPS, die Exemplare jedes offiziellen Stempels stahl und damit gefälschte arische Papiere für einige ihrer Kameraden vom *Bund* herstellte. Die Revisionisten hielten Kontakt zu einigen Teilen des polnischen Militärs. Tausende Polen versteckten Juden, obwohl sie der sichere Tod erwartete, wenn man sie erwischte. Der wichtigste Vorteil der Deutschen bestand darin, dass die Menschen keine Waffen besaßen, da die polnische Vorkriegsregierung dafür gesorgt hatte, dass

Zivilisten nicht an Waffen kamen. Die PPS und der *Bund* hatten ihre Milizen bis auf gelegentliche Zielschießübungen nicht weiter ausgebildet und mussten jetzt den Preis dafür zahlen. Letzten Endes waren die einzigen verfügbaren Waffen diejenigen, die von der sich zurückziehenden Armee versteckt worden waren und die befanden sich jetzt in den Händen der *Armia Krajowa* (AK), der Heimatarmee, die ihre Befehle von der Exilregierung in London erhielt. Unter dem Druck der Briten mussten auch der *Bund* und die PPS in der Exilregierung vertreten sein, doch die AK wurde auch weiterhin von den Antisemiten und ihren Verbündeten kontrolliert. Sie wollten das Volk nicht bewaffnen, weil sie befürchteten, dass die Arbeiter und Bauern, wenn sie die Deutschen vertrieben hätten, ihre Waffen gegen die Reichen einsetzen würden; sie entwickelten die strategische Doktrin, dass es am besten wäre, erst anzugreifen, wenn die Deutschen bereits durch militärische Niederlagen angeschlagen wären. Sie bestanden darauf, dass ein verfrühtes Handeln nicht zweckdienlich wäre und nur den Zorn der Nazis auf das Volk ziehen würde. Das bedeutete natürlich, dass es nie einen günstigen Zeitpunkt geben würde, um den Juden zu helfen. Da die PPS keine eigenen Waffen besaß, sah sie sich gezwungen, sich der AK anzuschließen, doch gelang es ihr nie, sich genug Waffen zu besorgen, um die Juden eigenständig ernsthaft zu unterstützen.

Während die Juden, die schon vor dem Krieg gegen den Antisemitismus in Polen angekämpft hatten, auch die ersten waren, die Widerstand gegen die Nazis leisteten, blieben diejenigen, die vorher nichts unternommen hatten, auch weiterhin untätig. Czerniakow bestand darauf, dass der *Bund* mindestens ein Mitglied des Warschauer Judenrates stellen musste. Die *Bundisten* wussten von Anfang an, dass der Rat nur ein Werkzeug der Deutschen sein würde, doch sahen sie sich gezwungen einzuwilligen und nominierten Shmuel Zygelboym. Zygelboym war in Lodz Parteioberhaupt gewesen und nach dem Rückzug der polnischen Armee aus seiner Stadt nach Warschau geflohen, in der Hoffnung, den Kampf dort fortsetzen zu können. Dort half er, die Überreste des Warschauer *Bundes* zum gemeinsamen Kampf mit der PPS zu mobilisieren. Zygelboym hatte nur widerwillig zugestimmt, dass es besser war, die Leute zur Zwangsarbeit einzuteilen, als dass die Rollkommandos die Leute willkürlich mitnahmen, doch als der Judenrat im Oktober angewiesen wurde, ein Ghetto zu errichten, wollte er nicht länger mitmachen. Er erklärte dem Judenrat: „Ich denke, dass ich nicht länger das Recht hätte zu leben, wenn ... das Ghetto errichtet würde und mein Kopf ungeschoren bliebe ... Ich weiß, dass der

Vorsitzende verpflichtet ist, dies der Gestapo zu melden und mir ist bewusst, welche Konsequenzen das für mich persönlich haben kann."[16] Der Rat befürchtete, dass diese Haltung Zygelboyms ihrem Ansehen bei den Juden schaden würde, sollten sie die Anweisung der Nazis widerspruchslos hinnehmen, und so widerriefen sie ihre ursprüngliche Entscheidung, der Anweisung Folge zu leisten. Tausende Juden kamen zum Sitz des Judenrates, um nähere Informationen zu erhalten und Zygelboym nutzte die Gelegenheit zu einer Ansprache. Er sagte ihnen, sie sollten in ihren Häusern bleiben und die Deutschen zwingen, sie mit Gewalt von dort zu vertreiben. Die Nazis befahlen ihm, sich am nächsten Tag bei der Polizei zu melden. Dem *Bund* war klar, dass dies sein Todesurteil war und so schmuggelte man ihn außer Landes, doch dank seiner Aktion wurde der Befehl zur Errichtung eines Ghettos wenigstens zeitweilig ausgesetzt.

Die letzte große und edle Schlacht des *Bundes* fand kurz vor Ostern 1940 statt. Ein polnischer Rowdy griff einen alten Juden an und wollte ihm den Bart ausreißen. Ein *Bundist* kam zufällig dazu und schlug den Polen. Die Nazis nahmen den *Bundisten* gefangen und erschossen ihn am darauf folgenden Tag. Polnische Antisemiten fielen in jüdische Viertel ein, während die Deutschen dabeistanden und zuschauten. Sie wollten, dass diese Überfälle fortgesetzt würden, um so zu beweisen, dass das polnische Volk ihre antijüdische Politik unterstützte. Diese Angriffe auf Juden waren weit schlimmer als alles, was die *Naras* im unabhängigen Polen je getan hatten, und der *Bund* war der Meinung, man habe keine andere Wahl als zu kämpfen, auch wenn man sich damit dem Zorn der Nazis aussetzte. Um sicherzustellen, dass es keine Toten unter den polnischen Gegnern gab, wodurch neue Überfälle hätten provoziert werden können, benutzten sie im Gegensatz zu ihren Gegnern statt Gewehren und Messern nur Schlagringe aus Messing und Eisenstangen. In den nächsten zwei Tagen kämpften Hunderte Juden und Mitglieder der PPS im Wola-Bezirk gegen die Judenhasser, bis die polnische Polizei schließlich die Straßenschlachten beendete. Die Nazis hatten sich nicht eingemischt. Sie hatten lediglich Aufnahmen für Propagandazwecke gemacht und entschieden, die Juden vorerst nicht für diese Aktion zu bestrafen.[17] Mit dieser Episode endete die Führung des *Bundes* innerhalb des polnischen Judentums.

---

16 Johnpoll: *The Politics of Futility*; S.231.
17 Goldstein; *Die Sterne sind Zeugen*; S.51ff.

Innerhalb weniger Monate nach der Besetzung Polens durch die Deutschen schickten die Anführer der zionistischen Jugendgruppen *Hashomer* und *Hechalutz*, die ebenfalls nach Litauen geflohen waren, Vertreter zurück nach Polen, allerdings nicht, damit diese dort einen Aufstand organisierten. Sie sahen ihre Aufgabe vielmehr darin, mit den Menschen in ihrer Not mitzuleiden und zu versuchen, die Moral durch hohe sittliche Standards zu erhalten. Die ersten militärischen Aktionen einer zionistischen Gruppierung gingen von einer Gemeinschaft revisionistischer Veteranen namens *Swit* (Morgenröte) aus. Sie hatten Verbindungen zum *Korpus Bezpieczenstwa* (KB oder Sicherheitskorps), einer kleinen polnischen Einheit, die damals lose mit der AK verbunden war, und bereits 1940 schickte das KB mehrere Juden, darunter einige Physiker, in das Gebiet zwischen Bug und San, wo sie mit Teilen der AK zusammenarbeiteten.[18] Doch weder *Swit* noch AK hatten Pläne für einen groß angelegten Widerstand oder eine Flucht aus den Ghettos.[19]

Erst nachdem die Deutschen in die Sowjetunion einmarschiert waren, begann man, ernsthaft über einen bewaffneten Widerstand der Juden nachzudenken. Von Anfang an wüteten die Nazis absolut zügellos in der Sowjetunion. Einsatzgruppen fingen an, systematisch Juden abzuschlachten und im Oktober 1941, nur vier Monate nach dem Einmarsch, waren bereits 250.000 Juden bei Massenexekutionen in Weißrussland und den baltischen Staaten getötet worden. Im Dezember 1941 gab es die ersten Berichte über Vergasungen in Polen und Chelmno, wodurch den Jugendbewegungen, dem *Bund*, den Revisionisten und den Kommunisten klar wurde, dass sie militärische Gruppen aufstellen mussten. Jedoch glaubte die Mehrheit der überlebenden Führer der großen WZO-Parteien entweder nicht, dass das, was anderswo passiert war, auch in Warschau passieren könnte oder waren der Meinung, man könne ohnehin nichts dagegen unternehmen. Yitzhak Zuckerman, einer der Gründer der *Zydowska Organizacja Bojowa* (ZOB – Jüdische Kampforganisation), die die Truppen der WZO mit denen des *Bundes* und der Kommunisten vereinte, und später ein bedeutender Historiker auf dem Gebiet des Warschauer Aufstandes, hat es ganz klar gesagt: „Die Jüdische Kampforganisation

---

18 Bartoszewski, Wladyslaw: *The blood shed unites us*; Warsaw; Interpress Publishers; 1970; S.32.

19 Ainsztein, Reuben: *Jüdischer Widerstand im deutschbesetzten Osteuropa während des Zweiten Weltkrieges*; Oldenburg; Verlag des Bibliotheks- und Informationssystems der Carl-von-Ossietzky-Universität Oldenburg; 1993; S.288-291.

entstand ohne Zutun der Parteien und sogar gegen ihren Wunsch."[20] Nach dem Krieg wurden einige der Schriften von Hersz Berlinski von der „linken" *Poale Zion* posthum veröffentlicht. Er berichtete unter anderem über eine Diskussion im Oktober 1942 zwischen Vertretern seiner Organisation und denen der Jugendorganisationen. Dabei ging es um die Frage, ob die ZOB nur eine militärische Führung oder ein militärisch-politisches Komitee haben sollte, wobei die Jugendorganisationen verhindern wollten, dass die Parteien die Vorherrschaft übernahmen: Die Genossen von *Hashomer* und *Hechalutz* wandten sich scharf gegen die Parteien, „die Parteien haben kein Recht, uns Anweisungen zu erteilen. Bis auf ihre Jugend werden sie ohnehin nichts tun. Sie werden nur stören."[21]

Auf der Konferenz zu Formen jüdischen Widerstandes im April 1962 an der Gedenkstätte in Yad Vashem fielen bittere Worte zwischen denjenigen Historikern, die an dem Kampf teilgenommen hatten und denen, die immer noch versuchten, die passive Herangehensweise zu rechtfertigen. Yisrael Gutman forderte dabei einen Vertreter der letzteren Fraktion, Dr. Nathan Eck, mit folgenden Worten heraus: „Glauben Sie, dass, wenn wir dem Rat der Parteiführer gefolgt wären und bis zum Ende gewartet hätten, der Aufstand überhaupt noch stattgefunden oder dass er überhaupt noch irgendeinen Sinn gehabt hätte? Ich glaube, es hätte überhaupt keinen Aufstand gegeben, und ich fordere Dr. Eck auf, einen überzeugenden Beweis zu liefern, dass die Parteiführer überhaupt wollten, dass es einen Aufstand gab?"[22] Emmanuel Ringelblum, der große Historiker zur Zerstörung des jüdischen Warschau, beschrieb die Denkweise seines Freundes Mordechai Anielewicz von *Hashomer*, der auch der Anführer der ZOB war, einmal folgendermaßen: „Der Mordechai, der so schnell gereift war und in so kurzer Zeit den verantwortungsvollsten Posten als Kommandeur der Kämpferorganisation übernommen hatte, bedauerte nun sehr, dass seine Kameraden und er drei Jahre des Krieges mit kultureller Arbeit und Bildungsarbeit verschwendet hatten. Wir begriffen die neue Seite Hitlers nicht, die sich jetzt zeigte, klagte Mordechai. Wir hätten die Jugend an allen nur möglichen Waffen ausbilden sollen. Wir hätten sie im Geist der Rache am größten Feind aller Zeiten nicht nur der

---

20 Zuckerman (als Teil einer Debatte); *Jewish Resistance During the Holocaust*; S.150.
21 Berlinski, Hersz: *Zikhroynes*; *Drai* (Tel Aviv); S.169.
22 Gutman, Yisrael (als Teil einer Debatte); *Jewish Resistance During the Holocaust*; S.148.

Juden, sondern der ganzen Menschheit erziehen sollen."[23] Die Diskussion innerhalb der Widerstandsbewegung konzentrierte sich auf die Frage, wo man kämpfen sollte. Ganz allgemein kann man sagen, dass die Kommunisten am liebsten so viele junge Menschen wie möglich als Partisanen in den Wald bringen wollten, während die jungen Zionisten dafür waren, bis zum bitteren Ende in den Ghettos zu kämpfen. Die Kommunisten waren schon immer die Partei im Land gewesen, die bei der Auswahl ihrer Mitglieder keine Unterschiede bezüglich der Nationalitäten machte und jetzt, da auch die Sowjetunion angegriffen worden war, widmeten sie sich voll und ganz dem Kampf gegen Hitler. Die Sowjets hatten Pincus Kartin, einen Veteran des spanischen Bürgerkrieges, über Polen mit dem Fallschirm abspringen lassen, damit der den jüdischen Untergrund organisierte.

Die Kommunisten argumentierten damit, dass die Ghettos nicht gehalten werden könnten und die Kämpfer letztlich umsonst sterben würden. In den Wäldern hätten sie nicht nur eine Überlebenschance, sondern könnten von dort aus auch beginnen, die Deutschen anzugreifen. Die zionistische Jugend brachte daraufhin einige berechtigte Einwände gegen den Rückzug in den Wald vor. Die Rote Armee war noch ein ganzes Stück von Polen entfernt und der *Gwardia Ludowa* (Volksgarde) der polnischen Kommunisten standen die polnischen Massen wegen ihrer vorherigen Unterstützung des Hitler-Stalin-Pakts, der direkt zur Zerstörung Polens geführt hatte, sehr misstrauisch gegenüber. Infolgedessen hatte die *Gwardia* nur sehr wenige Waffen und das Land war voll mit antisemitischen Partisanen, viele von ihnen *Naras*, die vor Judenmord nicht zurückschrecken würden. Doch im Denken vieler junger Zionisten gab es auch ein konfessionelles Gegenargument. Mordechai Tanenbaum-Tamaroff aus Bialystok war der vielleicht vehementeste Gegner des Partisanen-Plans, obwohl die Stadt von einem riesigen dichten Wald umgeben war.[24] Er schrieb: „Bei der Rache, die wir üben wollen, ist der jüdische, der nationale Faktor, das konstante und entscheidende Element ... Unsere Herangehensweise besteht in der Erfüllung unserer nationalen Rolle innerhalb des Ghettos (Wir überlassen die alten Menschen nicht ihrem blutigen Schicksal!) ... und wenn wir überleben – dann werden wir mit der Waffe in der Hand

---

23 Ringelblum, Emmanuel: *Comrade Mordechai;* In: Suhl, Yuri (Hrsg.): *They fought back, The Story of the Jewish Resistance in Nazi Europe;* Worcester & London; Macgibbon & Kee; 1968; S.102.

24 Kermish, Joseph: *The Place of the Ghetto Revolts in the Struggle against the Occupier; Jewish Resistance During the Holocaust;* S.315.

rausgehen in die Wälder."[25] Auch Mordechai Anielewicz in Warschau folgte dieser Linie und da er der Meinung war, der Gedanke an eine mögliche Flucht in letzter Minute wäre dem eisernen Willen abträglich, den es brauchte, um auszuharren und dem sicheren Tod ins Auge zu blicken, machte er bewusst keine Pläne für einen eventuellen Rückzug.[26] Das Ergebnis war ernüchternd. Die *Hashomer* und *Hechalutz* hatten gehofft, dass ihr Beispiel in den Ghettos Schule machen würde, doch sie begriffen nicht, dass der Wille der Menschen im Ghetto durch vier Jahre Erniedrigung und Schmerz gebrochen war. Die Menschen dort konnten nicht bewaffnet werden und so waren sie der Ansicht, dass ein Aufstand nur die Wahrscheinlichkeit erhöhen würde, dass sie sterben müssten. Yisrael Gutman hat völlig Recht, wenn er sagt: „Die Wahrheit ist, dass die Juden in den meisten Ghettos den Weg der Kämpfer und ihre Einschätzung der Lage weder verstanden noch akzeptiert haben ... Überall gab es heftige Diskussionen zwischen der Kampforganisation und der jüdischen Öffentlichkeit ... In Warschau erreichten die Jugendorganisationen das, was sie in anderen Orten, in denen es Aufstände gab, nicht erreicht hatten."[27]

Das Warschauer Ghetto hatte zwei potentielle Quellen für Waffen: die Volksgarde, die helfen wollte, aber nur über wenige Waffen verfügte, und die Heimatarmee, die zwar genügend Waffen hatte, aber nicht bereit war zu helfen. Am Ende hatten die Juden im Ghetto einige wenige Waffen, die meisten davon Pistolen, und sie kämpften mehrere Tage lang todesmutig, bis ihr spärliches Arsenal schließlich aufgebraucht war. Die Revisionisten waren gezwungen, ihre eigene „Nationale Militärorganisation" zu gründen, da die Vertreter der anderen politischen Richtungen nicht mit einer Gruppierung zusammenarbeiten wollten, die sie als faschistisch einstuften. Doch immerhin gelang es den Revisionisten, eines ihrer Sonderkommandos mit deutschen Uniformen, drei Maschinengewehren, acht Gewehren und mehreren Hundert Granaten auszustatten. Einige ihrer Kämpfer entkamen durch Tunnel und Abwasserkanäle und wurden dann von polnischen Freunden in den Wald gebracht, wo sie von den Deutschen gestellt wurden. Sie entkamen jedoch erneut und fanden Zuflucht im nichtjüdischen Teil von Warschau, wo sie schließlich eingekreist und ermor-

---

25 Ebenda.
26 Gutman, Yisrael: *Youth Movements in the Underground and the Ghetto Revolts*; Jewish Resistance During the Holocaust; S.280.
27 Ebenda; S.275, 279.

det wurden. Das Ende für Anielewicz kam am 20. Tag des Aufstandes. Marek Edelman, damals Mitglied des *Bundes* und stellvertretender Kommandeur der ZOB, sagt, Anielewicz hätte sich gemeinsam mit 80 anderen Kameraden in einem Bunker erschossen.[28] Zuckerman, ein weiterer stellvertretender Kommandeur, dagegen sagt, Anielewicz sei durch Gasgranaten umgekommen, die in das Versteck geworfen worden waren.[29]

„Juden träumen davon, bei Arbeitern unterzukommen"

Emmanuel Ringelblum, ein Arbeiterzionist, war ebenfalls aus dem Ausland nach Polen zurückgekehrt. Als der Krieg ausbrach, war er wegen des Zionistenkongresses, der im August 1939 stattfand, in der Schweiz und entschied sich, über den Balkan nach Polen zurückzukehren. Dann machte er sich daran, die monumentalen Ereignisse jener Zeit aufzuzeichnen. Für jedes Mitglied der politischen Gemeinschaft war der enorme Wert seiner Arbeit so offensichtlich, dass man ihm ein Versteck im arischen Teil von Warschau anbot. Er starb 1944, als sein Versteck entdeckt wurde, doch noch zuvor hatte er es geschafft, sein Meisterwerk zu schreiben – *Polish-Jewish Relations during the Second World War*. Sein Stil war direkt: „Der polnische Faschismus und sein Verbündeter, der Antisemitismus, hatten den größten Teil des polnischen Volkes erobert", doch er analysierte akribisch jede einzelne Klasse, jeden Stand der polnischen Gesellschaft und jede einzelne Region Polens.[30] Die mittelständische Bevölkerung *in toto* folgte auch weiter der Ideologie des Antisemitismus und war erfreut über die Lösung der Nazis für das Judenproblem in Polen.[31]

Er bestätigte auch die Einschätzung von Lestschinsky und anderen aus der Vorkriegszeit über die Standhaftigkeit der Arbeiter im Kampf gegen den Antisemitismus: „Die polnischen Arbeiter hatten schon lange vorher den Klassenaspekt des Antisemitismus, des Machtwerkzeugs des Bürgertums, erkannt, und während des Krieges verdoppelten sie ihre

---

28 Edelman, Marek: *The Way to Die, Jewish Affairs* (September 1975); S.23.
29 Zuckerman: *The Jewish Fighting Organisation – ZOB – Its Establishment and Activities, The Catastrophe of European Jewry*; S.547.
30 Ringelblum, Emmanuel: *Polish-Jewish Relations During the Second World War*; Yad Vashem, Jerusalem; 1974; S.247.
31 Ebenda, S.197.

Bemühungen im Kampf gegen den Antisemitismus noch ... Die Möglichkeiten der Arbeiter, Juden bei sich zu verstecken, waren begrenzt. Ohnehin schon überfüllte Wohnungen waren dabei das größte Hindernis für eine Aufnahme von Juden. Trotzdem fanden viele Juden Zuflucht in den Wohnungen von Arbeitern ... Man muss unterstreichen, dass die Juden allgemein davon träumen, bei Arbeitern unterzukommen, weil sie dadurch vor Erpressung und Ausbeutung durch ihre Gastgeber geschützt sind."[32]

Dieses Zeugnis Ringelblums, das Zeugnis eines Augenzeugen und ausgebildeten Historikers, zeigt den Weg auf, den die Juden vor und während des Krieges hätten einschlagen sollen. Unabhängig davon, welche Fehler die PPS und die KPP als Parteien gemacht hatten, gibt es doch keinen Zweifel, dass viele polnische Arbeiter bis zuletzt an der Seite der Juden standen und zahlreiche Arbeiter mehr zur Verteidigung der Juden getan haben als die meisten Juden selbst. Das soll nicht heißen, dass mehr als ein paar Hundert oder Tausend Juden zu jenen dazugekommen wären, die tatsächlich gerettet wurden, doch die unbewaffneten Aufstände in den Ghettos hatten keinerlei Aussicht auf Erfolg, nicht einmal als symbolische Geste. In dem internen Bericht der Nazikommandantur über den Aufstand im Warschauer Ghetto heißt es, die Deutschen und ihre Helfer hätten nur 16 Tote zu beklagen gehabt und obwohl diese Zahl möglicherweise zu niedrig angegeben wurde, war der Aufstand nie ein ernsthaftes militärisches Problem.

Mordechai Anielewiczs Anspruch auf historische Unsterblichkeit ist absolut berechtigt und eine Kritik an seinem strategischen Vorgehen sollte nicht als Versuch ausgelegt werden, seinem Namen den Glanz zu nehmen. Er ist freiwillig aus Vilna zurückgekehrt und widmete sich voll und ganz seinem leidgeprüften Volk. Doch das Martyrium des 24-jährigen Anielewicz kann nicht wettmachen, dass die zionistische Bewegung es in der Vorkriegszeit, als noch Zeit dazu war, versäumt hat, den Antisemitismus – in Deutschland und in Polen – zu bekämpfen. Und auch seine Rückkehr kann nicht vergessen machen, dass viele andere Führer, auch noch in den ersten Monaten der Besatzung, geflohen sind und die Parteiführer, die geblieben sind, nicht willens waren, einen Untergrundkampf zu organisieren.[33]

---

32 Ebenda; S.199 und 203.
33 Vergleiche zu diesem Thema die weiterführende Literatur von Arno Lustiger: *Zum Kampf auf Leben und Tod. Zum Widerstand der Juden in Europa;* Köln; Kiepenheuer & Witsch; 1994.

22. Die geheimen Absprachen der Zionisten mit der polnischen Exilregierung

Die Berichte über einen Einmarsch der Deutschen in der Sowjetunion erreichten Menachem Begin, als er in einem Zug voller Gefangener unterwegs war nach Sibirien. Er war gemeinsam mit all den anderen nichtkommunistischen polnischen Politikern, die in die Gebiete geflohen waren, die durch den Hitler-Stalin-Pakt 1939 an Stalin gefallen waren, von den Russen verhaftet worden. Bis zum Einmarsch der Deutschen in die Sowjetunion waren die polnische Exilregierung und Stalin erbitterte Feinde gewesen und selbst danach gab es noch unlösbare Konflikte zwischen ihnen, vor allem wegen der östlichen Gebiete Polens. Trotzdem erließ Stalin eine Generalamnestie für polnische Gefangene und der polnische Ministerpräsident Wladyslaw Sikorski befahl allen Männern, sich der polnischen Exilarmee anzuschließen.

„Diejenigen mosaischen Glaubens vorgetreten!"

In den letzten Monaten vor dem Krieg hatten die Zionisten, unter ihnen auch Menachem Begin, damals Anführer der polnischen *Betar*, mit Hauptmann Runge von der Sicherheitspolizei in Warschau, über die Gründung eigener jüdischer Armeeeinheiten unter dem Kommando polnischer Offiziere verhandelt.[1] Sie hofften, dass die Juden, nachdem sie gemeinsam mit den Polen die deutsche Armee geschlagen hatten, ohne ihre polnischen Offiziere weiterziehen würden, um Palästina zu erobern.[2] Wegen der Feindseligkeit des *Bundes*, der strikt gegen solche Pläne zur Abgrenzung der Juden war, schlug der Plan jedoch fehl.[3] In der Wolgaregion in der Sowjetunion brachten Miron Sheskin, Oberbefehlshaber der *Brith HaChayal* (Union der Soldaten), der Veteranenorganisation der Revisionisten, sowie Mark Kahan, Herausgeber der auf jiddisch erscheinenden Tageszeitung *Der Moment* in Warschau, den Vorschlag im September/Oktober 1941, als die Deut-

---

[1] Menachem Begin Writes; *Jewish Press* (13. Mai 1977), S.4.
[2] Gutman, Yisrael: *Jews in General Anders' Army in the Soviet Union*, Yad Vashem Studies; Vol. XII; S.255f.
[3] Johnpoll: *The Politics of Futility*; S.248.

schen gen Moskau marschierten, erneut auf den Tisch. Die polnische Exilarmee wurde von Antisemiten beherrscht, die versuchten, die Juden möglichst aus ihrer Armee herauszuhalten, deshalb war dieser Vorschlag der Juden, sich selbst abzugrenzen, für sie sehr interessant. Doch den höheren Rängen um den Befehlshaber der Armee, General Wladyslaw Anders, war klar, dass dieser Vorschlag weder für die Sowjets noch für die Briten akzeptabel wäre. Einige der Offiziere in diesem Sammelpunkt im Samara-Gebiet waren jedoch alte Verbündete der Revisionisten und sie glaubten, sie täten den Juden einen Gefallen, wenn sie für sie separate Einheiten schaffen würden. Oberst Jan Galadyk, der vor dem Krieg Kommandant der Offiziersschule der Infanterie gewesen war, bot sich freiwillig an, solch ein Bataillon zu führen. Nach dem Krieg zeichnete Kahan ein sehr positives Bild dieser Einheit: Er beschrieb sie als Vorbild für die erhoffte Jüdische Legion sowie als erfolgreiches Beispiel für die jüdisch-polnischen Beziehungen. Yisrael Gutman jedoch hat das Thema historisch genauer untersucht und warnt, dass man sich hierbei besser nicht auf Kahan verlassen sollte.[4] Der Bericht von Rabbi Leon Rozen-Szeczakacz, der zwar *Agudist*, aber trotzdem ein Befürworter der Legionsidee war, in seinem Buch *Cry in the Wilderness* kommt der Wahrheit deutlich näher. „Am 7. Oktober 1941 mussten sich in Trotzkoje alle Juden auf einem Feld versammeln, und die Offiziere riefen: ‚Diejenigen mosaischen Glaubens vorgetreten!' Viele von denen, die dem Folge leisteten, wurden plötzlich aus der Armee entlassen. Die wenigen, denen es nicht so erging, unter ihnen auch Rozen-Szeczakacz, wurden von diesem Zeitpunkt an komplett vom Rest der Armee abgetrennt. Und sofort begannen die Grausamkeiten gegen diese Juden. Die meisten von ihnen erhielten Stiefel, die ihnen zu klein waren, außerdem mussten sie bei Minus 40 Grad Celsius im russischen Winter versuchen, sich mit Lumpen gegen die Kälte zu schützen. Man brachte sie an einen anderen Ort und ließ sie dort tagelang im Feld zurück, wobei die Armee ‚vergaß', sie mit Nahrung zu versorgen."[5] Als Rozen-Szeczakacz, den das Oberkommando der Armee zum Geistlichen ernannt hatte, am neuen Aufenthaltsort in Koltubanka ankam, bestand seine erste Aufgabe darin, die vielen Toten zu beerdigen.[6] Schließlich erfuhren der polnische Botschafter und die Führer des *Bundes* im Exil von ihrem Elend. Nachdem man viel Leid

---

4 Gutman: *Jews in General Anders' Army in the Soviet Union*; S.262, 265 und 269.
5 Szeczakacz Rozen, Leon: *Cry in the Wilderness*; New York - Tel Aviv; Om Publishing; 1966; S.92f.
6 Gutman: *Jews in General Anders' Army in the Soviet Union*; S.266.

zu ertragen und viele Tote zu beklagen gehabt hatte, besserte sich die Situation endlich und das Bataillon wurde zu einer echten militärischen Einheit. Doch der größere Plan für eine jüdische Legion war Geschichte. Die Armee von Anders verließ schließlich die Sowjetunion und zog in den Iran, wo sie sich mit dem britischen Militär verbündete; die Antisemiten taten alles, um so wenige Juden wie möglich mitnehmen zu müssen. Viele gesunde junge Männer wurden gar nicht erst zum Militärdienst zugelassen. Im März/April sowie August/September 1942 wurden etwa 114.000 Menschen evakuiert. Rund 6.000 davon waren Juden, ihr Anteil bei den Soldaten betrug fünf Prozent, bei den Zivilisten sieben Prozent. Zum Vergleich: Im Sommer 1941, bevor die rein jüdische Rekrutierung begann, waren 40 Prozent der Militärangehörigen Juden. Trotz der Diskriminierung gegenüber Juden beim Militär gelang es den Revisionisten Kahan, Sheskin und Begin, über ihre Verbindungen im Militär das Land zu verlassen.[7]

Die Zionisten akzeptierten den Antisemitismus in der polnischen Armee

Es liegt eine gewisse Ironie darin, dass die polnische Exilarmee im Zweiten Weltkrieg, die zum großen Teil aus Antisemiten bestand, schließlich froh war, in Palästina angekommen zu sein. Sie war auch immer noch dort, als Eliazer Liebenstein (Livneh), damals Herausgeber der *Eshnab*, der Zeitung der *Haganah*, am 28. Juni 1943 einen geheimen „Tagesbefehl" von General Anders vom November 1941 veröffentlichte. Darin hatte er seinen Offizieren mitgeteilt, er habe „volles Verständnis" für ihre Feindseligkeit gegenüber den Juden, sie müssten allerdings begreifen, dass die Alliierten von den Juden unter Druck gesetzt würden. Doch nach ihrer Rückkehr nach Polen, so versicherte er ihnen, „werden wir uns mit dem Judenproblem beschäftigen in Abhängigkeit von der Größe unseres Heimatlandes sowie dem Maß an Unabhängigkeit".[8] Dies wurde als Andeutung verstanden, dass nach dem Krieg alle Juden, denen es gelungen war, Hitlers Fängen zu entgehen, ausgewiesen werden sollten. Die Anwesenheit der polnischen Armee in Palästina machte es der WZO unmöglich, den Skandal einfach zu ignorieren und so konfrontierte sie General Anders schließlich am 19. September im Haus des polnischen Konsuls in Tel

---

7 Szczakacz Rozen: *Cry in the Wilderness*; S.157f.
8 Ainsztein, Reuben: *The Sikorski Affair*, *Jewish Quarterly* (London, Frühjahr 1969); S.1

Aviv mit diesem Befehl. Der General erklärte, es handele sich um eine Fälschung. Dann berichtete er, viele Juden seien aus seiner Armee desertiert, seit sie sich in Palästina aufhielt. Er fuhr fort, dass es ihm egal sei, dass 3.000 der 4.000 jüdischen Soldaten seiner Armee fortgelaufen waren, er werde nicht nach ihnen suchen – und die Zionisten verstanden die Andeutung.[9] Kurz nach dieser Begegnung schickte der Konsul ein Memorandum an das polnische (Exil-)Außenministerium in London über ein anderes Treffen zwischen seinem Stellvertreter und Yitzhak Gruenbaum, damals Mitglied der Exekutive der *Jewish Agency*. Der stellvertretende Konsul hatte die Lüge über den Befehl von Anders wiederholt und den Zionisten um seine Hilfe bei der Vertuschung der ganzen Sache gebeten. Nachdem er sich mit den anderen Mitgliedern der Exekutive beraten hatte, willigte Gruenbaum ein, den polnischen Betrug zu decken.[10] Am 13. Januar 1944 trafen sich Dr. Ignacy Schwarzbart, der zionistische Vertreter im Polnischen Nationalrat, und Aryeh Tartakower vom Jüdischen Weltkongress in London mit Stanislaw Mikolajczyk von der Bauernpartei, dem Nachfolger Sigorskis im Amt des Ministerpräsidenten. Auch hier waren die Zionisten bereit, bezüglich des Befehls von Anders zu lügen. Schwarzbart sagte dem Polen: „[E]s gibt Zeugen, unter ihnen auch Minister, die sich gegen diesen Tagesbefehl ausgesprochen haben. Wir wissen, dass eines der Telegramme den Befehl als Fälschung bezeichnet. Ich habe nichts dagegen, dies gegenüber Außenstehenden zu behaupten, doch es sollte niemand von mir erwarten, dass ich im Innersten glaube, dass das eine Fälschung war."[11]

Selbst in Großbritannien mussten jüdische Soldaten von ihren Vorgesetzten hören, dass man sie hinterrücks erschießen würde, wenn sie in die Schlacht zögen, und polnische Offiziere sprachen wiederholt von einer Deportation der Juden nach dem Krieg. Einige verkündeten ganz offen, dass man diejenigen Juden, die Hitler überlebt hätten, abschlachten würde, woraufhin im Januar 1944 einige Juden dann endgültig genug hatten. 68 von ihnen desertierten, drohten damit, in Hungerstreik zu treten oder sogar Selbstmord zu begehen, ehe sie in der polnischen Armee blieben, sie hatten allerdings nichts dagegen, in der britischen Armee zu dienen. Im Februar desertierten weitere 134 Juden, ebenso im März. Die erste Reaktion der Polen bestand darin,

---

9   Gutman: *Jews in General Anders' Army in the Soviet Union*; S.295
10 Ebenda; S.279
11 Ebenda; S.280.

sie einfach gehen zu lassen, doch schließlich verkündeten sie, dass 31 Juden vors Kriegsgericht gestellt und es keinen weiteren Austausch mit der britischen Armee geben würde. Einige Mitglieder der Labour-Partei nahmen sich des Falles an und Tom Driberg brachte eine Anfrage zu diesem Thema im *House of Commons* ein. Kaum hatte er dies getan, da rief ihn Schwarzbart an und bat ihn, die Anfrage zurückzuziehen, um keine weitere Aufmerksamkeit auf das Thema zu lenken.[12] Driberg ignorierte dies jedoch, weshalb schließlich am 14. Mai Michael Foot und er die bevorstehenden Prozesse lautstark auf einer Massenversammlung anprangerten und es kam zu Demonstrationen in der Downing Street. Die Exilregierung war gezwungen, klein beizugeben und die Anklagen fallen zu lassen. Jahre später beschrieb Driberg die Ereignisse in seinem Buch *Ruling Passions,* dass er immer noch verblüfft war vom Verhalten der jüdischen Führer: „Das Seltsame war, dass wir die Sache im *House of Commons* gegen den Rat – ja, das fast inständige Flehen – der offiziellen Sprecher der jüdischen Gemeinde in Großbritannien verfolgt hatten. Sie waren der Ansicht, jede Publicity in dieser Sache würde zu einem verstärkten Antisemitismus führen, der sich dann vielleicht gegen ihre eigenen Schäfchen richten könnte."[13]

Mit dieser Interpretation der Motivation der englisch-jüdischen Führer lag Driberg zweifellos richtig. Sie äußerten sich zwar letztendlich, doch erst, nachdem die Mitglieder der Labour-Partei die Öffentlichkeit aufgerüttelt und sie die Gewissheit hatten, dass es kein Sicherheitsrisiko mehr für sie darstellte. Schwarzbart war vorher schon an einer Reihe schändlicher Episoden in den polnisch-jüdischen Beziehungen beteiligt gewesen. 1942 hatte Madame Zofia Zaleska, die zu den *Endeks* gehörte, dem Exil-Sejm vorgeschlagen, dass eine Heimstätte für die Juden außerhalb Polens geschaffen werden sollte und man die Juden bitten sollte, dorthin zu emigrieren. Statt dem entschieden entgegenzutreten, versuchte Schwarzbart lediglich, den Vorschlag dahingehend abzuändern, dass Palästina darin explizit als Heimat der Juden benannt würde. Dieser Vorschlag wurde abgelehnt, die ursprüngliche Version von Zaleska aber vom Sejm angenommen. Nur Shmuel Zygelboym vom *Bund* und ein Vertreter der PPS stimmten dagegen. Schwarzbart enthielt sich der Stimme.[14] Die polnische Exilregierung war von den

---

12 Wasserstein, Bernard: *Britain and the Jews of Europe 1939-1945*; London; Institute of Jewish Affairs; 1979; S.128.
13 Ebenda.
14 Johnpoll: *The Politics of Futility*; S.247f.

Briten abhängig und nach der Ankunft der polnischen Armee in Palästina hätten die Zionisten noch mehr Druck auf die Briten ausüben können. Anders hatte völlig recht, als er seinen Offizieren sagte, dass die Juden die Briten jederzeit unter Druck setzen könnten wegen des Antisemitismus in der polnischen Armee und der Erfolg der Intervention von Driberg und Foot 1944 hatte gezeigt, wie viel man damit erreichen konnte. Stattdessen traf die WZO – sowohl in Palästina als auch in London – lieber geheime Absprachen mit den Polen, um den Tagesbefehl von General Anders zu verheimlichen und versuchte, die Mitglieder der Labour-Partei dazu zu bringen, ihren Protest abzubrechen. Auf ähnliche Weise haben die Revisionisten, im Interesse der Jüdischen Legion zur Eroberung Palästinas, gemeinsame Sache mit der polnischen Armee gemacht, als sie noch in der Sowjetunion waren. Außerdem half ihnen 1943 ihr guter Freund, Oberst Galadyk, bei der Ausbildung der *Irgun* in Palästina.[15] Diejenigen, die schon vor dem Krieg versucht hatten, die Antisemiten davon zu überzeugen, sie zu schützen, haben nie aktiv gegen den polnischen Antisemitismus gekämpft, noch nicht einmal in Großbritannien, wo sie alle Vorteile auf ihrer Seite gehabt hätten.

---

15 Kahan, Mark: *An Utmost Historical Documentation*; In: *Cry in the Wilderness*; Appendix, S.237.

23. Illegale Einwanderung

Es gibt keine genauen Zahlen darüber, wie viele illegale Einwanderer während des Zweiten Weltkriegs nach Palästina geschmuggelt worden sind. Yehuda Bauers Schätzungen liegen bei etwa 15.000 illegalen Einwanderern zwischen 1936 und 1939.[1] Er schlüsselt diese Zahl auf in 5.300, die auf Schiffen der Revisionisten ins Land gebracht wurden, 5.000, denen die Arbeiterzionisten geholfen hatten, und 5.200, die mit privaten Schiffen kamen.[2] Die Briten zählten 20.180 Einwanderer bis zum Kriegsende. William Perl, wichtigster Organisator der Bemühungen der Revisionisten, gibt die Zahl mit 40.000 fast doppelt so hoch an.[3] Yehuda Slutzky behauptet, während des Krieges seien 52.000 Immigranten nach Palästina gekommen, doch diese Zahl umfasst sowohl legale, als auch illegale Einwanderer.[4]

Das erste Schiff mit Illegalen, die von den *Kibbuzim* in Palästina organisierte *Velos*, erreichte Palästina im Juli 1934. Der nächste Versuch im September schlug jedoch fehl, das Schiff wurde von den Briten abgefangen, und sowohl die WZO als auch die Führung der Arbeiterzionisten sprachen sich danach gegen weitere Versuche aus. 1935 ließen die Briten bereits 55.000 Einwanderer legal ins Land und so sah man keinen Grund, London wegen ein paar mehr Immigranten zu verärgern. Die Revisionisten unternahmen ihren ersten Versuch mit der *Union*, die aber bei der Landung im August 1934 abgefangen wurde. Diese beiden Fehlschläge führten dazu, dass man von weiteren derartigen Einsätzen absah, bis die Revisionisten es 1937 schließlich erneut versuchten.

Neben dem Holocaust wurde die illegale Immigration nach 1937 als Teil des Beitrags der Zionisten zur Rettung der europäischen Juden vor Hitler dargestellt. Doch zu dieser Zeit ging es weder den Revisionisten noch der WZO um eine Rettung der Juden *per se*; sie brachten in erster Linie sorgfältig ausgewählte Siedler nach Palästina.

---

1 Bauer: *My Brother's Keeper, a History of the American Jewish Joint Distribution Committee, 1929-1939*; ; S.391.
2 Bauer, Yehuda: *Illegal Immigration, Encyclopedia of Zionism and Israel*; Vol. I; S.532.
3 Perl: *The Four Front War*; S.1.
4 Slutzky: *The Palestine Jewish Community and its Assistance to European Jewry in the Holocaust Years*; *Jewish Resistance During the Holocaust*; S.421.

„Die Mitglieder unserer Betar hatten immer Vorrang"

Die Revisionisten wandten sich während des Arabischen Aufstandes wieder der illegalen Immigration zu. Die meisten dieser Einwanderer waren *Betarim*, die die *Irgun* verstärken sollten. Diese führte damals einen Terrorfeldzug gegen die Araber.[5] Die ersten drei Gruppen, bestehend aus jeweils 204 Passagieren, verließen Wien im Jahr 1937 noch vor der Besetzung durch die Nazis. Bis auf vier Österreicher kamen sie alle aus Osteuropa. Jeder von ihnen war vorher im Lager der Revisionisten in Kottingsbrunn an der Waffe ausgebildet worden, um sie auf „die letzte Schlacht gegen die britischen Besatzer" vorzubereiten, von der sie wussten, dass sie eines Tages kommen würde.[6] Der Fokus lag stets auf dem militärischen Bedarf des Revisionismus in Palästina. *Die Aktion*, die Wiener Gruppe, die die „freie Immigration" organisierte, hatte eine Resolution verabschiedet, in der sie erklärte, man würde nur junge Männer aufnehmen: „Für die bevorstehende Schlacht um die Befreiung unseres Heimatlandes vom britischen Kolonialjoch müssen zu allererst die Juden gerettet werden, die eine Waffe tragen können und wollen."[7]

In den folgenden Jahren nahmen die Revisionisten immer wieder auch Nicht-*Betarim* mit, jedoch nur, weil es sich nicht verhindern ließ. Das Geld für das erste Schiff nach dem Anschluss brachte die *Wiener Jüdische Gemeinde* auf, die von einer Koalition der Zionisten vom rechten Flügel dominiert wurde, und so war die *Aktion* aus politischen und finanziellen Gründen immer wieder gezwungen, auch Mitglieder anderer Gruppen mitzunehmen, doch den Vorzug erhielten immer die *Betarim*. William Perl, der Hauptorganisator der *Aktion*, berichtete später in seinem Buch *Four Front War* über das letzte Schiff, das sie nach dem Anschluss nach Palästina geschickt hatten, und er musste ehrlich zugeben: „Die Mitglieder unserer *Betar* hatten immer Vorrang ... dann kamen diejenigen, von denen wir annahmen, dass sie die Anstrengungen der Reise am besten überstehen und sich dem Leben in Palästina anpassen würden. Eines Tages mussten diese jungen Menschen bereit und in der Lage sein, gemeinsam mit den *Betar* zu kämpfen."[8]

---

5 Levine: *David Raziel, The Man and His Times*; S.226, 229.
6 Perl: *The Four Front War*; S.16.
7 Ebenda; S.23.
8 Ebenda; S.60f.

Bei seinem Bericht über die Ereignisse des Sommers 1939 schreibt Perl außerdem über Jabotinsky: „Jabotinsky selbst, ... der jetzt am aktivsten war bei dem Versuch, noch mehr Juden, besonders so vielen *Betarim* wie möglich, die Flucht aus Polen zu ermöglichen".[9] Yitshaq Ben-Ami, der aus Palästina nach Wien gekommen war, um die Operationen dort zu unterstützen und dann weiter reiste in die USA, um Spenden für die Flüchtlingsschiffe zu sammeln, sprach einmal von „großen Streitigkeiten und Spannungen" zwischen ihm und Jabotinsky bezüglich der Frage, wie man an die amerikanische Öffentlichkeit herantreten sollte. Ben-Ami wusste, dass es Krieg in Europa geben würde und wollte eine Rettungsoperation organisieren, während Jabotinsky das Sammeln von Spenden für eine Partybeschäftigung hielt.[10] Perl, der weit davon entfernt war, die Juden an sich retten zu wollen, war selbst im November 1939, zwei Monate nach dem Ausbruch des Krieges, noch der Meinung: „Wenn sie den vollen Preis zahlen konnten, erhielten die *Betarim* stets den Vorzug."[11] Er erwähnt einen Fall, in dem man „ein paar" zionistische Sozialisten mitnahm, er sowie einige andere revisionistische Schriftsteller benennen dabei einige Mitglieder des Sportclubs Maccabi vom rechten Flügel und verschiedene Gruppen der Allgemeinen Zionisten als Passagiere, doch es gab nur zwei Möglichkeiten, wie es einem Nicht-Zionisten gelingen konnte, an Bord eines solchen revisionistischen Schiffes zu gelangen. Entweder mussten die Nazis – oder eine andere Regierung entlang der Donau – darauf dringen, dass diese Person mitgenommen wurde oder die Revisionisten mussten sich, wie im Falle einiger *Agudisten* aus Budapest, in einer finanziellen Notlage befinden, sodass Perl gezwungen war, seinen zionistischen Orbit auf der Suche nach zahlenden Kunden zu verlassen, damit einige der ansonsten dort festsitzenden *Betarim* ihre Fahrt fortsetzen konnten. Auch hier merkte man, dass seine größte Sorge Palästina galt. Obwohl die *Aguda* die Zionisten hasste, war er der Meinung, „sie wären wertvoll für die Zukunft des Staates. Für sie wäre Palästina nicht nur eine vorübergehende Zufluchtsstätte."[12] Die Aussage von Otto Seidmann, dem ehemaligen Führer der Wiener *Betar*, der 1947 geschrieben hatte, „[w]ir mussten das Leben der Juden retten – seien es nun Kommunisten oder Kapitalisten, Mitglieder der *Hashomer Hutzair* oder Allgemeine Zio-

---

9   Ebenda; S.226.
10 Interview des Autors mit Yitshaq Ben-Ami; 16. Dezember 1980.
11 Perl: *The Four Front War*; S.306.
12 Ebenda; S.302.

nisten", war ganz einfach nicht wahr.[13] Die *Betarim* erhielten immer den Vorzug vor jedem anderen Zionisten, egal, ob rechte oder linke, und jeder Zionist vor einem Nicht-Zionisten.

„Die am dringendsten für den Aufbau einer jüdischen Heimstätte gebraucht werden"

Die deutsche Zionistenvereinigung war bis zur Reichskristallnacht gegen eine illegale Emigration. Sie hielten sich immer strikt an die Gesetze und hatten die ganze Zeit nichts unternommen, um den Nazis entgegenzutreten, auch gegen die Briten wollten sie sich nicht stellen. Als die WZO sich wieder der illegalen Einwanderung zuwandte, tat sie dies mit größter Vorsicht und selbst nach der Reichskristallnacht warnte Ben-Gurion den Vorsitzenden des Zentralkomitees der ZVfD: „Wir können niemals gleichzeitig gegen die Araber und die Briten kämpfen."[14] Nachdem er jahrelang mit den Briten zusammengearbeitet hatte, war Weizmann instinktiv gegen alles, was illegal war. Zunächst einmal konnte die WZO sich nicht entschließen zu akzeptieren, dass Großbritannien, das sich ernsthaft auf einen Krieg vorbereitete, es sich nicht leisten konnte, die arabische und muslimische Welt dadurch zu verärgern, dass es weiter die zionistische Immigration unterstützte. Letztlich reagierten die Arbeiterzionisten aber vor allem deshalb, weil die Revisionisten dadurch, dass sie Juden aus Europa nach Palästina brachten, innerhalb des zionistischen Lagers immer mehr an Ansehen gewannen. Doch auch jetzt änderten sie ihre streng selektive Herangehensweise nicht. 1940 veröffentlichte das *Emergency Committee for Zionist Affairs*, die offizielle Stimme der WZO in Amerika während des Zweiten Weltkrieges, ein Pamphlet mit dem Titel *Revisionism: A Destructive Force*, in dem sie versuchten, ihr Auswahlsystem zu rechtfertigen: „Es stimmt, dass Palästina eine Zufluchtsstätte für alle heimatlosen Juden sein sollte. Gibt es einen Juden oder Zionisten, der sich das nicht wünschen würde? Doch wir stehen leider unter dem Druck der Fakten. Derzeit kann nur ein Teil derer, die einwandern wollen, aufgenommen werden. Es muss eine Auswahl getroffen werden. Soll diese Wahl willkürlich fallen, nur in Abhängigkeit davon, wer es als erster ins Ausland geschafft hat, oder sollten nicht profundere Kriterien über eine Einwanderung entscheiden? Wir wissen, dass bei der Emigration

---

13 Seidmann, O.: *Saga of Aliyah Beth*; *Tagar* (Shanghai, 1. Januar 1947).
14 Yisraeli, David: *The Third Reich and Palestine*; *Middle Eastern Studies* (Mai 1971); S.348.

aus Deutschland der Jugend *Aliyah* der Vorzug gegeben wird. Liegt der Grund dafür in einer groben Missachtung gegenüber den Älteren oder darin, dass man sich ehrlich bemüht, wenn es auch schwer fällt, diejenigen zu retten, deren Not am größten ist und die am dringendsten für den Aufbau einer jüdischen Heimstätte gebraucht werden? Wenn die Macht der Ereignisse den Menschen die furchtbare Last auferlegt, Erlösung zu gewähren oder zu verweigern, so wird das Problem dabei nicht dadurch gelöst, dass man Hals über Kopf für jeden die Türen öffnet, dem es gelingt hereinzukommen. Auch damit trifft man eine Entscheidung – eine Entscheidung gegen die Gegenwart und gegen die Zukunft."[15]

In seiner Beschreibung eines Transports aus der von den Nazis besetzten Tschechoslowakei erläutert Aaron Zwergbaum den Auswahlprozess für die Passagiere der Schiffe der WZO: „Die Zionisten behandelten diese *Aliya Bet* wie eine ganz normal Auswanderung; es wurde streng selektiert, es wurde [zumindest von den Jüngeren] *Hakshara* [eine landwirtschaftliche Ausbildung] erwartet, eine gewisse Kenntnis des Hebräischen, die Zugehörigkeit zu einer zionistischen Organisation, ein guter gesundheitlicher Zustand und so weiter. Die Altersgrenze lag ziemlich niedrig, und bei der Bezahlung der Überfahrt galt das Prinzip, dass die Bessersituierten nicht nur für sich selbst zahlen sollten, sondern auch für jene, denen die nötigen Mittel fehlten."[16]

Auch hier, genau wie bei den Revisionisten, gab es Ausnahmen von der Regel. Einige zionistische Veteranen wurden für ihre Dienste mit einem Platz auf einem der Schiffe belohnt, manchmal geschah dieses Wunder auch aufgrund anderer Formen der Einflussnahme wie im Falle von Verwandten von Zionisten, die mitfahren durften oder eines reichen Juden, den man aus finanziellen Gründen mitnahm. Und natürlich im Falle derer, die auf Anweisung der Nazis und anderer Regierungen mitgenommen werden mussten. Da die WZO nicht so stark militärisch orientiert war wie ihre Rivalen, runzelte man hier nicht so sehr die Stirn, wenn es um die Mitnahme von Kindern ging; diese würden eines Tages eigene Kinder in Palästina haben und damit den Anteil der Juden an der Gesamtbevölkerung erhöhen. Doch man hätte nie auch nur darüber nachgedacht, beispielsweise einen 45-jährigen nicht-zio-

---

15 Emergency Committee for Zionist Affairs; *Revisionism: A Destructive Force* (1940); S.24.
16 Zwergbaum, Aaron: *From Internment in Bratislava and Detention in Mauritius to Freedom*; The Jews of Czechoslovakia, Vol II; S.601.

nistischen Klavierstimmer mitzunehmen, der nicht für jemand anderen mitbezahlen konnte und auch nicht mit einem Zionisten verwandt war.

„Sie werden mit uns kooperieren in Fragen, die für uns von größtem Interesse sind"

Was die illegale Einwanderung anging, waren die Revisionisten wagemutiger, weil es ihnen egal war, was man in London dachte. Sie hatten längst begriffen, dass sie Großbritannien würden bekämpfen müssen, wenn sie ihren Traum vom zionistischen Staat verwirklichen wollten. Die WZO dagegen hoffte immer noch, dass es ihnen mit Zustimmung der Briten gelingen würde, auf einer neuen Konferenz von Versailles nach Beendigung des Zweiten Weltkrieges einen Judenstaat durchzusetzen. Sie behaupteten, Großbritannien würde sie nur dann belohnen, wenn sie sich den britischen Plänen während des Krieges anpassten und London wollte definitiv nicht noch mehr Flüchtlinge in Palästina. Deshalb versuchte Weizmann im November 1940, als die britische Navy 3.000 Illegale nach Mauritius im Indischen Ozean deportieren wollte, die Zionistische Exekutive davon zu überzeugen, dass „sie sich nicht in die Sache einmischen sollte, nur um weitere 3.000 Menschen nach Palästina zu kriegen – die sich später noch als Mühlstein um ihren Hals erweisen könnten".[17] Er behauptete, er mache sich Sorgen wegen einer Beteiligung der Gestapo an der Sache.[18] Es war offensichtlich unmöglich, dass die Schiffe die von Deutschland besetzten Gebiete ohne ihre Erlaubnis verlassen hatten, doch es bleibt zu bezweifeln, dass er den Briten wirklich glaubte, die unterstellten, die Nazis schmuggelten ihre Spione an Bord dieser ärmlichen Schiffe. In jedem Fall stand Weizmanns Argumentation in diesem Fall absolut im Einklang mit der Strategie, die er Zeit seines Lebens verfolgt hatte, nämlich die Briten davon zu überzeugen, den Zionismus zu schützen. Er wusste, dass eine ernst zu nehmende illegale Operation seine Beziehungen zu den Briten gefährden und alle Hoffnungen auf eine Zustimmung der Briten zu einer jüdischen Legion innerhalb der britischen Armee zerstören würde.

---

17 Wasserstein: *Britain and the Jews of Europe 1939-1945*; S.65.
18 Ebenda.

Die Briten, die aus der jahrzehntelangen Zusammenarbeit mit den Zionisten gelernt hatten, entschieden sich, die zionistischen Ambitionen bezüglich eines Judenstaates dazu zu benutzen, die illegale Immigration auszurotten. Sie wussten, dass die WZO hoffte, dass eine beeindruckende Kriegsbilanz ihrerseits ihnen die Teilnahme an einer Friedenskonferenz nach dem Krieg garantieren würde und so entwickelte der britische Geheimdienst einen genialen Plan. Der *Mossad*, damals die WZO-Organisation für die illegale Immigration, besaß ein Schiff, die *Darien II*. Im Jahr 1940 war vereinbart worden, dass das Schiff die Donau flussaufwärts nach Jugoslawien fahren sollte, um dort einige Flüchtlinge aufzunehmen. Die Briten schlugen vor, das Schiff stattdessen mit Schrott und Sprengstoff zu beladen. Man sah oft Flüchtlingsschiffe auf der Donau und so würde niemand Verdacht schöpfen. Wenn das Schiff eine enge Durchfahrt erreichte, sollte es in die Luft gesprengt werden, um so den Transport von Erdöl und Getreide aus Rumänien ins Reich zu unterbinden. Gleichzeitig könnten dann auch keine Flüchtlingsschiffe mehr flussabwärts fahren und die Nazis, die bis dahin mit dem *Mossad* bei der Räumung der Ausbildungslager der Zionisten kooperiert hatten, würden diese für die Explosion verantwortlich machen.

Obwohl zu erwarten war, dass die Nazis sich grausam rächen würden, stimmte die WZO der Ausführung des Planes zu. Doch es gab einen Haken. Einige der Mitarbeiter des *Mossad*, die daran beteiligt waren, weigerten sich zu kooperieren. Das Schiff war nämlich auf den Namen eines der ihren, eines Amerikaners, zugelassen und dieser weigerte sich, das Schiff den Briten zu überlassen. Eilig schickte man David HaCohen, ein Mitglied der Exekutive der *Jewish Agency*, nach Istanbul, um ihn und seine Mitstreiter zu überzeugen, doch noch zu kooperieren. In ihren Memoiren mit dem Titel *The Last Escape* gibt Ruth Klüger, die damals selbst beim Mossad war, HaCohens Argumente wieder: „Ich bin mit einem Befehl hier. Von Shertok [dem Politsekretär der *Jewish Agency*] selbst ... Shertok hätte nicht so lange und gründlich über die Darien nachgedacht, wenn er nicht der Meinung gewesen wäre, dass die Sache in den Bereich seiner Operationen fiel. Er ist der Ansicht, wir alle denken, dass der Plan mit der Darien zweifellos den Krieg früher beenden wird. Und je früher er beendet ist, desto mehr Leben können gerettet werden. Auch jüdische Leben. Außerdem ist es so – und diesen Punkt kann man nicht genug betonen – dass wir allen Grund zu der Annahme haben" – er wiederholte die Worte noch einmal langsam, „dass wir *allen Grund zu der Annahme* haben, dass, wenn wir mit dem britischen Geheimdienst in dieser Frage zusammenarbeiten, an der die Briten größtes Interesse haben, sie mit uns kooperieren werden in Fragen, die für uns von größtem Interesse sind. [Yehuda] Arazi erwähnte eine jüdische Einheit in der britischen Armee ... Es gibt noch viele andere, doch ich bin nicht berechtigt, im Moment Genaueres dazu zu sagen. Doch, Zameret, soviel kann ich sagen, die Frage der *Darien* ist eine, die sich sogar auf unsere Zukunft nach dem Krieg auswirken kann. Ob wir Juden je unsere eigene Nation haben werden oder nicht, liegt möglicherweise in Gottes Hand. Ganz sicher aber liegt es in der Hand der Briten. Wenn wir nun von unseren Versprechen ihnen gegenüber zurücktreten und mit unserem Einsatz des Schiffes direkt gegen ihre Gesetze verstoßen – wenn sie sehen, dass der Mann, der höchstwahrscheinlich unser erster Außenminister werden wird, in einer so wichtigen Frage seine Leute nicht unter Kontrolle hat' – HaCohen ließ den Satz lange in der Luft hängen wie einen Stein um unseren Hals."[19]

Die *Mossad*-Agenten vor Ort wollten trotzdem nicht zustimmen und so blieb der WZO nichts anderes übrig, als die *Darien II* eine weitere Reise machen zu lassen, um noch mehr ihrer Mitglieder zu retten. Doch diese letzte Reise war die letzte erfolgreiche Aktion der illegalen Immigration während des Krieges. William Perl ist fest davon überzeugt, der *Darien*-Vorschlag sei nur dazu gedacht gewesen, die WZO in eine Situation zu bringen, die den Nazis die Möglichkeit gab, den Flüchtlingsstrom zu stoppen.[20] HaCohen hätte es nicht klarer sagen können: „Die Frage der Darien ist eine, die sich sogar auf unsere Zukunft nach dem Krieg auswirken kann." Der britische Geheimdienst hatte verstanden, dass die WZO ihre Rettungsaktion geopfert hätte, wenn sie dadurch ihrem wichtigsten Ziel einen entscheidenden Schritt näher gekommen wäre.

Die Saga von den illegalen Flüchtlingsschiffen fand am 24. Februar 1942 ein jähes Ende, als die heruntergekommene *Struma* mit 767 Juden an Bord auf Druck der Briten von den Türken ins Schwarze Meer zurückgezogen wurde und dort sank. Es gab nur einen Überlebenden. Die israelische Historikerin Dalia Ofer bemerkt dazu: „Man begriff immer noch nicht richtig, was im von den Nazis besetzten Europa wirklich vor sich ging, und so hat man auch nicht versucht,

---

19 Mann, Peggy / Kluger, Ruth: *The Last escape*; New York; Pinnacle Books; 1973; S.456f.
20 Perl: *The Four Front War*; S.193.

sich neu zu organisieren."²¹ Es gab keine weiteren Rettungsversuche bis 1943, als der Holocaust bereits in vollem Gange war.

Hunde bekämpfen andere Hunde, doch sie vereinen sich gegen den Wolf

Solange Amerika neutral war, wäre es noch möglich gewesen, bei den amerikanischen Juden um Spenden zu bitten und so große Summen für Rettungsaktionen und zur Hilfe für ihre Glaubensbrüder im besetzten Europa zu erhalten, doch solche Spendenaktionen konnten nur außerparteilich und auf streng humanitärer Basis durchgeführt werden. Stattdessen griff die WZO über ihr *Emergency Committee for Zionist Affairs* und andere Sprachrohre die Revisionisten wegen ihrer Beteiligung an der illegalen Immigration an. Sie prangerten die faschistischen Tendenzen ihrer Gegner an und warfen ihnen vor, keinerlei Auswahl zu treffen, wen sie mit ihren Schiffen mitnähmen. Anscheinend hatten die Revisionisten die politischen und sogar militärischen Grundlagen für ihren Auswahlprozess gut versteckt und so die Publizisten der WZO hinters Licht geführt. Das Pamphlet des *Emergency Committee* von 1940 wirft den Revisionisten „eine unverbesserliche Vorliebe für dramatische Gesten" vor: „Unter anderem rechnen es sich die Revisionisten als Tugend an, dass ihre Immigranten nicht ‚ausgewählt' werden. Sie nehmen jeden – Alte, Kranke, jene, die von der Psyche her nicht als Siedler geeignet sind – während die verantwortungsbewusste *Aliyah* sich herausnimmt, eine Auswahl vorzunehmen."²²

Mit welchem Recht klagte die WZO irgendjemanden an, weil er versuchte, Alte und Kranke und selbst diejenigen, die von der Psyche her nicht als Siedler geeignet waren, zu retten? Hätte der Apparat der WZO in Amerika den Revisionisten vorgeschlagen, sich mit ihnen zu vereinigen, um Rettungsversuche zu unternehmen, von denen niemand ausgeschlossen wäre, so hätten die Revisionisten die Versprechen ihrer Propaganda erfüllen müssen, wenn sie nicht bloßgestellt werden wollten. Doch der WZO ging es gar nicht um die Rettung der Menschen. Sie gingen bei ihrer Auswahl einzig und allein danach, was den Interessen des Zionismus am besten diente.

---

21 Ofer, Dalia: *The Activities of the Jewish Agency Delegation in Istanbul in 1943; Rescue Attempts During the Holocaust*; S.437.
22 Emergency Committee for Zionist Affairs; *Revisionism: A Destructive Force*; S.24.

24. Das Versagen bei der Rettung der Juden während des Krieges

Wenn man sich mit der Hilfe für die europäischen Juden während des Zweiten Weltkrieges beschäftigt, darf man die allgemeinen Kriegsziele der Alliierten dabei nicht außer Acht lassen. Die Hauptsorge Großbritanniens und Frankreichs, und auch später der Vereinigten Staaten, galt stets der Erhaltung ihrer Imperien und des kapitalistischen Systems. Die Sowjetunion hatte, bis auf die Fälle, in denen ihre eigenen Truppen nach Mitteleuropa vordrangen, keine Probleme mit dieser Einstellung. London und Paris waren bei Kriegseintritt eher defensiv eingestellt, man fürchtete den Sieg genauso sehr wie die Niederlage: Der Erste Weltkrieg hatte zum Zerfall vier großer Reiche und zum Erstarken des Kommunismus geführt.

Harry Hopkins, ein enger Vertrauter von Roosevelt, hat einmal die Einstellung der britischen Regierung zur Unterstützung der Juden bei der Flucht vor den Nazis dargelegt. Er berichtet von einem Treffen zwischen dem Präsidenten Anthony Eden und anderen am 27. März 1943, bei dem auch die Frage nach der Rettung zumindest der bulgarischen Juden aufkam. Eden hatte damals gesagt: „ ... wir sollten es uns sehr überlegen, ehe wir allen Juden in einem Lande wie Bulgarien die Auswanderung anbieten. Wenn wir das tun, dann würden die Juden der Welt von uns verlangen, den polnischen und deutschen Juden ähnliche Anerbietungen zu machen. Hitler wäre imstande, uns beim Wort zu nehmen, und es gäbe in der ganzen Welt einfach nicht genug Schiffe und Transportmittel, um etwas derartiges durchzuführen."[1]

Die Hauptsorge Großbritanniens bestand darin, dass eine Rettung der Juden neue Probleme mit den Arabern verursachen würde, die befürchteten, dass eine Emigration der Juden nach Palästina zur Gründung eines jüdischen Staates nach dem Krieg führen würde. Natürlich lag die Rücksichtnahme der Briten auf die Befindlichkeiten der Araber ausschließlich in ihren imperialen Interessen begründet; Churchill zufolge waren die Araber nur „ein rückständiges Volk, das sich nur von Kamel-Kot ernährt".[2] Den Briten war klar, dass die Zionisten den

---

1 Sherwood, Robert: *Roosevelt und Hopkins*; Hamburg; Wolfgang Krüger Verlag; 1950; S.588.
2 Howard, Anthony: *Duplicity and Prejudice*; *New York Times Book Review* (16. September 1979); S.37.

Krieg und die Rettung der Juden ebenfalls durch die Palästina-Brille sahen. Die Zionisten wussten, dass die Araber sich gegen ihre britischen Herren wenden würden und sie hofften, die Briten durch ihre Loyalität auf ihre Seite ziehen zu können. Ihr wichtigstes Kriegsziel bestand darin, die Gründung einer jüdischen Legion zu erreichen, mit der sie hofften, einen militärischen Beitrag leisten zu können, der die Briten davon überzeugen würde, ihnen nach dem Krieg Eigenstaatlichkeit zu gewähren. Und so galten ihre Überlegungen immer zuerst der Frage, wie sie den Krieg in ihrem Sinne beeinflussen könnten. Yoav Gelber vom Yad Vashem Institut erklärt diese Einstellung der Labourzionisten im September 1939 sehr gut: „Die Mehrheit der Führer neigte dazu, Palästina als Prüfstein für ihre Einstellung zum Krieg zu sehen. Den direkten Kampf an der Front wollten sie, solange er nicht Palästina betraf, den Juden in der Diaspora überlassen."[3]

Die *Hashomer Hatzair* vertraten dieselbe Position und waren gegen jeden freiwilligen Kampf außerhalb Palästinas. Richard Weintraub, der für sie verschiedene Artikel verfasste, schrieb am 28. September 1939: „Es wäre politisch nicht klug zu versuchen, die jüdischen ‚Missionen' in der ganzen Welt erneut zu beleben und um ihretwillen Opfer zu bringen."[4] In den Jahren 1940 und 1941 beschäftigte sich die Exekutive der *Jewish Agency* kaum mit der Frage der Juden im besetzten Europa und abgesehen von ihren halbherzigen Bemühungen zur illegalen Immigration tat die *Agency* auch nichts für diese Menschen.[5] Und obwohl Goldmann in die USA ausgewandert war und sowohl Ben-Gurion als auch Weizmann in den Jahren 1940 und 1941 immer wieder zu längeren Besuchen dorthin reisten, waren auch ihre Kollegen im neutralen Amerika keine große Hilfe. Die Führung der amerikanischen Zionisten führte sogar eine Kampagne gegen diejenigen Juden, die versuchten, den Notleidenden zu helfen. Aryeh Tartakower, der 1940 beim Jüdischen Weltkongress in Amerika für die humanitäre Hilfe verantwortlich war, hat in einem Interview mit dem berühmten israelischen Historiker Shabatei Beit-Zvi darüber berichtet: „Wir erhielten einen Anruf von der amerikanischen Regierung, vom State Department, und man machte uns darauf aufmerksam, dass es nicht im Interesse der Alliierten war, dass Päckchen an die Juden in

---

3 Gelber, Yoav: *Zionist Policy and the Fate of European Jewry (1939-1942)*; Yad Vashem Studies; Vol. XIII; S.171.
4 Ebenda; S.170.
5 Ebenda; S.192.

Polen geschickt würden ... Der erste, der uns aufforderte, sofort damit aufzuhören, war Dr. Stephen Wise ... Er sagte: ‚Zum Wohle Englands müssen wir damit aufhören.'"[6]

Die Briten entschieden, es sei die „Pflicht" der Deutschen als Krieg führende Partei, die Bevölkerung in den von ihnen besetzten Gebieten mit Nahrung zu versorgen. Lebensmittelpäckchen aus dem Ausland unterstützten nur die Kriegshandlungen Deutschlands. Die Apparate des Jüdischen Weltkongresses und des *American Jewish Congress* stellten nicht nur die eigenen Lebensmittelsendungen ein, sie übten auch Druck auf die nicht-zionistischen Hilfsorganisationen aus dies ebenfalls zu tun, was fast alle, bis auf die *Aguda*, auch taten. Die *Aguda* vertrat den Standpunkt, es läge nicht in der Kompetenz der Briten zu entscheiden, was gut für die Juden war und schickten weiter Päckchen. Dies machte Joseph Tanenbaum, einen Zionisten und Anführer des praktisch nicht existenten Boykotts gegen die Nazis, sehr wütend. Er hatte die Lebensmittelpäckchen nicht als Teil seines Verantwortlichkeitsbereiches angesehen, bevor das State Department dies nicht angedeutet hatte, doch im Juli und August 1941 griff er die *Agudisten* in der zionistischen Tageszeitung *Der Tog* scharf an: „Warum dann die Engländer Päckchen senden oder die jugoslawischen Vertreter Geld sammeln, um Lebensmittel an die Kriegsgefangenen zu schicken? Das ist doch ein ganz anderes Thema. Die *Kriegsgefangenen* stehen unter dem Schutz der Internationalen Rotkreuz-Konvention, die schon einen langen grauen Bart hat."[7]

Die Graubärte der *Aguda* widersetzten sich weiter Tanenbaum und seinem *Joint Boykott Council* des AJC sowie dem *Jewish Labor Committee* und schließlich sahen die Briten ein, dass sie die *Agudisten* nie von ihren Aktionen würden abhalten können und erlaubten ihnen somit, monatlich 10.000 Päckchen zu schicken. Der Antisemitismus in der britischen Politik wurde klar sichtbar, als man von 1942 bis zu seiner Befreiung das besetzte Griechenland mit Weizen aus Kanada versorgte. Die Griechen waren geschlagene Alliierte, die Juden nicht.

---

6   Beit-Zvi, Shabatei: *Post-Ugandan Zionism During the Holocaust*; ab S.251 (unveröffentlichte englische Übersetzung).

7   Tanenbaum, Joseph: *A Final Word Regarding Packages to Poland*; *Der Tog* (10. August 1941) (unveröffentlichte englische Übersetzung).

Wise unterdrückt Berichte über Vernichtung der Juden

Wann wurde dem westlichen jüdischen Establishment und den Alliierten klar, dass Hitler dabei war, die Juden systematisch auszurotten? Die ersten Berichte über die Morde in der Ukraine erreichten die westliche Presse im Oktober 1941. Im Januar 1942 veröffentlichten die Sowjets einen ausführlichen Bericht, die so genannte „Molotow-Verlautbarung", in der das Vorgehen der Einsatzgruppen genauestens beschrieben wurde. Die WZO in Palästina tat das Memorandum als „bolschewistische Propaganda"[8] ab. Im Februar 1942 gab Bertrand Jacobson, früher Vertreter des *Joint Distribution Committee* in Ungarn, auf der Pressekonferenz anlässlich seiner Rückkehr nach Amerika Informationen über Massaker an 250.000 Juden in der Ukraine weiter, die er von ungarischen Offizieren erhalten hatte. Im Mai 1942 schickte der *Bund* eine Radiobotschaft nach London, dass bereits 700.000 Juden in Polen ermordet worden waren, und am 2. Juli sendete BBC schließlich den Inhalt des Berichts in Europa.

Die polnische Exilregierung nutzte die alarmierende Meldung des *Bundes* für ihre eigene Propaganda in der englischsprachigen Presse. Noch am 7. Juli 1942 weigerte sich Yitzhak Gruenbaum, damals Vorsitzender des Rettungskomitees der *Jewish Agency*, *Vaad Hazalah*, den Berichten über ähnliche Massaker in Litauen Glauben zu schenken, weil die genannte Zahl der Opfer höher war als die der Juden, die vor dem Krieg dort gelebt hatten.[9] Am 15. August schickte Richard Lichtheim aus der Schweiz einen auf deutschen Quellen basierenden Bericht über das Ausmaß und die Methoden der Ausrottung der Juden nach Jerusalem. In dem Antwortschreiben vom 28. September hieß es: „Ehrlich gesagt bin ich nicht bereit, alles darin wörtlich zu nehmen ... so, wie einen die Erfahrung lehrt, unglaubliche Märchen als unbestreitbare Tatsachen zu akzeptieren, so muss man eben auch lernen, zwischen der Realität – so grausam sie auch sein mag – und einer Phantasie, die durch eine durchaus verständliche Angst verzerrt wurde, zu unterscheiden."[10] Gruenbaum und sein Rettungskomitee gaben zu, dass schreckliche Dinge passierten, verharmlosten sie jedoch als „bloße" Pogrome.

---

8 Gelber: *Zionist Policy and the Fate of European Jewry (1939-1942)*; S.190.
9 Bauer, Yehuda: *When Did They Know?*; *Midstream* (April 1968); S51.
10 Gelber: *Zionist Policy and the Fate of European Jewry (1939-1942)*; S.191.

Am 8. August erhielt Gerhart Riegner aus dem Genfer Büro des Jüdischen Weltkongresses einen ausführlichen Bericht aus zuverlässigen deutschen Quellen über Pläne zur Vergasung der Juden. Er leitete diesen Bericht über britische und amerikanische Diplomaten weiter an die Büros des Jüdischen Weltkongresses in London und New York. Das Büro in London erhielt das Material, Washington jedoch gab die Berichte nicht an Rabbi Wise weiter. Am 28. August schickte die Londoner Vertretung des Jüdischen Weltkongresses eine weitere Kopie an Wise, der daraufhin im State Department anrief und so feststellte, dass man die Informationen dort zurückgehalten hatte. Man bat ihn dann, die Informationen vorläufig geheim zu halten bis man sie überprüft hätte; er willigte ein und schwieg bis das State Department am 24. November – 88 Tage später – schließlich die Berichte bestätigte. Erst dann wandte sich Wise an die Öffentlichkeit und informierte sie über den Plan der Nazis, alle Juden in ihrem Einflussbereich auszurotten. Am 2. Dezember schrieb er einen Brief an Franklin Roosevelt, den „Dear Boss", in dem er ihn um ein möglichst baldiges Treffen bat und ihm mitteilte: „Ich erhalte seit einigen Monaten Telegramme und Hinweise aus dem Untergrund über diese Dinge. Es ist mir und den Führern anderer jüdischer Organisationen gelungen, sie aus der Presse herauszuhalten."[11] Wise und Goldmann, der sich während des gesamten Krieges in den USA aufhielt, bezweifelten zu keiner Zeit, dass der Bericht von Riegner der Wahrheit entsprach. Walter Laqueur zufolge befürchteten sie aber, dass sich die Verzweiflung der Opfer noch verschlimmern würde, wenn die Öffentlichkeit davon erführe.[12] Und Yehuda Bauer ist sicher, dass die Führer der amerikanischen Juden bereits von dem Bericht des *Bundes* wussten.[13]

„Es ist nicht nötig, sie publik zu machen"

Im November 1942 kamen 78 Juden mit palästinensischer Staatsbürgerschaft aus Polen im Austausch für einige Templer in Palästina an. Die *Jewish Agency* konnte nun nicht länger die Berichte anzweifeln, die sie seit Monaten erhielt, und wie Stephen Wise erklärte sie schließlich öffentlich, dass die Nazis dabei waren, die Juden systematisch auszu-

---

11 Matzozky, Eliyhu: *The Responses of American Jewry and its Representative Organizations, November 24, 1942 and April 19, 1943*; unveröffentlichte Magisterarbeit, Yeshiva Universität, Appendix II.
12 Laqueur, Walter: *Jewish Denial and the Holocaust; Commentary* (Dezember 1979); S.46.
13 Bauer: *When Did They Know?*; S.53.

rotten. Doch genau wie Wise waren einige der Führer der WZO schon lange bevor sie sich entschlossen, an die Öffentlichkeit zu gehen, davon überzeugt gewesen, dass die Berichte wahr waren. Am 17. April 1942, noch ehe der *Bund* seine Nachricht an London geschickt hatte, schrieb Moshe Shertok an General Claude Auchinleck, den Kommandeur der Achten Britischen Armee in Nordafrika, dass er besorgt war um die Juden in Palästina, sollte dem Afrikakorps der Durchbruch in Ägypten gelingen. Die Auslöschung der jüdischen Rasse ist eines der fundamentalen Ziele der Nazidoktrin. Die „verlässlichen Berichte" der letzten Zeit zeigen, dass diese Politik mit unbeschreiblicher Rücksichtslosigkeit umgesetzt wird ... Es ist zu erwarten, dass den Juden in Palästina eine noch schnellere Zerstörung bevorstünde.[14] Mit anderen Worten: Während Gruenbaum, der offiziell für die Bemühungen der WZO zur Rettung der Juden verantwortlich war, immer noch skeptisch war, ob die Berichte über die Massaker an den Menschen, denen er hätte helfen sollen, wahr waren, benutzte der Vorsitzende der politischen Abteilung der *Jewish Agency* die gleichen Berichte, um die Briten davon zu überzeugen, die zionistische Bewegung in Palästina mit Waffen zu versorgen.

Nach den öffentlichen Äußerungen von Wise und der *Jewish Agency* richtete sich nun die Aufmerksamkeit auf die Frage, was man tun könne. Die Aussage der *Jewish Agency* löste ein spontanes Schuldgefühl bei den *Yishuv* aus als ihnen klar wurde, welchen Schrecken ihre Glaubensbrüder ausgesetzt waren. Doch es gab keine Veränderungen, was die politischen Ziele der Zionisten anging. Auch weiterhin war ihr Hauptziel ein jüdischer Staat und selbst der Holocaust durfte dieses Ziel nicht gefährden. Und so warnte der stellvertretende Direktor der politischen Abteilung der *Jewish Agency*, Dov Joseph, die Gewerkschaft der Journalisten in Palästina als diese Telegramme an ihre Kollegen im Ausland schickten mit der Bitte, das Thema der Massenmorde an Juden aufzugreifen, davor, „Daten zu veröffentlichen, die die Zahl der jüdischen Opfer zu hoch beziffern. Denn wenn wir verkünden, Millionen von Juden seien von den Nazis ermordet worden, wird man uns die berechtigte Frage stellen, wo denn die Millionen Juden sind, von denen wir behaupten, dass wir ihnen nach dem Krieg eine neue Heimat in Eretz Israel geben müssen."[15]

---

14 Laqueur: *Jewish Denial and the Holocaust*; S.53.
15 Gelber: *Zionist Policy and the Fate of European Jewry (1939-1942)*; S.195.

Yoav Gelber berichtet von der sofortigen Reaktion auf Dov Josephs Intervention: „Daraufhin verzichtete man auf lautstarke Proteste und suchte stattdessen nach ‚konstruktiveren' Möglichkeiten zu reagieren."[16] Ben-Gurion sprach davon, die Alliierten zu „bitten", mit Vergeltungsmaßnahmen zu drohen und zu versuchen, Juden zu retten, besonders die Kinder, oder Juden gegen Deutsche auszutauschen usw. Im gleichen Atemzug forderte er, man müsse sich darauf konzentrieren, Unterstützung für den Vorschlag einer jüdischen Armee zu erhalten.[17] Die *Jewish Agency* kämpfte einfach unermüdlich weiter, aber man unternahm keinerlei Anstrengungen, Rettungsaktionen zu organisieren. Neben seiner Arbeit als Vorsitzender des Rettungskomitees übernahm Gruenbaum noch weitere Verpflichtungen.[18] Professor Bauer gab eine klare wissenschaftliche Bewertung von Gruenbaums Führungsqualitäten bei ihren Bemühungen ab: „Aufgrund der Forschung des Instituts für modernes Judentum an der Hebräischen Universität denke ich, ... die Stimmung mancher Führer – besonders die von Yitzhak Gruenbaum – ... schlug in reine Mutlosigkeit um. Er und einige seiner engsten Vertrauten glaubten, man könne nichts zur Rettung der europäischen Juden tun, und das Geld, das für eine mögliche Flucht, zur Organisation des Widerstandes oder zur Rettung der Juden nach Europa geschickt wurde, sei verschwendet. Doch sie glaubten, es sei trotzdem wert, das zu tun, um nach dem Krieg sagen zu können, alles Menschenmögliche sei getan worden. Ich möchte noch einmal unterstreichen, dass sie nicht gesagt haben, die Anstrengungen sollten nicht unternommen werden, sie waren nur sicher, dass es mit absoluter Sicherheit umsonst wäre."[19]

Doch hat Gruenbaum tatsächlich irgendetwas unternommen? Viele Menschen in Palästina waren entsetzt vom Defätismus der WZO und ihrer Besessenheit von den Zielen des Zionismus während ihre Verwandten abgeschlachtet wurden. Und diese Menschen forderten, dass endlich gehandelt würde. Sie waren keine direkte Bedrohung für die Hegemonie der WZO-Führer, doch die Führung sah sich unter Druck. Der größte Druck lastete auf Gruenbaum, welchem er bei einem Treffen der Zionistischen Exekutive am 18. Februar 1943 schließlich nach-

---

16 Ebenda.
17 Ebenda.
18 Beit-Zvi: *Post Ugandan Zionism During the Holocaust* (unveröffentlichte englische Übersicht); S.1.
19 Bauer, Yehuda: *From Diplomacy to Resistance*; S.viii-ix.

geben konnte. Er beschuldigte sowohl seine Kritiker als auch seine Freunde, ihm die ganze Schuld anzulasten, obwohl auch sie nichts unternommen hatten. Später veröffentlichte er seine unglaubliche Rede in seinem nach dem Krieg geschriebenen Buch *Bi-mei Hurban ve Sho'ah* (In den Tagen des Holocaust und der Zerstörung). „Doch bei uns – und erlauben Sie mir, von dieser Seite der Lage aus zu sprechen – gibt es eine Lösung, die universell auf jedes schlimme Ereignis, auf jeden Holocaust anwendbar ist. Zuallererst greifen wir die Führer an; sie sind an allem schuld ... hätten wir gerufen, hätten wir gefordert, alles Menschenmögliche wäre getan worden, um zu schützen, zu helfen. Und wenn nichts getan wurde, dann weil wir nicht gerufen oder Forderungen gestellt haben ...

Ich will diese Annahme nicht zerstören ... um die Menschen in den besetzten Gebieten zu schützen und sie dort rauszuholen, ... wäre es nötig, dass die neutralen Länder ihnen Zuflucht gewähren, dass die Krieg führenden Nationen ihre Tore für die Flüchtlinge öffnen. Und als wir vorgeschlagen haben, dies mit Hilfe unserer Freunde zu fordern ... gab es jene, die gesagt haben: ‚Lassen Sie diese Sache ruhen; sie wissen, man wird die Juden nicht nach Nordafrika oder in die Vereinigten Staaten lassen, bringen Sie unsere Kameraden nicht in eine derartige Situation. Die Öffentlichkeit kann solche Überlegungen nicht akzeptieren, sie versteht sie nicht, und sie will sie auch nicht verstehen'... Inzwischen schwappte eine Laune wie eine Welle über Eretz Israel, eine Laune, von der ich denke, dass sie sehr gefährlich ist für den Zionismus, für unsere Bemühungen zur Rettung der Juden und unseren Kampf um Unabhängigkeit. Ich möchte niemanden verletzen, doch ich kann nicht verstehen, wie so etwas in Eretz Israel passieren konnte, etwas, das im Ausland noch nie passiert ist. Wie ist es möglich, dass bei einer Versammlung in Yerushalayim Menschen rufen: ‚Wenn Ihr nicht genug Geld habt, solltet Ihr es vom *Keren Hayesod* nehmen, Ihr solltet das Geld von der Bank nehmen, dort gibt es Geld.' Ich dachte, es sei meine Pflicht, mich gegen diese Welle zu stellen ...

Und diesmal gibt es in Eretz Israel Kommentare wie: ‚Machen Sie Eretz Israel nicht zur Priorität in einer so schwierigen Zeit, einer Zeit der Zerstörung des europäischen Judentums.' Ich akzeptiere das nicht. Und als einige mich fragten: ‚Können Sie nicht etwas von dem Geld für den *Keren Hayesod* abgeben, um die Juden in der Diaspora zu retten?', habe ich gesagt: ‚Nein!' Und ich werde weiter nein sagen. Ich weiß, dass sich die Menschen wundern, warum ich das sagen musste. Freunde erzählen mir, dass - selbst wenn diese Dinge richtig sind – es nicht nötig ist, sie in einer Zeit des Kummers und der Sorge publik zu machen. Ich sehe das anders. Ich denke, wir müssen uns gegen diese Welle stellen, die unsere Arbeit als Zionisten in den Hintergrund drängt. Habe ich das gesagt, um meine eigenen Grundsätze zu glorifizieren? Und deswegen nennen mich die Menschen einen Antisemiten und kommen zu dem Schluss, dass ich schuldig bin, weil bei uns die Rettungsaktionen nicht an erster Stelle stehen. Ich werde mich nicht rechtfertigen. Genauso wenig, wie ich mich rechtfertigen oder verteidigen würde, wenn man mir vorwerfen würde, ich hätte meine Mutter umgebracht, werde ich mich auch in diesem Fall nicht verteidigen. Doch meine Freunde hätten mich in dieser Schlacht nicht allein lassen müssen, um meine Seele dann später zu trösten: ‚Wenn Du zu irgendeiner Partei gehören würdest, hätten wir Dir die Führung übertragen.' Ich muss an dieser Stelle sagen, dass der Zionismus über allem steht ...

Ich möchte jetzt keine weiteren Vorschläge machen. Natürlich ist es unsere Pflicht, auch in Zukunft alles für eine Rettung der Juden zu tun und nicht eine einzige Chance zu vergeben, das Morden zu beenden ... Gleichzeitig müssen wir aber auch den Zionismus schützen. Es gibt jene, die meinen, man sollte das während eines Holocaust nicht sagen, doch glauben Sie mir, wir sehen in letzter Zeit diesbezüglich beunruhigende Manifestationen: Der Zionismus steht über allem – man muss das immer wieder sagen, wenn ein Holocaust droht, uns von unserem Befreiungskrieg im Zionismus abzulenken. Unser Befreiungskampf entsteht nicht direkt aus einem Holocaust und ist nicht mit Handlungen zum Wohle der Diaspora in dieser Zeit verknüpft, und das ist unser Unglück. Keine andere Nation befindet sich in dieser Lage. Es gibt für uns zwei Handlungsgebiete, die miteinander verbunden sind und ineinander greifen, doch eigentlich sind es zwei separate Arbeitsfelder, auch wenn sie sich manchmal berühren. Und wir müssen – besonders in dieser Zeit – den Kampf um Erlösung als oberste Priorität schützen."[20]

1944 kam Joel Brand, ein ungarischer Zionist, in außergewöhnlicher Mission nach Jerusalem. (Die Mission wird im nächsten Kapitel ausführlicher beschrieben werden, hier sei nur gesagt, dass Ungarn 1944 noch nicht von den Nazis besetzt und zur Zufluchtsstätte derer geworden war, die sich auf der Flucht vor den Nazis befanden.) Brand war

---

20 Gruenbaum, Yitzak: *Bi-Mei Hurban ve Sho`ah*; Jerusalem; Haverim; 1946; S.62-70.

eines der führenden Mitglieder des Rettungskomitees der Budapester Zionisten gewesen und deshalb ausgewählt worden, sich mit Gruenbaum zu treffen. Er berichtete später über eines seiner jämmerlichen Treffen mit dem Leiter der Rettungsoperationen der WZO: „‚Warum haben Sie meinen Sohn nicht gerettet, Herr Brand? Sie hatten doch die Möglichkeit dazu, ihn aus Polen nach Ungarn bringen zu lassen.' ‚Wir haben uns im Allgemeinen nicht mit der Rettung von Einzelpersonen beschäftigt.' ‚Um meinen Sohn hätten Sie sich kümmern müssen, Herr Brand. Das war ihre Pflicht.' Ich antwortete nicht mehr. Ich hatte Respekt vor seinen grauen Haaren ..."[21]

„Denn nur mit Blut werden wir das Land bekommen"

Im März 1942 begannen die Nazis, die Juden der Slowakei gefangen zu nehmen. Rabbi Michael Dov-Ber Weissmandel, ein *Agudist*, bediente sich der traditionellen Waffe gegen den Antisemitismus – Bestechungsgelder. Er wandte sich an Dieter Wisliceny, den Vertreter Eichmanns und sagte ihm, er habe Kontakt mit den Führern des Weltjudentum aufgenommen. Dann fragte er, ob Wisliceny deren Geld im Austausch für das Leben der slowakischen Juden annehmen würde. Man einigte sich auf eine Summe von 50.000 Dollar, doch das Geld musste aus dem Ausland kommen. Der Betrag wurde gezahlt, jedoch vor Ort erhöht und so wurden die überlebenden 30.000 Juden verschont, bis man sie 1944 nach dem wütenden, aber letztlich erfolglosen slowakischen Partisanenaufstand schließlich doch verhaftete.

Weissmandel, der an der Universität von Oxford Philosophie studiert hatte, hatte sich am 1. September 1939 freiwillig gemeldet, um als Agent für die *Weltaguda* in die Slowakei zurückzukehren. Er war eine der herausragendsten jüdischen Persönlichkeiten während des Holocaust und er war der Erste, der forderte, die Alliierten sollten Auschwitz bombardieren. Er wurde schließlich gefangen genommen, konnte aber mithilfe eines Drahtes die Gitterstäbe des Zuges durchsägen und sich so befreien, brach sich beim Absprung ein Bein, überlebte jedoch und setzte seine Arbeit zur Rettung der Juden fort. Sein bemerkenswertes Buch *Min HaMaitzer* (Aus der Tiefe), das im Hebräisch des Talmud

---

21 Weissberg, Alex; *Die Geschichte von Joel Brand*; Köln, Berlin; Kiepenheuer & Witsch; 1956; S.232.

geschrieben war und nach dem Krieg veröffentlicht wurde, ist leider noch nicht ins Deutsche übersetzt worden. Es ist eine der kraftvollsten Anklagen gegen den Zionismus und das jüdische Establishment. Durch dieses Buch wird die Tatsache, dass Gruenbaum nicht bereit war, Geld in das besetzte Europa zu senden, ins rechte Licht gerückt. Weissmandel wusste: „Das Geld wird hier gebraucht – von uns, nicht von ihnen. Denn mit neuem Geld könnten hier neue Ideen entwickelt werden."[22] Weissmandel dachte dabei nicht nur an Bestechung. Er hatte längst begriffen, dass man mit dem Geld die slowakischen Partisanen mobilisieren könnte. Doch die Schlüsselfrage für ihn bestand darin, ob es gelingen würde, einen der höherrangigen Angehörigen der SS oder einen der höherrangigen Nazis zu bestechen. Nur wenn sie bereit waren, mit den westlichen Juden oder den Alliierten zusammenzuarbeiten, konnte eine Bestechung wirklich erfolgreich sein. Er sah, dass sich das Mächtegleichgewicht während des Krieges verschob. Einige Nazis glaubten immer noch, der Krieg könne gewonnen werden und hofften, die Juden als Druckmittel gegen die Juden einsetzen zu können, während sich bei anderen die Angst breit machte, die Alliierten könnten Vergeltung üben. Und so wollte Weissmandel in erster Linie die Nazis dazu bringen zu verstehen, dass die Juden für sie lebendig nützlicher wären als tot. Man darf sein Denken dabei nicht mit dem der Kollaborateure in den Judenräten verwechseln. Er versuchte nicht, einige wenige Juden zu retten. Ihm ging es um Verhandlungen, die das gesamte Europa umfassen und alle Juden retten sollten. Deshalb warnte er die ungarischen Juden: „Lasst nicht zu, dass sie Euch in ein Ghetto sperren! Rebelliert, versteckt Euch, zwingt sie, die Überlebenden in Ketten ins Ghetto zu zerren! Wenn Ihr kampflos ins Ghetto geht, geht Ihr direkt nach Auschwitz!" Weissmandel war sehr vorsichtig und hat sich nie von den Nazis dazu bringen lassen, Konzessionen von den Alliierten zu verlangen. Das Geld des Weltjudentums war sein einziger Köder.

Im November 1942 trat man erneut an Wisliceny heran, diesmal mit der Frage, wie viel Geld nötig wäre, um alle europäischen Juden frei zu kaufen. Er leitete die Frage an Berlin weiter, Anfang 1943 traf die Antwort dann in Bratislava ein. Für zwei Millionen Dollar könne man alle Juden Westeuropas und des Balkans haben. Weissmandel schickte einen Kurier in die Schweiz, der bei den jüdischen Wohltätigkeitsorganisationen um das Geld ersuchen sollte. Mit der Begründung, das *Joint*

---

22 Weissmandel, Michael Dov-Ber: *Min HaMaitzer* (unveröffentlichte englische Übersetzung).

Distribution Committee würde keine amerikanischen Gesetze brechen, nach denen es schließlich verboten war, Geld in feindliche Länder zu schicken, weigerte sich der zionistische Industrielle und Vertreter des *Joint* in Zürich, Saly Mayer, der „Arbeitsgruppe" in Bratislava Geld zu geben, nicht einmal für eine Anzahlung, um zu sehen, ob der Vorschlag ernst zu nehmen war. Stattdessen antwortete Mayer Weissmandel mit einer bewussten Beleidigung: „Die Briefe von slowakischen Flüchtlingen in Polen, die Sie zusammengetragen haben, sind übertriebene Märchen, denn das ist die Art der Ostjuden, die ständig Geld fordern."[23]

Zusammen mit der Antwort von Mayer brachte ein Kurier noch einen weiteren Brief von Nathan Schwalb, dem Vertreter von *Hechalutz* in der Schweiz. Weissmandel beschrieb ihn folgendermaßen: „Es war noch ein weiterer Brief in dem Umschlag, der in einer seltsamen, fremden Sprache geschrieben war, und zunächst konnte ich nicht erkennen, um welche Sprache es sich eigentlich handelte, bis ich schließlich bemerkte, dass es Hebräisch war, mit lateinischen Buchstaben geschrieben und an Schwalbs Freunde in Pressburg [Bratislava] gerichtet ... Ich sehe ihn immer noch vor meinem geistigen Auge, als hätte ich ihn Hunderte von Male gelesen. Der Inhalt des Briefs war folgender: ‚Da wir die Gelegenheit haben, mit diesem Kurier einen Brief zu schicken, wollen wir der Gruppe sagen, dass sie sich immer vor Augen halten muss, dass die Alliierten am Ende gewinnen werden. Nach ihrem Sieg werden sie die Welt neu aufteilen, genau wie nach dem Ersten Weltkrieg. Damals haben sie ihren Plan für den ersten Schritt enthüllt, und jetzt, da dieser Krieg zu Ende geht, müssen wir alles tun, damit aus Eretz Israel der Staat Israel wird, es hat ja bereits einige wichtige Schritte in diese Richtung gegeben. Zu den Hilferufen aus ihrem Land ist zu sagen, dass wir wissen sollten, dass alle alliierten Nationen viel von ihrem Blut vergießen, und wenn wir keine Opfer bringen, womit verdienten wir es dann, am Verhandlungstisch zu stehen, wenn sie nach Kriegsende die Nationen und Länder aufteilen? Deshalb ist es töricht, ja, sogar unverschämt, wenn wir diese Nationen, die ihr Blut vergießen, bitten, uns zu erlauben, ihr Geld in feindliche Länder zu schicken, um so unser Leben zu schützen – denn nur mit Blut werden wir das Land bekommen. Doch was Euch angeht, meine Freunde, *atem taylu*, und aus diesem Grund sende ich Euch illegal Geld mit diesem Kurier.'"[24]

---

23 Ebenda.
24 Ebenda (Hebräische Ausgabe); S.92.

Rabbi Weissmandel dachte lange über diesen seltsamen Brief nach: „Nachdem ich mich an die seltsame Schrift gewöhnt hatte, zitterte ich, weil mir die Bedeutung der ersten Worte, ‚nur mit Blut werden wir Land erhalten', klar wurde. Doch Wochen und Monate vergingen, und ich verstand immer noch nicht, was die letzten beiden Worte bedeuten sollten. Bis etwas passierte und ich sah, dass die Worte „*atem taylu*" von „*tiyu*l" [gehen] ihrem speziellen Wort für ‚retten' abgeleitet waren. Mit anderen Worten: Ihr, Freunde, die ihr Mitglieder der gleichen Organisation seid wie ich, verlasst die Slowakei, und dank des Blutes derer, die zurückbleiben – des Blutes all der Männer und Frauen, der Alten, der Kinder und der Säuglinge – wird das Land uns gehören. Es ist also ein Verbrechen zuzulassen, dass Geld in Feindesland gelangt, um ihr Leben zu retten – doch hier habt Ihr das Geld, um Euch, meine geliebten Freunde, zu retten, wenn es auch illegal ist. Ich habe diese Briefe nicht mehr, denn sie sind dort geblieben und zusammen mit allem anderen, das verloren ging, zerstört worden."[25]

Weissmandel versichert in seinem Buch, dass Gisi Fleischmann und andere treue Zionisten, die in dieser Arbeitsgruppe für die Rettung der Juden kämpften, von Schwalbs Brief entsetzt waren, doch er brachte die makabren Gedanken der schlimmsten Vertreter der WZO-Führung zum Ausdruck. Der Zionismus hatte sich ins Gegenteil verkehrt: Statt die Hoffnung der Juden zu sein, sollte ihr Blut nun zur politischen Rettung für den Zionismus werden.

Minimale Reaktionen auf die Auslöschung der Juden

Selbst nachdem Wise, wenn auch spät, die Pläne der Nazis zur systematischen Ausrottung der Juden publik gemacht hatte, reagierte das amerikanische jüdische Establishment kaum. Sie folgten dem Aufruf eines der obersten zionistischen Rabbiner in Palästina und riefen für den 2. Dezember 1942 zu einem Tag der Trauer auf, das antizionistische *Jewish Labour Committee* beteiligte sich mit einer zehnminütigen Beschäftigungsunterbrechung der jüdischen Arbeiter. Doch das war bei weitem nicht genug, um Roosevelt und seine Regierung dazu zu bringen, konkrete Maßnahmen zu ergreifen. Wenn man wollte, dass

---

25 Ebenda; S.93.

er etwas zur Rettung der europäischen Juden tat, hätte man viel mehr Druck auf ihn ausüben müssen.

Roosevelt hatte eine sehr ambivalente Einstellung zu den Juden. Er hatte einen Juden in seinem Kabinett, einen weiteren hatte er ans Oberste Gericht berufen und mehrere seiner engsten Berater waren Juden. Doch in den 30er Jahren hat er auch nicht das Geringste getan, um die antisemitischen Einwanderungsgesetze zu entschärfen. Obwohl die Juden in den demokratischen Parteien der nördlichen und westlichen Bundesstaaten oft eine herausragende Rolle spielten, gab es mehrere offene Antisemiten unter den rassistischen Südstaatlern im Kongress und Roosevelt hätte nie auch nur im Traum daran gedacht, sich von ihnen zu trennen. Er hat zwar nie öffentlich irgendwelche antisemitischen Ansichten geäußert, doch es besteht kein Zweifel, dass er sie hatte. Jahre später veröffentlichte die US-Regierung die Mitschriften von der Konferenz von Casablanca, die im Januar 1943 stattgefunden hatte, und so wurde bekannt, dass er gegenüber den Franzosen geäußert hatte: „Die Anzahl der Juden in den gehobenen Berufen (Anwälte, Mediziner usw.) sollte unbedingt auf den Prozentsatz des jüdischen Bevölkerungsanteils an der Gesamtbevölkerung in Nordafrika begrenzt werden ... Der Präsident sagte, durch seinen Plan würden in Zukunft die spezifischen und auch verständlichen Beschwerden der Deutschen über die Juden in Deutschland eliminiert, besonders die, dass die Juden, obwohl sie nur einen kleinen Teil der Gesamtbevölkerung ausmachten, über fünfzig Prozent der Anwälte, Ärzte, Lehrer, Universitätsprofessoren etc. in Deutschland stellten."[26]

Die Reaktion des jüdischen Establishments war derart unangemessen, dass sie Chaim Greenberg, einen alt gedienten Arbeiterzionisten, zu einer wütenden Anklage veranlasste, die im Februar 1943 in *Yiddishe Kemfer* erschien: „Die wenigen jüdischen Gemeinden in der Welt, die noch frei ihre Stimme erheben und öffentlich beten können, sollten einen Tag des Fastens und Betens für die amerikanischen Juden ausrufen ... diese jüdische Gemeinde in Amerika ist vielleicht tiefer gesunken als irgendeine andere in letzter Zeit ... Wir waren nicht einmal in der Lage, (zeitweilig, nur, solange die Notsituation anhält) eine Art Generalstab einzurichten, der jeden Tag zusammenkommen würde, um über Wege nachzudenken und zu beraten, wie man die Hilfe derjenigen erlangen könnte, die *vielleicht* in der Lage wären, uns zu helfen

---

26 Wasserstein: *Britain and the Jews of Europe 1939-1945*; S.207.

... Jede Clique – Zionisten wie Antizionisten – versucht, die andere auszubooten ... Was hat die Arbeit zur Rettung der Juden mit politischen Differenzen und dem ganzen ideologischen Geschwafel zu tun, das innerhalb der letzten paar Generationen entstanden ist?"[27]

In seinem groß angelegten Angriff auf die Führer der amerikanischen Juden verschonte Greenberg niemanden, am allerwenigsten aber die Zionisten, die sich zur stärksten Kraft in der jüdischen Gemeinde entwickelten. Ohne Namen zu nennen kritisierte er den Defätismus und die Besessenheit von Palästina vieler führender Zionisten. „Einige Zionisten aus unserer Mitte haben sich mit dem Gedanken angefreundet, dass es unmöglich ist, den Mörder aufzuhalten und sagen deshalb, es sei nötig, ‚diese Gelegenheit zu nutzen', um der Welt die Tragödie der jüdischen Heimatlosigkeit klar zu machen und um die Forderung nach einer nationalen Heimstätte für die Juden in Palästina zu verstärken. (Eine Heimstätte für wen? Für die Millionen von Toten auf ihren provisorischen Friedhöfen in Europa?)" Er griff auch den *American Jewish Congress* von Stephen Wise scharf an: „Zu einer Zeit, da der Engel des Todes Flugzeuge benutzt, benutzt der AJC einen Ochsenkarren-Express ... [er] hat die Arbeit zur Rettung der Juden in Europa an ein spezielles Komitee delegiert ... dieses Komitee hat sich den Luxus erlaubt, *wochenlang* nicht zusammenzukommen ... Es zeigte einen Mangel an jenem Mut der Verzweiflung, jener ‚Aggressivität des Geistes', die charakteristisch ist für die Stunde des Schicksals, jener Fähigkeit, in einem entsprechenden Rahmen selbstständig zu handeln oder Menschen aus anderen Bereichen anzuziehen und sie für eine so offensichtlich gute Sache wie den Versuch, diejenigen zu retten, die man noch retten kann, zu mobilisieren."

Greenberg kritisierte auch das revisionistische *Committee for a Jewish Army* wegen ihrer teuren Anzeigen, in denen für eine Jüdische Armee aus 200.000 staatenlosen Juden geworben wurde: „Obwohl man wusste, dass diese Zahl nicht korrekt ist ... bevor eine solche Armee rekrutiert, organisiert und ausgebildet wäre, wären längst alle Juden in Europa, bis auf den allerletzten, umgebracht worden."[28]

---

27 Greenberg, Chaim: *Bankrupt*; Midstream (März 1964); S.5-8.
28 Ebenda; S.7-10.

Das Notkomitee

Nur eine der zionistischen Gruppierungen hatte begriffen, dass die Rettung der Juden in Europa oberste Priorität haben musste. Eine kleine Gruppe von *Irgun*-Mitgliedern war in die USA gekommen, um Spenden für ihre illegale Immigration zu sammeln, und als der Krieg ausbrach, forderten sie außerdem eine jüdische Legion, die sie, genau wie die WZO, als unmittelbares Ziel des Zionismus ansahen. Im April 1942 fielen ihnen einige Artikel von Ben Hecht, einem der bekanntesten amerikanischen Journalisten, in der *PM*, einer liberalen New Yorker Tageszeitung, auf, in denen dieser das Schweigen der jüdischen Persönlichkeiten aus dem sozialen, politischen und literarischen Bereich zur Situation der europäischen Juden anprangerte. Die Mitglieder der *Irgun* überzeugten Hecht davon, ihnen bei der Gründung eines *Komitees für eine jüdische Armee staatenloser Juden und der Juden Palästinas* zu helfen. Hecht gefiel die Idee, weil er sehen konnte, dass sie Kämpfer waren und das war genau das, was er wollte: eine jüdische Armee, die Deutsche umbringen würde als Vergeltung für all die Juden, die von Hitler erniedrigt und umgebracht worden waren. Bisher hatte die *Irgun* eine eher untergeordnete Rolle in der jüdischen politischen Szene gespielt, doch mit Hecht in ihrem Komitee wurden die Revisionisten eine fast ernst zu nehmende Kraft. Er kannte jeden in Hollywood und jeden bei der Presse. Ihre Anzeigen in allen großen Tageszeitungen ließen sie so aussehen, als seien sie tatsächlich an der Kriegspolitik beteiligt.

Obwohl den Mitgliedern der *Irgun* die volle Bedeutung der ersten Berichte über die Massaker nicht klar gewesen war, überzeugte die Aussage von Wise ihren Führer Peter Bergson, dass man Druck auf die amerikanische Regierung ausüben musste, damit diese sich besonders für die Juden einsetzte. Sie planten eine Aufführung des Historienschauspiels *They shall never die* am 9. März 1943 im Madison Square Garden. Einige der berühmtesten Theaterleute dieser Tage machten sich an die Vorbereitungen – unter ihnen Namen wie Kurt Weill, Billy Rose und Edward G. Robinson, um nur einige zu nennen. Das war zu viel für Wise, der nicht bereit war, sich von irgendwelchen faschistischen Eindringlingen die Schau stehlen zu lassen. Und so kündigte das jüdische Establishment für den 1. März eine eigene Versammlung im Madison Square Garden an. Das *Komitee für eine jüdische Armee* unternahm den Versuch, Einigkeit zu stiften, indem es anbot, sich als Exklusivsponsor der Versammlung am 9. März zurückzuziehen, wenn das Establishment sich finanziell daran beteiligen würde, doch das Establishment lehnte ab.[29] Das Ergebnis waren zwei getrennte Versammlungen im Madison Square Garden zur gleichen jüdischen Tragödie innerhalb von nur neun Tagen. Beide waren gut besucht; das Hecht-Weill-Schauspiel füllte die Arena sogar zweimal an diesem Abend. Der große Unterschied bestand darin, dass diejenigen, die sich um Wise scharten, hauptsächlich von ihrer Feindschaft gegenüber der *Irgun* getrieben wurden und keinerlei Pläne für eine Fortsetzung der Mobilisierung hatten, während das *Komitee für eine jüdische Armee* die großen Städte des Landes bereiste und dort sein Stück aufführte. Der Erfolg ihrer Gegner machte Wise und seinen *American Jewish Congress* so wütend, dass er seinen Ablegern im ganzen Land befahl, alles in ihrer Macht stehende zu tun, damit das Stück in ihrer Stadt nicht aufgeführt werden konnte und so durfte es zumindest in Pittsburgh, Baltimore und Buffalo nicht gespielt werden.[30]

„'Doch was haben wir eigentlich erreicht?', fragte Kurt Weill. ‚Das Stück hat nichts verändert. Ich weiß, Bergson nennt es einen Wendepunkt in der jüdischen Geschichte, doch er ist theaterbesessen. Eigentlich ist alles, was wir getan haben, eine Menge Juden zum Weinen zu bringen, und das ist keine so einzigartige Leistung.'"[31] Tatsächlich etablierte das Stück das *Komitee für eine jüdische Armee* als Kraft, mit der man rechnen musste. Trotzdem behaupteten diejenigen, die später versucht haben, die Reaktion des jüdischen Establishments auf den Holocaust zu entschuldigen, wie etwa Bernard Wasserstein von Brandeis: „Der Kongress und der Großteil der Öffentlichkeit waren sich einig in ihrer hartnäckigen Weigerung, an den strikten Beschränkungen durch die Nationalitätenquoten herumzubasteln ... Man braucht eine lebhafte Phantasie, um zu glauben, eine jüdische ‚Aktionismus'-Kampagne hätte etwas an dieser harten Realität geändert. Es war viel wahrscheinlicher, dass die Folge eine verstärkte Antipathie gegenüber den Juden gewesen wäre ... Die jüdischen Führer waren sich darüber absolut im Klaren, daher auch ihre allgemeine Skepsis bezüglich der Effektivität des Aktionismus."[32]

---

29 Matzozky, Eliyhu: *The Responses of American Jewry and its Representative Organizations, November 24, 1942 and April 19, 1943*; S.45.
30 Peck, Sarah: *The Campaign for an American Response to the Nazi Holocaust, 1943-1945*; Journal of Contemporary History (April 1980); S.374.
31 Hecht, Ben: *A Child of the Century*, Plume, 1985; S.540.
32 Wasserstein, Bernard: *The Myth of "Jewish Silence"*; Midstream (August 1980); S.14.

Tatsächlich gibt es keinen Hinweis darauf, dass sich der Antisemitismus infolge der Aktivitäten des Komitees verstärkt hätte. Eher im Gegenteil: Es kam Bewegung in den Kongress, tatsächlich etwas zu unternehmen. Die Vertreter der *Irgun* und der stark engagierte Weill waren der Meinung, sie könnten, wenn sie all ihre Kräfte und Energie zur Rettung der Juden bündelten, die Regierung dazu bringen, endlich etwas zu unternehmen. Von Frühjahr 1943 an bis zum Ende des Krieges hatte das Komitee, das inzwischen in *Notfallkomitee zur Rettung der Juden Europas* umbenannt worden war, das Betätigungsfeld der Rettung der Juden ziemlich für sich allein; das Establishment tat entweder gar nichts oder versuchte, die Arbeit des Komitees zu sabotieren.

Durch seine praktischen Erfahrungen bei der Mobilisierung der Menschen begriff das *Komitee* sehr rasch, dass man das Thema Palästina nicht so stark betonen durfte. Bis 1943 hatten sich die Sympathien unter den Juden stark zugunsten der Zionisten verschoben, doch die antizionistischen Kräfte waren immer noch stark und die Nichtjuden hatten keinerlei Interesse daran, ihren britischen Alliierten irgendwelche Probleme zu verursachen, obwohl die meisten Amerikaner der Meinung waren, ihre Regierung sollte zumindest versuchen, die Juden zu retten. Jetzt brachten Wise und Goldmann eine neue Anschuldigung gegen das *Notfallkomitee* vor: Sie hätten das heilige Ziel des Zionismus verraten – Palästina. Bergson versuchte, Wise zur Vernunft zu bringen: „Wenn Sie sich in einem brennenden Haus aufhielten, würden Sie dann wollen, dass die Leute draußen schreien, ‚Rettet sie' oder lieber ‚Rettet sie dadurch, dass ihr sie ins Waldorf Astoria bringt'?"[33] Doch es war zwecklos, Wise hätte nie nachgegeben.

Das Komitee mobilisierte 450 orthodoxe Rabbis zu einem Marsch aufs Weiße Haus im Oktober, doch Roosevelt empfing sie nicht; er eilte davon, um der jugoslawischen Exilluftwaffe vier Bomber zu übergeben, aber die Kampagne ging weiter. Peter Bergson unterstrich: „Die reichen Juden, das Establishment, die haben uns immer schon bekämpft. Es waren stets die kleinen Leute unter den Juden – und die Nichtjuden – die Geld für unsere Werbung gespendet haben."[34] Sie waren überzeugt, sie hätten nun genug Unterstützung für ihre Sache

---

33 Peck: *The Campaign for an American Response to the Nazi Holocaust, 1943-1945;* S.384.

34 Interview des Autors mit Peter Bergson, 27. Februar 1981.

durch die Öffentlichkeit und so brachten ihre Freunde im Kongress, Senator Guy Gillette und die Repräsentanten Will Rogers Jr. sowie Joseph Baldwin, einen Vorschlag zur Gründung einer Rettungskommission ein. Sie hoben deutlich hervor, dass ihr Vorschlag nichts mit dem Zionismus zu tun hatte. Die Anhörungen im Senat im September verliefen positiv, doch im Repräsentantenhaus griff der Vorsitzende des Komitees für Auswärtige Angelegenheiten, Sol Bloom, ein jüdischer Tammany-Demokrat aus Brooklyn, Bergson scharf an und die Anhörungen verliefen negativ. Zu guter Letzt kam schließlich die herausragendste Persönlichkeit unter den amerikanischen Zionisten, Rabbi Stephen Wise, eigens nach Washington und sprach sich gegen den Vorschlag aus, weil Palästina darin nicht erwähnt wurde.

Congress Weekly, die Zeitung von Wise, prahlte damit, wie die Anhörungen „von Dr. Wise dazu benutzt wurden, die Diskussion von der Ebene der abstrakten Pläne auf die der direkten praktischen Rettungsmaßnahmen, in erster Linie der Öffnung Palästinas, zu heben". Doch es kam noch besser; in dem Artikel wurde das *Notfallkomitee* auch wegen „völliger Nichtbeachtung aller existierenden jüdischen Organisationen und ihrer jahrelangen Bemühungen um die Rettung der Juden durch die und mit den Regierungsbehörden, die eigens zur Lösung dieses Problems geschaffen wurden"[35], angegriffen. Jahrelang hatten Presse und Politik Wise als Führer der amerikanischen Juden angesehen und plötzlich wollte ein Außenseiter wie Ben Hecht zusammen mit einer Gruppe der verhassten Revisionisten Roosevelt erklären, wie man die Juden retten könnte.

Blooms Aktion führte allerdings nicht dazu, dass man die Forderung nach einer Rettungskommission aufgab. Noch bevor das *Notfallkomitee* einen neuen Plan fassen konnte, übergab Finanzminister Henry Morgenthau Jr. Roosevelt einen Bericht darüber, dass eine Gruppe von Beamten im State Department versucht hatte, die Informationen über die Massaker zu unterdrücken. Man hatte herausgefunden, dass der ehemalige US-Botschafter in Italien, Breckenridge Long, der vor dem Krieg ein großer Bewunderer Mussolinis gewesen war und den das State Department mit der Lösung des Flüchtlingsproblems während des Holocaust beauftragt hatte, ein wichtiges Dokument manipuliert hatte, um zu verhindern, dass es ans Licht käme. Bei der Anhörung im Kongress war Long der wichtigste Gegner des Vorschlags zur Bildung

---

35 *On the Question of Rescue, Congress Weekly* (10. Dezember 1943); S.3.

einer Rettungskommission seitens der Regierung gewesen und nun musste Morgenthau den Präsidenten warnen, dass diese Situation sich sehr leicht „zu einem hässlichen Skandal ausweiten"[36] könnte. Roosevelt sah ein, dass er geschlagen war und verkündete am 22. Januar 1944 die Bildung eines Kriegsflüchtlingsausschusses.

Die Holocaust-Historiker streiten sich darüber, wessen Verdienst die Gründung des Flüchtlingsausschusses denn nun war. Diejenigen, die sich mit dem zionistischen Establishment identifizieren, versuchen, die Arbeit des *Notfallkomitees* klein zu reden und behaupten, der Flüchtlingsausschuss sei einzig das Ergebnis der Arbeit von Morgenthau. So besteht Bernard Wasserstein darauf, der „Aktionismus" habe keinerlei Ergebnisse für die Juden gebracht und das sei auch unmöglich gewesen. Der Ausschuss sei einzig und allein das Ergebnis der Intervention von Morgenthau: „Morgenthaus Protest brachte einige Ergebnisse ... Das ist ein gutes Beispiel dafür, was durch die energische Arbeit der jüdischen Führer hinter den Kulissen erreicht werden konnte."[37] Nahum Goldmann jedoch räumte ein, dass John Pehle, der den Entwurf für Morgenthaus Bericht geschrieben hatte und später Direktor des Ausschusses geworden war, „den Standpunkt vertreten hatte, dass Bergsons *Notfallkomitee* zur Rettung der Juden Europas Gillette und Rogers dazu inspiriert hatte, ihre Resolution einzubringen, die ihrerseits zur Gründung des Kriegsflüchtlingsausschusses geführt hatte".[38]

Doch Goldmann und Wise setzten ihre eigene Kampagne gegen Bergson fort. Goldmann sprach am 19. Mai 1944 im State Department vor. Einem Memorandum des State Departments zufolge hat er „auf die Tatsache angespielt, dass Bergson und seine Leute sich nur mit zeitlich begrenzten Besuchervisa im Land aufhielten ... Er fügte hinzu, er könne nicht einsehen, warum diese Regierung Bergson nicht entweder auswies oder einzog." Im gleichen Memorandum heißt es, dass Wise „sogar so weit gegangen ist, Pehle darüber in Kenntnis zu setzen, dass er selbst Bergson für einen ebenso großen Feind der Juden hält wie Hitler, da seine Aktivitäten nur zu einem verstärkten Antisemitismus führen könnten".[39]

---

36 Morse, Arthur: *Die Wasser teilten sich nicht*; Bern, München, Wien; 1968; Rütten + Loening Verlag; S.91.
37 Wasserstein: *The Myth of "Jewish Silence"*; S.14.
38 *Attitude of Zionists Toward Peter Bergson*; Memorandum des Gesprächs; 867N.01/2347; Department of State (19. Mai 1944); S.3f.
39 Ebenda; S. 2,4.

Es zeigte sich bald, dass der Ausschuss kaum eine Hilfe für die Juden war. Arthur Morse berichtet in seinem Buch *Die Wasser teilten sich nicht* darüber, dass 50.000 Rumänen direkt gerettet wurden und der Ausschuss dadurch, dass er Druck auf das Rote Kreuz sowie auf Neutrale, Geistliche und Untergrundkräfte ausübte, indirekt einige Hunderttausend weitere Menschen retten konnte.[40] Neuere Schätzungen sprechen allerdings von nur etwa 100.000 Menschen.[41] Der Ausschuss war nie eine besonders mächtige Einrichtung. Er hatte zu keiner Zeit mehr als 30 Mitglieder und konnte das State Department bei Verhandlungen mit den Neutralen oder zusammenbrechenden Satellitenstaaten der Nazis nicht übergehen. Es hatte nicht die Macht, dafür zu garantieren, dass die Juden, denen die Flucht gelungen war, tatsächlich Asyl in Amerika finden würden, obwohl viele von ihnen Verwandte dort hatten. Shmuel Merlin, der für die Public Relations der Arbeit des *Notfallkomitees* verantwortlich war, erklärt, warum der Ausschuss so verhältnismäßig schwach war: „Als die jüdischen Organisationen anboten, das Geld für den Ausschuss aufzubringen, wussten wir, dass wir geschlagen waren, denn wir hatten natürlich auf ein ernstzunehmendes Programm der Regierung gehofft. Das hätte bedeutet, dass die Regierung dafür genauso Geld hätte zur Verfügung stellen müssen wie für alles andere, was sie wirklich wollte. Stattdessen hat das jüdische Establishment dies für Roosevelt und den Kongress übernommen. Es bot an, die grundlegenden Ausgaben des Ausschusses zu finanzieren. Man stellte für den Anfang etwa vier Millionen Dollar zur Verfügung, solange der Ausschuss existierte kamen insgesamt 15 Millionen Dollar zusammen. Die Summe war so lächerlich, dass sie jederzeit mit Ironie sagen konnten: „Wartet erst mal ab, bis die Juden mal wirklich Geld aufbringen!""[42]

Von den 20 Millionen Dollar, die der Ausschuss ausgegeben hat, kamen 15 Millionen vom *Joint Distribution Committee*. Andere jüdische Gruppierungen stellten weitere 1,3 Millionen Dollar zur Verfügung. Hätte der Ausschuss zusätzliches Geld besessen, hätte er noch viel mehr tun können. Wenn sich die Vertreter des jüdischen Establishments und der *Irgun* vereinigt und gemeinsam Druck auf die Regierung ausgeübt hätten, damit diese den Ausschuss finanziert, hätten sie das Geld höchstwahrscheinlich bekommen, da sich die Regierung vor

---

40 Morse: *Die Wasser teilten sich nicht*; S.283 und 335.
41 Matzozky, Eliyhu (Brief); *Midstream* (März 1982); S.44.
42 Interview des Autors mit Shmuel Merlin, 16. September 1980.

der Gründung des Ausschusses formell verpflichtet hatte, sich für die Rettung der Juden einzusetzen. Doch das jüdische Establishment blieb ein erbitterter Gegner der Aktivisten der *Irgun* und statt sich mit dem *Notfallkomitee* zu vereinigen, forderte man weiterhin die Ausweisung Bergsons.

1946 traten die Revisionisten wieder der WZO bei, wodurch die Feindseligkeit etwas nachließ, doch immer, wenn *Komitee*-Veteranen wie Bergson, Merlin, Ben-Ami und andere den Vertretern des Establishments zuhörten, die Israel bis 1977 beherrschten, wurden sie wieder an deren frühere Obstruktionspolitik erinnert. Später ist es ihnen mithilfe ehemals geheimer Dokumente, die durch das Gesetz zur Informationsfreiheit allgemein zugänglich geworden waren, gelungen zu beweisen, welch perfide Rolle Wise, Goldmann und andere hinter den Kulissen gespielt haben. Dies führte dazu, dass die Diskussion über die widersprüchlichen Ansätze bei der Rettung der Juden immer neu entfacht wurde. So besteht Wasserstein weiter darauf, es sei ein „Mythos", dass die Führer der Juden zu dem Problem geschwiegen hatten: „Diese Legende ist nicht zufällig so gewachsen. Im Gegenteil, eine gewisse Gruppe, nämlich die revisionistischen Zionisten und ihre verschiedenen Ableger, erhob diese Anschuldigung schon während des Krieges sowie direkt nach Kriegsende ... Dadurch versuchten sie, die jüdische Jugend zu einer törichten und moralisch fragwürdigen Schmäh- und Terrorkampagne zu mobilisieren."[43]

Tatsächlich lieferte die trotzkistische Zeitung *Militant* am 12. Dezember 1942 die erste Erklärung dafür, dass das Establishment nichts unternahm: „Um die Wahrheit zu sagen, hatten diese Organisationen, wie das *Joint Distribution Board* oder der *Jewish Congress* sowie auch das *Jewish Labour Committee*, einfach Angst, ihre Stimme zu erheben, weil sie befürchteten, damit eine Welle des Antisemitismus in Amerika auszulösen. Sie fürchteten zu sehr um ihre eigenen Zufluchtsstätten, als dass sie für das Überleben von Millionen Juden im Ausland gekämpft hätten."[44] Ganz sicher haben die ehemaligen Führer des *Notfallkomitees* versucht, ihre alten Feinde bloßzustellen, doch nach dem Krieg haben sie sich auch kritisch mit ihrer eigenen Arbeit auseinandergesetzt und geben offen zu, dass sie viel zu spät damit begonnen haben. Bis zum November 1942, als Wise damit an die Öffentlichkeit gegangen war,

---

43 Wasserstein: *The Myth of "Jewish Silence"*; S.15.
44 Roland, A.: *The Slaughter of the Jews*; *Militant* (12. Dezember 1942); S.3.

war ihnen die wahre Bedeutung der Berichte über die Massaker nicht klar gewesen. Doch größere Kritik gilt der ursprünglichen Forderung des *Komitees* nach einer jüdischen Armee. Das war Zionismus in seiner reinsten Form und hatte nichts mit der Hilfe für die Not leidenden Juden oder mit dem Kampf gegen die Nazis zu tun. Ein weiterer Kritikpunkt betrifft die Tatsache, dass man es versäumt hat, die Juden direkt auf die Straßen zu bringen. Viele Tausend Juden, die in einem großen Demonstrationszug zur Einwanderungsbehörde in New York marschierten, hätten sicher einen größeren Eindruck auf die Regierung gemacht als die 450 Rabbis, die man mobilisiert hatte. Auch ein vom Komitee organisierter Hungerstreik hätte die Bewegung voranbringen können. Inzwischen machen sich die Aktivisten selbst Vorwürfe, dies nicht getan zu haben und versuchen, es mit ihrem eigenen politischen Hintergrund zu erklären. Sie waren als Vertreter der *Irgun* in Amerika, einer militärischen Organisation, die stets gegen ein „jüdisches Ghanditum" gepredigt hatte.

Der Aufstand der *Irgun* 1944

Als die *Irgun* im Januar 1944 ihren Aufstand in Palästina begann, machten die amerikanischen Vertreter der *Irgun* noch weitaus größere Fehler. Als Begin im Mai 1942 in Palästina ankam, fand er den Revisionismus im absoluten Chaos vor. Er forderte eine Reorganisation der *Irgun* und wurde schließlich zu deren Anführer ernannt. Die *Irgun* repräsentierte zu keiner Zeit mehr als eine kleine Gruppe der Juden in Palästina. Die meisten Juden in Palästina sahen in der *Irgun* verrückte Faschisten, die dadurch, dass sie Großbritannien angriffen, während es gegen Hitler kämpfte, den Zionismus gefährdeten. Die alte Garde im politischen Apparat der Revisionisten verweigerte ihnen die Anerkennung. Mit nur wenigen Vollzeitmitgliedern und einigen Hundert Teilzeitmitgliedern waren sie eine sehr kleine Gruppierung. Gemeinsam mit den Briten begann die *Haganah*, die *Irgun*, die sie für Faschisten hielt, einzukreisen, obwohl die *Irgun* nie zurückschlug, weil man dort wusste, dass sich *Irgun* und *Haganah* nach dem Krieg vereinigen würden, um die Briten aus Palästina zu vertreiben. Sie griffen auch nie militärische Ziele an, damit man ihnen nicht vorwerfen konnte, sie störten die Kriegsbemühungen. Und so war der Aufstand größtenteils symbolisch, doch in den Vereinigten Staaten und Großbritannien wurde dadurch die Aufmerksamkeit von den Juden in Europa auf die Juden in Palästina gelenkt. Wise erhielt so die Möglichkeit, etwas von seiner Glaubwürdigkeit zurück zu gewinnen und beschuldigte das *Notfallkomitee*, Terroristen zu unterstützen. Doch weder die Amerikaner – die sich jetzt *„Hebräisches Komitee zur nationalen Befreiung"* nannten – noch das Notfallkomitee waren der Meinung, dass der Aufstand die Aufmerksamkeit von Europa ablenken würde, sie glaubten vielmehr, dass dadurch das Bewusstsein für die Notsituation der Juden geschärft wurde. Peter Bergson verteidigte den Aufstand und die Beziehung des Komitees dazu weiterhin verbissen: „Ich weiß, es gibt einige Historiker, die sagen, wir seien zum Ende des Krieges nicht besser gewesen als das Establishment, auch wir hätten unsere Kräfte von der Arbeit zur Rettung der Juden abgezogen, um uns auf die Seite der *Irgun* zu stellen. Sie haben Unrecht. Man muss doch revoltieren, wenn die Briten unsere Brüder in Europa nicht retten. Ich würde mich für die Juden in Palästina schämen, wenn es niemanden in diesem Land gegeben hätte, der sich erhoben hätte."[45]

Shmuel Merlin behauptet, dieser Aufstand habe viele Juden mehr verärgert als die Nichtjuden.[46] Da nur Juden die jüdische Presse verfolgten, wurden sie stärker von der Propaganda des Establishments gegen die *Irgun* beeinflusst. Doch nachdem die *Irgun* ihren Aufstand begonnen hatte, kehrte das *Komitee* zurück auf seinen eigenen Weg des politischen Fanatismus. Hecht und andere begannen, in den Kolumnen ihrer Zeitung *The Answer* gegen alle Deutschen zu wettern: „Wo immer ein Deutscher geht oder steht, weint oder lacht, gibt es Scheußlichkeiten. Die Zeit wird ihn nie reinwaschen."[47] Hechts pathetisches *A Guide for the Bedeviled* wurde dabei zur Quelle ihrer Inspiration: „Ich glaube nicht nur, dass die Naziregierung zu den Deutschen passt, ich halte sie aus der Sicht der restlichen Welt sogar für die ideale deutsche Regierung. Sie sollten sie nach der Niederlage behalten dürfen, als Geschenk von Tantalus. Man sollte ihnen erlauben, sich offen als Deutsche zu zeigen, mit einem großen gespickten Zaun um sie herum, wie er in Zoos verwendet wird, um die Besucher zu schützen. Innerhalb dieses Nazi-Zoos, den die Welt zur Zerstreuung für die Philosophen unterhalten könnte, könnten die Deutschen weiterhin Beethoven lauschen und von Mord träumen, ohne dadurch irgendjemandem Unannehmlichkeiten zu bereiten ... Wenn man sie im Zentrum Europas als Nazis (also mit Sturmtruppen, Konzentrationslagern,

---

45 Interview mit Bergson.
46 Interview mit Merlin.
47 Hecht, Ben: *My Dark Prayer*, *The Answer* (1. Mai 1944); S.7.

Henkern und Gestapo) sicher wegsperrte, würden die Deutschen das Problem ihrer eigenen Ausrottung auf ihre Art und Weise lösen. Und ihre Massaker lasteten nicht auf unserem Gewissen ... Doch derartig vernünftige Dinge gibt es in der Welt eben nicht. Unsere Staatsmänner werden darauf bestehen, dass der Feind weiterhin die Maskerade aufrechterhält, er sei ein Teil der menschlichen Rasse. Dadurch bekommt der Sieg den Vorzug, dass wir den Deutschen erlauben, uns nochmals etwas vorzumachen."[48]

Es ist klar, dass die Vertreter der *Irgun* in Amerika mehr für die Juden im besetzten Europa getan haben als alle anderen Zionisten. Es ist ebenso klar, dass Begins Aufstand keinerlei Hilfe für diese Juden war. Die Vertreter der *Irgun* in Amerika haben Begin gedrängt, seine Kampagne zu starten; darin lagen sowohl ihre Stärke, als auch ihre Schwäche. Sie erwarteten nicht, dass die Briten ihnen Palästina geben würden; sie hatten vor dem Krieg mit ihnen gebrochen und die ganze Zeit damit gerechnet, während des Krieges sowie danach gegen sie kämpfen zu müssen. Sie waren der Ansicht, sie müssten das, was sie haben wollten, den Händen der Imperialisten entreißen und diese Psychologie übertrug sich auch auf ihre Vorgehensweise bei der Rettung der Juden. Sie konnten Wise überlisten, weil sie die „kleinen Juden" repräsentierten. Die meisten Juden wollten „Taten statt Mitleid" sehen und unterstützten das *Notfallkomitee*, weil es ihrer eigenen Wut darüber, was mit den europäischen Juden geschah, eine Stimme verlieh. Doch in Palästina sympathisierten die „kleinen Juden" nicht mit Begin. Hätte die *Irgun* die jüdischen Massen direkt mobilisiert, um Gruenbaum herauszufordern, dann hätten sie vielleicht die Vorherrschaft der WZO beenden können. Und einmal mehr diente das große Ziel Palästina als Ablenkung.

„Wir dürfen die Kriegsbemühungen ... nicht durch stürmische Proteste stören"

Es ist unentschuldbar, dass die Führer der WZO so lange damit gewartet haben, öffentlich anzuerkennen, dass die Nazis planten, die Juden auszurotten, doch einmal mehr versucht Wasserstein, ihr Verhalten zu rechtfertigen: „Wenn man die Natur und das Ausmaß der schrecklichen Realität bedenkt, ist es nicht verwunderlich, dass sich die Juden

---

48 Hecht, Ben: *Guide for the Bedeviled*; Berkele; Black Oak Books; 1944; S.126f.

im Westen erst entschließen konnten, der furchtbaren Wahrheit ins Gesicht zu blicken, nachdem die ersten unbestätigten und unvollständigen Berichte für richtig erklärt worden waren."[49] Andere dagegen hatten die Wahrscheinlichkeit der Auslöschung von Millionen von Juden schon vor dem Krieg vorhergesehen. Nach der Reichskristallnacht veröffentlichte das Nationalkomitee der *Sozialistischen Arbeiterpartei* (SAP) am 19. November 1938 eine Stellungnahme. Dort hieß es: „Lasst die Flüchtlinge in die Vereinigten Staaten rein!" und „Die Monster in ihren Braunhemden machen sich nicht einmal die Mühe, ihr Ziel zu verbergen: die physische Auslöschung jedes einzelnen Juden in Großdeutschland." Am 22. Dezember 1938 sagte auch Trotzki die Vernichtung der Juden voraus: „Man kann sich leicht vorstellen, was die Juden beim Ausbruch eines Krieges erwarten würde. Doch auch ohne Krieg lässt die nächste Entwicklung der reaktionären Kräfte der Welt mit Sicherheit auf die physische Auslöschung der Juden schließen ... Nur eine mutige Mobilisierung der Arbeiter gegen die reaktionären Kräfte, die Bildung von Arbeitermilizen, direkter physischer Widerstand gegen die faschistischen Banden, stärkeres Selbstbewusstsein, Aktivität und Kühnheit von Seiten aller Unterdrückten können einen Wandel im Verhältnis der Kräfte bewirken, die weltweite Welle des Faschismus stoppen und ein neues Kapitel in der Geschichte der Menschheit aufschlagen."

Während der American Jewish Congress in Zusammenarbeit mit dem State Department versuchte, die Berichte von Riegner zu unterdrücken, sickerten die Informationen des Berichts aus dem Büro von Stephen Wise durch. Am 19. September 1942 hieß es schließlich in einem Artikel der trotzkistischen Zeitung Militant, der offensichtlich auf Informationen aus dem Bericht aufbaute: „Inzwischen hat – so haben wir erfahren – das State Department versucht, Informationen, die es von seinen Konsulatsvertretern in der Schweiz erhielt, zu unterdrücken. Diese Informationen stehen im Zusammenhang mit der Behandlung der Juden im Warschauer Ghetto. Es gab Beweise für unmenschliche Grausamkeiten sowie eine erneute Kampagne zur Auslöschung aller Juden. Es gibt sogar das Gerücht, dass das Ghetto nicht mehr existiert, dass die Juden dort bereits vollständig ausgelöscht worden sind. Der Grund dafür, dass das State Department diesen Bericht unterdrückt hat, liegt darin, dass es keine Massenproteste im Land will, die es zwingen würden, politisch einzugreifen."

---

49 Wasserstein: *The Myth of "Jewish Silence"*; S.10.

Doch nicht nur das State Department unterdrückte den Bericht und hatte kein Interesse an Protesten in Amerika. Das abschließende Urteil zu der Rolle, die die Zionisten bei der Rettung der europäischen Juden gespielt haben, sollte Nahum Goldmann sprechen. In seinem 1963 veröffentlichten Artikel *Jewish Heroism* in Siege gestand er: „Wir haben alle versagt. Und ich meine damit nicht die tatsächlichen Ergebnisse – diese hängen manchmal nicht von den Fähigkeiten und Wünschen derer ab, die daran beteiligt sind, und so können sie nicht für Fehlschläge verantwortlich machen, die aus objektiven Einschätzungen resultierten. Wir haben versagt, weil uns die feste Entschlossenheit fehlte sowie die Bereitschaft, Maßnahmen zu ergreifen, die den schrecklichen Ereignissen jener Zeit angemessen waren. Nichts, was die Juden in der freien Welt getan haben, und besonders die in den Vereinigten Staaten, wo die Möglichkeiten, tatsächlich etwas zu unternehmen, größer waren als anderswo, ging über die politischen Aktivitäten der Juden in normalen Zeiten hinaus. Man schickte Delegationen zu Premierministern, bat um Interventionen und war zufrieden mit den kläglichen und meist platonischen Reaktionen, zu denen sich die de-mokratischen Mächte bereiterklärten."

Er ging sogar noch weiter:„Ich zweifle nicht daran (und ich war damals eng mit unserem Kampf und mit den alltäglichen Ereignissen vertraut), dass durch ein aktiveres und entschlosseneres Handeln seitens der demokratischen Regierungen Tausende und Zehntausende von Juden hätten gerettet werden können. Doch wie ich bereits gesagt habe, die Hauptverantwortung liegt bei uns, weil wir nicht über die üblichen Petitionen und Bitten hinausgegangen sind und weil die jüdischen Gemeinden nicht den Mut und den Schneid hatten, mit drastischen Mitteln Druck auf die demokratischen Regierungen auszuüben und sie dadurch zu drastischen Maßnamen zu zwingen. Ich werde nie den Tag vergessen, an dem ich ein Telegramm aus dem Warschauer Ghetto erhielt, das an Rabbi Stephen Wise und mich adressiert war und in dem man uns fragte, warum die jüdischen Führer in den Vereinigten Staaten sich nicht entschlossen hatten, eine 24-Stunden-Wache auf den Stufen des Weißen Hauses abzuhalten, bis der Präsident sich endlich entschließen würde, den Befehl zur Bombardierung der Vernichtungslager oder der Todeszüge zu geben. Wir schreckten davor zurück, dies zu tun, weil die meisten jüdischen Führer damals der Meinung waren, wir dürften die Kriegsbemühungen der freien Welt gegen die Nazis nicht durch stürmische Proteste stören."

25. Ungarn, das Verbrechen im Verbrechen

Die Vernichtung des ungarischen Judentums ist eines der tragischsten Kapitel des Holocaust. Als die Deutschen am 19. März 1944 schließlich Ungarn besetzten, wussten die jüdischen Führer, was den Juden bevorstand, denn Ungarn war bis dahin die Zufluchtsstätte für Tausende polnischer und slowakischer Juden gewesen. Sie waren außerdem von der Arbeitsgruppe in Bratislava gewarnt worden, dass Wisliceny angekündigt hatte, die 700.000 ungarischen Juden würden deportiert werden.

Die Nazis riefen die Führer der Juden zusammen und sagten ihnen, sie sollten sich keine Sorgen machen, alles würde nicht so schlimm werden, wenn die Juden sich kooperativ zeigten. Randolph Braham hat dazu geschrieben: „Die Geschichte und die Geschichtswissenschaftler sind nicht zimperlich mit den Führern der ungarischen Juden in der Zeit des Holocaust umgegangen."[1] Denn, so gibt Braham zu, viele „haben versucht, sich besonderen Schutz oder Gefälligkeiten für ihre Familien zu verdienen".[2] Einige brauchten den gelben Stern nicht zu tragen und durften später außerhalb der Ghettos leben sowie sich um ihren Besitz kümmern. Nach dem Krieg wurde in israelischen Gerichtssälen besonders das Verhalten zweier ungarischer Arbeiterzionisten genauestens untersucht – nämlich das der beiden Vorsitzenden des Budapester Rettungskomitees Rezso Kasztner und Joel Brand. Kasztner war angeklagt, die jüdischen Massen Ungarns verraten zu haben.

„Sie ... baten sie, die Sache geheim zu halten"

Am 29. März 1944 trafen sich beide Zionisten mit Wisliceny und willigten ein, ihm die zwei Millionen Dollar, die er gegenüber Weissmandel erwähnt hatte, zu zahlen, wenn er die ungarischen Juden nicht in Ghettos stecken oder deportieren würde. Sie baten ebenfalls um freies Geleit entlang der Donau für „einige Hundert" Juden mit Einreisezertifikaten für Palästina und argumentierten damit, dass diese Geste es

---

[1] Braham, Randolph: *The Official Jewish Leadership of Wartime Hungary*, (unveröffentlichtes Manuskript); S.1.
[2] Braham, Randolph: *The Role of the Jewish Council in Hungary: A Tentative Assessment*; Yad Vashem Studies; Vol. X; S.78.

ihnen leichter machen würde, die Juden im Ausland davon zu überzeugen, das Geld aufzubringen.[3] Wisliceny willigte ein, den Bestechungsvorschlag anzunehmen und auch über ihre Bitte nachzudenken, doch war er sehr darauf bedacht, dass die Sache geheim gehalten wurde, um den Mufti nicht zu verärgern, da dieser nicht wollte, dass man irgendwelche Juden freiließ. Die ersten Raten des Bestechungsgeldes wurden bezahlt, doch die Nazis richteten in den Provinzen trotzdem Ghettos ein. Am 25. April rief Eichmann Joel Brand zu sich und teilte ihm mit, dass man ihn ausgewählt hatte, mit der WZO und den Alliierten zu verhandeln. Die Nazis boten an, einer Million Juden die Ausreise nach Spanien zu erlauben, wenn sie im Austausch dafür 10.000 LKWs, Seife, Kaffee und andere Vorräte erhielten. Diese waren ausschließlich für die Ostfront bestimmt. Als Zeichen des guten Willens der Nazis wollte Eichmann den Zionisten erlauben, einen Konvoi mit 600 Personen nach Palästina zu schicken.

Das Rettungskomitee bestätigte Brand als ihren Vertreter und die Deutschen flogen ihn am 19. Mai gemeinsam mit einem anderen Juden, Bandi Grosz, einem deutsch-ungarischen Doppelagenten, der außerdem Kontakte zu den Geheimdiensten verschiedener Alliierter hatte, nach Istanbul. Grosz sollte dort eigene Verhandlungen mit Geheimdienstvertretern der Alliierten über die Möglichkeit separater Friedensschlüsse führen. Gleich nach seiner Ankunft traf sich Brand mit dem Vertreter des Rettungskomitees der WZO vor Ort und verlangte ein sofortiges Treffen mit einem der führenden Vertreter der *Jewish Agency*. Die Türken weigerten sich jedoch, Moshe Shertok, dem Führer der politischen Abteilung der *Agency*, ein Visum zu erteilen und das Rettungskomitee von Istanbul riet Brand schließlich, sich in Aleppo, im von den Briten kontrollierten Syrien, mit Shertok zu treffen. Als der Zug, in dem Brand saß, am 5. Juni durch Ankara fuhr, warnten ihn zwei Juden – einer davon Revisionist, der andere von der *Aguda* – dass man ihn in eine Falle locken und festnehmen wollte. Echud Avriel, eine der führenden Persönlichkeiten der WZO, versicherte ihm aber, dass dem nicht so sei und es sich bei dieser Warnung um eine Bosheit der anderen Fraktionen handele.[4] Doch Brand wurde tatsächlich von den Briten verhaftet.

---

3 Weissberg: *Die Geschichte von Joel Brand*; S.95.
4 Ebenda; S.182f.

Shertok traf sich am 10. Juni in Aleppo mit Brand. Brands Beschreibung des Treffens findet sich in dem Buch *Die Geschichte von Joel Brand*, in welchem Alex Weissberg die Geschichte Brands erzählt: „Mosche Shertok zog sich mit ihnen [den Briten] in eine Ecke zurück und diskutierte mit ihnen leise, aber heftig. Dann kehrte er zu mir zurück. Er legte mir die Hand auf die Schulter. ... „Du musst jetzt nach Süden weiterfahren. ... es ist ein Beschluss. ...Ich konnte ihn nicht ändern" ... Ich schrie: „Wisst ihr, was ihr da tut?" „Das ist doch einfach Mord! Das ist Massenmord! ... ihr habt kein Recht, den Abgesandten festzuhalten. Dabei bin ich nicht der Abgesandte des Feindes. ... Ich bin hier der Abgesandte einer Million zum Tode verurteilter Menschen."

Shertok verhandelte nochmals mit den Briten und kam erneut zurück: „Ich werde nicht ruhen und nicht rasten, bis du wieder frei bist ... Du wirst freikommen."[5] Tatsächlich brachte ein britischer Offizier Brand in ein Gefängnis nach Ägypten. Sie hielten zwischendurch in Haifa, wo Brand in der Nähe des Hafens einen Spaziergang machte. „Ich dachte sogar an die Möglichkeit der Flucht. Aber nur Leute, die wissen, was eine durch eine starke Ideologie gebundene Partei ist, werden meine Haltung damals begreifen ... Ich war Zionist, ich war Parteimann ... Ich war zur Disziplin verpflichtet ... ich fühlte mich als kleiner Mann, der durch Zufall in die Weltgeschichte geraten war. Ich wagte es nicht, die Verantwortung für das Schicksal von Hunderttausenden auf mich zu nehmen. Ich wagte nicht, die Disziplin zu brechen, und das war meine wirkliche Schuld."[6]

Brand hat sich nie der Illusion hingegeben, die westlichen Alliierten würden den Vorschlag Eichmanns annehmen. Doch er glaubte, dass es auch in diesem Fall, wie bei den früheren Verhandlungen mit Wisliceny, einige SS-Offiziere geben würde, die bereit waren, ernsthaft darüber nachzudenken und in ihre Zukunft zu investieren. Lebende Juden waren jetzt eine Art Währung bei Verhandlungen. Brand hoffte, es würde gelingen, realistischere Arrangements auszuhandeln oder den Nazis zumindest vorzugaukeln, ein Handel sei möglich. Solange die Verhandlungen liefen, würde das Programm zur Auslöschung der Juden vermutlich verlangsamt oder sogar ausgesetzt werden. Doch die Briten waren nicht an einer Auslotung der Möglichkeiten, die Eichmanns Vorschlag bot, interessiert und setzten Moskau von Brands

---

5 Ebenda; S.189f.
6 Ebenda; S.191.

Mission in Kenntnis. Stalin verlangte natürlich, dass das Angebot abgelehnt würde. Die Presse erfuhr von der Geschichte und verunglimpfte die Mission am 19. Juli öffentlich als Trick, um die Alliierten zu entzweien.

Am 5. Oktober durfte Brand schließlich Kairo verlassen und eilte nach Jerusalem. Er versuchte, weiter in die Schweiz zu gelangen, wohin man Rezso Kasztner und SS-Oberst Kurt Becher geschickt hatte, um weiter mit Saly Mayer vom *Joint Distribution Committee* zu verhandeln. Die Schweiz erklärte sich bereit, ihm die Einreise zu gewähren, wenn die *Jewish Agency* für ihn bürgen würde. Die Briten gaben ihm Reisedokumente, die auf den Namen Eugen Brand lauteten. Das war der Name, den Eichmann ihm zur Tarnung gegeben hatte. Er wandte sich an Eliahu Dobkin, den Vorsitzenden der Immigrationsabteilung der *Jewish Agency*, der die WZO bei den Verhandlungen vertreten sollte, um von ihm seine Bürgschaftsdokumente der *Jewish Agency* zu erhalten. Doch Dobkin weigerte sich. „Du wirst verstehen, Joel, ich kann doch nicht für einen Eugen Brand bürgen, wo du doch Joel Brand bist." „Weißt du, Eliahu, bei uns in Mitteleuropa sind viele Juden ins Gas gegangen, weil gewisse Beamte es abgelehnt haben, falsche Papiere zu unterschreiben."[7]

Ende 1944, bei einem Treffen der *Histadrut* in Tel Aviv, wurde Brand folgendermaßen vorgestellt: „Ich begrüße Joel Brand, den Führer der jüdischen Arbeiterbewegung in Ungarn. Er überbringt uns die Grüße des ungarischen Judentums...' ... ‚Wo ist das ungarische Judentum jetzt...?', dachte ich." Er ging auf die Teilnehmer los: „Ihr hier wart die einzige Hoffnung von Hunderttausenden, die zum Tode verurteilt waren. Ihr habt versagt. Ihr habt zugelassen, dass ich im Gefängnis in Kairo sitzen musste, während die Menschen, deren Abgesandter ich war, in den Gaskammern von Auschwitz sterben ... Ihr habt keinen Generalstreik erklärt. Wenn es nicht anders ging, hättet ihr mich mit Gewalt aus dem Gefängnis holen sollen.' ... Sie liefen zu den anwesenden Journalisten und baten sie, die Sache geheim zu halten."[8]

Eilig wurde eine Untersuchungskommission eingesetzt, um Brand zu besänftigen, doch sie trat nur einmal zusammen und es gab keine Entscheidung. Weizmann kam nach Palästina und Brand bat um ein bal-

---

7   Ebenda; S.233.
8   Ebenda; S.234f.

diges Treffen. Weizmann brauchte „zwei Wochen", um zu antworten.[9] „29. Dez. 1944, Lieber Herr Brand: ... Wie Sie vielleicht aus der Presse entnehmen konnten, bin ich viel unterwegs gewesen und habe seit meiner Rückkehr nicht eine einzige freie Minute gehabt. Ich habe sowohl Ihren Brief, als auch Ihr Memorandum gelesen und wäre erfreut, Sie in der übernächsten Woche zu sehen – so um den 10. Januar."[10] Sie trafen sich schließlich tatsächlich, und Weizmann versprach ihm, ihm dabei behilflich zu sein, zurück nach Europa zu kommen; Brand hat nie wieder von ihm gehört.

„Wird wahrscheinlich nicht allzu viele der Opfer retten"

Die ganze Zeit hat sich die WZO sehr zurückgehalten, wenn es um die Krise in Ungarn ging. Am 16. Mai 1944 hatte Rabbi Weissmandel den jüdischen Organisationen in der Schweiz detaillierte Pläne von Auschwitz und den Eisenbahnlinien von der Slowakei nach Schlesien geschickt sowie „nachdrücklich" verlangt, die Alliierten aufzufordern, das Todeslager und die Eisenbahnlinien zu bombardieren.[11] Der Vorschlag erreichte Weizmann in London und er trat nur sehr zögerlich an den britischen Außenminister Anthony Eden heran. Eden schrieb am 7. Juli an den *Secretary of State for Air*: „Dr. Weizmann gab zu, dass es kaum etwas gibt, was wir tun könnten, um diesen Schrecken zu beenden, doch er schlug vor, dass man etwas tun könnte, um die Arbeit des Todeslagers aufzuhalten, indem man die Eisenbahnlinien bombardiert ... und die Lager selbst."[12]

In einem Memorandum von Moshe Shertok an das britische Außenministerium, das nur vier Tage später verfasst wurde, kommt dieselbe zögerlich-trübsinnige Skepsis zum Ausdruck: „Die Bombardierung der Todeslager ... wird wahrscheinlich nicht allzu viele der Opfer retten. Die physischen Auswirkungen könnten lediglich in der Zerstörung der Anlage und der Tötung des Personals bestehen sowie vielleicht in der Beschleunigung der Vernichtung derer, die bereits dem Tode geweiht

---

9   Ebenda; S.238.
10 Shonfeld, Moshe: *The Holocaust Victims Accuse, Documents and testimony on Jewish war criminals*; New York; Neturei Karta of USA; 1977; S.38.
11 Weissmandel, Michael Dov-Ber: *Letters from the Depths;* in: Lucy Dawidowicz (Hrsg.), *A Holocaust Reader*; S.326.
12 Wasserstein: *Britain and the Jews of Europe 1939-1945*; S.311.

sind. Die daraus entstehende Störung der deutschen Maschinerie zum systematischen Massenmord könnte eventuell zur Verzögerung der Tötung derer, die noch in Ungarn sind (mehr als 300.000 in und um Budapest), führen. Das ist natürlich sehr gut, solange es andauert. Aber es könnte nicht sehr lange andauern, da sehr schnell andere Mittel zur Auslöschung der Juden improvisiert werden können."[13] Nachdem er alle Gründe dargelegt hatte, warum die Bombardierung nutzlos wäre, führte Shertok aus, „der Hauptzweck der Bombardierung sollte sein vielseitiger und weitreichender moralischer Effekt sein".[14]

Die Juden im besetzten Europa baten durch Weissmandel und Brand flehentlich um ein schnelles Handeln. Es war nicht nur möglich, Auschwitz zu bombardieren, es geschah auch, wenn auch nur eher zufällig. Am 13. September 1944 trafen amerikanische Piloten, die eigentlich ein nahe gelegenes Buna-Gummi-Werk anvisiert hatten, das Lager und töteten dabei 40 Gefangene sowie 45 Deutsche. Als Eden im Juli angefragt hatte, ob man die Sache nicht im Kabinett diskutieren könne, hatte Churchill geantwortet: „Gibt es einen Grund, diese Dinge im Kabinett zu besprechen? Sie und ich sind uns absolut einig. Versuchen Sie alles, was in Ihrer Macht steht, um die Air Force zu überzeugen und rufen Sie notfalls mich dazu."[15] Nichts geschah. Man war der Meinung, der Preis, den die angreifenden Flieger zahlen würden, wäre zu hoch. Weizmann und Shertok richteten weiterhin Gesuche an die Briten, die Lager zu bombardieren, jedoch zunehmend lustloser.[16] Die Führung der britischen Zionisten war ähnlich zögerlich bei ihrer Reaktion auf die Krise in Ungarn. Als die Deutschen Budapest besetzten, wandte sich Alex Easterman, der Politsekretär des britischen Teils des Jüdischen Weltkongresses, an das Außenministerium und als man ihn bat, das Establishment möge auf die Organisation von Demonstrationen auf den Straßen verzichten, willigte er natürlich ein. Am 11. Juli lehnte Selig Brodetsky, ein Mitglied der Exekutive der WZO und Präsident des Board of Deputies, die Bitte des *Vaad Leumi* (Nationalrat) von Palästina um die Organisation einer großen Demonstration in London ebenfalls ab.[17] Lady Reading, Eva Mond, war Präsidentin

---

13 Ebenda; S.310.
14 Ebenda.
15 Ebenda; S.311.
16 Ebenda; S.313.
17 Sompolinsky, Meir: *Anglo-Jewish Leadership and the British Government*; *Yad Vashem Studies*; Vol. XIII; S.213.

des britischen Ablegers des Jüdischen Weltkongresses und sprach sich gegen jede „Meckerei" aus. Am 23. Mai, während die Todeszüge weiter rollten, mahnte sie: „Lasst uns nicht den Angewohnheiten der Juden auf dem Kontinent verfallen."[18]

„Er erklärte sich bereit, dabei behilflich zu sein, die Juden davon abzuhalten, sich gegen die Deportation zu wehren"

Die Zerstörung des ungarischen Judentums fand zu einer Zeit statt, als die Nazistrukturen bereits deutliche Zeichen eines nahenden Zusammenbruchs zeigten. Die Abwehr unter Leitung von Canaris war zu dem Schluss gekommen, dass der Krieg verloren war; deshalb nahm man dort selbst Kontakt mit den westlichen Geheimdiensten auf, woraufhin die Abwehr dem Sicherheitsdienst (SD) unterstellt wurde. Das Bombenattentat von Claus Schenk Graf von Stauffenberg vom 20. Juli 1944 geschah mitten in der Krise in Ungarn und hätte beinahe das gesamte Gefüge der Nazidiktatur zerstört. Die Deutschen waren in Ungarn einmarschiert, weil sie erfahren hatten, dass Admiral Miklos Horthy plante, Ungarns Teilnahme am Krieg zu beenden. Auf Betreiben des Kriegsflüchtlingsausschusses protestierten die neutralen Kräfte gegen das neue Morden, einige unternahmen sogar den Versuch, den diplomatischen Schutz auf einige der Juden auszudehnen. Von Anfang an war Eichmann, der für die Deportation der ungarischen Juden verantwortlich war, besorgt, dass ein Widerstand seitens der Juden oder ihre Flucht über die Grenze nach Rumänien, das damals schon nicht mehr bereit war, Juden an die Nazis auszuliefern, politische Schockwellen auslösen könnten, die eventuell seine Operation ins Stocken geraten lassen würden.

Als Eichmann begann, für von Mildenstein zu arbeiten, gab ihm der leidenschaftliche Philo-Zionist Herzls Buch *Judenstaat*, was ihm sehr gefiel, sowie Adolf Blohms *Die Zionistische Bewegung*, aus dem er bei einem Treffen mit einigen jüdischen Führern in Wien, wo auch der peinlich berührte Blohm anwesend war, sogar eine komplette Seite aus dem Gedächtnis zitiert hat. Eichmann hatte zweieinhalb Jahre Hebrä-

---

18 Ebenda; S.217f.

isch gelernt, obwohl er zugab, dass er es nie gut beherrschte. Vor dem Zweiten Weltkrieg machte er oft Geschäfte mit den Zionisten. 1937 hatte er mit Feivel Polkes, dem Vertreter der *Haganah*, verhandelt und war in Palästina ihr Gast gewesen. Er pflegte auch enge Kontakte zu den tschechischen Zionisten. Und jetzt würde er eben mit den ungarischen Zionisten in Verhandlungen treten.

1953 führte die Regierung von Ben-Gurion einen Prozess gegen Malchiel Gruenwald, einen älteren Flugblattautor, weil dieser Rezso Kasztner wegen seiner Absprachen mit Eichmann 1944 als Kollaborateur beschimpft hatte. Im ganzen Jahr 1954 wurde international sehr viel über den Prozess berichtet. Eichmann muss ihn in der Presse verfolgt haben, denn er beschrieb seine Beziehung zu Kasztner ausführlich in den Interviews, die er dem niederländischen Journalisten und ehemaligen SS-Offizier Willem Sassen 1955 gab und die nach seiner Verhaftung 1960 in zwei Artikeln in *Life* auszugsweise veröffentlicht wurden. Gruenwald hatte Kasztner angegriffen, weil dieser nichts zu den Lügen der Deutschen, dass die ungarischen Juden lediglich nach Kenyermeze umgesiedelt würden, gesagt hatte. Dafür wurde er mit der Zusammenstellung des Sonderkonvois, letztlich ein Zug in die Schweiz, beauftragt, in dem er seine Familie und seine Freunde unterbringen konnte. Außerdem, so behauptet Gruenwald, habe Kasztner SS-Oberst Becher davor bewahrt, als Kriegsverbrecher gehängt zu werden, indem er behauptet hatte, dieser habe alles Menschenmögliche getan, um die Juden zu retten.

Eichmann beschrieb Kasztner wie folgt: „Dieser Dr. Kasztner war ein junger Mann etwa in meinem Alter, ein eiskalter Anwalt und fanatischer Zionist. Er erklärte sich bereit, dabei behilflich zu sein, die Juden davon abzuhalten, sich gegen die Deportation zu wehren – und sogar für Ordnung in den Sammellagern zu sorgen – wenn ich beide Augen zudrücken und ein paar Hundert oder Tausend jungen Juden erlauben würde, illegal nach Palästina auszuwandern. Das war ein gutes Angebot. 15.000 oder 20.000 Juden – letztlich könnten es auch ein paar mehr gewesen sein – für Ordnung in den Lagern, der Preis erschien mir nicht zu hoch. Vielleicht abgesehen von den ersten Treffen kam Kastner nie voller Angst vor dem starken Mann der Gestapo zu mir. Wir haben als absolut gleichwertige Partner verhandelt. Die Menschen vergessen das. Wir waren politische Gegner, die versuchten, eine Übereinkunft zu erzielen und hatten völliges Vertrauen zueinander. Wenn er bei mir war, rauchte Kastner Zigaretten, als sei er im Kaffeehaus. Während wir uns unterhielten, qualmte er eine aromatisierte Zigarette nach der anderen, nachdem er sie aus einem silbernen Zigarettenetui genommen und mit einem silbernen Feuerzeug angezündet hatte. Mit seinem Stil und seiner Zurückhaltung wäre er selbst ein idealer Gestapo-Offizier gewesen. Dr. Kasztner größte Sorge bestand darin, es einer bestimmten Gruppe ungarischer Juden zu ermöglichen, nach Israel auszuwandern ... Tatsächlich gab es große Ähnlichkeiten zwischen unseren Ansichten in der SS und den Standpunkten dieser unglaublich idealistischen Zionistenführer, die den Kampf kämpften, der leicht ihr letzter sein konnte. Wie ich zu Kasztner gesagt habe: ‚Auch wir sind Idealisten, und auch wir mussten unser Blut opfern, bevor wir an die Macht gekommen sind.'

Ich glaube, dass Kasztner Tausende oder Hunderttausende von seinem Blut geopfert hätte, um sein politisches Ziel zu erreichen. Er interessierte sich nicht für die alten Juden oder für die, die sich in der ungarischen Gesellschaft assimiliert hatten. Aber er versuchte unglaublich hartnäckig, biologisch wertvolles jüdisches Blut zu retten – das heißt, menschliches Material, das zu harter Arbeit und zur Fortpflanzung geeignet war. So sagte er: ‚Sie können die anderen haben, aber geben sie mir diese Gruppe.' Und da Kasztner uns einen großen Dienst erwiesen hatte, indem er uns half, die Deportationslager ruhig zu halten, ließ ich diese Gruppe entkommen. Schließlich gab ich mich nicht mit kleinen Gruppen von eintausend Juden oder so ab."[19]

Andreas Biss, Joel Brands Cousin, der in Budapest mit Kasztner zusammengearbeitet hatte und seine Politik unterstützte, bestätigte in seinem Buch *Der Stop der Endlösung* teilweise die Aussage Eichmanns, als er beschreibt, wer den berühmten Zug bestieg, der am 6. Dezember 1944 die Schweiz erreichte: „Dann kam die zahlenmäßig bei weitem größte Gruppe, Kastners Stolz: die zionistische Jugend. Angehörige der verschiedenen chaluzischen Organisationen, die landwirtschaftlich ausgebildet worden waren; dann die extrem rechtsgerichteten Revisionisten und andere Zionisten, die bereits Palästina-Einwanderungszertifikate besaßen; dann jüdische Waisenkinder ... und schließlich diejenigen, die gegen Barzahlung an dem Transport teilnehmen durften, denn irgendwie musste die für diesen Zweck geforderte Summe ja aufgebracht werden. Von den 1.684 Reiseteilnehmern waren jedoch nur etwas mehr als 300 ‚zahlende Mitreisende' ... Auch Kastners Mutter,

---

19 Eichmann, Adolf: *I Transported Them to the Butcher*, Life (5. Dezember 1960); S. 146.

seine Geschwister und mehrere andere Familienmitglieder, die aus Klausenburg [Kluj] nach Budapest gekommen waren, befanden sich im Zug ... Bei den Familienmitgliedern der am Zustandekommen des Zuges aktiv Beteiligten handelte es sich insgesamt um höchstens vierzig bis fünfzig Personen. ... In dem ... einsetzenden Chaos gelang es etwa 380 nicht für den Transport vorgesehenen Personen, sich diesem anzuschließen, so dass der Zug mit rund 1700 anstelle der vereinbarten 1300 Transportteilnehmer völlig überfüllt aus Budapest abfuhr."[20] Die israelische Arbeiterpartei erlebte ihr blaues Wunder, als sie sich entschloss, Kasztner zu verteidigen. Shmuel Tamir, ein für seine brillanten Kreuzverhöre bekannter ehemaliger Angehöriger der *Irgun*, vertrat Gruenwald. 1961 schrieb Ben Hecht sein Buch *Perfidy*, ein bemerkenswertes Exposé des Kasztner-Skandals. Darin veröffentlichte er mehrere Seiten des Kreuzverhörs, mit dem Tamir Kasztners Verteidigung so meisterhaft demontiert hatte:

„**Tamir**: Wie erklären Sie sich die Tatsache, dass mehr Menschen aus Kluj [Kasztners Heimatstadt] ausgewählt wurden, um gerettet zu werden, als aus jeder anderen ungarischen Stadt?
Kastner: Das hatte nichts mit mir zu tun.

Tamir: Ich werfe Ihnen vor, dass Sie Eichmann extra darum gebeten haben, Ihre Leute aus Kluj zu bevorzugen.
Kastner: Ja, ich habe darum gebeten.
Kastner: ... Alle lokalen Rettungskomitees fielen in meinen Zuständigkeitsbereich.

Tamir: Komitees! Sie sprechen im Plural.
Kastner: Ja – wo immer es welche gab.

Tamir: Wo, außer in Kluj, gab es solche Komitees?
Kastner: Nun ja, ich denke, das Komitee in Kluj war das einzige in Ungarn.

Tamir: Dr. Kastner, Sie hätten die anderen Städte doch ebenso telefonisch benachrichtigen können, wie Sie es mit Kluj getan haben?
Kastner: Ja, das ist richtig.

---

20 Biss, Andreas: *Der Stopp der Endlösung*; Stuttgart; Seewald Verlag; 1966; S.111ff.

Tamir: Warum haben Sie dann nicht telefonisch Kontakt mit den Juden in all diesen Städten aufgenommen und sie gewarnt?
Kastner: Ich habe es nicht getan, weil ich nicht genug Zeit dazu hatte."[21]

Es gab in Kluj 20.000 Juden und nur eine begrenzte Anzahl Plätze in dem Zug. Als Richter Benjamin Halevi Kasztner stärker unter Druck setzte, platzte dieser damit heraus, nach welchen Kriterien er entschieden hatte, wer gerettet würde und wer nicht:

„**Kastner**: ... die Zeugen aus Kluj, die hier ausgesagt haben, repräsentieren meiner Meinung nach nicht das wahre Judentum von Kluj. Denn es ist ja kein Zufall, dass nicht eine einzige wichtige Persönlichkeit unter ihnen war."[22]

Levi Blum, ebenfalls aus Kluj, hatte 1948 an einem Essen teilgenommen, das die Passagiere jenes Zuges zu Kasztners Ehren organisiert hatten. Er hatte die Stimmung ruiniert, indem er plötzlich aufsprang und den Ehrengast als Kollaborateur beschimpfte sowie ihn herausforderte, ihn auch vor Gericht zu zerren: „... Ich fragte ihn: ‚Warum haben Sie Postkarten von Juden verteilt, die eigentlich hätten in Kenyermeze sein sollen?' Jemand schrie: ‚Das hat Kohani, einer von Kastners Leuten, gemacht?' Kohani war ebenfalls im Saal anwesend. Er sprang auf und rief: ‚Ja, ich habe diese Postkarten erhalten.' Ich fragte ihn: ‚Von wem waren sie?' Er antwortete: ‚Das geht Sie nichts an. Ich bin Ihnen keine Rechenschaft über mein Verhalten schuldig.'

All das passierte in der Öffentlichkeit?

Blum: Ja, es waren mehrere Hundert Personen anwesend."[23]

Auch in den Fall Hannah Szenes, der ebenfalls während des Verfahrens zur Sprache kam, war Kasztner verwickelt. Hannah Szenes war eine mutige junge ungarische Zionistin, die die Briten überzeugt hatte, sie mit 31 weiteren Freiwilligen mit Fallschirmen über dem besetzten Europa abspringen zu lassen, um dort den jüdischen Widerstand und die Rettung der Juden aus den besetzten Gebieten zu organisieren. Am

---

21 Hecht: *Perfidy*; S.112-14.
22 Ebenda; S.118.
23 Ebenda; S.110.

18. März, einen Tag vor dem Einmarsch der Deutschen in Ungarn, landete sie mit ihrem Fallschirm in Jugoslawien. Im Juni schlug sie sich in ihre Heimat Ungarn durch und wurde dort prompt von Horthys Polizei verhaftet. Peretz Goldstein und Joel Nussbecher-Palgi folgten ihr nach Ungarn und nahmen Kontakt mit Kasztner auf, der sie beide dazu überredete, sich um des Zuges willen den Deutschen und ihren ungarischen Kollaborateuren zu ergeben. Beide wurden nach Auschwitz geschickt, doch Nussbecher-Palgi gelang es, einige der Gitterstäbe im Zug durchzusägen und zu fliehen.[24] Hannah Szenes wurde von einem ungarischen Exekutionskommando hingerichtet. Als Kasztner vor Gericht zugab, dass er die Schweiz, die damals die britischen Interessen in Ungarn vertrat, nicht davon in Kenntnis gesetzt hatte, dass die Ungarn einen britischen Offizier und Spion verhaftet hatten – „Ich denke, ich hatte meine Gründe." – war die israelische Öffentlichkeit außer sich, denn viele hatten ihre Gedichte gelesen und von ihrer unglaublichen Courage während ihrer Haft in den ungarischen Gefängnissen gehört.[25]

„Aber sind wir deshalb Verräter?"

Am 21. Juni 1955 befand Richter Halevi, dass Kasztner nicht verleumdet worden war und dass er bei seinen Taten jedoch auch nicht von der Aussicht auf finanziellen Gewinn geleitet worden sei. Seine Kollaboration hatte einen wesentlichen Beitrag zur Ermordung von 450.000 ungarischen Juden durch die Nazis geleistet, und die Tatsache, dass er nach dem Krieg zu Bechers Verteidigung ausgesagt hatte, hatte sein Vergehen noch viel schlimmer gemacht. „Der Schutz der Nazis für Kastner und ihre Einwilligung dazu, dass er sechshundert wichtige jüdische Persönlichkeiten retten durfte, waren Teil ihres Planes, die Juden auszurotten. Kastner erhielt die Gelegenheit, noch einige hinzuzufügen. Das war für ihn ein gutes Angebot. Die Möglichkeit, prominente Juden retten zu können, war für ihn ungeheuer attraktiv. Er sah in der Rettung der wichtigsten jüdischen Persönlichkeiten einen großen persönlichen Erfolg sowie einen Erfolg für den Zionismus."[26] Die israelische Arbeiter-Regierung blieb ihrem Parteifreund gegenüber

---

24 Weissberg, Alex: *Die Geschichte von Joel Brand*; Köln, Berlin; Kiepenheuer & Witsch; 1956; S.275.
25 Hecht: *Perfidy*; S.129.
26 Ebenda; S.180.

loyal und so ging man in diesem Fall in Revision. Generalstaatsanwalt Chaim Cohen brachte es in seiner anschließenden Argumentation vor dem Obersten Gericht auf den Punkt: „Kastner hat nicht mehr und nicht weniger getan als wir alle, indem er diese Juden gerettet und nach Palästina gebracht hat ... Man darf es riskieren – eigentlich ist man sogar dazu verpflichtet, dieses Risiko einzugehen – viele zu verlieren, um einige zu retten ... Es war immer unsere zionistische Tradition, bei der Organisation der Emigration die wenigen aus den vielen herauszufiltern. Aber sind wir deshalb Verräter?"

Cohen gab offen zu: „Eichmann, der Vernichtungschef, wusste, dass die Juden sich friedlich verhalten und keinen Widerstand leisten würden, wenn er ihnen erlaubte, die prominenten Persönlichkeiten unter ihnen zu retten, dass der ‚Zug der Prominenten' auf Eichmanns Anweisung hin organisiert wurde, um die Ausrottung des ganzen Volkes zu erleichtern."

Doch Cohen behauptete beharrlich, dass: „es keinen Spielraum für irgendwelchen Widerstand gegen die Deutschen in Ungarn gab und dass Kastner die Schlussfolgerung ziehen konnte, dass es ihm, wenn alle Juden Ungarns in den Tod geschickt werden sollten, erlaubt ist, einen Zug zur Rettung von 600 Juden zu organisieren. Er ist nicht nur dazu berechtigt, er muss sogar entsprechend handeln."[27] Am 3. März 1957 wurde Kasztner erschossen. Zeev Eckstein wurde wegen des Mordes verurteilt und Joseph Menkes und Dan Shemer aufgrund des Geständnisses von Eckstein der Mittäterschaft für schuldig befunden. Eckstein behauptete, er sei ein Agent der Regierung und habe sich in eine zum rechten Flügel gehörende terroristische Gruppierung unter der Führung des bekannten rechtsgerichteten Extremisten Israel Scheib (Eldad) eingeschlichen.[28] Doch mit Kasztners Tod war die Sache nicht zu Ende. Am 17. Januar 1958 gab das Oberste Gericht seine Entscheidung im Fall Kasztner-Gruenberg bekannt.
Das Gericht hatte mit fünf zu null Stimmen entschieden, dass Kasztner bei seiner Aussage zugunsten von Oberst Becher einen Meineid geleistet hatte. Weiter kam es mit drei zu zwei Stimmen zu dem Schluss, dass sein Verhalten während des Krieges nicht als Kollaboration bezeichnet werden konnte. Das schlagkräftigste Argument für diese Entscheidung

---

27 Ebenda; S.194 f. sowie S.268.
28 Heimowitz, Yitzhak: *On the Kastner Case*; *Middle East and the West* (31. Januar 1958); S. 3; sowie: Mordechai Katz; *As I See It*; Ebenda (24. Januar 1958); S.3; und: Katz: *On Kastner and his Assassins*; Ebenda (7. Februar 1958); S.3.

legte Richter Shlomo Chesin dar: „Er hat die ungarischen Juden nicht vor der Gefahr, in der sie sich befanden, gewarnt, weil er nicht der Meinung war, dass dies nützlich wäre und weil er glaubte, dass jede Aktion, die aus dieser Information resultierte, mehr Schaden als Nutzen bringen würde ... Kastner hat die Situation klar beschrieben, als er sagte: ‚Der ungarische Jude war ein Zweig, der schon vor langer Zeit am Baum vertrocknet war.' Diese anschauliche Beschreibung deckt sich mit den Aussagen anderer Zeugen über die ungarischen Juden. ‚Das war eine große jüdische Gemeinde in Ungarn ohne jegliches ideologisches jüdisches Rückgrat' ... Die Frage ist nicht, ob ein Mann viele töten darf, um wenige zu retten oder andersherum. Die Frage liegt ganz woanders und sollte wie folgt lauten: Ein Mann weiß, dass eine ganze Gemeinde vor der Auslöschung steht. Er hat die Möglichkeit, etwas zu unternehmen, um einige davon zu retten, obwohl ein Teil seiner Bemühungen darin bestehen muss, die Wahrheit vor vielen zu verheimlichen. Oder sollte er den vielen lieber die Wahrheit sagen, obwohl er der Überzeugung ist, dass in diesem Falle alle sterben müssten? Ich denke, die Antwort ist klar. Welchen Nutzen brächte es, wenn das Blut auch der wenigen noch vergossen würde, wenn ohnehin alle sterben müssten?"[29]

Ein großer Teil der israelischen Öffentlichkeit weigerte sich, das neue Urteil zu akzeptieren. Wäre Kasztner noch am Leben gewesen, wäre die Arbeiter-Regierung in großen Schwierigkeiten gewesen. Nicht nur, dass er zugunsten Bechers einen Meineid geschworen hatte, zwischen dem ersten Verfahren gegen ihn und der Entscheidung des Obersten Gerichts hatte Tamir auch Beweise dafür gefunden, dass Kasztner ebenfalls im Fall von SS-Obersturmbannführer Hermann Krumey interveniert hatte. Während dieser in Nürnberg auf seinen Prozess wartete, schickte ihm Kasztner eine eidesstattliche Versicherung, in der er erklärte: „In einer Zeit, da Leben und Tod vieler von ihm abhingen, hat Krumey seine Pflichten in einem lobenswerten Geist guten Willens verrichtet."[30] In den 60er Jahren dann, während des Prozesses gegen Eichmann, erbot sich Andreas Biss auszusagen. Wegen seiner Beziehungen zu Kasztner hatte er mehr Kontakt zu Eichmann als irgendein anderer jüdischer Zeuge – 90 der 120 Zeugen hatten ihn noch nie gesehen – und es war klar, dass seine Aussage von großer Bedeutung sein würde. Es wurde ein Termin für sein Erscheinen vor Gericht fest-

---

29 Hecht: Perfidy; S.271.
30 Ebenda; S.199.

gesetzt, doch dann fand der Staatsanwalt Gideon Hausner heraus, dass Biss durch seine Aussage die Handlungen Kasztners rechtfertigen wollte. Hausner wusste, dass es, trotz der Entscheidung des Obersten Gerichts in diesem Fall, einen allgemeinen Aufschrei der Entrüstung gegeben hätte, wenn Biss versucht hätte, Kasztner zu verteidigen. Hausner wusste aus den Aufnahmen, die Sassen von den Gesprächen mit Eichmann gemacht hatte, wie Eichmann Kasztner beschreiben würde. Durch die Gefangennahme Eichmanns hatte Israel sehr an Prestige gewonnen und die Regierung wollte nicht, dass sich der Fokus bei diesem Prozess von Eichmann auf eine erneute Untersuchung der Aktivitäten der Zionisten während des Holocaust verschob. Biss sagte: „Hausner hatte nämlich von mir verlangt, unsere Budapester Aktion und vor allem das, was man in Israel die ‚Kasztner-Affäre' nannte, in meiner Aussage nicht zu erwähnen ..."[31] Biss weigerte sich und wurde als Zeuge verworfen.

Wer hat geholfen, die 450.000 Juden umzubringen?

Der Verrat eines einzelnen Zionisten an den Juden hätte keinerlei besondere Bedeutung gehabt: Keine Bewegung ist verantwortlich für die Taten Abtrünniger. Doch die Arbeiterzionisten betrachteten Kasztner nie als Verräter. Im Gegenteil, sie bestanden darauf, dass, wenn er schuldig wäre, sie es auch wären. Kasztner hat die Juden, die ihn als einen ihrer Führer sahen, ganz sicher verraten, auch wenn Richter Chesin anderer Meinung war: „Es gibt kein Gesetz, weder national noch international, das die Pflichten eines Führers gegenüber denen, die sich auf die Führung verlassen und die seinen Anweisungen folgen, in einer derartigen Notsituation festlegt."[32]

Doch der bei weitem wichtigste Aspekt der Kasztner-Gruenwald-Affäre lag darin, dass durch sie die Arbeitsphilosophie der WZO während der gesamten Nazizeit offen gelegt wurde: die Inkaufnahme des Verrats an vielen im Interesse einer selektiven Immigration nach Palästina.

---

31 Biss: *Der Stop der Endlösung;* S.301.
32 Hecht: *Perfidy;* S.272.

26. Die *Stern-Gruppe*

Bis zu Begins Wahlsieg 1977 taten die meisten pro-zionistischen Historiker den Revisionismus als eine fanatische Randgruppe des Zionismus ab. Ganz sicher war man sich, die extremistischere *Stern-Gruppe*, wie Abraham Sterns *Kämpfer für die Freiheit Israels* von ihren Gegnern genannt wurden, sei für Psychiater von größerem Interesse als für Politologen. Doch als Begin an die Macht kam, musste man seine Meinung zu ihm neu überdenken und als er Yitzhak Shamir zum Außenminister bestellte, obwohl dieser früher einer der Kommandeure der *Stern-Gruppe* gewesen war, nahm man es stillschweigend hin.

„Der historische jüdische Staat auf nationaler und totalitärer Grundlage"

In der Nacht vom 31. August auf den 1. September 1939 wurde die gesamte Führung der *Irgun*, einschließlich Abraham Stern, vom britischen CID verhaftet. Als er im Juni 1940 wieder entlassen wurde, fand Stern eine völlig neue politische Lage vor. Jabotinsky hatte inzwischen jedwede militärische Operationen gegen die Briten für die Dauer des Krieges abgesagt. Stern selbst war bereit, mit den Briten zusammenzuarbeiten, wenn London die Souveränität eines jüdischen Staates beiderseits des Jordan anerkannte. Bis dahin müsse der antibritische Kampf fortgesetzt werden. Jabotinsky wusste, dass nichts die Briten dazu bewegen würde, den Juden 1940 einen eigenen Staat zu gewähren und er sah die Schaffung einer erneuten jüdischen Legion innerhalb der britischen Armee als die Hauptaufgabe. Diese beiden Standpunkte waren nicht miteinander vereinbar und im September 1940 war die *Irgun* hoffnungslos gespalten: Die Mehrheit sowohl der Führung als auch der Basis schlossen sich Stern an und verließen die revisionistische Bewegung.

Bei ihrer Entstehung hatte diese neue Gruppierung bereits den Höhepunkt ihrer Stärke erreicht, denn als Sterns politische Pläne klarer hervortraten, kehrten viele Mitglieder zur *Irgun* zurück oder schlossen sich der britischen Armee an. Stern oder „Yair", wie er sich jetzt auf Hebräisch nannte (auch nach Eleazar Ben Yair, dem Anführer der Zeloten bei Masada im Aufstand gegen Rom), legte nun seine Pläne dar. Seine 18 Prinzipien beinhalteten einen jüdischen Staat in den Grenzen, wie in Genesis 15:18 beschrieben: „von dem Strom Ägyptens an bis an den großen Strom Euphrat", außerdem einen „Bevölkerungsaustausch" – ein Euphemismus für die Vertreibung der Araber – und schließlich den Bau eines „Dritten Tempels von Jerusalem".[1] Die *Stern-Gruppe* bildete zu diesem Zeitpunkt zwar die Mehrheit im militärischen Flügel des Revisionismus, war aber keineswegs für den jüdischen Mittelstand in Palästina repräsentativ, der hinter Jabotinsky stand. Der fanatische Aufruf zum Bau eines neuen Tempels war für die normalen Zionisten noch viel weniger attraktiv.

Der Krieg und seine Auswirkungen beschäftigten jedermann und die *Stern-Gruppe* begann, ihre einzigartige Position in Radioübertragungen aus dem Untergrund darzulegen. „Es gibt einen Unterschied zwischen einem Verfolger und einem Feind. Verfolger Israels gab es in allen Generationen und zu allen Zeiten unserer Diaspora, angefangen von Haman bis hin zu Hitler ... Die Quelle all unseres Leidens ist unser Verbleiben im Exil und das Fehlen einer Heimat sowie eines eigenen jüdischen Staates. Deshalb ist unser Feind der Fremde, der unser Land regiert und verhindert, dass das Volk in seine Heimat zurückkehrt. Der Feind sind die Briten, die das Land mit unserer Hilfe erobert haben und die jetzt hier bleiben, weil wir es zulassen und die uns verraten haben und unsere Brüder in Europa in die Hände des Judenverfolgers gegeben haben."[2]

Stern wandte sich von jeglichem Kampf gegen Hitler ab und träumte sogar davon, eine Guerilla-Truppe nach Indien zu schicken, um die dortigen Nationalisten in ihrem Kampf gegen die Briten zu unterstützen.[3] Er griff die Revisionisten an, weil sie die Juden in Palästina ermutigten, der britischen Armee beizutreten, wo man sie wie Truppen aus den Kolonien behandeln würde, „was soweit gehen würde, dass es ihnen nicht erlaubt wäre, die Waschräume der europäischen Soldaten mitzubenutzen".[4]

Sterns engstirniger Glaube, die einzige Lösung für die jüdische Katastrophe in Europa sei das Ende der britischen Herrschaft in Palästina, ließ für ihn nur einen logischen Schluss zu. Da sie mit ihren schwäch-

---

1 Cohen, Ursula: *Woman of violence, memoirs of a young terrorist, 1943-1948*; New York; Holt, Rinehart and Winston; 1966; S.232.
2 Sicker Martin: *Echoes of a Poet*; *American Zionist* (Februar 1972); S.32f.
3 Kanaan, Chaviv (als Teil einer Diskussion): *Germany and the Middle East 1835-1939*; S.165.
4 Jabotinsky, Eri: *A Letter to the Editor*; *Zionews* (27. März 1942); S.11.

lichen Truppen nicht in der Lage wären, die Briten zu schlagen, wandten sie sich auf der Suche nach Rettung ihren Feinden zu. Sie traten mit einem italienischen Agenten in Jerusalem in Kontakt, einem Juden, der für die britische Polizei arbeitete und im September 1940 entwarfen sie ein Abkommen, in dem Mussolini sich im Austausch dafür, dass Sterns Gruppe mit der italienischen Armee zusammenarbeiten würde, wenn sie das Land angriffe, zur Anerkennung des zionistischen Staates verpflichtete.[5] Es ist nicht klar, wie ernst Stern oder der italienische Agent diese Gespräche genommen haben. Stern befürchtete, dieses Abkommen könne Teil einer britischen Provokation sein.[6]

Sicherheitshalber schickte er Naftali Lubentschik nach Beirut, das zu diesem Zeitpunkt noch vom Vichy-Regime kontrolliert wurde, um direkt mit den Achsenmächten zu verhandeln. Über diese Verhandlungen mit Vichy oder den Italienern ist nichts bekannt, doch im Januar 1941 traf sich Lubentschik mit zwei Deutschen – Rudolf Rosen und Otto von Hentig, dem Philozionisten und damaligen Leiter des Orient-Referats des deutschen Außenministeriums. Nach dem Krieg wurde eine Kopie von Sterns Vorschlag für eine Allianz zwischen seiner Bewegung und dem Dritten Reich in den Akten der deutschen Botschaft in der Türkei entdeckt. Dieses „Ankara-Dokument" trug den Titel „Vorschlag der Nationalen Militärischen Organisation in Palästina (*Irgun Zewai Leumi*) betreffend der Lösung der jüdischen Frage Europas und der aktiven Teilnahme der N.M.O. am Kriege an der Seite Deutschlands". (Das „Ankara-Dokument" ist auf den 11. Januar 1941 datiert. Damals sahen sich die Stern-Leute noch als die „wahre" *Irgun*, sie entschieden sich erst später für die Bezeichnung „Kämpfer für die Freiheit Israels *–Lohamei Herut Yisrael*".) In diesem Dokument legte die *Stern-Gruppe* dar: „Die Evakuierung der jüdischen Massen aus Europa ist eine Vorbedingung zur Lösung der jüdischen Frage, die aber nur einzig möglich und endgültig durch die Übersiedlung dieser Massen in die Heimat des jüdischen Volkes, nach Palästina und durch die Errichtung des Judenstaates in seinen historischen Grenzen sein kann ...

Die N.M.O., der die wohlwollende Einstellung der deutschen Reichsregierung und ihrer Behörden zu der zionistischen Tätigkeit innerhalb

---

5 Cohen Izzy: *Zionism and Anti-Semitism*; (unveröffentlichtes Manuskript); S.3.
6 Interview des Autors mit Baruch Nadel, 17. Februar 1981.

Deutschlands und zu den Emigrationsplänen gut bekannt ist, ist der Ansicht, dass
1. eine Interessengemeinschaft zwischen den Belangen einer Neuordnung Europas nach deutscher Konzeption und den wahren nationalen Aspirationen des jüdischen Volkes, die von der N.M.O. verkörpert werden, bestehen können,
2. eine Kooperation zwischen dem Neuen Deutschland und einem erneuerten, völkisch-nationalen Hebräertum möglich wäre und
3. die Errichtung des historischen Judenstaates auf nationaler und totalitärer Grundlage, der in einem Vertragsverhältnis mit dem Deutschen Reich stünde, im Interesse der Wahrung und Stärkung der zukünftigen deutschen Machtpositionen im Nahen Orient sei.

Ausgehend von diesen Erwägungen tritt die N.M.O. in Palästina unter der Bedingung einer Anerkennung der oben erwähnten nationalen Aspirationen der Israelitischen Freiheitsbewegung seitens der Deutschen Reichsregierung an dieselbe mit dem Angebot einer aktiven Teilnahme am Kriege an der Seite Deutschlands heran. Das Angebot seitens der N.M.O. ... wäre gebunden an die militärische Ausbildung und Organisierung der jüdischen Manneskraft in Europa unter Leitung und Führung der N.M.O. in militärischen Einheiten und deren Teilnahme an Kampfhandlungen zum Zwecke der Eroberung Palästinas, falls eine entsprechende Front sich bilden sollte. Die indirekte Teilnahme der Israelitischen Freiheitsbewegung an der Neuordnung Europas, schon in ihrem vorbereitenden Stadium, im Zusammenhange mit einer positiv-radikalen Lösung des europäischen Judenproblems im Sinne der erwähnten nationalen Aspirationen des jüdischen Volkes, würde in den Augen der gesamten Menschheit die moralischen Grundlagen dieser Neuordnung ungemein stärken.

Die Stern-Gruppe hob nochmals hervor: ‚Die N.M.O. ist ihrer Weltanschauung und Struktur nach mit den totalitären Bewegungen Europas eng verwandt.'"[7] Lubentschik ließ von Hentig wissen, dass die Stern-Gruppe für den Fall, dass die Nazis politisch nicht gewillt sein sollten, die sofortige Schaffung eines zionistischen Staates in Palästina zu unterstützen, auch bereit wäre, an einer vorläufigen Lösung nach dem Madagaskar-Plan mitzuarbeiten. Die Idee jüdischer Kolonien auf die-

---

[7] *Grundzüge des Vorschlages der Nationalen Militärischen Organisation in Palästina (Irgun Zwei Leumi) betreffend der Lösung der jüdischen Frage Europas und der aktiven Teilnahme der NMO am Kriege an der Seite Deutschlands; in:* Yisraeli, David: *The Palestine Problem in German Politics 1889-1945*; Ramat Gan, Israel; Bar Ilan University; 1974; S.315-17 (Text im Anhang).

ser Insel war eine der ausgefalleneren Vorstellungen der europäischen Antisemiten vor dem Krieg gewesen, und nachdem man 1940 Frankreich besiegt hatte, wurde die Idee von den Deutschen als Teil ihrer Vision von einem deutschen Imperium in Afrika wieder belebt. Stern und seine Bewegung hatten den Madagaskar-Plan der Nazis diskutiert und waren zu dem Schluss gekommen, dass man ihn unterstützen sollte, genau wie Herzl einst 1903 das britische Angebot vorläufiger jüdischer Kolonien im kenianischen Hochland unterstützen wollte.[8]

Es gab keine Reaktion der Deutschen auf diese unglaublichen Vorschläge, doch dadurch ließen sich die Mitglieder der *Stern-Gruppe* nicht entmutigen. Im Dezember 1941, nachdem die Briten den Libanon eingenommen hatten, sandte Stern Nathan Yalin-Mor in die neutrale Türkei, wo er versuchen sollte, Kontakt mit den Nazis aufzunehmen. Unterwegs wurde er jedoch verhaftet. Danach gab es keine weiteren Versuche zur Kontaktaufnahme mit den Nazis. Sterns Plan war von Anfang an unrealistisch. Eine der grundlegenden Positionen der deutsch-italienischen Allianz bestand darin, dass der östliche Mittelmeerraum zum italienischen Einflussgebiet gehören würde. Außerdem fand im November 1941 ein Treffen zwischen Hitler und dem Mufti statt, in dem Hitler ihn wissen ließ, dass Deutschland zwar nicht offen die Unabhängigkeit arabischer Gebiete, die sich unter britischer oder französischer Kontrolle befanden, fordern konnte – vor allem, um das Vichy-Regime nicht zu verärgern, das immer noch Nordafrika kontrollierte –; dass die Deutschen aber, wenn sie den Kaukasus erst überschritten hätten, direkt weiter nach Palästina vorrücken und die dortigen zionistischen Siedlungen zerstören würden.

Es gibt noch mehr Argumente für Sterns Selbsteinschätzung als Verfechter des Totalitarismus. Ende der 30er Jahre war Stern einer der Anführer der Unzufriedenen unter den Revisionisten, die in Jabotinsky einen Liberalen mit moralischen Bedenken gegenüber dem Terror der *Irgun* gegen die Araber sahen. Stern war der Meinung, die einzige Rettung für die Juden bestünde darin, eine eigene zionistische Form des Totalitarismus zu entwickeln und einen klaren Schlussstrich unter die Beziehungen zu den Briten zu ziehen, die mit ihren Weißbüchern 1939 den Zionismus ohnehin verraten hatten. Er hatte gesehen, wie die WZO sich durch das *Ha'avara*-Abkommen bei den Nazis angebie-

---

8 Kanaan, Chaviv (als Teil einer Diskussion): *Germany and the Middle East 1835-1939*; S.165f.

dert hatte; er hatte gesehen, wie Jabotinsky sich mit Italien gut stellte und er selbst war maßgeblich an den Verhandlungen der Revisionisten mit den polnischen Antisemiten beteiligt. Doch Stern glaubte, dass all das nur halbherzige Aktionen gewesen waren. Stern gehörte zu den Revisionisten, die glaubten, die Zionisten und die Juden hätten Mussolini verraten und nicht umgekehrt. Die Zionisten hätten den Achsenmächten beweisen müssen, dass sie es ernst meinten, indem sie in direkten militärischen Konflikt zu den Briten traten, damit die totalitären Regimes den potentiellen militärischen Vorteil einer Allianz mit den Zionisten hätten sehen können. Stern argumentierte, man müsse sich, um zu gewinnen, sowohl mit den Faschisten als auch mit den Nazis verbünden, man könne nicht Geschäfte mit Petljura oder Mussolini machen und dann vor Hitler zurückschrecken.

Wusste Yitzhak Yzernitsky, der spätere Außenminister und danach Ministerpräsident Israels – oder Rabbi Shamir, um seinen *nom de guerre* zu verwenden – davon, dass seine Bewegung Adolf Hitler die Zusammenarbeit angeboten hatte? Inzwischen würden die Aktivitäten der *Stern-Gruppe* während des Krieges von einem, der sich der Bewegung erst nach dem Krieg angeschlossen hatte, als sie ihre Pro-Nazi-Einstellung bereits aufgegeben hatte, gründlich untersucht. Baruch Nadel ist sich vollkommen sicher, dass Yzernitsky-Shamir sich über Sterns Pläne völlig im Klaren gewesen ist: „Sie wussten es alle."[9]

Als Shamir zum Minister berufen wurde, konzentrierte sich die Meinung der Weltöffentlichkeit darauf, dass Begin sich für den Organisator zweier erfolgreicher Morde entschieden hatte: die Tötung von Lord Moyne, den britischen Staatsminister für den Nahen Osten, am 6. November 1944 und den Anschlag auf Graf Folke Bernadotte, den UN-Sondervermittler für Palästina, am 17. September 1948. Auf diese Weise verdrängten die Bedenken wegen seiner terroristischen Vergangenheit die viel groteskere Vorstellung, dass ein Möchtegern-Alliierter von Adolf Hitler im Staat der Zionisten an die Macht kommen konnte. Als Begin Shamir in sein Kabinett berief und Stern dadurch ehrte, dass er Briefmarken mit seinem Porträt ausgeben ließ, war er sich ihrer Vergangenheit voll bewusst. Es kann keinen besseren Beweis geben, dass das Erbe der geheimen Absprachen der Zionisten mit den Faschisten und den Nazis sowie die dem zugrunde liegende Philosophie bis ins moderne Israel zu spüren sind.

---

9 Interview mit Nadel.

ANHANG

Grundzüge des Vorschlages der Nationalen Militärischen Organisaton in Palästina (Irgun Zewai Leumi) betreffend der Lösung der jüdischen Frage Europas und der aktiven Teilnahme der N.M.O. am Kriege an der Seite Deutschlands

(1941)

Aus: David Yisraeli, The Palestine Problem in German Politics, 1889-1945, (Phd.), Bar Ilan University, Ramat Gan, Israel, 1974. Für eine englische Übersetzung bitte hier anklicken. Transkription und HTML-Markierung: Einde O'Callaghan für REDS – Die Roten. Weitere Quellen für den Wortlaut: Faksimile des Dokuments in: Burckhard Brentjes; Geheimoperation Nahost; Berlin; 2001; S. 87-91. (hiernach die Korrekturen) Es ist des Öfteren von den leitenden Staatsmännern des nationalsozialistischen Deutschlands in ihren Äußerungen und Reden hervorgehoben worden, dass eine Neuordnung Europas eine radikale Lösung der Judenfrage durch Evakuation vorausgesetzt („Judenreines Europa").

Die Evakuierung der jüdischen Massen aus Europa ist eine Vorbedingung zur Lösung der jüdischen Frage, die aber nur einzig möglich und endgültig durch die Übersiedlung dieser Massen in die Heimat des jüdischen Volkes, nach Palästina und durch die Errichtung des Judenstaates in seinen historischen Grenzen, sein kann. Das jüdische Problem auf diese Weise zu lösen und damit das jüdische Volk endgültig und für immer zu befreien ist das Ziel der politischen Tätigkeit und des jahrelangen Kampfes der Israelitischen Freiheitsbewegung, der Nationalen Militärischen Organisation in Palästina (Irgun Zewai Leumi).

Die N.M.O., der die wohlwollende Einstellung der deutschen Reichsregierung und ihrer Bebörden zu der zionistischen Tätigkeit innerhalb Deutschlands und zu den zionistischen Emigrationsplänen gut bekannt ist, ist der Ansicht, dass

1. eine Interessengemeinschaft zwischen des Belangen einer Neuordnung Europas nach deutscher Konzeption und den wahren nationalen Aspirationen des jüdischen Volkes, die von der N.M.O. verkörpert werden, bestehen können,

2. eine Kooperation zwischen dem Neuen Deutschland und einem erneuerten, völkisch-nationalen Hebräertum möglich wäre und

3. die Errichtung des historischen Judenstaates auf nationaler und totalitärer Grundlage, der in einem Vertragsverhältnis mit dem Deutschen Reiche stünde, im Interesse der Wahrung und Stärkung der zukünftigen deutschen Machtpositionen im Nahen Orient sei.

Ausgehend aus diesen Erwägungen tritt die N.M.O. in Palästina unter der Bedingung einer Anerkennung der oben erwähnten nationalen Aspirationen der Israelitischen Freiheitsbewegung seitens der Deutschen Reichsregierung an dieselbe mit dem Angebot einer aktiven Teilnahme am Kriege an der Seite Deutschlands heran. Dieses Angebot seitens der N.M.O., deren Tätigkeit auf das militärische, politische und informative Gebiet, in und nach bestimmten organisatorischen Vorbereitungen auch außerhalb Palästinas, sich erstrecken könnten, wäre gebunden an die militärische Ausbildung und Organisierung der jüdischen Manneskraft Europas, unter Leitung und

Führung der N.M.O. in militärischen Einheiten und deren Teilnahme an Kampfhandlungen zum Zwecke der Eroberung Palästinas, falls eine entsprechende Front sich bilden sollte. Die indirekte Teilnahme der Israelitischen Freiheitsbewegung an der Neuordnung Europas, schon in ihrem vorbereitenden Stadium, im Zusammenhange mit einer positiv-radikalen Lösung des europäischen Judenproblems im Sinne der erwähnten nationalen Aspirationen des jüdischen Volkes, würde in den Augen der gesamten Menschheit die moralischen Grundlagen dieser Neuordnung ungemein stärken.

Die Kooperation der Israelitischen Freiheitsbewegung würde auch in der Linie einer der letzten Reden des deutschen Reichskanzlers liegen, in der Herr Hitler betonte, dass er jede Kombination und Koalition benutzen werde um England zu isolieren und zu schlagen.

Kurzer Überblick über die Entstehung, das Wesen und die Tätigkeit der N.M.O. in Palästina.

Die N.M.O. ist zum Teil aus dem jüdischen Selbstschutz in Palästina und der Revisionistischen Bewegung (Neue Zionistische Organisation) hervorgegangen, mit der die N.M.O. durch die Person des Herrn V. Jabotinsky bis zu seinem Tode in einer losen Personalunion sich befand. Die pro-englische Haltung der Revisionistischen Organisation in Palästina, die eine Erneuerung der Personalunion unmöglich machte, führte im Herbst dieses Jahres zum vollkommenen Bruch zwischen ihr und der N.M.O. und zu einer darauf folgenden Spaltung der Rev. Bewegung. Das Ziel der N.M.O. ist die Errichtung des Judenstaates in seinen historischen Grenzen. Im Gegensatz zu sämtlichen zionistischen Strömungen, lehnt die N.M.O. die kolonisatorische Infiltration als das einzige Mittel zur Erschließung und allmählichen Besitzergreifung des Vaterlandes ab und erhebt zu ihrer Devise den Kampf und das Opfer als die einzig wahren Mittel zur Eroberung und Befreiung Palästinas. Durch ihren militanten Charakter und ihre anti-englische Einstellung ist die N.M.O. gezwungen, unter ständigen Verfolgungen seitens der englischen Verwaltung, ihre politische Tätigkeit und die militärische Ausbildung ihrer Mitglieder in Palästina im Geheimen auszuüben. Die N.M.O., deren Terroraktionen schon im Herbst des Jahres 1936 begannen, ist besonders im Sommer 1939, nach der Veröffentlichung des engl. Weißbuches, durch die erfolgreiche Intensivierung ihrer terroristischen Tätigkeit und Sabotage an englischem Besitz hervorgetreten. Diese Tätigkeit, sowie die täglichen geheimen Radiosendungen, sind ihrerzeit fast von der gesamten Weltpresse registriert und besprochen worden. Bis zum Kriegsbeginn unterhielt die N.M.O. selbständige politische Büros in Warschau, Paris, London und New York.

Das Büro in Warschau war hauptsächlich mit der militärischen Organisierung und Ausbildung der nationalen zionistischen Jugend betraut und stand in engem Kontakt mit den jüdischen Massen, die besonders in Polen den Kampf der N.M.O. in Palästina mit Begeisterung verfolgten und ihn auf jegliche Art unterstützten. In Warschau er-schienen zwei Zeitungen (Die Tat und Jerozolima wyzwolona), die der N.M.O. gehörten. Das Warschauer Büro unterhielt enge Beziehungen zu der ehemaligen polnischen Regierung und den militärischen Kreisen, die den Bestrebungen der N.M.O. größtes Interesse und Verständnis entgegenbrachten. So wurden während des Jahres 1939 ge-schlossene Gruppen der Mitglieder der N.M.O. aus Palästina nach Polen entsandt, wo sie in den Kasernen durch polnische Offiziere in ihrer militärischen Ausbildung vervollkommnet wurden. Die Verhandlungen, die zwischen der N.M.O. und der polnischen Regierung in Warschau, zwecks Aktivisierung und Konkretisierung ihrer Hilfe, geführt wurden und die aus den Archiven der ehemaligen poln. Regierung leicht zu ersehen sein werden, fanden durch den Kriegsbeginn ihr Ende. Die N.M.O. ist ihrer Weltanschauung und Struktur nach mit den totalitären Bewegungen Europas eng verwandt.

Die Kampffähigkeit der N.M.O. konnte zu keiner Zeit, weder durch rücksichtslosen Abwehrmaßnahmen seitens der englischen Verwaltung und der Araber, noch die der jüdischen Sozialisten, paralysiert oder ernstlich geschwächt werden.

Äußerung der Zionistischen Vereinigung für Deutschland zur Stellung der Juden im neuen deutschen Staat
Berlin W 15, den 21. Juni 1933, Meineckestraße 10

I.

Die Verhältnisse der Juden in Deutschland haben durch die Vorgänge und durch die Gesetzgebung der jüngsten Zeit eine Entwicklung genommen, die eine grundsätzliche Klärung des Problems wünschenswert und notwendig macht. Wir betrachten es als Verpflichtung der Juden, bei der Entwirrung des Problems zu helfen. Darum sei es uns gestattet, unsere Anschauungen vorzutragen, die nach unserer Meinung eine den Grundsätzen des neuen deutschen Staates der nationalen Erhebung entsprechende Lösung ermöglichen und zugleich für die Juden eine Regelung ihrer Lebensverhältnisse bedeuten könnten. Diese Anschauungen sind auf einer Auffassung der historischen Entwicklung der Stellung der Juden in Deutschland begründet, die hier - einleitend - angedeutet sein mag.

II.

Geschichtlicher Rückblick

Die Ende des 18., Anfang des 19. Jahrhunderts beginnende Emanzipation der Juden war auf dem Gedanken aufgebaut, die Judenfrage sei dadurch zu lösen, daß die Staatsnation die in ihrer Mitte lebenden Juden aufsaugt. Diese auf den Ideen der französischen Revolution beruhende Auffassung sah nur das Individuum, den einzelnen, frei im Raum schwebenden Menschen, ohne die Bindungen von Blut und Geschichte und die seelische Sonderart zu beachten. Demgemäß verlangte der liberale Staat von den Juden die Assimilation an die nichtjüdische Umwelt. Taufe und Mischehe wurden im politischen und im Wirtschaftsleben begünstigt. So kam es, daß zahlreiche Menschen jüdischer Abstammung die Möglichkeit fanden, wichtige Positionen einzunehmen und als Repräsentanten deutscher Kultur und deutschen Lebens aufzutreten, ohne daß ihre Zugehörigkeit zum Judentum in Erscheinung trat.

Es entstand so ein Zustand, der heute im politischen Gespräch als „Verfälschung des Deutschtums" und als „Verjudung" bezeichnet wird. Die Juden erkannten anfangs diese Problematik gar nicht, da sie an eine individualistische und formalrechtliche Lösung der Judenfrage glaubten. Erst der Zionismus (seit 1897) war es, der den Juden das Wesen der Judenfrage erschloß. Die zionistische Erkenntnis hat es den Juden auch ermöglicht, den Antisemitismus, der bis dahin von ihnen nur apologetisch bekämpft wurde, zu verstehen: Als tiefe Ursache des Antisemitismus wurde die ungelöste Judenfrage erkannt; daher müsse eine konstruktive Lösung der Judenfrage in Angriff genommen werden. Hierfür wird eine wohlwollende Unterstützung der nichtjüdischen Welt angestrebt.

Der Zionismus

Der Zionismus täuscht sich nicht über die Problematik der jüdischen Situation, die vor allem in der anormalen Berufsschichtung und in dem Mangel einer nicht in der eigenen Tradition verwurzelten geistigen und sittlichen Haltung besteht. Der Zionismus erkannte schon vor Jahrzehnten, daß als Folge der assimilatorischen Entwicklung Verfallserscheinungen eintreten mußten, die er durch die Verwirklichung seiner, das jüdische Leben von Grund aus ändernden Forderung zu überwinden sucht. Wir sind der Ansicht, daß eine den nationalen Staat wirklich befriedigende Antwort auf die Judenfrage nur herbeigeführt werden kann, wenn die auf gesellschaftliche, kulturelle und sittliche Erneuerung der Juden hinzielende jüdische Bewegung dabei mitwirkt, ja, daß eine solche nationale Erneuerung erst die entscheidenden sozialen und seelischen Voraussetzungen für alle Regelungen schaffen muß. Der Zionismus glaubt, daß eine Wiedergeburt des Volkslebens, wie sie im deutschen Leben durch Bindung an die christlichen und nationalen Werte erfolgt, auch in der jüdischen Volksgruppe vor sich gehen müsse. Auch für den Juden müssen Abstammung, Religion, Schicksalsgemeinschaft und Artbewußtsein von entscheidender Bedeutung für seine Lebensgestaltung sein. Dies erfordert Überwindung des im liberalen Zeitalter entstandenen egoistischen Individualismus durch Gemeinsinn und Verantwortungsfreudigkeit.

III.
Vorschläge

Unsere Auffassung vom Wesen des Judentums und von unserer wahren Stellung unter den europäischen Völkern gestattet uns, Vorschläge über die Regelung der Verhältnisse der Juden im neuen deutschen Staat zu machen, die nicht Erwägungen zufälliger Interessenkonstellationen sind, sondern die eine wirkliche, den deutschen Staat befriedigende Lösung der Judenfrage anbahnen. Dabei haben wir nicht die Interessen einzelner Juden im Auge, die durch die tiefgreifende Umgestaltung Deutschlands ihre wirtschaftlichen und sozialen Positionen verloren haben.

Worum es uns geht, ist die Schaffung einer Lebensmöglichkeit für die Gesamtheit unter Wahrung unserer Ehre, die uns das höchste Gut ist. Wir wollen auf dem Boden des neuen Staates, der das Rassenprinzip aufgestellt hat, unsere Gemeinschaft in das Gesamtgefüge so einordnen, daß auch uns, in der uns zugewiesenen Sphäre, eine fruchtbare Betätigung für das Vaterland möglich ist. Wir glauben, daß gerade das neue Deutschland durch einen kühnen Entschluß in der Behandlung der Judenfrage einen entscheidenden Schritt zur Überwindung eines Problems tun kann, das in Wahrheit von den meisten europäischen Völkern behandelt werden muß, auch von solchen, die in ihrer außenpolitischen Stellungnahme heute die Existenz eines solchen Problems in ihrer eigenen Mitte leugnen.

Verhältnis zum deutschen Volk

Unser Bekenntnis zum jüdischen Volkstum stellt ein reines und aufrichtiges Verhältnis zum deutschen Volk und seinen nationalen und blutmäßigen Gegebenheiten her. Gerade weil wir diese Grundlage nicht zu verfälschen wünschen, weil auch wir gegen Mischehe und für Reinerhaltung der jüdischen Art sind und Grenzüberschreitungen auf kulturellem Gebiet ablehnen, können wir, in deutscher Sprache und Kultur erzogen, mit Bewunderung und innerer Anteilnahme an den Werken und Werten deutscher Kultur teilnehmen.

Nur die Treue zur eigenen Art und Kultur gibt Juden die innere Festigkeit, die eine Verletzung des Respektes vor den nationalen Gefühlen und Imponderabilien des deutschen Volkstums verhindert, und die Einwurzelung im eigenen Seelentum bewahrt den Juden davor, zum wurzellosen Kritiker der nationalen Grundlagen des deutschen Wesens zu werden.

Die vom Staat gewünschte völkische Distanzierung würde auf diese Weise zwanglos als Ergebnis einer organischen Entwicklung herbeigeführt. So kann das hier gekennzeichnete bewußte Judentum, in dessen Namen wir sprechen, sich dem deutschen Staatswesen einfügen, weil es innerlich unbefangen und frei ist von dem Ressentiment, das assimilierte Juden bei der Feststellung ihrer Zugehörigkeit zum Judentum, zur jüdischen Rasse und Vergangenheit empfinden müssen. Wir glauben an die Möglichkeit eines ehrlichen Treueverhältnisses zwischen einem artbewußten Judentum und dem deutschen Staat.

IV.
Auswanderung

Diese Darstellung wäre unvollständig, würden wir nicht noch einige Bemerkungen über das wichtige Problem der jüdischen Auswanderung hinzufügen. Die Lage der Juden zwischen den Völkern und die zeitweise vor sich gehende Ausschaltung aus Berufskategorien und wirtschaftlichen Erwerbsmöglichkeiten sowie die Sehnsucht nach Normalisierung der Lebensbedingungen zwingt viele Juden zur Auswanderung.

Der Zionismus will die Auswanderung der Juden nach Palästina so gestalten, daß dadurch eine Entlastung der jüdischen Position in Deutschland erfolgt. Der Zionismus hat sich nicht damit begnügt, lediglich eine theoretische Auffassung von der Judenfrage zu erzeugen, sondern er hat praktisch eine Normalisierung des jüdischen Lebens durch Gründung einer neuen nationalen Siedlung der Juden in Palästina, in ihrem alten Stammland, eingeleitet. Dort sind heute schon etwa 230.000 Juden in einem normal geschichteten Gemeinwesen zur Ansiedlung gebracht worden. Die Grundlage der jüdischen Siedlung bildet die Landwirtschaft. Alle Arbeiten, landwirtschaftliche, handwerkliche und industrielle, werden durch jüdische Arbeiter, die von einem neuen idealistischen Arbeitsethos beseelt sind, ausgeführt. Die Palästinabewegung ist von der deutschen

Regierung stets gefördert worden; es ist sicher, daß die Bedeutung Palästinas für das deutsche Judentum ständig wächst.

Für seine praktischen Ziele glaubt der Zionismus auch die Mitwirkung einer grundsätzlich judengegnerischen Regierung gewinnen zu können, weil es sich in der Behandlung der jüdischen Frage nicht um Sentimentalitäten, sondern um ein reales Problem handelt, an dessen Lösung alle Völker, und im gegenwärtigen Augenblick besonders das deutsche Volk, interessiert sind.

Die Verwirklichung des Zionismus könnte durch ein Ressentiment von Juden im Ausland gegenüber der deutschen Entwicklung nur geschädigt werden, Boykottpropaganda – wie sie jetzt vielfach gegen Deutschland geführt wird – ist ihrer Natur nach unzionistisch, da der Zionismus nicht bekämpfen, sondern überzeugen und aufbauen will.

V.

Außenpolitische Folgen

Wir glauben, daß die hier vorgeschlagene Regelung der jüdischen Frage für das deutsche Volk wichtige Vorteile mit sich brächte, die auch außerhalb der deutschen Grenzen fühlbar wären. Der Volkstumsgedanke, der für das über die ganze Welt verbreitete deutsche Volk (Auslandsdeutschtum) so wichtig ist, würde hier durch einen staatsmännischen Akt des neuen Deutschland eine entscheidende Vertiefung und Festigung erfahren.

Millionen Juden leben als nationale Minderheiten in verschiedenen Ländern. Bei den Verhandlungen über Minderheitenschutz bei Beendigung des Krieges sind die von jüdisch-nationaler Seite vorbereiteten Formulierungen und Gedankengänge weitgehend von allen Staaten angenommen worden; sie haben zu Bestimmungen geführt, auf Grund deren heute auch deutsche Minderheiten ihre Rechte geltend zu machen pflegen. Unter Berücksichtigung der starken Interessengemeinschaften der nationalen Minderheiten, die wiederholt zum Ausdruck gekommen sind, und die gewiß in ganz anderer Weise in die Erscheinung treten würden, wenn die Stellung der Juden in Deutschland durch Anerkennung ihrer Sonderart geregelt wird, kann die Politik der deutschen Volksteile in der ganzen Welt eine nachdrückliche Förderung erfahren. Diese Förderung liegt nicht nur in der ideellen Verstärkung der Geltung der vom Herrn Reichskanzler in seiner Rede vom 17. Mai proklamierten Grundsätze des Volkstums, sondern kann sich auch in unmittelbarer Kooperation zwischen den Minderheiten verschiedener Länder zeigen.

Wir sind der Tatsache gegenüber, daß eine Judenfrage existiert und weiter existieren wird, nicht blind. Aus der anormalen Situation der Juden ergeben sich für sie schwere Nachteile, aber auch für die übrigen Völker schwer tragbare Verhältnisse. Unsere hier vorgetragenen Äußerungen beruhen auf der Überzeugung, daß die deutsche Regierung bei der Lösung des Judenproblems in ihrem Sinne volles Verständnis für eine mit den Staatsinteressen im Einklang stehende, offene und klare jüdische Haltung haben wird.

Interview in der von Joseph Goebbels herausgegebenen Zeitschrift «Der Angriff», 23.12.1935, mit Georg Kareski («Staatszionistische Organisation»)

REINLICHE SCHEIDUNG SEHR ERWÜNSCHT

Wiedergegeben bei Klaus J. Herrmann: Das Dritte Reich und die deutsch-jüdischen Organisationen 1933-1934, S. 9-11, Köln/Berlin/Bonn/München 1969, Schriftenreihe der Hochschule für Politische Wissenschaften München, Neue Folge, Heft 4

Die Nürnberger Gesetze erfüllen auch alte zionistische Forderungen

Berlin, 23. Dezember.

Die Juden sind sich durchaus nicht so einig - wie die internationale Hetzpresse es darzustellen versucht - über die Frage, ob die deutsche Judengesetzgebung, die mit den Nürnberger Gesetzen ihre Lösung gefunden hat, abzulehnen sei oder nicht. Im Gegenteil, es gibt eine erhebliche Anzahl unter ihnen, die die Existenz einer jüdischen Sonderrasse durchaus nicht leugnen und auf Grund dieser Erkenntnis behandelt werden und selbst handeln wollen. Der „Angriff" hält es für seine Pflicht, dies einmal festzuhalten, damit die Hinfälligkeit ausländischer Vorwürfe gegen das neue Deutschland offenkundig wird. Wir geben deshalb einer sehr interessanten Unterredung eines deutschen Schriftleiters mit dem Präsidenten der Staatszionistischen Organisation, Georg Kareski Berlin, Raum, die mit Genehmigung der für die Überwachung der kulturellen Betätigung der Juden in Deutschland zuständigen Reichsbehörde stattfand. Kareski, der in der zionistischen Bewegung eine international bekannte Persönlichkeit ist und auch soeben zum verantwortlichen Leiter des Reichsverbandes jüdischer Kulturbünde ernannt wurde, äußerte sich hierbei auf eine Reihe im Zusammenhang mit den Nürnberger Gesetzen stehenden Fragen wie folgt:

1. Frage:
Es ist Ihnen bekannt, Herr Direktor Kareski, daß unser Führer und Reichskanzler bei der Begründung der Nürnberger Gesetze der Erwartung Ausdruck gegeben hat, daß durch diese einmalige säkulare Lösung vielleicht doch eine Ebene geschaffen werden kann, auf der es dem deutschen Volke möglich wird, ein erträgliches Verhältnis zum jüdischen Volk finden zu können. Sie sind als führende Persönlichkeit der staatszionistischen Bewegung stets für eine scharfe Trennung zwischen deutschem und jüdischem Volkstum auf der Basis gegenseitiger Achtung eingetreten.

Antwort:
Das ist richtig. Ich habe seit vielen Jahren eine reinliche Abgrenzung der kulturellen Belange zweier miteinander lebender Völker als Voraussetzung für ein konfliktloses Zusammenleben angesehen und bin für eine solche Abgrenzung, die den Respekt vor dem Bereich eines fremden Volkstums zur Voraussetzung hat, seit langem eingetreten.

JUDENSCHULE LÄNGST GEFORDERT

2. Frage:
Darf ich Sie bitten, mir Ihre Ansichten über die auf Grund der Nürnberger Gesetze geschaffene Situation für das kulturelle Eigenleben der Juden in Deutschland darzulegen?

Antwort:
Die Nürnberger Gesetze vom 15. September 1935 scheinen mir, von ihren staatsrechtlichen Bestimmungen abgesehen, ganz in der Richtung auf diese Respektierung des beiderseitigen Eigenlebens zu liegen. Namentlich, wenn die bereits kurz vorher angekündigte Neuordnung des Volksschulwesens mit in Betracht gezogen wird. Die jüdische Schule ist eine alte politische Forderung meiner Freunde, weil sie für die Erziehung des seiner Art und Tradition bewußten jüdischen Menschen ganz einfach unentbehrlich ist.

3. Frage:
Bestanden nicht schon bisher in großem Umfang in Deutschland jüdische Schulen?

Antwort:
Vor dem 30. Januar 1933 ging nur eine Minderheit jüdischer Schüler in jüdische Schulen. Die Entwicklung der jüdischen Schule litt einmal unter der Abneigung vieler meiner jüdischen Volksgenossen, ihre Kinder aus dem allgemeinen leben ihrer Umgebung auszusondern, sodann aber auch unter der Kostenfrage. Während der Unterricht an den allgemeinen Volksschulen unentgeltlich war, mußten Gemeinden oder andere Schulpatronate die gesamten Kosten der Schule selbst aufbringen. Nach dem 30. Januar 1933 ist die Zahl der jüdischen Schüler erheblich gewachsen, jedoch gibt es immerhin noch Tausende jüdischer schulpflichtiger Kinder (in Berlin schwanken die Schätzungen zwischen 3000 bis 4000), welche die allgemeinen Volksschulen besuchen und infolgedessen einer intensiven jüdischen Erziehung entbehren. Der Aufbau dieses umfassenden jüdischen Schulwerks, wenn es wirklich auf eine jüdische Erziehung Wert legt und sich nicht darauf beschränkt, daß jüdische Lehrer jüdische Schüler in allgemeinen Wissensgebieten unterrichten, muß die Grundlage für eine artgemäße Erwachsenenbildung abgeben.

PFLEGE EINER SPEZIFISCH JÜDISCHEN KULTUR

4. Frage:
Und von wem und von welcher Organisation soll diese Erwachsenenbildung durchgeführt werden? Bestehen hier schon irgendwelche Forderungen, Pläne oder organisatorische Ansätze?

Antwort:
Nach dem Umbruch ist die auch früher vorhandene Zahl jüdischer Bildungsmöglichkeiten wesentlich vermehrt worden. Es kann sogar vielleicht von einer gewissen Überzahl solcher Institutionen gesprochen werden, deren Zusammenfassung für die Wirkung nur nützlich sein könnte. Eine solche Zusammenfassung ist jetzt durch die Schaffung des Reichsverbandes jüdischer Kulturbünde erfolgt. Sie wird, ohne die Vielseitigkeit der Bildungsmöglichkeiten zu beeinträchtigen, eine bessere Rationalisierung ermöglichen und Überschneidungen verhindern
können.

5. Frage:
Welchen Inhalt wird denn diese spezifisch jüdische Erwachsenenbildung haben?

Antwort:
Diese Institutionen müssen den Juden in Deutschland Ersatz schaffen für das, was beispielsweise in den Volkshochschulen ihnen früher zugänglich war; darüber hinaus aber und, wie ich glaube, sogar in erster Linie, den Hörern jüdisches Kulturgut vermitteln. Auch jüdische Theatervorstellungen dürfen nicht einfach eine Nachahmung des üblichen Theaters, wenn auch mit jüdischen Schauspielern und jüdischen Zuschauern, darstellen, sondern sie müssen bei der Auswahl der aufzuführenden Stücke, ohne die Kulturgüter anderer Völker etwa grundsätzlich auszuschließen, solche Werte bevorzugen, die von jüdischen Autoren geschaffen sind oder deren Stoffgebiete jüdischem Empfinden nahe stehen.

6. Frage:
Stehen Ihnen denn für diese Kulturarbeit im jüdischen Volkstum genügend Kräfte zur Verfügung?

Antwort:
Ich glaube, daß unter den gegebenen Umständen sich schöpferische Kräfte in stärkerem Maße als bisher zeigen werden. Für die künstlerische Wiedergabe stehen sicherlich genügend Kräfte zur Verfügung, wenn, wie es jetzt nach der organisatorischen Zusammenfassung aller jüdischer Künstler im Kulturbund der Fall sein wird, ein ausreichender Überblick möglich ist. Ich möchte allerdings keinen Zweifel darüber lassen, daß ich künstlerische Gesichtspunkte nicht losgelöst von jüdisch-völkischen Gesichtspunkten gelten lassen würde. Ich glaube, daß gerade der sein eigenes Volkstum restlos bejahende Deutsche Verständnis dafür haben wird, wenn das jüdische Volk lieber ein Minus an künstlerischer Leistung in Kauf zu nehmen bereit ist, als einen Verlust an Würde und Selbstachtung, wie er entstehen würde, wenn man für kulturelles Schaffen sich solcher Kräfte bedienen würde, die der eigenen jüdischen Art bisher nicht die erforderliche Achtung entgegengebracht haben.

MISCHEHEN AUCH EINE JÜDISCHE SORGE

7. Frage:
Es ist Ihnen, Herr Direktor Kareski, als gutem Kenner der nationalsozialistischen Ideengänge bekannt, daß nach deutscher Auffassung die eheliche Gemeinschaft zweier Menschen eine hohe sittliche Aufgabe und auch ein kulturelles Element ersten Ranges bedeutet. Das Verbot von Mischehen hat daher, ganz abgesehen von der rassenpolitischen Bedeutung, auch in kultureller Hinsicht einen wichtigen Aspekt. Was haben Sie hierzu vom jüdisch-völkischen Standpunkt aus zu sagen?

Antwort:
Die ungeheure Bedeutung eines gesunden Familienlebens bedarf auf jüdischer Seite keiner Erläuterung. Wenn das jüdische Volk sich zwei Jahrtausende nach dem Verlust seiner staatlichen Selbständigkeit trotz fehlender Siedlungsgemeinschaft und sprachlicher Einheit bis heute erhalten hat, so ist dies auf zwei Faktoren zurückzuführen: Seine Rasse und die starke Stellung der Familie im jüdischen Leben. Die Lockerungen dieser beiden Bindungen in den letzten Jahrzehnten waren auch auf jüdischer Seite Gegenstand ernster Sorge. Die Unterbrechung des Auflösungsprozesses in weiten jüdischen Kreisen, wie er durch die Mischehe gefördert wurde, ist daher vom jüdischen Standpunkt rückhaltlos zu begrüßen. Für die Schaffung eines jüdischen Staatswesens in Palästina behalten diese beiden Faktoren, Religion und Familie, eine entscheidende Bedeutung.

8. Frage:
Die Auffassung der maßgeblichen staatlichen Stellen in Deutschland, daß eine grundsätzliche Diffamierung des jüdischen Volkstums als Ganzes der deutschen Rassengesetzgebung und dem deutschen Volkscharakter fern liegt, ist Ihnen bekannt. Wirkliche kulturelle Leistungen von jüdischer Seite werden, wenn erst das Überwuchern fremden Geistes in Deutschland überall überwunden ist, sicher wieder vorurteilslos gewürdigt werden können, wenn sie auf Interesse stoßen und auf jede Tarnung, die in Deutschland mit Recht als charakterlos empfunden wird, verzichten. Glauben Sie, daß die sich aus der vollzogenen reinlichen Scheidung der bei den Kulturkreise ergebenden Grenzen nun in Zukunft auch von jüdischer Seite aus respektiert werden?

Antwort:
Die jüdisch-national empfindenden Kreise haben auch früher schon den mangelnden Respekt vor dem Kulturbereich anderer Völker, auch des deutschen Volkes, bekämpft. Die durch sichtbare Regierungsmaßnahmen eröffnete Möglichkeit eines kulturellen Eigenlebens der Juden in

Deutschland wird über diesen Kreis hinaus alle verantwortungsbewußten Juden zur Respektierung der Grenzen völkischen Eigenlebens veranlassen. Der jüdische Conferencier von ehemals, der ernsteste Dinge eigenen und fremden Volkstums in den Schmutz zog, dürfte seine Rolle im jüdischen Leben unserer Tage ausgespielt haben. Es wird auch in jüdischen Kreisen sicherlich nicht mehr als tragbar empfunden werden, daß z. B. getaufte oder ungetaufte jüdische Redakteure ausgerechnet über Wahlen in christlichen Kirchengemeinden geschrieben haben. Dieses für alle Beteiligten unerfreuliche Kapitel dürfte für alle Zeiten nunmehr als abgeschlossen gelten können, um so mehr, als nach meiner Ansicht die natürliche Entwicklung der Dinge in Zukunft zu einem immer stärkeren Hervortreten derjenigen Kräfte und Ideen des jüdischen Volkes führen muß, die fest im jüdischen Volkstum wurzeln.

Sicherheitsdienst des RFSS
SD-Hauptamt

Palästinareise - Bericht

G II 112
26-3
Hg/Pi

Bericht

Betr.: Bericht über die Palästina-Ägypten-Reise von SS-U`Stuf. Eichmann und St-O`Scharf. Hagen.
Vorg.: Hies. GKDS Nr. 961/57 vom 17.06.37

Anliegend wird mit der Bitte um Kenntnisnahme der Bericht über die Reise von SS-U`Stuf. Eichmann und St-O`Scharf. Hagen nach Palästina und Ägypten vorgelegt.

Vorschlag:

Wie der Aufenthalt der Genannten in Ägypten gezeigt hat, sind in diesem Lande große und erfolgversprechende Möglichkeiten für den Aufbau eines den gesamten Vorderen Orient umfassenden Nachrichtennetzes gegeben. Es wird deshalb vorgeschlagen zu erwägen, ob nicht sprachkundige SD-Männer als Gehilfen in die dortigen DNB-Agenturen eingebaut werden könnten.

Die in dieser Richtung mit dem dortigen Leiter der DBN-Agenturen geführten Aussprachen ergaben, daß beide einen solchen Plan für durchführbar halten.

Sollte sich eine solche Regelung ermöglichen lassen und bewähren, ließe sich dieses System beim Einverständnis des Deutschen Nachrichtenbüros auf alle ausländischen Agenturen übertragen.

Hg/Pi
Berlin, den 4.November 1937

Betr.: Bericht über die Palästina-Ägyptenreise von SS-Hptscharf.
Eichmann und St-O`Scharf. Hagen

I. Verlauf der Reise

Die mit Genehmigung des Gruppenführers unternommene Reise wurde am 26.9.37 um 8.50 Uhr angetreten. Die Reise führte über Polen und Rumänien. Vom Hafen Constanta ab wurde die Reise mit dem Dampfer „Romania" am 28.9.37 0 Uhr fortgesetzt. Es wurden die Häfen Stambul, Piräus, Beyruth und Haifa berührt. In Haifa trafen wir am 2.10. 18 Uhr ein und trafen uns am gleichen und am folgenden Tage, wie in Deutschland verabredet, mit dem DNB-Vertreter von Jerusalem, Dr. Reichert, mit dem ein Treffen mit dem Zuträger Polkes in Kairo vereinbart wurde.

Eine sofortige Rücksprache mit Polkes war deshalb nicht möglich, weil er bei den kurz vorher ausgebrochenen Unruhen beteiligt war.

Der Dampfer lief am 3.10. vom Hafen Haifa aus und am 4.10. 9 Uhr in Alexandria ein. Wir hielten uns drei Tage in Alexandria auf und wohnten in der Privatwohnung des ägyptischen Rechtsanwaltes Henri Arcache, dessen Bekanntschaft wir auf der Reise gemacht hatten. Neben einer allgemeinen informatorischen Tätigkeit, wobei u.a. auch die Bekanntschaft des Hauptschriftleiters der französisch-sprachigen in Alexandrien erscheinenden Zeitung „La Reforme" gemacht wurde, konnten persönliche Beziehungen angeknüpft werden.

Die Reise wurde am 7.10. mit dem Zug nach Kairo fortgesetzt. In Kairo nahmen wir Wohnung in dem italienischen Hotel „Norandi". Wir begaben uns am gleichen Tage in das Büro des DNB-Vertreters von Ägypten, Gentz, Rue de Baehler,2, und trafen außerdem einen Herrn Bormann, einen Bekannten von Herrn Reichert. Bormann hat uns während des ganzen Aufenthaltes in Kairo zur Verfügung gestanden und uns in unserer Arbeit unterstützt. Von Herrn Gentz bezogen wir alle erforderlichen politischen Informationen. Außerdem konnten wir über ihn telefonisch mit Herrn Dr. Reichert in Jerusalem in Verbindung treten. Am 10. und 11. hatten wir, wie in Haifa verabredet, eine Aussprache mit dem Zuträger Polkes, die ohne irgendwelche Schwierigkeiten oder Zwischenfälle verlief.

Am 12., 13. und 14. bemühten wir uns um den Erhalt eines Visums für die Einreise nach Palästina, wo wir mit Dr. Reichert zusammentreffen wollten. Das Visum wurde uns nicht erteilt, wahrscheinlich wegen der am 15.10. ausgebrochenen Unruhen in Palästina.

Am 15. vermittelte uns Herr Gentz eine Zusammenkunft mit Herrn Ehmann, dem Direktor der Deutschen Schule, der uns sehr wichtige Aufschlüsse über das kulturelle Leben gab.

Am 16.10. besuchten wir unter Führung von Herrn Ehmann die Deutsche Schule und unterrichteten uns gleichzeitig über die Erfolge der deutschen Schularbeit in Ägypten.

Am 17. und 18. trafen wir uns mit Dr. Reichert, Jerusalem, in Kairo und informierten ihn über unsere Aussprache mit Polkes, daß er dauernd Verbindung zu ihm unterhalten und uns die Informationen von diesem übermitteln sollte. Außerdem übergab er uns Briefe und Aktenstücke für die gesondert besprochenen von ihm erhaltenen Informationen.

Wir verließen Kairo am 19.10. 6.45 Uhr mit dem Zug nach Alexandrien. Infolge Verspätung des Dampfers nahmen wir noch einmal Wohnung bei unserem Bekannten Henri Arcache und verließen schließlich Alexandrien am 20.10. 11.30 Uhr mit dem italienischen Dampfer „Palestina". Am 21. wurde Rhodos berührt, am 22. Piräus.

Der Dampfer lief am 23.10. 23 Uhr in Brindisi ein, wo wir übernachten mußten. Die Weiterfahrt erfolgte am 24.10. 8.43 Uhr. Am 25.10. 11.20 Uhr wurde die Schweizer Grenze passiert, am gleichen Tage um 19 Uhr die österreichische bei St. Magareten, um 21 Uhr trafen wir in Lindau ein. Da keine Zugverbindung mehr nach München ging, mußten wir auch hier übernachten. Die Weiterfahrt erfolgte am 26.10. 6.07 Uhr nach München, wo wir um 10 Uhr eintrafen.

Vom O.A. Süd aus benachrichtigten wir das Hauptamt von unserer Rückkunft und fuhren um 12 Uhr von München ab. Um 23 Uhr trafen wir in Berlin-Anhalter Bahnhof ein.

.....

III Unterredung mit Polkes

Da in Anbetracht der politischen Lage Palästinas eine Unterredung mit dem jüdischen Zuträger Polkes in diesem Lande naturgemäß auf Schwierigkeiten gestoßen wäre, fand dieselbe durch Vermittlung des DNB-Vertreters, Dr. Reichert, am 10. und 11.10 1937 in Kairo statt, wo als Treffpunkt das Cafèhaus „Gropi" vereinbart wurde. Nachdem Polkes bereits mit seinem Berliner Besuch bekannt war, konnte gleich zum Thema übergegangen werden.

1) Fall Gustloff.

Seine Bemerkung anlässlich seines seinerseitigen Berliner Aufenthaltes, daß die Behörden des Reiches bezüglich der Nachforschung über die Hintermänner des Mordes an Gustloff auf „Holzwegen" seien, ließ erkennen, daß Polkes hierüber genauer informiert sein muß. Er wurde deshalb auch von uns darüber befragt. Im Laufe des Gesprächs versuchte er sich, auszureden, wie „die Alliance Israélite Universelle" sei eine Bande von harmlosen Schafen u.ä.m., wurde schließlich aber bestimmter und erklärte, daß die Hintermänner in den anarchistischen Kreisen zu suchen wären. Personen wollte er nicht nennen, er erklärte jedoch, daß ein Nachforschen in den Pariser Kossakenlokalen in der Rue Wagram Erfolge zeitigen werde und nannte hierbei auch die Stelle Adler in Niza, als eines der Zentren der Zusammenarbeit des deuxième Bureau und der Kominternspionage.

Polkes, der von uns über Dr. Reichert monatlich £ 15/- bekommt, versprach sich über die Tätigkeit der „Allianca Israélite Universelle" bezüglich des Mordfalls Gustloff genauestens zu informieren und uns hierüber Material zukommen zu lassen. Er versprach dies in 14 Tagen zu erledigen. Durch die inzwischen in Palästina ausgebrochenen Unruhen konnte dieser Termin allerdings nicht eingehalten werden, da Polkes als leitender Funktionär der Hagana an den Kämpfen in Palästina unmittelbar beteiligt ist.

Als weiteres Druckmittel gegen ihn wurden dann von uns die Namen der anläßlich eines in Hamburg aufgedeckten Waffenschmuggels nach Palästina verhafteten Juden genannt. Bei dem Namen „Schalomi" stutzte er und frug uns: „Was verlangen Sie von mir, wenn dieser Mann frei kommt?" Wir verlangten von ihm dafür die restlose Aufklärung des Mordes an Gustloff. Dies sagte er zu, allerdings unter Vorbehalt, daß der erwähnte Jude Schalomi auch tatsächlich „sein Mann" sei (also Angehöriger der Hagana), denn Polkes hatte inzwischen erkannt, daß er durch sein anfänglich ungeschicktes Verhalten einerseits die Zugehörigkeit des Schalomi zur Hagana bekannt gegeben hatte und zum anderen dann bestätigte, daß Agenten der Hagana in Deutschland arbeiteten.

2) **Förderung der Auswanderung von Juden aus Deutschland.**

Der Jude Polkes schlug zur weiteren Förderung der Auswanderung von Juden aus Deutschland vor, durch eine Erhöhung des Warentransfers über die „Paltreu" (Palästina-Treuhandstelle der Juden in Deutschland) und die „Nemico" (Near and Middle East Corporation) jährlich 50.000 Juden mit £ 1000/- pro Kopf auswandern zu lassen. Die Waren würden in Palästina, im Irak, in der Türkei und in Persien abgesetzt werden. Die Einwanderung nach Palästina könnte in diesem Fall da die Juden mit £ 1000/- als „soge-nannte Kapitalisten" gelten ohne besondere Einwilligung der englischen Mandatsbehörden erfolgen.

Stellungnahme:

Dieser Plan muß von uns aus zweierlei Gründen verworfen werden:
a) Es liegt nicht in unseren Bestrebungen, das jüdische Kapital im Auslande unterzubringen, sondern in erster Linie, jüdische Mittellose zur Auswanderung zu veranlassen. Da die erwähnte Auswanderung von 50.000 Juden pro Jahr in der Hauptsache das Judentum in Palästina stärken würde, ist dieser Plan unter Berücksichtigung der Tatsache, daß von Reichs wegen eine selbstständige Staatsbildung der Juden in Palästina verhindert werden soll, undiskutabel.

b) Eine Erhöhung des Warentransfers nach dem Vorderen und Mittleren Orient würde bedeuten, daß diese Länder dem deutschen Reich als „deviseneinbringende Länder" verloren gehen würden. Ferner würde das vom Reichswirtschaftsministerium großgezogene und von uns bekämpfte „Havaera-System" (jüdische Gesellschaften zur Transferierung des Kapitals jüdischer Auswanderer aus Deutschland) gestärkt werden.
Trotzdem ließen wir Polkes in dem Glauben, sein Vorschlag würde uns interessieren, um ihn auf die Dauer seiner Nachforschungen bezüglich der restlosen Aufklärung des Mordes an Gustloff nicht zu beeinträchtigen.

3) Errichtung einer Fluglinie Danzig – Portugiesisch-Angola
Wie uns der DNB-Vertreter Dr. Reichert, Jerusalem, und er DNB-Vertreter Gentz, Kairo, mitteilten, versucht die deutsche Reichsregierung schon seit längerer Zeit, in Ägypten Landeerlaubnis für die Flugzeuge der deutschen Lufthansa zu bekommen. In dieser Angelegenheit verhandelte bereits der frühere deutsche Gesandte in Kairo, Stöhr, als auch der jetzige Gesandte mit den zuständigen ägyptischen Stellen, bisher jedoch ohne Erfolg.
Polkes schlug folgenden Ausweg vor: In Danzig wäre ein getarntes polnisch-amerikanisches Flugunternehmen zu gründen. Als Flugstrecke käme der Weg Danzig, Türkei, Palästina (eventuell Athen), Syrien, Ägypten, Potugiesich-Angola in Betracht. Die Landeerlaubnis in sämtlichen Ländern würde Polkes verschaffen können. ...

Fortsetzung des Dokuments: siehe
www.kai-homilius-verlag.de/zionismus/dokumente

Geheim - Kommandosache!

II 112
Hg/Pi
g.Kdo. 984/37

Berlin, den 17. Juni 1937

C vorlegen
17.6.37.

Geheime Kommandosache!

Bericht

Betr.: Polkes, Feivel, Tel-Awiv, geb. 11.9.1900 in Sokal/Polen.
Vorg.: Ohne

Der obengenannte Jude Feivel Polkes, der an leitender Stelle des jüdischen Nachrichtendienstes "Hagana" tätig ist, wurde hier anläßlich eines durch den DNB-Korrespondenten Dr. Reichert vermittelten Besuches in Berlin vom 26.2. bis 2.3.37 bekannt.

Bei der in dieser Zeit vom SD mit ihm aufgenommenen Verbindung wurde festgestellt, daß Polkes über alle wichtigen Vorgänge innerhalb des Weltjudentums unterrichtet ist. Hieraus erwuchs der gleichfalls vom Gestapa (II B 4) geteilte Plan, Polkes als ständigen Nachrichtenzuträger für den Sicherheitsdienst zu gewinnen.

Zur Person Polkes:

Polkes wurde am 11.9.1900 in Sokal in Polen (nach Paßangaben auch in Tel-Awiv oder Kloster Neuburg) geboren. Nach Absolvierung der 8. Klasse des Jüdischen Gymnasiums in Lemberg am 26.4.1920 legte er am 15.7.20 in der gleichen Anstalt seine Reifeprüfung ab.

Er scheint danach nach Palästina ausgewandert zu sein, da er bereits im Jahre 1921 die Prüfung für eine zionistische Selbstschutzorganisation in Palästina ablegte.

Von 1923 bis zum 23. Mai 1928 war er laut vorliegendem Zeugnis beim "Prüfungs- und Rechnungsbüro" der Sinai Military Railway angeblich mit Rechnungsarbeiten beschäftigt. Von hier aus wurde er im Jahre 1928 bei Übernahme des Büros durch die "Palestine Railways" an diese überstellt.

Jetzt ist er an leitender Stelle im jüdischen Nachrichtendienst "Hagana" tätig.

Nach eigenen Angaben oblag ihm während des letzten arabischen Aufstandes die Leitung des gesamten Selbstschutzapparates der palästinensischen Juden.

Polkes' jüdisch-politische Einstellung.

In politischer Hinsicht ist Polkes Nationalzionist. Aus dieser Einstellung heraus ist er Gegner aller jüdischen Bestrebungen, die sich gegen die Errichtung eines Judenstaates in Palästina wenden. Als Hagana-Mann bekämpft er sowohl den Kommunismus als auch alle araberfreundlichen englischen Bestrebungen.

Polkes' Informationsreise im Februar/März 1937.

Im Auftrage der Hagana trat er im Februar 1937 eine Reise an, die ihn nach Europa führte; die Ausdehnung auf Amerika unterblieb infolge vorzeitiger Abberufung Polkes aus Paris. Die Reise diente der Information und gleichzeitig der Beschaffung von Geldmitteln zur Unterhaltung des jüdischen Nachrichtendienstes.

Wie die Untersuchung seines Koffers ergab, befand er sich im Besitz zahlreicher Adressen von Personen, die in Wien, Berlin, Paris und New York ansässig sind. Die Berliner Adresse lautete beispielsweise:

Gerda Wolpert, Tel-Awiv, Schiote Israel 52, House in Berlin: Molkenmarkt 12/13.

Für Paris verfügte er u.a. über die Adresse des Schriftleiters Fritz Wolff von der "Pariser Tageszeitung", an den er ein am 13.2.37 in deutscher Sprache abgefaßtes und von Karl Loewy (?), z.Zt. Tel-Aviv, Ben Ami Straße 11 bei Spindel, unterzeichnetes Einführungsschreiben besaß.

Polkes' Besuch in Berlin.

Auf Empfehlung des palästinensischen DNB-Korrespondenten Dr. Reichert, dem er verschiedentlich sehr wichtige Nachrichten über die Vorgänge in Palästina hatte zukommen lassen, erhielt er die Einreiseerlaubnis nach Deutschland, so daß er sich vom 26.2. bis 2.3.37 in Berlin aufhalten konnte. Die Kosten für diese Reise und seinen Berliner Aufenthalt trug der Sicherheitsdienst, da Polkes ursprünglich beabsichtigte, von Zürich aus nach Paris zu reisen.

In dieser Zeit nahm der Sicherheitsdienst Fühlung mit ihm auf. In den mit ihm geführten Unterredungen, bei denen selbstverständlich nicht bekannt wurde, daß er es mit einem SD-Mann zu tun hatte, stellte sich heraus, daß Polkes infolge seiner entscheidenden Stellung in der Hagana über alle bedeutenden Vorgänge innerhalb des Weltjudentums unterrichtet ist. Als sein Ziel, also als das der Hagana, bezeichnete er die möglichst baldige Erreichung der jüdischen Majorität in Palästina. Er arbeite aus diesem Grund, soweit es zur Erreichung dieses Zieles nötig sei, sowohl mit als auch gegen "Intelligence Service", "Sûreté générale", England und Italien.

Auch für Deutschland erklärte er sich bereit, Dienste in Form von Nachrichten zu leisten, soweit sie nicht seinen politischen Zielen entgegenstünden. Er würde u.a. die deutschen außenpolitischen Interessen im vorderen Orient tatkräftig unterstützen, würde sich dafür verwenden, dem Deutschen Reich Erdölquellen in die Hand zu spielen, ohne dabei englische Interessensphären zu berühren, wenn die deutschen Devisenverordnungen für die nach Palästina auswandernden Juden gelockert würden.

Bei weiteren Nachfragen ließ er erkennen, daß er auch über die Hintergründe und Hintermänner des Gustloff-Mordes unterrichtet sei; er bestritt allerdings, daß die Weltliga die antreibende Kraft gewesen sei.

Am 2.3.37 reiste er über Aachen nach Paris ab und wurde von dort dringlich nach Palästina abberufen, ohne daß er seine Reise nach Amerika angetreten hätte.

V o r s c h l ä g e

Aus den gemachten Ausführungen ist ersichtlich, daß Polkes bereit ist, uns bei angemessenen Gegenleistungen mit wichtigen Nachrichten zu beliefern. Seine Stellung bietet Gewähr dafür, daß auf diesem Wege tatsächlich das wichtigste Material über die Pläne des Weltjudentums zu unserer Kenntnis gelangen würde.

Die Ermordung Gustloffs, das mißglückte Attentat gegen den Führer der Sudetendeutschen Partei Henlein und inssondere die zahlreichen Mordandrohungen und Attentatspläne (Alliance israélite universelle, Paris) gegen den Führer lassen es dringend notwendig erscheinen, auf diesem Wege Anhaltspunkte für die Erkennung der Hintermänner zu gewinnen.

Es wird deshalb vorgeschlagen, die Genehmigung zur Verbindungsaufnahme mit Polkes zu erteilen, um ihn als ständigen Nachrichtenzuträger zu gewinnen.

Für die Arbeit der Verbindungsaufnahme käme vor allem SS-Hauptscharführer Eichmann von der Abteilung II 112 in Frage, der bei dem Berliner Aufenthalt Polkes die Unterredungen mit ihm führte und von ihm zu einem Besuch der jüdischen Kolonien in Palästina unter seiner Leitung eingeladen wurde.

Da Polkes nach Meldungen aus Palästina im Augenblick infolge der Unruhen unabkömmlich ist und somit ein Treffpunkt an einem neutralen Ort nicht vereinbart werden kann, wäre der einzige Weg zur Gewinnung Polkes die direkte Fühlungnahme in Form einer Palästinareise.

Für eine solche Reise würde der Leiter der jüdischen Staatszionisten und Direktor der "Ivria-Bank", Mareski, kostenlos zwei Karten beschaffen. Die Annahme dieses Angebotes hat aber den Nachteil, daß hierdurch bekannt werden könnte, daß es sich bei den Besuchern Polkes um Männer der Gestapo handelt.

Trotz der hierdurch geschaffenen Kostenersparnis erscheint es zweckmäßig, daß der Sicherheitsdienst die Fahrtkosten selbst trägt.

Dem SS-Hauptscharführer Eichmann müßte im Falle einer Genehmigung der Reise zur Sicherung ein zweiter sachkundiger Begleiter mitgegeben werden. Die Beauftragten erhalten einen Schriftleiterausweis, der am zweckmäßigsten auf die "Frankfurter Zeitung" oder das "Berliner Tageblatt" ausgestellt wird.

Zu ihrer persönlichen Sicherung wird vor Abreise der DNB-Vertreter in Palästina, Dr. Reichert, über den Leiter der Auslandsabteilung des Deutschen Nachrichtenbüros, Dr. von Ritgen, von ihrer Abreise unterrichtet; gleichzeitig werden alle als Hagana-Männer in Deutschland verdächtigen Personen in Haft gesetzt.

NAMENSREGISTER

Abdullah von Transjordanien 150
Abu-Diab, Fawzi 201, 205, 206
Achimeir, Abba 166, 168, 171, 173, 175, 179, 180, 182, 185, 187, 189, 193, 266
Adler, Victor 223
Agus, Jacob 72
Ainsztein, Reuben 280, 288
Alter, Victor 272
Anders, Wladyslaw 286-289, 291
Andreski, Stanislaw 265
Anielewicz, Mordechai 281, 283-285
Arad, Yitzhak 272
Arazi-Tennenbaum, Yehuda.............. 188, 189
Arendt, Hannah 52, 139, 180
Arlosoroff, Chaim 18, 108-111, 113, 116, 119, 126, 173, 185-188, 215, 266
Arslan, Emir Adil 152
Arslan, Emir Shekib 152, 178
Ascoli, Max 120
Auchinleck, Claude 306
Avineri, Shlomo 171
Avriel, Echud 329
Badeni, Graf Kasimir von..................... 39, 40
Baker, Leonard 75, 198
Baldwin, Joseph 319
Balfour, Lord Arthur 47, 48, 50-52, 56, 77, 129, 211
Balke, Ralf... 27, 28
Bartoszewski, Wladyslaw 280
Bar-Zohar, Michael 173, 174
Bauer, Otto 223
Bauer, Yehuda 113, 124, 138, 201, 292, 304, 305, 307
Becher, Kurt 331, 335, 339-341
Beck, Jozef....................... 259, 266, 268
Bedarida, Guido.. 85
Begin, Menachem 163,179-181, 192, 272-274, 286, 288, 323, 325, 343, 348
Beilenson, Moshe 114, 149, 242
Bein, Alex................... 37, 39, 40, 42, 44, 58
Beit-Zvi, Shabatei................... 302, 303, 307
Bell, J. Bower 268
Benari, Yehuda................................ 169, 180
Ben-Avi, Ittamar 220
Benes, Eduard 127, 232, 233
Ben-Gurion, David 22, 147, 165, 171, 173, 174, 185, 186, 189, 210, 295, 302, 307, 335
Benkendorff, Graf 48
Bentwich, Norman 182, 215

Beran, Rudolf 233
Berdichevsky, Micah Yosef 64
Bergmann, Werner...................................... 28
Bergson, Peter 316-320, 322, 324
Berlinski, Hersz.. 281
Bernadotte, Graf Folke............................. 348
Berndt, Alfred-Ingemar 99, 136
Bernstein, Naomi 250
Bialik, Chaim Nachman 105, 106
Bismarck, Otto von.................................... 75
Biss, Andreas 336, 337, 341, 342
Block, Hans 185
Blohm, Adolf 334
Bloom, Sol 319
Blum, Levi 338
Blumenfeld, Kurt 71-74, 78, 79, 89, 95
Boas, Jacob................... 88, 94, 134, 135, 141
Bober, Ari... 210
Bondy, Ruth....................... 83, 94, 120, 204
Boothby, Robert 77
Braatz, Werner 108, 116
Braham, Randolph 328
Brand, Joel („Eugen").................... 309, 310, 328-333, 336, 339
Braun, Hanna 25
Brenner, Yosef Chaim................................ 64
Briscoe, Robert 268
Broder, Henryk M. 25, 26, 94
Brodetsky, Selig................................ 113, 333
Brodnitz, Julius 89
Brugel, J. W.. 231
Brüning, Heinrich............ 69, 70, 75-77, 107
Buber, Martin 60- 62
Bunzl, John 24, 25
Buttinger, Joseph 228, 229
Canaris, Wilhelm 155, 334
Cang, Joel 263
Carpi, Daniel 82, 83, 86, 172, 212, 215, 216
Carsten, Francis L. 130
Carter, Jimmy 26
Celler, Emanuel.. 206
Chesin, Shlomo................................ 341, 342
Chmielnicki, Bogdan Zinovy 54
Churchill, Winston 49, 53, 54, 165, 301, 333
Ciano, Conte Galeazzo.................... 143, 221
Codreanu, Corneliu 235, 238
Cohen, Benno 196
Cohen, Chaim 340
Cohen, Izzy.. 345
Cohen, Sam 107-110, 116, 132, 215, 216
Cohen, Ursula.. 344
Cohn, Emil Bernhard................................ 46
Colodner, Solomon 197

Cook, Jonathan ... 28
Coralnik, Abe ... 103
Coralnik, Abraham ... 249
Coughlan, Father ... 248, 250
Czerniakow, Adam ... 274, 275, 277, 278
Dante 80
Dawidowicz, Lucy ... 93, 141, 332
Delzell, Charles ... 240
Dicker, Herman ... 253, 254
Dickstein, Samuel ... 206
Dobkin, Eliahu ... 331
Döhle, Generalkonsul Hans ... 144, 145, 150
Dollfuß, Engelbert ... 225-229
Dreyfus, Alfred ... 10, 37-39
Driberg, Tom ... 290, 291
Drumont, Eduard ... 58
Duker, Abraham ... 137
Easterman, Alex ... 333
Eck, Nathan ... 21, 281
Eckman, Lester ... 273, 276
Eckstein, Zeev ... 340
Edelman, Marek ... 284
Eden, Anthony ... 301, 332, 333
Eichmann, Adolf ... 19, 23, 52, 139, 145, 151-153, 244, 310, 329-331, 334-337, 340-342
Einstein, Albert ... 62, 180
Elon, Amos ... 44, 58
Erlich, Alexander ... 263, 271, 272
Esh, Shaul ... 90
Faber, Klaus ... 27-29
Feilchenfeld, Werner ... 15, 18, 124
Fishman, Jacob ... 249
Fleischmann, Gisi ... 313
Fleischmann, Gustav ... 230
Foot, Michael ... 290, 291
Frank, Hans ... 133
Frank, Hyman ... 273
Freeman, Hyman ... 261
Friedmann, Desider ... 227, 228
Frommer, Ben ... 64, 183
Fruth, Walter ... 25
Galadyk, Oberst Jan ... 287, 291
Galvanauskas, Ernestas ... 55
Gancwajch, Avraham ... 276
Gelber, Yoav ... 210, 302, 304, 306, 307
Gens, Jacob ... 276
Genther, Gustav ... 133
George, Gapon ... 43
Gessner, Robert ... 166, 167
Gilbert, Martin ... 211
Gillette, Guy ... 319, 320
Glazman, Josef ... 274
Goebbels, Joseph 23, 121, 134, 135, 197, 198
Goldelmann, Solomon ... 233
Goldman, Solomon ... 62
Goldmann, Nahum ... 11, 56, 57, 78, 118, 127, 157, 159, 214, 217-219, 221, 222, 229, 259, 302, 305, 318, 320, 322, 327

Goldstein, Bernard ... 261, 272, 274-276, 279
Goldstein, Peretz ... 339
Goodman, Paul ... 85
Gordon, A.D. ... 64
Gordon, Sir William Evans ... 41
Göring, Hermann ... 88-90, 103
Gottlieb, Moshe ... 104
Grabski, Wladyslaw ... 257
Greenberg, Chaim ... 65, 314, 315
Greenberg, Yechiel ... 100
Grigat, Stephan ... 19
Gringauz, Samuel ... 55
Grossmann, Kurt ... 137, 195
Grossmann, Meir ... 54, 119
Grosz, Bandi ... 329
Gruenbaum, Yitzhak 257, 258, 266, 289, 304, 306, 307, 309-311, 325
Gruenwald, Malchiel ... 335, 337, 342
Grynspan, Herszl ... 139
Grynspan, Sendel ... 139
Guggenheim, Simon ... 81
Gutman, Yisrael 90, 275, 281, 283, 286, 287, 289
Haas, Jacob de ... 174, 200, 267
HaCohen, David ... 298, 299
Hagen, Herbert ... 19, 151-153
Halevi, Benjamin ... 338, 339
Hamid, Abdul ... 42
Harris, Leon ... 221
Hartglas, Apolinary ... 260, 275
Haury, Thomas ... 20
Hausner, Gideon ... 342
Hecht, Ben ... 211, 316, 317, 319, 324, 325, 337-339, 341, 342
Heine, Heinrich ... 12
Hentig, Otto von ... 154, 345, 346
Herzl, Theodor 10, 13, 14, 37-46, 56, 58, 59, 89, 94, 101, 122, 131, 137, 145, 163, 174, 182, 183, 194, 211, 334, 347
Heydrich, Reinhardt ... 135
Higuchi, General Kiichiro ... 253
Himmler, Heinrich ... 137
Hindenburg, Paul von ... 75
Hinkel, Hans ... 196, 197
Hirschler, Gertrude ... 273
Hitler, Adolf ... 20, 38, 52, 57, 68-71, 74-81, 85-91, 95, 99, 101-111, 113, 114, 117, 119-121, 125-133, 136, 139-141, 143, 153, 154, 157, 159-162, 167, 177, 179, 182-186, 189, 191-193, 197-200, 207, 212-221, 223, 224, 226-229, 233, 235, 239, 245, 258-260, 271, 277, 281, 282, 286, 288, 289, 292, 301, 304, 316, 320, 323, 344, 347, 348
Hochschild, Meno ... 29
Hoeflich, Eugen ... 224
Höhne, Heinz ... 19, 23, 134, 152
Hook, Sidney ... 180
Hoover, Herbert Clark ... 78

Hopkins, Harry 301
Horthy, Miklos 334, 339
Howard, Anthony 301
Hussein, Hadji Mohammed Amin el ....
   33, 142, 150
Hutner, Yitzhak 156
Hyman, Frank 273
Hyman, Joseph 138, 261
Imam, Said 152
Iswolski, Alexandr 46
Jabotinsky, Wladimir (Ze`ev) ..13, 14, 20, 23,
   47, 48, 110, 111, 119, 163-177, 179,
   180, 184-186, 188-196, 199, 267-269,
   294, 343, 344, 347, 348
Jacobson, Abraham 106, 107
Jacobson, Bertrand 304
Jacobson, Victor 215, 216
Jelinek, Yeshayahu 231
Jochmann, Werner 21
Johnpoll, Bernard 265, 279, 286, 290
Joseph, Dov 306, 307
Josephthal, Giora 100
Kahan, Mark 286-288, 291
Kahn, Bernhard 138
Kaiser Wilhelm II 42
Kareski, Georg 23, 24, 74, 75, 183-185,
   193-200
Kasztner (Kastner), Rezso..328, 331, 335-342
Katz, Jacob 191
Katz, Mordechai 340
Katznelson, Berl 204, 241, 242
Kaufman, Abraham 252, 254
Kaufman, Yehezkel 64
Kermish, Joseph 282
Klatzkin, Jakob 72
Klausner, Joseph 13
Klüger, Ruth 298, 299
Kollek, Teddy 241
Koltschak, Alexander 252
König Carol II 234
König Faisal 166
König George IV. 154
Korzec, Pawel 259
Kranzler, David 201, 253, 254
Krausnick, Michail 30
Krojanker, Gustav 79, 123, 124
Krumey, Hermann 341
Kuchmann 197
La Guardia, Fiorello 250
Laqueur, Walter 67, 203, 305, 306
Laski, Neville 215, 245
Lattes, Aldo 176
Lattes, Dante 219
Lebzelter, Gisela 246, 247
Ledeen, Michael 84, 85, 225
Lenin, Wladimir Iljitsch 53, 70, 81, 164
Léon, Abraham 10
Lestschinski, Jakob 262
Levine, Daniel 192, 268, 293
Levine, Herbert 194, 196, 199

Lewis, Bernard 32
Lichtheim, Richard 90, 94, 184, 304
Liebenstein (auch Livneh), Elieser (auch
   Eliazer)........................... 165, 186, 288
Liebknecht, Karl 172
Lipsky, Louis 160
Livneh (auch Liebenstein), Eliazer ....
   76, 288
Locker, Berl 111, 122, 123, 182
Löhner Beda, Fritz 225
Loker, Zvi 243
Long, Breckenridge 319
Lowe, Malcolm 259
Lubentschik, Naftali 345, 346
Lubrany, Elis 182
Ludwig, Emil 105
Lueger, Karl 37, 39, 40
Lufban, Yitzhak 110
Lupescu, Magda 234
Lustiger, Arnold 21, 240, 285
Luxemburg, Rosa 70, 172
Majid, Abdul 187-189
Mann, Peggy 299
Marcus, Ernst 154
Margaliot, Abraham 99, 204-206
Marx, Karl 12
Matuvo, Benyamin 77
Matzozky, Eliyhu 305, 317, 321
Mayer, Saly 312, 331
Meier, Axel 18
Meir, Golda 237
Mendelsohn, Ezra 258, 260
Menkes, Joseph 340
Merlin, Shmuel 175, 184, 191, 195,
   269, 321, 322, 324
Michaelis, Dolf 15, 18
Michaelis, Meir 81, 82, 87, 95, 215, 219-221
Mieses, Mathias 9
Mikolajczyk, Stanislaw 289
Mildenstein, Freiherr Leopold Itz Edler von...
   22, 88, 94, 134, 140, 145, 173, 174,
   334
Mond, Eva 333
Morgenthau Jr., Henry 319, 320
Morse, Arthur 320, 321
Moses, Siegfried 19, 20, 73, 93, 116, 124
Moyne, Lord (Walter Edward Guinness). 188,
   348
Müller, Hermann 69
Mussolini, Benito 75, 80-87,
   95, 114, 143, 167, 168, 173-180, 185,
   200, 212-222, 226, 227, 229, 239,
   240, 245, 269, 319, 345, 348
Nabokov, Konstantin 48
Nadel, Baruch 345, 348
Namier, Lewis 118
Naumann, Max 89, 200
Neithardt, Irit 20
Neurath, Konstantin von 146
Nicosia, Francis 18, 129, 133

Niedzialkowski, Mieczyslaw 272
Niewyk, Donald 74, 75, 131
Nordau, Max 46, 58
Novick, Paul 119, 120, 179
Nussbaum, Max 197, 198
Nussbecher-Palgi, Joel 339
O'Toole, Donald 207
Ofer, Dalia 299, 300
Orvieto, Angelo 219
Pacifici, Alfonso 85, 87
Pallade, Yves 29
Papen, Franz von 75, 259
Paravano, Nicola 216
Paucker, Arnold 21, 100
Peck, Sarah 317, 318
Peel, Sir Robert144, 145, 147, 152, 153, 209, 242, 266, 267
Pehle, John 320
Perl, William 238, 292-294, 299
Pétain, Henri Philippe 21
Petljura, Simon 53, 54, 163-165, 199, 213, 255, 348
Pilsudski, Jozef 255, 258-260
Pinner, Ludwig 15, 18
Pinsker, Leo 10
Plehwe, Wjatscheslaw von 43-45, 122, 211
Pogrebinski, Yochanan 185, 186
Polkehn, Klaus 17, 18, 23, 33, 152
Polkes, Feivel 19, 145, 146, 151, 152, 335
Poppel, Stephen 71, 79
Poretsky, Elisabeth K. 131
Portnoy, Samuel 45
Prago, Albert 239-241
Prato, David 174
Prinz, Joachim 12, 16, 70, 91, 97, 98, 140
Qassam, Scheich Izz al Din al 144
Rabin, Yitzhak 13
Rabinowicz, Aharon 230
Rachmilowitsch, N. 54, 55
Rathenau, Walther 71, 171
Reading, Lady 333
Reich, Leon 257, 258
Reichert, Fritz 108, 151
Rensmann, Lars 28
Revusky, Abraham 54
Richter, Gustav 228
Riegner, Gerhart 305, 326
Ringelblum, Emmanuel .276, 281, 282, 284, 285
Robinson, Edward G. 316
Robinson, Jacob 52
Rogers Jr., Will 319, 320
Rom, A.W. 73
Roosevelt, Franklin Delano 103, 208, 209, 301, 305, 313, 314, 318-321
Rose, Billy 316
Rosen, Rudolf 345
Rosenbaum, Shimshon 55
Rosenberg, Alfred 129

Rosenblatt, Zvi 187, 188
Rosenbluth, Martin 89, 90, 94
Rosenthal, David 113
Rosselli, Carlo 240
Rothschild, Edward 81
Rothschild, Joseph 258
Rothschild, Lord 40, 44
Rowe, Leonard 261, 270
Rozen-Szeczakacz, Leon 287, 288
Rubinstein, Amnon 12-14
Rumkowski, Chaim 274, 276, 277
Runge, Hauptmann 286
Ruppin, Arthur 18, 116-118, 140
Sacerdoti, Angelo 83, 85, 87, 213, 215
Sacher, Harry 79
Sagi, Nana 259
Salus, Hubert 96
Samuel, Herbert 47
Samuel, Maurice 62, 64
Samuel, Stephen 91
Sassen, Willem 335, 342
Sassoon, Elias 251
Schanzar, Carlo 82
Schappes, Morris 240
Schechtman, Joseph 164, 169, 176, 185, 189, 191, 192
Scheib, Israel 272, 273, 340
Schiff, Jacob 81
Schitlowskij, Chaim 45
Schmidt, Helmut D. 154
Schoeps, Julius 27-29, 39
Schuschnigg, Kurt von 119, 218, 228
Schwarzbart, Ignacy 289, 290
Segev, Tom 20, 22, 30
Seidmann, Otto 227, 294, 295
Senator, Werner 88
Sereni, Enzo 83, 94, 120, 148, 149, 204, 237, 242
Shachtmann, Max 248, 249
Shafir, Shlomo 77, 78, 157
Shamir (auch Yzernitsky), Yitzhak ....
343, 348
Shapiro, Sraya 186
Sharett (auch Shertok), Moshe 19, 127, 205, 298, 306, 329, 330, 332, 333
Shavit, Yaacov 166
Shemer, Dan 340
Shertok, Moshe .... siehe Sharett
Sherwood, Robert 301
Shipler, David 274
Shonfeld, Moshe 332
Sikorski, Wladyslaw 286, 288
Silver, Abba Hillel 114, 115, 121
Simon, Walter 225
Singer, Kurt 196
Sir Mosley, Oswald 125, 245-247
Six, Franz Alfred 145, 146
Slawinsky, Maxim 163, 164
Slutzky, Yehuda 292

369

Smetona, Antanas 54, 55
Smolar, Boris 100, 101
Sneh, Moshe 272, 275
Soloweitschik, Max 55
Solow, Herbert 226
Sonnino, Sidney 82
Stahl, Heinrich 89
Stalin, Josef 55, 70, 161, 162, 185, 186, 189, 207, 244, 262, 271, 272, 282, 286, 331
Stauffenberg, Claus Schenk Graf von 334
Stavsky, Avraham 187-189
Stawski, Sacha 27-29
Stein, Leonard 50, 77
Stern, Abraham 180, 268, 343-348
Stern, Friedrich 194
Stewart, Desmond 38, 58
Stolypin, Pjotr 46
Sir Storrs, Ronald 147
Strauss, Herbert 71, 79, 201
Streicher, Julius 88, 121, 129
Streit, Clarence 115
Stricker, Robert 224, 226
Subatow, Sergej 43, 120
Swartz, Mary 253
Syrkin, Marie 172
Szajkowski, Zosa 260, 266
Szenes, Hannah 339
Tamir, Shmuel 337, 338, 341
Tanenbaum, Joseph 303
Tanenbaum-Tamaroff, Mordechai 282
Taut, Jakob 25
Tedeschi, Corrado 220
Thälmann, Ernst 70
Theodoli, Marquis 216
Thon, Osias 257, 258, 260
Tibi, Bassam 32
Tietz, Ludwig 90
Tokayer, Marvin 253
Trotzki, Leo 49, 54, 81, 161, 326
Trumpeldor, Josef 47
Trunk, Isaiah 276
Tuchler, Kurt 88, 134
Tucholsky, Kurt 12
Untermyer, Samuel 103, 115
Ussischkin, Menachem 108
Vago, Bela 236, 258
Verwoerd, Hendrik 26
Vladeck, Baruch Charney 122, 123
Voldemaras, Augustinas 54, 55
Voss, Carl 103
Wagner, Cosima 47
Warburg, Max 81
Wasserstein, Bernard 290, 297, 314, 320, 322, 325, 326, 332
Weill, Kurt 316-318
Weinstock, Nathan 11
Weintraub, Richard 302
Weisl, Wolfgang von 168, 174, 175, 180, 196, 199

Weissberg, Alex 310, 329, 330, 339
Weissmandel, Michael Dov-Ber310-313, 328, 332, 333
Weizmann, Chaim 41, 45, 47, 49-51, 53, 54, 56, 62, 77, 78, 81, 83, 84, 86, 87, 116-118, 120, 121, 123, 126, 127, 157, 160, 165, 173, 189, 203-205, 209-212, 214-218, 220-222, 266, 295, 297, 302, 331-333
Wellmann, Saul 241, 242
Weltsch, Robert 79, 94, 95
Wetzel, Juliane 28
Wise, Stephen 56, 57, 78, 79, 88-91, 103, 111, 115, 120, 136, 157-159, 161, 162, 207, 252, 303-306, 313, 315-320, 322-327
Wisliceny, Dieter 310, 311, 328-330
Witte, Graf Sergej 43
Wittenberg, Itzik 276
Wolff, Heinrich 107, 108
Wolffsohn, David 46
Wratschewski, General 253
Wygodski, Jakob 54, 55
Wyman, David 207
Yalin-Mor, Nathan ... 180, 192, 268, 272, 347
Zaleska, Zofia 290
Zaremba, Zygmunt 272
Ziff, William 178
Zola, Emile 38
Zollschan, Ignatz 61, 62
Zuckerman, Yitzhak 280, 281, 284
Zukerman, William 247, 263
Zweig, Arnold 98
Zweig, Stefan 96
Zwergbaum, Aaron 296
Zygelboym, Shmuel 278